Socialismo.info

Socialismo.info

Edizione dicembre 2019
Pubblicizza questo libro come credi, anche facendone oggetto di commercio, ma se lo modifichi non attribuire a me cose che non ho mai detto, a meno che tu non pensi di contribuire alla causa di un socialismo davvero democratico.

MIKOS TARSIS

LA SCIENZA DEL COLONIALISMO

Critica dell'antropologia culturale

Noi diciamo solo di voler proteggere la foresta intera.
Ciò che voi chiamate ambiente, è solo ciò che resta di quello che avete distrutto.

Davi Kopenawa

Amazon

Nato a Milano nel 1954, laureatosi a Bologna in Filosofia nel 1977,
già docente di storia e filosofia, Mikos Tarsis (alias di Enrico Galavotti)
si è interessato per tutta la vita a due principali argomenti:
Umanesimo Laico e Socialismo Democratico, che ha trattato in homolai-
cus.com e che ora sta trattando in quartaricerca.it e in socialismo.info.
Per contattarlo:
info@homolaicus.com o info@quartaricerca.it o info@socialismo.info
Sue pubblicazioni su Amazon.it

Introduzione

Se i triangoli facessero un dio, gli darebbero tre lati.
Montesquieu

Questo libro non ha alcuna pretesa. È la prima volta che ci interessiamo di etnologia o di antropologia socioculturale. L'ultimissimo Marx ci scrisse qualcosa sopra, riuscendo a intuire che il socialismo democratico avrebbe dovuto avere molte affinità col comunismo primitivo, soprattutto nel concetto di "valore d'uso", di *autoproduzione*. Ma la malattia non gli diede il tempo di approfondire la cosa. Poi Engels, come al solito, svolse questa felice intuizione secondo modalità più vicine all'evoluzionismo positivistico, fatta salva l'abolizione della proprietà privata.

Noi siamo arrivati a studiare queste scienze partendo dal presupposto che qualunque esperienza di "socialismo statale" è, prima o poi, destinata a fallire, e non è possibile evitare tale fallimento dando al socialismo una veste "mercantile", come sta facendo l'attuale Cina. Per noi quindi la vera, ultima alternativa non è tanto tra capitalismo e socialismo (questa la diamo per scontata), quanto quella tra *socialismo statale* (in cui le direttive partono dall'alto) e *socialismo autogestito* (in cui le comunità locali svolgano dei poteri totalizzanti). Lo studio delle comunità primitive deve servire per capire fino a che punto si può fare a meno e dello Stato e del Mercato, cioè delle due massime entità che impediscono qualunque forma di autonomia sul piano sociale e, servendosi della Tecnoscienza, qualunque forma di rispetto delle esigenze riproduttive della natura, la quale è ben di più di una semplice fonte di risorse. È giusto che l'uomo "antropizzi" la natura, ma non fino al punto da impedirle di rigenerarsi. La natura è un ente che ha bisogno di riprodursi agevolmente per fornire risorse rinnovabili. L'uomo dovrebbe limitarsi a utilizzare tali risorse. L'unica fonte non rinnovabile usata dall'uomo primitivo era la pietra, che si trovava sulla superficie del pianeta, a vista d'occhio.

In tal senso un'attività lavorativa vale l'altra: l'importante è che chi controlla le risorse produttive (la loro gestione, ripartizione, consumo, stoccaggio, riciclo) sia la stessa persona che le produce o che le ricava da un determinato territorio. Non può esistere un personale specializzato che si limita a controllare e non produce nulla. Se produttore e consumatore coincidono, sarà il collettivo a decidere come comportarsi nei confronti della natura. La responsabilità deve poter essere attribuita all'intera comunità locale, preposta a utilizzare delle risorse esclusivamente locali. Al giorno d'oggi sarebbe impossibile limitarsi alla semplice raccolta di frutti spontanei e alla caccia degli animali selvatici. L'enorme popolazione mondiale, che cresce di circa 75 milioni di persone ogni anno, non lo consentirebbe: in presenza dell'attuale devastazione ambientale, ci ammazzeremmo a vicenda.

Il criterio generale per "uscire dalla civiltà" è quello di praticare qualunque attività umana che permetta alla natura di riprodursi senza troppa fatica. Ciò che dobbiamo evitare è la *desertificazione*.[1] Per realizzare questo obiettivo la prima cosa da fare è quella di uscire progressivamente dalla dipendenza dai mercati e dagli ambienti alienanti delle città, cioè è quella di iniziare a praticare l'*autoconsumo*, espropriando la terra agli agricoltori che vogliono usarla in forma privata e mercantile.

Su queste cose, a dir il vero, abbiamo già scritto altri testi, uno storico-didattico (*Homo primitivus. Le ultime tracce di socialismo*) e l'altro filosofico-politico su *Rousseau e l'arcantropia*, entrambi pubblicati in Amazon, ma non ci siamo mai accinti a criticare le analisi degli etnoantropologi. Tuttavia, siccome questa vuole essere soltanto un'introduzione all'argomento, qui ci limiteremo a considerazioni di carattere generale, aventi più che altro un valore metodologico. L'antropologia culturale viene vista nel suo insieme, soprattutto nel modo come viene presentata nelle scuole superiori dello Stato italiano.[2]

*

---

[1] È nella memoria collettiva dell'occidente ciò che successe nella cosiddetta "Isola di Pasqua" (in lingua nativa Rapa Nui). Allo sbarco sull'isola dei primi colonizzatori polinesiani, intorno all'800-900 d.C., l'isola si presentava come un'immensa foresta di palme. Fino al 1200 d.C. la popolazione rimase numericamente modesta e in equilibrio con le risorse naturali presenti. In seguito però nacque da parte degli abitanti la necessità di realizzare delle statue gigantesche, il cui sistema di trasporto richiedeva notevoli quantità di legname. Cominciò pertanto un importante lavoro di disboscamento dell'isola, che fu ulteriormente intensificato dopo il sensibile aumento della popolazione dovuto a nuovi sbarchi. Verso il 1400 d.C. la popolazione toccò i 15-20.000 abitanti e l'attività di abbattimento degli alberi raggiunse il picco. La riduzione della risorsa forestale provocò un inasprimento dei rapporti sociali interni, che sfociarono in violente guerre civili. Secondo i resoconti del primo occidentale a sbarcare sull'isola, Jakob Roggeveen, nel 1722, al tempo del suo arrivo l'isola si presentava brulla e priva di alberi ad alto fusto.

[2] In tal senso i manuali di riferimento sono stati i seguenti: Elisabetta Clemente e Rossella Danieli, *La prospettiva antropologica*, ed. Paravia-Pearson, Milano-Torino 2016; Barbara Miller, *Antropologia culturale*, ed. Pearson, Milano-Torino 2014; Cecilia Pennacini, *Antropologia culturale, Etnologia, Genere*, ed. McGraw-Hill Create, Torino 2016.

Fatte salve alcune cose approssimative su Freud e Lévy-Bruhl. in questo libro non abbiamo dedicato un capitolo specifico all'antropologia religiosa, sia perché non riteniamo debba esistere una disciplina del genere che pretenda dirsi "scientifica" (una qualunque antropologia dev'essere "laica"), sia perché riteniamo che la religione, *in sé*, sia un fenomeno oscurantistico, almeno per come essa è stata vissuta a partire dalla nascita delle civiltà schiavistiche.

È bene però fare delle precisazioni. Anche ammessa l'utilità di un'antropologia laica "sulla" (non "della") religione, non riteniamo che la religione sia soltanto – come dicono tanti antropologi – una fede (e ovviamente un rituale) rivolta a esseri o poteri o forze sovrannaturali, posti al di fuori del mondo, in una dimensione straordinaria, in grado di influenzare gli eventi umani. Per noi la religione è una forma di misticismo e quindi di mistificazione che va ben oltre una definizione così semplicistica. Esistono atteggiamenti "mistici" ogniqualvolta si ritiene che le cose debbano funzionare in maniera per così dire "magica" (o "automatica"), a prescindere dalla volontà umana. Quando il serpente dell'Eden disse alla donna che l'albero della conoscenza li avrebbe resi "come Dio", il fatto stesso di credere possibile che un'esperienza del genere potesse dipendere dal frutto di un albero (seppur qui inteso simbolicamente), stava appunto a indicare che si era in presenza di un atteggiamento "mistico" (indotto dall'esterno in maniera mistificante). Col passare del tempo quell'albero si è poi trasformato in tante cose.

Credere che la soluzione dei problemi possa dipendere "magicamente" da un'entità esterna, più o meno "divinizzata", sia essa un duce, il denaro, la scienza, la tecnica, il mercato, un'ideologia, uno Stato politico, dei mezzi militari, delle sostanze psicotrope o il sesso, o una qualunque altra cosa che possa procurare "dipendenza", significa nutrire degli atteggiamenti "mistici", equivalenti a quelli di chi crede che esista un dio onnipotente e onnisciente in grado di leggere il pensiero degli esseri umani o di decidere in qualche maniera il destino dell'umanità.

Edward B. Tylor, fondatore dell'antropologia della religione, disse che l'animismo rappresentava un universale in tutte le religioni. Questo può certamente esser vero, ma una cosa è credere, mentre si vive in maniera "naturale", che la natura sia un "essere vivente"; tutt'un'altra è credere, mentre si vive un'esistenza artificiosa, che la "scienza", con cui si pretende di "dominare" la natura, sia onnipotente. Sono due forme di "animismo" che comportano conseguenze molto diverse. Anzi, se la moderna scienza avesse davvero considerato la natura un "essere vivente" e non un semplice oggetto da sfruttare, avrebbe avuto un atteggiamento "religioso" del tutto condivisibile da una concezione "laica" dell'esistenza. Noi infatti non dovremmo vergognarci di considerare la natura come facevano i primitivi, poiché l'animismo è il migliore atteggiamento possibile nei confronti della natura, l'unico che possa rispettarla integralmente. Cosa che Tylor non avrebbe potuto ammettere, in quanto riteneva, ingenuamente, che un giorno la scienza avrebbe sostituito la religione: come se un certo atteggiamento "scientifico" non potesse essere paragonato a uno "religioso"!

Se tutte le cose hanno un'*anima* – come voleva l'antico panpsichismo –, tutte vanno rispettate, a prescindere da come quest'anima venga intesa. E di ogni cosa "vivente", per poterla davvero rispettare, occorre sapere ciò che le permette di esistere e di riprodursi in maniera relativamente tranquilla, e cosa invece la ostacola in maniera significativa. L'essere umano è un ente di natura che, a differenza degli animali, ha *consapevolezza* delle cose, cioè non le vive solo in maniera istintiva. Il fatto che, in tale consapevolezza, si possa essere convinti che la natura abbia un'anima o uno spirito o un'essenza vitale, non dovrebbe essere considerato antitetico a una visione "laica" della vita. Anzi, se per questo, noi riteniamo che anche il culto per i propri defunti sia una forma di religione accettabile, all'ovvia condizione che non ci si aspetti da ciò che non esiste su questo pianeta un intervento in grado di risolvere dei problemi per i quali solo la nostra volontà può fare qualcosa.

Nell'universo nulla si crea e nulla si distrugge ma tutto si trasforma. Questa è una definizione scientifica sommamente *laica*. Ad essa però si dovrebbe aggiungere che una qualunque cosa trasformata conserva le proprie intrinseche qualità solo in rapporto a delle precise condizioni (soprattutto di spazio e di tempo), al di fuori delle quali essa non può far nulla. La libertà è tale solo all'interno di determinati limiti, oltre i quali diventa una pura astrazione.

*

A scanso di ogni equivoco vogliamo qui precisare subito una questione terminologica. Siccome i confini tra antropologia, etnologia, etnografia sono piuttosto labili, il lettore ci scuserà se questi termini tendiamo a considerarli sinonimi. In genere si afferma che mentre l'etnografo è colui che compie una ricerca, della durata di circa un anno, nel territorio di qualche comunità primitiva, di cui offre un resoconto scritto, l'etnologo invece è colui che studia a livello comparativo il materiale raccolto dagli etnografi, per fare delle generalizzazioni utili a capire il mondo primitivo. Dal canto suo l'antropologo culturale non fa che inserire i dati etnografici ed etnologici in una più vasta ricerca sull'uomo, primitivo e non, avvalendosi di molteplici ambiti disciplinari (linguistica, psicologia, sociologia, filosofia...).

A noi interessa fare un discorso "politologico" di carattere generale, verificando fino a che punto l'antropologia può essere utilizzata per compiere una transizione dal capitalismo a un socialismo davvero democratico, superiore a quelli fino ad oggi "realizzati". Sotto questo aspetto, non ci interessano, al momento, le ricerche sul folklore, sulle sopravvivenze ancestrali di comunità che nella loro interezza originaria probabilmente non esistono più. Noi tendiamo a escludere che la cultura primitiva possa essere vista in maniera "folklorica".

Anzi, se vogliamo dirla proprio tutta, ci mette a disagio il fatto di parlare della *natura* con gli strumenti della *cultura*, il primo dei quali è la *scrittura*. Per noi questa è una posizione sbagliata in via preliminare. La civiltà non s'accorgerà mai che la natura ha ragione se non smettiamo d'essere civilizzati. Tuttavia, per smettere di esserlo non c'è, al momento, che una soluzione: *abbattere politicamente la civiltà*, al fine di porre le condizioni perché si possano creare delle alternative anche in settori non politici. Se ci limitiamo a criticarne i difetti, non riusciremo mai a superarla. Se ci limitiamo a uscire dalle città per andare a vivere in campagna, saremo soltanto degli illusi. All'intero della civiltà non è possibile realizzare alcuna utopia, alcuna esistenza ecologica.

La civiltà va politicamente rovesciata, e questo è possibile solo organizzando partiti e movimenti disciplinati, in cui la minoranza rispetta il volere della maggioranza, e insieme ci si prepara alla conquista del potere. Non ci può essere alcuna anticipazione ideale di un'esistenza extracivilizzata se prima non si abbatte la civiltà. La natura non ha bisogno che si parli "bene" di lei; ha bisogno che l'uomo civilizzato parli male di se stesso e faccia di tutto per autonegarsi, per autosuperarsi in tutto ciò che gli permette di non essere né umano né naturale. Gli anarchici dicono parole sagge sull'importanza della natura, ma non sanno costruire alcuna vera opposizione alla civiltà: vogliono tutto e subito, per non ottenere nulla. Anche Nietzsche parlava di "fedeltà alla terra", ma in una maniera così individualistica da uscirne pazzo. Certo, diecimila anni, a partire dal Neolitico, possono sembrare un'inezia rispetto ai milioni di anni in cui l'uomo ha vissuto come raccoglitore e cacciatore. Eppure quel che è stato fatto negli ultimi due secoli è qualcosa di assolutamente sconvolgente, da cui non è possibile prescindere in alcun modo.

*

Da ultimo una nota personale. Per molto tempo ho pensato che l'alto Medioevo potesse costituire, privato ovviamente del servaggio e del clericalismo, una valida alternativa al capitalismo nato intorno al Mille e protrattosi fino ad oggi. Con questo libro ho rinunciato anche a questa idea, a motivo del fatto che l'agricoltura può costituire un rischio troppo grande per l'incolumità dell'ambiente naturale. Senza poi considerare che dalla proprietà collettiva della terra agricola, che produce eccedenze alimentari in quantità significative, si passa sempre, prima o poi, a quella individuale e quindi ai conflitti di classe. Certo, ci può essere un controllo statale, ma se è troppo stringente, non c'è sviluppo economico. La gente potrebbe accontentarsi di vivere modestamente, alle dipendenze di uno Stato centralista proprietario della terra, ma quando vede che in altre parti del pianeta la gestione individualistica della terra porta grandi benefici, si lascia condizionare, soprattutto se a quella gestione si affiancano attività produttive ancora più remunerative, come quella commerciale, industriale e finanziaria. Le comodità – si sa – uccidono la democrazia.

Al massimo, dunque, possiamo accettare l'orticoltura, ma come attività ausiliaria a caccia, pesca e raccolta, e senza rinunciare al nomadismo. Tuttavia anche questa idea ha una precisa condizione per realizzarsi: *riforestare l'intero pianeta*. Quando avremo il pianeta interamente ricoperto di boschi e foreste, possiamo anche rinunciare alla caccia, in quanto ci basterà la raccolta dei frutti spontanei (questo perché anche la caccia è una forma di violenza alla natura). Anzi, non avremo neppure bisogno del nomadismo: avendo già visto quel che si può combinare uscendo dalle foreste, saremmo pazzi a farlo di nuovo.

Siamo tutti schiavi salariati

Noi non saremo mai in grado di capire ciò che è *diverso* dal capitalismo finché non ne usciamo fuori. Ma per farlo dobbiamo rinunciare allo stile di vita borghese, a tutto ciò che i mercati rappresentano per la nostra vita quotidiana, all'esigenza stessa di avere uno Stato che regolamenta la società civile con le sue leggi e, quando queste vengono trasgredite, con le sue forze dell'ordine. È possibile questo? Sì, forse un giorno sarà possibile, se sapremo porne adesso le premesse fondamentali.

Siamo tutti schiavi di questo sistema, anche quando, avendo molti capitali, abbiamo necessità di farli fruttare al massimo, per non essere vinti dalla concorrenza o dagli imprevisti. Non ne usciamo neppure quando vogliamo costruire un contropotere ben organizzato, basato sulla criminalità privata. Infatti si è schiavi di una mentalità, quella dipendente dall'accumulazione di capitali e dallo sfruttamento del lavoro altrui.

Neppure gli antropologi o gli etnologi, che pur hanno frequentato delle realtà sociali completamente diverse dalla nostra, sono stati in grado di uscire dal sistema. Hanno perso un'occasione d'oro come i primi spagnoli quando incontrarono la comunità primitiva dei Lucayo. Non capirono che stavano distruggendo nuovamente il paradiso in cui un tempo tutti gli uomini erano vissuti. Nessun antropologo ha mai accettato di diventare "primitivo" come scelta di vita. Il che fa pensare che nessun antropologo sarà mai in grado di stabilire quali parti "umane", quali "naturali" delle culture primitive possono essere adottate come modello alternativo al nostro stile di vita borghese.

L'antropologia può acquistare un suo significato positivo (dopo che, da quando è nata, non l'ha mai avuto) se smette d'essere un "nostro" studio sul "loro" stile di vita, e diventa finalmente una proposta del "loro" stile di vita in sostituzione del "nostro". Siamo noi, infatti, che dobbiamo partire dal presupposto che nel nostro sistema sociale non c'è nulla né di umano né di naturale. Purtroppo però la tendenza a scomparire, da parte dei popoli primitivi, è un indizio sicuro che la nostra civiltà borghese non è più in grado di stabilire la differenza tra l'umano e il disumano, tra il naturale e l'artificiale.

Lo stesso socialismo, anche quando ha mostrato di saper criticare l'idea di proprietà privata dei fondamentali mezzi produttivi, non ha mai saputo rinunciare all'idea di Stato e tanto meno all'uso di una tecnologia simile a quella del capitalismo. Oggi, addirittura, vede nel mercato borghese la sua irrinunciabile ragion d'essere, reintroducendo così l'idea di proprietà privata. L'esperienza socialista cinese non può in alcun modo aver la pretesa di definirsi anti-capitalistica. Anzi, è probabile che in futuro ci si dovrà emancipare proprio da questa forma di capitalismo socializzato, che pretende d'essere "eticamente" superiore a quello di tipo occidentale.

Nel continente più povero del pianeta, l'Africa, non c'è nazione o villaggio che non voglia "occidentalizzarsi". Cinquecento anni di colonialismo non sono minimamente serviti a favorire una contestazione *globale* del sistema capitalistico, in virtù della quale, rinunciando al primato del valore di scambio su quello d'uso, si finisca per mettere in discussione tutto quanto il sistema ha da offrire.

L'idea di una *comunità locale autogestita*, basata sull'*autoconsumo* e sul *baratto delle eccedenze*, viene vista dalle ideologie di destra o di sinistra come una forma di arretratezza da superare assolutamente. Gli imponenti flussi migratori verso l'occidente sono la testimonianza più eloquente che il capitalismo ha vinto su tutti i fronti.

Oggi, al massimo, si discute se questo capitalismo debba continuare a restare privato, come negli Stati Uniti, nell'Europa occidentale, in Giappone, ecc., oppure se debba essere regolamentato dallo Stato, come in Cina, in Russia, ecc. Nessuna guerra mondiale, nessuna crisi finanziaria di proporzioni gigantesche (come p. es. quella del 1929 o quella attuale, scoppiata nel 2008) è stata capace d'indurre l'umanità a ripensare radicalmente il proprio stile di vita. Si vuole ostinatamente credere nel progresso tecnico-scientifico, non si vuole rinunciare ad alcuna comodità, che quel progresso sembra garantire, anche se oggi, ancora timidamente, alla luce della incalzante devastazione ambientale, il dubbio scettico va facendosi strada. Si preferisce guardare solo in avanti, nella speranza che la scienza sappia trovare rimedio ai propri errori.

Qualunque stile di vita pre-borghese, antecedente al capitalismo, viene considerato negativamente: al massimo viene accettato come curiosità intellettuale o come momentanea esperienza (in un contesto per lo più turistico). Se mai è esistito nel passato un paradiso terrestre, oggi lo si considera irrimediabilmente perduto, a meno che non lo si sappia ricreare artificialmente in qualche parte del mondo, grazie ai capitali accumulati illecitamente. Non ci interessa neppure l'idea che il benessere di pochi (noi occidentali siamo in fondo una minoranza privilegiata nel contesto internazionale) si regge in piedi grazie allo sfruttamento di molti (al cosiddetto "Terzo Mondo" oggi si sono andati sommando i paesi dell'ex socialismo di stato, preda insperata di rapaci speculatori). Ci interessa soltanto appartenere, in un modo o nell'altro, alla categoria dei benestanti.

Anche di fronte ai sempre più gravi disastri ambientali, non mutiamo atteggiamento, se non nelle piccole cose (tentando p.es. di differenziare i rifiuti), illudendoci che in tale maniera i grandi problemi possano essere risolti. D'altra parte siamo convinti che ai guasti della tecnoscienza si possa porre rimedio soltanto con una nuova tecnoscienza. La fede nel progresso, che dai tempi dei Comuni italiani, non ci ha mai abbandonato, ci impedisce di credere nell'esistenza di problemi irrisolvibili. Siamo convinti che, in ultima istanza, vi sia sempre una via d'uscita all'autodistruzione.

Tutto ciò porta a pensare solo una cosa: è impossibile uscire dal sistema se il sistema non va incontro a distruzione di portata epocale. Gli uomini non riescono ad imparare dai propri errori, a meno che questi errori non siano così catastrofici da obbligare a farlo. Ma devono essere davvero apocalittici, cioè acutissimi e generalizzati, tali per cui intere popolazioni vengano messe in ginocchio. Infatti, se riusciamo a intravedere anche solo una minima possibilità per evitare un radicale ripensamento del nostro stile di vita, di sicuro non ce la facciamo sfuggire.

*

Ora però vediamo di dire le stesse cose in altra maniera, per punti salienti, a mo' di programma politico per le future generazioni.

1. Dal punto di vista ambientale sembra che l'umanità si stia progressivamente autodistruggendo, nel senso che il capitalismo impone al mondo intero uno stile di vita sempre più incompatibile con le esigenze ecologiche. Eventuali guerre mondiali (nucleari o convenzionali) rischiano soltanto di accelerare un processo che appare irreversibile.

2. Da tali processi autodistruttivi tenderanno inevitabilmente a salvarsi i gruppi umani più potenti, dotati di più mezzi, i quali non potranno garantire alcuna vera alternativa. Per questa ragione i proprietari dei mezzi produttivi vanno espropriati e resi inoffensivi.

3. Occorre evitare che vecchie forme di antagonismo sociale vengano sostituite da nuove forme. Questo è possibile solo in presenza di processi politicamente rivoluzionari. Tuttavia all'interno di tali processi va garantita una solida *democrazia sociale*, e questo non è possibile farlo in presenza dello Stato e del Mercato, che sono entità tendenzialmente indipendenti dalla volontà umana generale o da un controllo razionale delle grandi collettività.

4. Se anche si formassero "isole di felicità", resta il problema che esse, da sole, non sarebbero in grado di difendersi dagli attacchi di un sistema che, coi mezzi di cui dispone, sarebbe facilmente

in grado di avere la meglio. Di qui l'esigenza di compiere una rivoluzione *politica* che gestisca le leve del potere e che permetta alle *autonomie locali* di svilupparsi come meglio credono, nell'ambito del socialismo e della democrazia.

5. In generale il *disarmo* è la prima condizione per garantire sicurezza e democrazia a tutti. Bisogna assicurare l'umanità intera che nessuno potrà prevalere su altri in forza delle proprie armi. Tutti devono essere messi in condizione di potersi difendere, ma nessuno deve poter pensare di attaccare usando mezzi che altri non hanno o non possono avere per motivi contingenti.

6. Se l'umanità è destinata a popolare l'universo, è bene sapere con quali criteri farlo. Dalle esperienze negative bisogna saper trarre indicazioni positive. "Non dover comportarsi così" è già un passo avanti.

7. L'umanità non ha bisogno di un "salvatore". Per costruire *comunità locali autogestite* occorre una volontà collettiva. La responsabilità della tutela ambientale, cioè la decisione di rispettare il principio secondo cui le esigenze riproduttive della natura sono superiori a quelle produttive degli esseri umani, va affidata alla comunità locale autogestita.

8. Se non si elimina la divisione tra lavoro manuale e lavoro intellettuale; se non si supera la divisione tra chi produce e chi comanda o tra chi possiede e chi lavora; se non si risolve la contrapposizione tra città e campagna, nessuna democrazia è possibile.

9. Se non si realizza l'*uguaglianza di genere*, nessuna democrazia è possibile. Ma l'uguaglianza di genere non è possibile con due corporature fisiche così diverse se non concedendo a una più diritti che all'altra. Se nel sistema dell'agricoltura la donna è destinata a diventare un oggetto dell'uomo, esattamente come la terra, allora l'unico uso possibile della terra è quello dell'orticoltura, in cui anche la donna può tranquillamente cimentarsi.

10. Se non si rispetta la *libertà di coscienza*, nessuna democrazia è possibile. La libertà di religione e di ateismo rientra nella libertà di coscienza. Quindi non è possibile che una democrazia politica faccia proprio un determinato atteggiamento nei confronti della religione. L'unico atteggiamento possibile è quello *laico*, che concede alla coscienza piena libertà in merito.

Esistono ancora le comunità etniche?

Al giorno d'oggi è impossibile che una qualunque comunità etnica abbia conservato integralmente la propria identità ancestrale. A partire dalla scoperta-conquista dell'America l'Europa occidentale ha occupato quasi l'intero pianeta, e anche quando non l'ha fatto fisicamente, di sicuro ha saputo diffondere il proprio stile di vita a tutto il mondo.

Nel nostro continente i mutamenti nei valori esistenziali, nei comportamenti sociali e individuali sono stati così imponenti, in così poco tempo, che ciò non ha avuto eguali in nessuna parte del pianeta. L'Europa occidentale ha inventato l'"individualismo" in tutte le sue forme, giustificandole col più raffinato diritto, con le più elaborate filosofie, spazzando via le forme ancestrali del collettivismo e condizionando pesantemente le nuove forme sociali, quelle che si rifanno alle ideologie del socialismo, che si pongono in antitesi al capitalismo e che in teoria potrebbero aiutare le suddette comunità tribali a ritrovare la propria autonomia.

Qualunque comunità etnica può essere lontana "fisicamente" dalla nostra civiltà borghese, ma ne resta condizionata sotto molti aspetti fondamentali. Oggi nessuno può sottrarsi ai tentacoli di tale piovra. L'unico modo di difendersi è reciderli di netto, o comunque di porre le condizioni perché non possano nuocere in maniera irreparabile.

Vediamo qui un esempio di doppio condizionamento culturale, da parte dell'esploratore (nella fattispecie Cristoforo Colombo) e del critico che legge il resoconto del suo primo viaggio (ci riferiamo al testo di Mondher Kilani, *L'invenzione dell'altro*, ed. Dedalo, Bari 2015).

Alle pagine 179-180 l'autore interpreta male la frase che Colombo riporta nel suo *Diario di viaggio*, secondo cui gli indigeni incontrati nel suo primo viaggio, i Lucayo, nell'isola di Guanahani, "andavano tutti completamente nudi... tanto gli uomini che le donne; anche se, a dir il vero, io ne ho vista una sola, che era molto giovane".

Kilani ha dedotto che Colombo avesse un'idea precostituita nella testa: quella di aspettarsi di vedere gente nuda, vicina allo stadio "adamitico", quello del paradiso terrestre. Il fatto è però ch'egli ne vide una sola, una ragazza molto giovane, e da quest'unica persona dedusse che lo fossero tutti, uomini e donne, di tutte le età.

Tale interpretazione, che pur coglie nel segno quando vuol mostrare che gli europei sono pieni di pregiudizi, è completamente sbagliata nel merito, e Kilani purtroppo se ne serve per dire che "questo tipo di procedura descrittiva è all'origine dell'invenzione dell'altro".

In realtà Colombo non inventò ch'erano "nudi", ma proprio il fatto d'aver visto in tali condizioni solo una giovanetta. Quando decise di partire da Palos, sperava di fare affari, non di incontrare gente nuda. Al vederla rimase molto colpito, poiché da tempo in Europa occidentale solo i bambini potevano essere visti nudi da tutti. I mariti non potevano veder nude neanche le proprie mogli.

Colombo sperava d'incontrare un paradiso terrestre non nel senso di trovare gente nuda, ma nel senso di trovare gente benestante, bisognosa di nulla, in pace con se stessa e con gli altri, disposta a commerciare, accettando i prodotti migliori dell'Europa. Non aveva intenzione di occupare terre altrui, ma di fare affari con gente ricca, che avrebbe potuto arricchire anche loro. Non aveva letto solo il *Milione* di Marco Polo, ma altri testi che favoleggiavano sul benessere degli orientali.

Quando vide che i primi abitanti incontrati non erano ricchi, in quanto non possedevano oro a profusione, né palazzi come i grandi signori d'Europa, né schiavi che lavoravano per loro, e non avevano sostanzialmente nulla da commerciare in maniera sistematica, in quanto praticavano l'autoconsumo, rimase profondamente deluso. I Lucayo non avevano indigenti nei loro villaggi, ma non potevano neppure essere definiti "agiati". Anzi, temevano di essere catturati dagli Aztechi, che avevano bisogno di schiavi da sfruttare e da sacrificare nelle cerimonie religiose.

Colombo e il suo equipaggio si meravigliarono molto che i Lucayo fossero tutti nudi, uomini e donne, poiché in Europa il sesso era associato, dalla cultura cattolica, alla colpa, ed era vietato esibirlo in pubblico. Il sesso adulto poteva essere visto solo in circostanze molto particolari: malattie, parto, torture... Ecco perché racconta di aver visto soltanto una donna molto giovane, praticamente una ragazzina o un'adolescente. Stava scrivendo un diario di viaggio, pensando che qualcuno avrebbe anche potuto leggerlo. Gli inquirenti dell'Inquisizione avrebbero potuto fargli domande a cui sarebbe stato difficile rispondere in tutta tranquillità.

Colombo pensò che la nudità fosse un segno esteriore della povertà economica, materiale. Non si rese conto ch'era un segno dell'innocenza primordiale, tipica del comunismo primitivo. L'innocenza indigena si esprimeva nel senso che la sessualità era vista in funzione della riproduzione e non in vista del solo piacere fisico. E il momento della riproduzione veniva deciso non dagli uomini, ma dalle donne, che se ne dovevano accollare l'onere maggiore.

Quella era una popolazione eticamente sana, non alienata, non soggetta a rapporti di discriminazione sociale o di genere sessuale. Era una popolazione molto strana agli occhi di Colombo e del suo equipaggio, poiché conosceva il principio dell'*uguaglianza sociale*, che in Europa occidentale dai tempi della civiltà etrusca ed ellenica non veniva più messo in pratica. Era una popolazione "primitiva" non nel senso di rozza, volgare, amorale, ma nel senso di "primordiale", "ancestrale"..., come lo erano stati gli Europei molti millenni prima.

Bisogna dunque far capire all'umanità intera che la possibilità di cambiare rotta è reale. Ma, per poterlo fare, bisogna essere assolutamente determinati, disposti a pagare qualunque conseguenza. Bisogna far credere che non vi è più nulla da perdere, se non la propria vita, che però non merita d'essere vissuta senza lottare. La storia non potrà chiudersi se non in un gigantesco massacro tra le istanze individuali e quelle collettive; e, tra queste ultime, vi sarà sicuramente una lotta implacabile tra quelle vere e quelle false. La Cina, per es. rappresenta una forma di falso collettivismo, che sicuramente avrà la meglio sull'individualismo occidentale, ma non costituirà una vera alternativa alla schiavitù salariata.

Noi veniamo da una civiltà il cui livello altissimo di tecnologia ci porta a considerare "primitiva" qualunque altra civiltà. L'uso di questo stesso aggettivo non rimanda solo a qualcosa di cronologicamente molto antico, ma anche a qualcosa di arretrato, inferiore sotto ogni punto di vista. È con questo atteggiamento di superiorità che abbiamo preteso di dominare il mondo.

Oggi però ci sentiamo minacciati quando vediamo che altre popolazioni, con culture diverse dalla nostra, hanno raggiunto i nostri stessi risultati, semplicemente imitandoci. Abbiamo voluto far vedere al mondo intero che eravamo i migliori, ma, invece d'essere contenti che il nostro stile di vita, le nostre conoscenze e abilità si sono diffuse su tutto il pianeta, ne siamo preoccupati. Improvvisamente ci siamo accorti che due o più galli non possono stare nello stesso pollaio.

Abbiamo ammirato il Giappone, che negli anni successivi alla II guerra mondiale raggiunse in poco tempo standard industriali di qualità, perfino superiori ai nostri, ma non ci preoccupava granché, sia perché tutto il mondo capitalistico, in quel periodo, era in una fase espansiva, sia perché il Giappone non era geograficamente una grande nazione e politicamente non aveva una propria autonomia dagli Stati Uniti. Oggi è la Cina a preoccuparci: possiede un livello tecnologico elevato a costi notevolmente inferiori a quelli occidentali (il che la rende competitiva a livello mondiale), ha un numero spropositato di abitanti ed è politicamente indipendente.

L'intera umanità è passata attraverso delle fasi che, in un certo senso, l'hanno attraversata come una tangente.

1. Al tempo dello schiavismo, che non ha riguardato il mondo inte-

ro, esistevano ancora molte comunità primitive. Lo schiavismo, nella forma privata o statale, costituiva l'antitesi più netta di quelle comunità: ne soppresse una infinità, ma molte altre riuscirono a sopravvivere. Alcune di queste, fiere del proprio nomadismo, diventarono così feroci contro gli schiavisti stanziali che distrussero molte loro città o imperi.

2. Quando quelle comunità nomadiche diventarono stanziali, lo schiavismo fu sostituito dal servaggio feudale. Le comunità primitive ancora esistenti, che vivevano nella loro forma ancestrale, comunistica, non subirono danni particolari durante il Medioevo, poiché il servaggio si basava sulla rendita agraria: non aveva le capacità commerciali dello schiavismo, né conosceva l'uso quotidiano del denaro, se non a livelli piuttosto limitati; non edificava imponenti città e non sapeva produrre una tecnologia molto pericolosa per l'ambiente e le comunità umane.

3. Le ultime comunità primitive dovettero affrontare il momento più grave della loro sopravvivenza quando il feudalesimo fu superato dal capitalismo. Infatti il capitalismo non solo recuperava le tradizioni commerciali dello schiavismo e l'uso del denaro, ma vi aggiungeva altre due cose che gli schiavisti non conoscevano: il concetto giuridico di "libertà personale" (che impedisce la dipendenza *fisica* dello schiavo e la dipendenza *personale* del servo) e la rivoluzione tecnico-scientifica, che permette di dominare nettamente la natura, di costruire aziende altamente produttive, città enormemente affollate e armi altamente pericolose. Tutte queste cose facevano sentire la civiltà borghese dell'Europa occidentale (poi anche statunitense) come la migliore del mondo, autorizzata a imporsi su tutte le altre civiltà, soprattutto su quelle primitive.

4. Strettamente correlata allo sviluppo della borghesia è l'ideologia del *cristianesimo*. Questa ideologia cominciò a perorare la causa dell'individualismo politico nell'ambito del cattolicesimo-romano, attraverso la figura onnipotente del pontefice. Dopodiché permise la formazione della figura del borghese, prima nella forma commerciale, poi in quella manifatturiera, entrambe prive di vero potere politico e ideologico. Solo col protestantesimo l'individualismo *politico* dei pontefici riesce a trasformarsi in un individualismo pienamente *sociale* e *politico* della borghesia, la quale pretende di avere una indipendenza politica e ideologica con un proprio Stato nazionale, capace di sottomettere la Chiesa.

5. A questa civiltà capitalistica si opposero le idee del socialismo, prima utopistico e riformistico, poi scientifico e rivoluzionario,

generalmente ateistico. Purtroppo il socialismo non è stato in grado di superare il capitalismo, per ragioni connesse all'uso dello Stato e/o dei mercati e/o della tecnologia industriale. Ma la principale motivazione della sconfitta del socialismo è stata un'altra: l'incapacità di considerare le comunità primitive come la vera alternativa a tutte le civiltà antagonistiche. Ciò dipese da un certo culto feticistico per la tecnologia borghese, in virtù della quale si pensava di potersi anche difendere meglio dagli attacchi militari del capitalismo.

6. Oggi tutte le idee del socialismo si sono "imborghesite", il capitalismo ha trionfato a livello planetario e le comunità primitive stanno definitivamente perdendo la loro identità comunistica. In mezzo a questa desolazione "umanitaria" si va inoltre imponendo, a causa di un uso scriteriato della tecnologia, la devastazione ambientale, con le sue deforestazioni, i suoi inquinamenti planetari e i suoi mutamenti climatici. Quanto più le comunità primitive scompaiono, tanto più l'umanità procede verso la propria autodistruzione.

L'unico modo di uscire da questa situazione catastrofica è unire le idee del socialismo scientifico e rivoluzionario allo stile di vita delle comunità primitive. Ci si deve convincere che il socialismo può essere usato per abbattere il sistema capitalistico, ma, una volta fatto questo, sono le comunità primitive a insegnare al socialismo come essere "umani" e "democratici" e soprattutto come essere "enti di natura". Si tratta però di verificare se davvero esistono ancora tali comunità e se hanno conservato una traccia significativa del loro passato.

Victor, un caso emblematico

Come noto, Jean Itard, medico e pedagogista a Parigi in un Istituto per sordomuti, cercò di studiare assiduamente, nel 1800, il "caso Victor"[3], un ragazzino dall'apparente età di 12 anni, trovato per caso nei boschi dell'Aveyron, nella Francia meridionale, ove vagava nudo con una difficoltosa stazione eretta, nutrendosi di vegetali crudi come ghiande e radici.

Victor, le cui origini non furono mai rintracciate, era stato ricoverato nel suddetto Istituto, in quanto lo psichiatra Philippe Pinel, dopo averlo visitato, lo riteneva affetto da idiozia congenita e pertanto irrecuperabile. Questo perché si strappava le vesti e rifiutava di dormire in un letto, accettando per cibo soltanto patate, noci e castagne crude dopo averle fiutate. Infatti per lui era primario l'olfatto, seguito dal gusto, dall'udito, dalla vista e infine dal tatto.

Non si sapeva dove metterlo, in quanto sembrava comportarsi come un animale, avendo vissuto, probabilmente per buona parte della sua esistenza, nel folto dei boschi. Si diceva fosse stato abbandonato dai genitori perché incapace di parlare, ma si pensò anche, vedendo che aveva un lungo taglio trasversale presso il limite superiore della trachea, all'altezza della glottide, che il ragazzo poteva essere sopravvissuto a un tentato omicidio da parte di chi, forse, l'aveva abbandonato nella foresta.

Itard fece un passo avanti rispetto a Pinel, in quanto aveva a che fare con pazienti non necessariamente problematici sul piano psicologico, i quali, grazie a un certo addestramento, potevano ottenere sensibili miglioramenti. Era convinto che la condizione animalesca di Victor fosse l'effetto non di una malattia mentale, bensì della lunga permanenza nei boschi, ove erano mancate le necessarie sollecitazioni socioculturali.

Partì da un'idea giusta ma seguendo una metodologia che oggi sarebbe stata messa in discussione dagli antropologi più avveduti. Lo portò a casa propria e con l'aiuto della governante si propose di fargli amare la vita sociale, allargare la sfera della sua esperienza sensoriale,

---

[3] Jean Itard, *Il ragazzo selvaggio*, ed. Anabasi, Milano 1995. G. Annacontini, *Victor e Itard tra natura e cultura*, Adda editore, Bari 2002. M. Bresciani Califano (a cura di), *Infanzia e memoria*, ed. Olschki, Firenze 2007. V. Brogi – L. Mori (a cura di), *Il bambino selvaggio*, Edizioni ETS, Pisa 2010. G. Genovesi (a cura di), *Rileggendo Itard*, Pitagora editrice, Bologna 2000. S. Moravia, *Il ragazzo selvaggio dell'Aveyron*, ed. Laterza, Bari-Roma 1972. Su questo caso si fece anche il film di François Truffaut, *Il ragazzo selvaggio* (1970).

ampliare le sue competenze, condurlo all'uso della parola e quindi all'uso della lettura e della scrittura. L'errore stava nel fatto che Itard considerava il contesto sociale borghese come l'unico ambiente di apprendimento.

Egli infatti era convinto che l'uomo "naturale", che vive a contatto con la sola natura, non ha nulla di "umano". Il senso di "umanità" è solo il prodotto della "civilizzazione". Questo perché l'uomo è anzitutto un essere "culturale". Lasciato a se stesso non impara nulla. Victor, in un quinquennio, fece qualche miglioramento, ma non nell'uso del linguaggio, salvo quello gestuale (non è possibile escludere che soffrisse di ritardo mentale o di autismo). Questo perché, vivendo in mezzo ai boschi, privo della compagnia di qualsiasi essere umano, egli era interessato soltanto ai rumori collegati ai suoi bisogni fisici.

Sostanzialmente Itard non aveva capito che un bambino abbandonato in una foresta non poteva costituire, neanche lontanamente, un esempio di "essere umano naturale". Semmai era l'esempio di una contraddizione sociale presente nella civiltà borghese, in quanto frutto di un parto indesiderato.[4] Nella foresta la figura umana non era un punto di riferimento: lo erano i lupi, che l'avevano adottato. E, nonostante i suoi limiti "umani" e "sociali" e la sua giovane età, egli era stato in grado di vivere autonomamente nella foresta.[5]

In ogni caso le speranze di recupero di Victor a una vita sociale, coltivate da Itard, finirono quasi del tutto frustrate: i progressi sensoriali, intellettivi e morali erano stati assai limitati, e il ragazzo restava un individuo asociale. Dal 1811 fino alla morte egli visse in una casa privata nei pressi dell'Istituto per sordomuti, ricevendo una pensione statale. Di questo periodo della sua vita praticamente nulla è noto. Morì dimenticato dall'opinione pubblica nell'inverno 1828 e fu sepolto in una fossa comune.

*

Prendendo spunto da questo caso vediamo ora di fare osservazioni di carattere generale.

Noi guardiamo il diverso da noi come se dovesse diventare uno di noi. Forse è normale che ognuno consideri la propria comunità o addi-

---

[4] Il commissario Guiraud, che stese una relazione sul ragazzo, ebbe modo di rilevare la sua strana attitudine a lasciarsi legare porgendo egli stesso le braccia, e ipotizzò che all'origine della sua vita nei boschi stesse una fuga spontanea dai maltrattamenti subiti.

[5] Anche Marie-Angélique-Memmie le Blanc (1712-75) visse per dieci anni nei boschi della Provenza (1721-31), ma dopo che fu ritrovata, riuscì ad apprendere la lettura e la scrittura. Fu l'unica *enfant sauvage* al mondo a riuscirvi.

rittura la propria civiltà come metro di misura per comprendere tutte le altre. Questo atteggiamento può apparire un po' provinciale, oltre che presuntuoso. In ogni caso quel che non è normale è il passo successivo, cioè l'esigenza che gli altri diventino come noi, in un modo o nell'altro, con le buone o con le cattive.

Noi occidentali ci sentiamo autorizzati a insegnare agli altri come devono essere. Abbiamo un *sapere colonialistico* perché abbiamo nel sapere un *atteggiamento individualistico* di cui non riusciamo a liberarci. Non riusciamo ad accettare l'idea che la storia non può essere vista come un processo evolutivo da uno stadio inferiore a uno superiore. Non riusciamo ad accettarla perché per noi europei il progresso tecnico-scientifico implica, inevitabilmente, una superiorità di tipo etico, giuridico, politico...

In nome del nostro egocentrismo culturale (eurocentrismo cattolico-feudale e protestante-capitalistico) siamo strutturalmente incapaci di comprendere la preistoria o le comunità non antagonistiche. È vero che abbiamo prodotto imponenti opere letterarie, riguardanti ogni campo d'indagine, scandagliando i processi più remoti della psicologia umana, analizzando qualsivoglia situazione sociale; e l'abbiamo fatto offrendo all'umanità una gamma inverosimile di valori umani, civili e politici. Ma tutto ciò è stato possibile proprio perché, in nome del nostro etnocentrismo culturale (che poi è una forma di solipsismo ideologico o di autismo culturale), abbiamo sperimentato un'infinità di orrori, di cui ci siamo solo parzialmente o momentaneamente pentiti. Infatti tutti questi spaventosi abomini non ci hanno mai portato a ripensare radicalmente il nostro antagonismo sociale: siamo solo passati da uno stile di vita a un altro all'interno di un determinato *range*. L'Europa occidentale (di cui gli Stati Uniti rappresentano la variante più estrema, più "calvinistica") appare come una propaggine impazzita del grande continente asiatico, un tumore che si è diffuso nel continente americano e successivamente in tutto il pianeta.

Se nella storia esiste una "evoluzione", essa riguarda unicamente i tentativi che sono stati fatti per superare l'alienazione che ci caratterizza: tutti tentativi rivelatisi, fino ad oggi, fallimentari. Di sicuro da quando è nato lo schiavismo (coi Sumeri nel IV millennio a.C.) non abbiamo mai sperimentato una "ecoluzione", cioè un progressivo rispetto delle esigenze riproduttive della natura. Il nostro rapporto con l'ambiente naturale è andato sempre più peggiorando, al punto che oggi siamo addirittura in grado di modificare il clima a livello planetario.

Ancora non abbiamo capito che non è la scienza (o meglio la tecnoscienza) a renderci più "umani", e neppure la cultura, sia essa giuridica, politica o filosofica. È soltanto nei *rapporti sociali* (che possono essere anche "muti" sul piano scritturistico) e nel *rapporto con la natura* (quella esistente in maniera indipendente dalla nostra volontà) che possiamo dimostrare d'essere "umani". Anzi neppure "dimostrare" ma solo "mostrare", poiché in ciò non vi è alcuna dimostrazione "logica", alcuna spiegazione razionale. I fatti davvero "umani" dovrebbero parlare da soli, in maniera tautologica, autoevidente, al di là delle specifiche forme che si usano.

Siamo così schiacciati sul nostro presente che abbiamo impedito al passato di potersi confrontare con noi. Noi facciamo riferimento solo a noi stessi, siamo autoreferenziali. Il passato non può dirci nulla di significativo appunto perché non esiste più. Non possono esserci forme completamente diverse dell'esistere in grado d'impedire la priorità, l'unicità della nostra comprensione e interpretazione degli atteggiamenti "umani". Il nostro presente è autorizzato a giudicare superate tutte le forme del passato appunto perché ha il privilegio d'essere "presente".

Tuttavia, lo stesso pensiero occidentale è arrivato alla conclusione, in campo fisico-astronomico, che nell'universo il tempo è un concetto molto relativo, non solo a causa della velocità della luce, ma anche a causa del punto di vista dell'osservatore, per non parlare del fatto che in presenza di un universo infinito, cioè illimitato nello spazio ed eterno nel tempo, non è possibile definire alcun centro, alcun punto di partenza, se non appunto in maniera relativa. Tutto il genere umano avrà quindi la possibilità di confrontarsi su quali esperienze ha vissuto sulla Terra. Si dovrà trovare il modo di mettere a confronto delle esperienze che, per quanto riguarda le forme esteriori, sono state molto differenti e hanno provocato effetti molto differenti sull'ambiente sociale e naturale. Non si potrà popolare l'universo scegliendo le forme più pericolose, più devastanti, meno umane e naturali.

I mezzi condizionano lo stile di vita, ma il senso di umanità che alberga in ogni essere umano deve poter avere delle caratteristiche assolutamente comuni, altrimenti il confronto alla pari sarebbe impossibile. Probabilmente l'ultimo tentativo di eliminare in maniera radicale, e quindi in maniera intelligente, cercando di costruire una vera alternativa all'antagonismo sociale (che è il conflitto irriducibile tra opposti interessi), è stato compiuto da Lenin, la cui rivoluzione politica fu tradita subito dopo la sua morte.

I tradimenti sembrano essere una costante dopo quello clamoroso che impedì a Gesù Cristo di compiere l'insurrezione nazionale anti-romana e anti-sadducea. Nel genere umano si è come inoculato un virus refrattario a ogni cura. E siccome non siamo riusciti a debellarlo nel momento iniziale della sua diffusione, ora possiamo aspettarci soltanto conseguenze sempre più catastrofiche, destinate a coinvolgere gran parte della popolazione mondiale. Siamo tutti infettati, e se non troviamo una soluzione condivisa, difficilmente riusciremo a sopravvivere. Ognuno però deve imparare ad assumersi delle *responsabilità personali*, poiché la fiducia cieca in un leader carismatico non farà che aggravare la situazione.

Che cos'è l'antropologia?

È per noi difficile pensare che l'antropologia non sia o non debba essere una scienza "olistica". Basta vedere quanto sono aumentate le sue partizioni d'indagine: parentela, religione, politica, economia, linguaggio, paleoantropologia... Oggi gli studi antropologici s'interessano anche di vita urbana, di turismo, di arte, di educazione, di malattie... Oggetto d'interesse sono diventati i "temi" più che le singole comunità indigene, forse perché queste stesse comunità, nella loro più autentica specificità, sono ormai in via di estinzione, almeno così sembra nell'immaginario collettivo dei Paesi colonizzatori.

Esiste anche un'antropologia cognitiva che studia i sistemi di pensiero e l'organizzazione concettuale delle realtà nelle diverse culture. E qui tralasciamo del tutto la branca dell'antropologia fisica, che esamina l'uomo come essere biologico, puntando sui meccanismi dell'ereditarietà, della genetica, dell'evoluzione... Per un lungo periodo, tra il XIX e il XX sec., quest'ultimo tipo di antropologia si legò al concetto di "razza", classificando i gruppi umani sulla base delle loro caratteristiche somatiche, ritenute oggettivamente misurabili, e soprattutto eterne, immutabili. Una scienza obbrobriosa, che arrivò a porsi al servizio del nazi-fascismo, anche se tutta l'antropologia occidentale, essendo evoluzionistica e positivistica, è sempre stata velata da una certa patina di etnocentrismo.

Quando diciamo che l'antropologia culturale dovrebbe essere considerata una scienza "olistica", non intendiamo questo termine alla maniera di Bronisław Malinowski, ch'era convinto, dopo essersi recato di persona e per un certo tempo presso una comunità primitiva della Melanesia, di poter dire "tutto", in maniera assolutamente obiettiva, del suo oggetto di ricerca, artificiosamente tenuto isolato da qualsiasi possibile influenza esterna, soprattutto dall'occidentalizzazione. Una pretesa assurda (o ingenua) per ameno due ragioni: da quando è sorto il colonialismo europeo, nessuna comunità può dirsi totalmente immune dai condizionamenti del capitalismo; inoltre tali condizionamenti l'antropologo se li porta dentro e da essi non può assolutamente prescindere.

"Olismo" per noi vuol dire avere un approccio "globale" sulla vita dell'uomo in generale, sia esso primitivo o residente nelle società più urbanizzate, considerando che non c'è nulla oggi che non sia strettamente interconnesso. Non ci interessano gli studi settoriali su argomenti specifici. Questo perché le condizioni di abitabilità sul pianeta ci appaiono oggi così critiche che la pretesa di risolvere i problemi generali partendo dall'affronto di un problema particolare rischia di diventare solo una perdita di tempo. Noi abbiamo bisogno di ripensare il concetto stesso di "essere umano", anche a costo di apparire "astratti", "filosofici"... Dobbiamo ritrovare le condizioni "integrali" che ci permettono di continuare a esistere con relativa sicurezza. Non possiamo continuare a vivere come se una catastrofe di natura economica, finanziaria, ecologica, militare... debba essere considerata come imminente o ineluttabile. Non è normale vivere in uno stress che condiziona ogni nostra più piccola scelta, o, al contrario, nell'indifferenza di quanto ci può accadere, col rischio di trovarci del tutto impreparati quando qualcosa di tragico accadrà.

L'economia, per noi, non è una scienza olistica. Infatti quando ne parliamo, ci scontriamo col fatto ch'esiste anche l'*ecologia*, che, a tutt'oggi, a causa dei guasti arrecati all'ambiente, ci appare anche più importante. È del tutto insensato rivendicare il diritto al lavoro, quando l'esercizio di tale diritto nuoce gravemente alla salute. Il concetto stesso di "lavoro" va ripensato proprio in funzione di un rapporto più equilibrato con la natura. Non serve a niente essere "produttivi" se non siamo *ecosostenibili*. Non serve neppure "lavorare", se ciò implica che si debba "vendere" una parte di sé (fisica o intellettuale). La vita non può essere finalizzata a un lavoro che serve per arricchire chi non lavora perché possiede terre o capitali.

Non solo, ma l'economia è determinata da indici meramente quantitativi, quando noi, in realtà, abbiamo bisogno di indici *qualitativi*, riguardanti la *vita sociale in generale*, e non solo la vita produttiva. Peraltro un'economia lasciata a se stessa, nell'ambito degli attuali sistemi antagonistici, senza alcun controllo da parte della politica istituzionale, porta facilmente a devastanti conseguenze. Aumentano in maniera esponenziale i conflitti sociali, e incontrollabili diventano gli effetti sull'ambiente. Anzi, le due cose s'influenzano a vicenda: la natura sicuramente ha da rimetterci dall'egoismo economico, ma poi si vendica sul genere umano, avendo necessità di sopravvivere non meno di noi. Già Lenin s'era accorto che la "scienza della politica" è nettamente superiore alla "scienza dell'economia". La politica deve controllare il più possibile l'economia, anche se in un sistema antagonistico la politica, in ultima istanza, tende a porsi al servizio dei poteri forti dell'economia.

L'antropologia, invece, guarda la società nel suo insieme. Il problema è che essa lo ha fatto, fino a ieri, solo nei confronti di società diverse da quelle borghesi; e, quel che è peggio, usando la civiltà industriale come paradigma per interpretare ciò che, secondo i nostri criteri occidentocentrici, appartiene al passato. Bisogna superare questo limite. E non lo si potrà certo fare analizzando la società borghese con gli occhi di un'antropologia, che, rimasta per così dire "disoccupata" a partire dalla decolonizzazione del secondo dopoguerra, sembra non avere altro futuro che quello di diventare una sorta di "sociologia delle realtà marginali". Come se la fine del colonialismo politico abbia comportato il superamento di quello economico! Non abbiamo bisogno di un'*etica* che ci aiuti a essere più "buoni". Semmai abbiamo bisogno di un'etica che poggi su fondamenta socialmente *democratiche*, riguardanti in primis la proprietà pubblica dei mezzi produttivi, la giusta ripartizione dei redditi, l'equità fiscale, le forme di cooperazione e di autogestione, ecc.

Il problema maggiore dell'antropologia culturale è che non riesce a fare un discorso critico, globalmente inteso, sulla società o civiltà da cui essa stessa proviene. Mentre pretende (oggi sempre meno in verità) d'essere "olistica" nei confronti delle realtà etniche o tribali, resta una scienza molto settoriale nel panorama delle scienze occidentali. Viene giudicata di livello inferiore non solo rispetto all'economia e alla politica, ma anche rispetto a quelle scienze che permettono di ottenere un introito economico significativo: si pensi solo alle scienze info-telematiche o a quelle fisico-chimiche o a quelle medico-sanitarie, e così via.

L'antropologia appare come una moderna filosofia che si avvale di strumenti d'indagine mutuati dal sapere scientifico di altre discipline, che pretendono d'avere un determinato statuto epistemologico. Quando tenta di essere critica dell'attuale capitalismo, lo fa in maniera piuttosto approssimativa, abituandoci a considerare le culture "altre" in chiave esotica, estetica, intellettuale... Al massimo viene a dirci, col relativismo culturale da tempo acquisito, di non assumere atteggiamenti di superiorità, in quanto anche noi sembriamo strani e curiosi agli occhi degli indigeni. Nel migliore dei casi s'interessa dei cosiddetti "poteri diffusi" che si esercitano mediante pratiche educative, riabilitative, discorsive nei luoghi più o meno repressivi o alienanti o che cercano di porre un argine alle contraddizioni delle società occidentali (carceri, ospedali, quartieri-ghetto, scuole, comunità terapiche, centri sociali o religiosi, ecc.). S'interessa dei meccanismi di esclusione dall'esercizio del potere, di emarginazione femminile, di propaganda consumistica e politica, di trasmissione ereditaria delle cariche, degli aspetti simbolico-rituali della politica... Si sta riducendo a una sorta di psicosociologia con competenze semiotiche.

Il fatto è che di fronte alla progressiva scomparsa o integrazione delle culture cosiddette "altre", è molto raro vedere gli antropologi protestare unanimi e con decisione contro questo "imbarbarimento della civiltà borghese", contro i nostri sistemi di dominio, che, sotto l'apparenza dei diritti umani, sponsorizzano le idee del "darwinismo sociale". Quando mai si sente qualche antropologo o etnologo mettere in discussione che l'attuale omologazione culturale, conseguente alla progressiva modernizzazione borghese del pianeta, debba essere considerata come un fatto assolutamente irreversibile? Coi suoi silenzi colpevoli, sin dal tempo del colonialismo più smaccato, l'attuale antropologia ha forse qualche possibilità di riscatto? Sarà sufficiente analizzare i flussi migratori, provenienti dalle aree più povere del pianeta, per apparire controcorrente? Che cosa potrà dire di "eversivo" nei confronti di questi nuovi "primitivi", che entrano in occidente cercando a tutti i costi di diventare "come noi"?

*

Qui, a titolo esemplificativo, riportiamo due casi di "integrazione fallita" tra indigeni e bianchi.

Il primo è quello di Ota Benga, il pigmeo cacciatore-raccoglitore del popolo Mbuti stanziato nel Congo. Era nato intorno al 1880 e i suoi familiari erano stati sterminati dai soldati belgi del re Leopoldo II, che aveva trasformato la sua nuova colonia in un'immensa fabbrica di caucciù, una preziosa resina che doveva rivoluzionare buona parte dell'industria europea. Dopo essere stato catturato da mercanti di schiavi, Ota fu riscattato, con altri sette Pigmei, da un missionario e antropologo americano, Samuel Phillips Verner, che viaggiava in Africa sotto contratto da parte della "Louisiana Purchase Exposition" (Fiera mondiale di Saint Louis), al fine di portare negli Stati Uniti un assortimento di Pigmei da mostrare come attrazioni alle Olimpiadi di Saint Louis del 1904.

Durante queste olimpiadi si tennero alcuni giorni "razzistici", denominati "Anthropological Days". Si trattava di veri e propri esperimenti scientifici, ideati dall'antropologo ed etnologo americano William J. Mc-Gee, in cui venivano fatti gareggiare Pigmei, Mongoli, Inuit, Nativi americani e Filippini, al fine di permettere agli scienziati di poter testarne forza fisica e intelligenza e dimostrare la scientificità dell'evoluzione biologica favorevole alla "razza bianca". Gareggiarono in molte discipline, ma la loro selezione casuale e il conseguente poco allenamento, fecero sì che apparissero meno forti e prestanti rispetto agli atleti americani ed europei. C'era poi un evidente problema di lingua: molti di loro non riuscivano a capire le regole, si spaventavano nel sentire lo sparo che decretava l'inizio di una corsa e si fermavano a metà competizione perché non capivano cosa dovevano fare. Tutto ciò suscitò inevitabile ilarità tra gli spettatori.

Nel secondo giorno vennero organizzate delle gare che, in teoria, sarebbero dovute risultare più facili per questi atleti improvvisati, come p.es. arrampicarsi sugli alberi, saltare tra i rami o lottare nel fango. Tuttavia, secondo gli scienziati che organizzarono e studiarono queste *performances* assurde, gli atleti bianchi risultarono superiori ai neri, ai rossi e ai gialli. De Coubertin, che non aveva dato il consenso per la realizzazione di queste gare, si vergognò a vita dell'episodio.

Verner, che ricevette dalle autorità una medaglia d'oro al termine dell'Esposizione, riportò gli africani in Congo. Ota visse per un certo periodo tra i Batwa, sposando una loro donna, che però gli morì quasi subito a causa di un serpente, e siccome non si sentiva di appartenere a quella tribù, decise di tornare con Verner negli Stati Uniti, dove fu alloggiato nel Museo di Storia Naturale di New York, al fine di essere osservato dagli antropologi. Siccome si trovava malissimo, fu messo a lavorare gratuitamente nello zoo del Bronx, dove però cominciò a diventare aggressivo, poiché i visitatori lo deridevano, lo molestavano, gli tiravano oggetti e cibo, imponendogli di sorridere per mettere in mostra i denti limati, come vuole la tradizione dei Pigmei. D'altra parte il direttore dello zoo, William Hornaday, aveva capito che Ota costituiva un'attrazione per i visitatori, per cui cercava di metterlo in mostra insieme alle scimmie dello zoo. In questo trattamento era supportato da Madison Grant, antropologo ed eugenista razziale.

Giudicato ingestibile, in quanto, non sopportando più quei soprusi, aveva cominciato con l'arco a scagliare frecce sul pubblico, fu affidato a James Gordon, un reverendo afroamericano battista e anti-razzista, che cercò di americanizzarlo, insegnandogli l'inglese, facendogli incapsulare i denti e vestendolo all'americana. Dapprima l'aveva collocato in un orfanotrofio per ragazzi di colore, successivamente in un seminario a svolgere l'attività di inserviente. Dopo essere stato assunto in una fabbrica di tabacco, ove mostrò d'essere un ottimo lavoratore, Ota avrebbe voluto, coi soldi guadagnati, rientrare in Africa, ma la prima guerra mondiale glielo impedì. Il 20 marzo 1916 si sparò al cuore con una pistola rubata, non prima d'essersi tolto le capsule dai denti e aver acceso un fuoco cerimoniale.[6]

Cinque giorni dopo morì Ishi, l'unico membro rimasto della tribù di nativi americani Yahi, considerato "l'ultimo selvaggio indiano" d'America, avendo vissuto gran parte della propria vita al di fuori della civiltà moderna. Ishi venne preso in consegna dagli antropologi dell'Università della California, a Berkeley, che lo intervistarono a lungo nel tentativo di ricostruire la cultura Yahi. Ishi descrisse le unità familiari, i modelli di

---

[6] Phillips Verner Bradford, nipote di Samuel Phillips Verner, scrisse, con Harvey Blume, un libro intitolato *Ota Benga: The Pygmy in the Zoo*, New York, St. Martin's Press 1982. Ngimbi Kalumvueziko, *Le pygmée congolais exposé dans un zoo américain: sur le traces d'Ota Benga*, L'Harmattan, Paris 2011. Carrie Allen McCray, *Ota Benga under my mother's roof: poems*, Columbia, SC: University of South Carolina Press, 2012. Antonio Monda, *Ota Benga*, ed. Mondadori, Milano 2015. V. Domenici, *Uomini nelle gabbie. Dagli zoo umani delle Expo al razzismo della vacanza etnica*, ed. Il Saggiatore, Milano 2015.

denominazione, le cerimonie che conosceva e il modo di realizzare taluni oggetti materiali. Il suo linguaggio, l'ultimo nativo in grado di parlarlo, fu studiato nel 1911 dal linguista Edward Sapir.

Il suo nome originario restò ignoto, in quanto "Ishi" significava semplicemente "uomo" in lingua Yana. L'antropologo Alfred Kroeber lo chiamò così perché gli Yahi non rivelavano mai il proprio nome al nemico, in questo caso l'uomo bianco. Quando qualcuno gli chiedeva il nome, lui rispondeva: "Non ho un nome, perché non ci sono persone per chiamarmi". Gli Yahi furono infatti fra i primi a sperimentare le devastanti e mortali conseguenze della famosa "corsa all'oro", quando oltre 300.000 cercatori giunsero in California alla ricerca delle pepite. Coi fiumi occupati dai cercatori e il numero di animali selvatici in rapida diminuzione, gli Yahi furono ridotti alla fame. La tribù combatté i coloni, ma fu ovviamente spazzata via dalla violenza delle armi da fuoco. Dopo due massacri nel 1865, condotti dal cacciatore di nativi Robert Anderson, la tribù fu ridotta a circa 100 individui. Nel 1871 di quello che era stato un popolo di circa 400 persone, perfettamente in equilibrio con la natura, rimasero solo in 16, tra cui appunto Ishi, che morì di tubercolosi dopo cinque anni di contatto coi bianchi. I suoi colleghi dell'Università tentarono d'impedire l'autopsia, in ossequio alle usanze Yahi, che prevedevano l'integrità del corpo del defunto, ma i loro sforzi furono inutili. A Ishi estrassero il cervello e cremarono il cadavere. Il cervello venne inviato da Alfred Kroeber all'Istituto di Smithsonian di Washington, dove fu studiato fino al 10 agosto del 2000, quando fu dato ai discendenti della tribù del fiume Pit, che lo seppellirono insieme alle ceneri in una posizione segreta nella regione del Deer Creek.[7]

---

[7] Su Ishi cfr. Theodora Kroeber, *Ishi un uomo tra due mondi: la storia dell'ultimo indiano Yahi*, ed. Jaca Book, Milano 1985, che si rifà al testo *Ishi the last Yahi: a documentary history*, curato da Robert F. Heizer e T. Kroeber, Berkeley, University of California press, 1981. Nel 1963 esisteva già in lingua italiana della Kroeber, *Il selvaggio in vetrina*, ed. Rizzoli, Milano, mentre nel 1968 era stato tradotto in francese, sempre della Krober, *Ishi: Testament du dernier Indien sauvage de l'Amerique du Nord*, Paris, Presses du Palais-Royal. Esiste anche il video di Jed Riffe e Pamela Roberts, *Ishi: the last Yahi*, Shanachie, 1994. E un ebook in inglese di Douglas Cazaux Sackman, *Wild men: Ishi and Kroeber in the wilderness of modern America*, 2010.

Chi è l'uomo?

Alla domanda, tipicamente filosofica, "Chi è l'uomo?", l'antropologia va (o è andata) a cercare, fisicamente e materialmente, la risposta in popoli molto diversi da noi occidentali, in luoghi remoti, che conosciamo solo attraverso delle letture o visti in qualche documentario televisivo, che apparentemente paiono "incontaminati" dalla nostra presenza, o comunque poco influenzati dal nostro stile di vita. Essa cioè compie una cosa che i filosofi di un tempo generalmente non facevano, essendo più che altro dei docenti universitari, delle persone sedentarie, o dei soggetti intenzionati a migliorare il luogo in cui operavano (migliorarlo in senso politico o giuridico o economico), senza interessarsi granché di ciò che non riguardava direttamente l'Europa, benché questa fosse già un continente colonialistico. I filosofi han sempre vissuto in maniera astratta, intellettualistica. Gli etno-antropologi davano invece l'impressione di essere delle persone più concrete, disposte a sacrificare, per almeno un anno, gli agi della vita borghese, pur di avere delle situazioni reali da esaminare in prima persona.

Il problema però è che l'antropologia, pur avendo, a causa del colonialismo, maggiore consapevolezza di quel passato che l'occidente ha definitivamente abbandonato, anzi caparbiamente rimosso, usando forme e metodi per lo più violenti, non riesce a trovare alcuna risposta significativa alla suddetta domanda. Parte con le migliori intenzioni e se ne ritorna più ignorante di prima. Nel migliore dei casi l'antropologo è una persona frustrata, in quanto, pur avendo incontrato qualcosa di molto diverso dal nostro stile di vita, alla fine non sa che farsene. Sa benissimo di non poterlo proporre a nessuno, se non come una sorta di curiosità esotica, sul contenuto della quale oggi può realizzare un testo che lo favorirà nella carriera accademica o un documentario per la televisione o, al massimo, una sceneggiatura per un film. Nel peggiore dei casi (dal punto di vista *etico*) arriva addirittura a comportarsi come un ladro di opere d'arte primitive o comunque molto antiche, salvo poi lasciarle in eredità, in punto di morte, a qualche museo.

Attenzione a non considerare queste caratteristiche "borghesi" come tipiche del solo antropologo moderno. Se leggiamo i testi dello storico greco Erodoto (484-425 a.C.), forse il primo occidentale ad avere una mentalità etnologica, ci accorgeremo di quanti pochi dubbi avesse nel considerare il popolo cui lui apparteneva il migliore in assoluto, decisamente superiore agli stranieri "barbari", incapaci di parlare il greco e che, per questa ragione, meritavano la sottomissione. Euripide addirittura usava le parole "barbaro" e "schiavo" come sinonimi. Aristotele invece era disposto a riconoscere il coraggio ai barbari d'Europa e l'ingegno a quelli asiatici, ma attribuiva entrambe le qualità ai soli Elleni.

Forse il primo che ha cominciato a mettere in discussione il primato assoluto della cultura europea, rispetto a qualunque altra cultura del mondo, è stato il teologo cattolico Bartolomeo de Las Casas (1474-1566), testimone diretto del genocidio delle popolazioni amerinde compiuto dagli spagnoli. Non a caso nello stesso periodo Michel de Montaigne (1533-92) cominciò a impostare il problema del relativismo delle culture, affermando nei suoi famosi *Saggi*: "ognuno chiama barbarie quello che non è nei suoi usi". Col che anticipava di due secoli le riflessioni del grande Rousseau, che pur non esitò ad abbandonare i suoi cinque figli alla pubblica assistenza di Parigi.

Quando poi in Europa si faranno strada le relazioni di viaggiatori come Pietro Martire di Anghiera, di Girolamo Benzoni, di Filippo Sassetti, di Francesco Carletti, di Francesco Gemelli Careri, di Matteo Ricci (tutti esistiti tra il Cinquecento e il Seicento), preceduti nel periodo medievale da Marco Polo e da Ibn Khaldun, sarà impossibile, da parte dei filosofi, non affrontare l'argomento dell'alterità culturale. All'origine della moderna antropologia vi sono infatti le riflessioni del suddetto Rousseau, ma anche di Vico e del gesuita Joseph-François Lafiteau (1670-1740).

Anche Montesquieu, nelle sue *Lettere Persiane* (1721), mostrava d'essere del tutto favorevole al relativismo in merito alle credenze religiose: "I negri dipingono il diavolo d'una bianchezza abbagliante, mentre i loro dèi sono neri come il carbone", scriveva. Nonostante ciò la sua tesi etnologica di fondo, secondo cui i caratteri delle varie popolazioni sono particolarmente determinati dai climi delle regioni in cui vivono, resta molto limitata.

Bisogna tuttavia constatare che questa sorta di relativismo culturale (rinvenibile anche ne *L'ingenuo* di Voltaire e nel *Supplemento al viaggio di Bougainville* di Diderot) era svolta, al tempo dell'Illuminismo francese, più che altro in funzione anti-ecclesiastica, cioè contro la cultura dominante della teologia cattolica: di fatto non ebbe mai alcuna conseguenza critica nei confronti della stessa società borghese.

Alla domanda "Chi è l'uomo?" la cultura borghese, sin dal tempo della nascita dei Comuni italiani, ha dato una risposta molto precisa: *è l'uomo che fa affari*. È possibile parlare di tutta l'etica che si vuole, è possibile avere le idee più sublimi di tutti i tempi, ma, in ultima istanza, ciò che conta è la *proprietà*, poiché solo su questa si può sviluppare un determinato senso della *libertà*. E per "proprietà" non s'intende tanto quella agraria, che quando nacque la borghesia era patrimonio degli aristocratici, ma quella mobile dei capitali, ottenuti attraverso i mercati, in cui si possono vendere merci prodotte con le macchine e lo sfruttamento di una manodopera salariata, giuridicamente libera.

Se l'antropologia non parte da questo presupposto storicamente inconfutabile, il suo contributo critico ai fini del superamento del capitalismo sarà sempre prossimo allo zero.

Alle origini dell'antropologia culturale

È stato indubbiamente un merito dell'antropologia culturale, a partire da *Cultura primitiva*, un testo del 1871, scritto da Edward B. Tylor (1832-1917), sostenere che "la cultura è quell'insieme complesso che comprende il sapere, le credenze, l'arte, la morale, il diritto, il costume e ogni altra capacità e abitudine acquisita dall'uomo in quanto membro di una società".[8] Questo a prescindere che detta società conosca o no la scrittura.

La cultura, insomma, non è semplicemente un bagaglio di conoscenze acquisite tramite l'istruzione (scolastica e/o universitaria) e la formazione professionale. È qualcosa di più complesso, nel senso che riguarda un vasto insieme di cose, intrecciate tra loro. Interessante anche il fatto ch'egli ponesse uno stretto legame tra "produzione di cultura" e "vita associata". L'individuo singolo, isolato, non può produrre "cultura", essendo un'astrazione priva di senso.

Il quacchero Tylor, che si sforzava (con poco successo in verità) di liberarsi dai pregiudizi rigidamente unilineari dell'evoluzionismo, allora imperanti in Europa, escludeva, giustamente, una distinzione di principio o di valore tra creazioni culturali di origine colta e prodotti di livello popolare. La cultura infatti era, secondo lui, ciò che caratterizza una comunità nella sua interezza, che la mantiene in piedi così com'è e nella sua progressiva evoluzione.

Considerato uno dei fondatori dell'antropologia culturale, Tylor, quando usava l'espressione "cultura primitiva" non la intendeva affatto in senso spregiativo. Per lui non esistevano popoli "selvaggi" privi di civiltà, anche perché quando si è in presenza di "comunità umane", l'esistenza non è mai simile a quella animalesca: ogni comunità è caratterizzata da molte espressioni o manifestazioni che possono essere definite "culturali". Tuttavia Tylor aveva dato una definizione di "cultura" che, tutto sommato, continuava a restare piuttosto generica e che difficilmente avrebbe potuto scontentare qualcuno, se non i positivisti più fanatici, non disposti ad accettare alcuna comparazione interculturale, in virtù della

---

[8] Tylor era stato preceduto, su studi settoriali, dallo svizzero Johann J. Bachofen e da Henry L. Morgan, su cui studieranno Marx ed Engels alla fine della loro vita. Morgan, nella sua *Società antica* (1877), sostenne uno schema triadico delle società umane (fase selvaggia, barbarica e civile) che oggi, in un certo senso, andrebbe rovesciato, in quanto i primitivi erano "civili", mentre noi siamo i "selvaggi".

quale si possano relativizzare i vantaggi del sistema capitalistico.

Tylor l'aveva formulata in un periodo in cui l'Inghilterra era una grande potenza colonialistica di livello mondiale. Era una definizione che, in un certo senso, rifletteva la scarsa determinazione ideologica degli inglesi nell'esercizio del loro imperialismo. Agli inglesi interessava dominare le colonie sul piano politico e soprattutto economico; non erano interessati, come invece gli spagnoli e i portoghesi, a convertire religiosamente le popolazioni sottomesse. Anzi, l'anglicanesimo nelle colonie era una religione riservata alle *élites* dominanti. Semmai gli inglesi tenevano emarginate, con una buona dose di razzismo, quelle comunità che non si lasciavano facilmente integrare, permettendo soltanto ai figli della borghesia locale, che studiavano perfettamente la cultura e la lingua dei dominatori, di sentirsi dei privilegiati. La definizione di Tylor avrebbe quindi dovuto essere meglio precisata, soprattutto in considerazione del fatto ch'egli l'applicava a popolazioni che, in quel momento, erano appunto colonizzate dagli inglesi. Cosa che però Tylor si guardò bene dal fare.

In effetti la cultura è anche la difesa di una specifica identità contro ciò che la vuole snaturare, facendole perdere non solo il senso di umanità e l'appartenenza a un determinato collettivo, con le sue comuni tradizioni, ma anche il costante riferimento alle esigenze riproduttive della natura. In questo concetto di cultura non si sarebbero potuti riconoscere gli imperialisti inglesi al tempo di Tylor. Lui stesso, come il suo collega James Frazer (1854-1941), non rinunciò mai all'evoluzionismo, soprattutto negli studi sulle religioni.[9] Ancora oggi viene considerato un assioma che il passaggio dall'animismo al politeismo e da questo al monoteismo sia stato una fonte di progresso della cultura umana sotto ogni punto di vista, quando in realtà l'animismo e il totemismo rappresentano le forme religiose più vicine allo stile di vita pre-schiavistico, per cui sarebbero da considerare assolutamente superiori a qualunque altra forma di religione, non foss'altro che per una ragione: sono state quelle che meglio hanno assicurato il rispetto del primato della natura.

---

[9] I limiti di Frazer sono così evidenti che persino Wittgenstein, un filosofo che non sapeva nulla di antropologia, non poté fare a meno di criticarli. "Il modo in cui Frazer rappresenta le concezioni magiche e religiose degli uomini è insoddisfacente perché le fa apparire come *errori*", così scriveva nelle sue *Note sul Ramo d'oro*, aggiungendo poi: "se i primitivi mettessero per iscritto la loro conoscenza della natura, essa non si distinguerebbe in modo fondamentale dalla nostra". Frazer infatti non riuscì mai a capire che anche un certo modo (moderno) di trattare la scienza non è molto diverso da quello che nel Medioevo si aveva per la religione, soprattutto quando si ha la pretesa di sostenere che *solo* la scienza occidentale ha la capacità di spiegare esattamente la realtà.

In ogni caso più che di "animismo" (una parola che rimanda a qualcosa di "magico" o di "superstizioso") bisognerebbe parlare di "universalismo", nel senso che la religione primitiva, non avvertendo alcuna vera separazione tra esseri umani ed esseri naturali, e considerando "vivente" qualunque cosa, e ogni cosa connessa a un tutto, era in realtà una *filosofica cosmica*, in cui l'aspetto *olistico* era garanzia di equilibrio. Le concezioni ebraica, cristiana e islamica si differenziano da questa filosofia cosmica (che resta più vicina alle tradizioni culturali dei continenti africano, asiatico, americano e oceanico antecedenti al colonialismo europeo) non perché non coltivi l'idea di "universalismo", ma semplicemente perché la vuole imporre con almeno una di queste cose: la forza delle armi, della tecnologia, dei capitali, dello Stato politico-nazionale, di un'ideologia esclusivistica.

Risulta essere incredibilmente difficile emanciparsi dalle idee dell'evoluzionismo filosofico, soprattutto da quelle formulate da Herbert Spencer, senza prima essersi liberati dai condizionamenti del sistema capitalistico. I progressi della tecnoscienza accecano anche le persone più intelligenti. Si può anche credere che esista una unità del genere umano e che esistano degli stadi universali di sviluppo storico e culturale, senza per questo dover credere nell'idea, di per sé antistorica, che la successione delle fasi avvenga contemporaneamente o nella stessa maniera in tutte le popolazioni della Terra. Quel che resta ingiustificato è che tale processo debba avere come risultato finale l'affermazione mondiale del capitalismo.

Che oggi si eviti di sostenere che vi sia un unico percorso di civiltà, comune a tutti i popoli, o che si possano stabilire delle classifiche o individuare dei "primati di civiltà", è certamente una gran cosa, ma non ancora sufficiente. A fronte di un capitalismo che ha causato due guerre mondiali spaventose, innumerevoli guerre regionali e una incredibile devastazione ambientale, tali ammissioni sono ancora troppo poco. Di fatto si continua a dare per scontato che alla tecnoscienza, ai mercati e agli Stati nazionali non vi siano alternative praticabili. Si è diventati soltanto meno supponenti e più diplomatici, ma la sostanza "egocentrica" è rimasta. Questo per dire che non ci basta il "relativismo culturale": noi abbiamo bisogno di rendere più *umano* e *naturale* il nostro stile di vita, poiché di fatto non lo è.

Oltre Tylor

Il concetto tyloriano di "cultura" venne messo in crisi dalle ricerche fatte dagli etnologi direttamente presso le comunità primitive. L'antropologia da tavolino di Tylor, Morgan e Frazer, che dalle loro cattedre universitarie impartivano lezioni sui resoconti di chi aveva visitato luoghi esotici da colonizzare (missionari, esploratori, militari, medici, mercanti...)[10], fu superata dagli antropologi che praticavano il *fieldwork*, cioè il "lavoro sul campo".

Vediamo, in sintesi, le idee di Tylor:

1. la cultura è un insieme composito e integrato di norme, usanze, comportamenti di una determinata comunità, che, nel caso di quelle primitive, si mantiene più o meno inalterata nel tempo, soprattutto se la comunità è di piccole dimensioni, isolata dallo sviluppo urbano coloniale;
2. la cultura ha una natura *olistica*, cioè è una totalità in sé conclusa, le cui parti sono in reciproca relazione;
3. la cultura si sovrappone alla natura, distinguendo l'uomo dall'animale, che è incapace di usare strumenti simbolici;
4. la cultura si trasmette alle nuove generazioni attraverso un processo verticale e discendente, dal più anziano al più giovane.

Contro queste idee si è cominciato a dire, a partire dagli anni Settanta del XX sec.:

1. non esiste una cultura universale condivisa da tutti gli esseri umani, cioè non esistono valori minimi o fondamentali in cui tutti gli esseri umani si possono riconoscere;
2. la cultura non è un insieme compatto e stabile, ma un processo in continuo mutamento, i cui confini non sono invalicabili o impenetrabili;
3. natura e cultura si influenzano reciprocamente: se la cultura pretende di sovrapporsi alla natura, ne paga le conseguenze;
4. una cultura come totalità a se stante poteva esistere quando le comunità extra-europee erano circoscritte in un'area geografica piccola (un'isola o una vallata protetta dalle montagne), e non conoscevano né la scrittura né un'organizzazione sociale evoluta. Oggi tutto questo, in presenza della globalizzazione capitalistica,

---

[10] A dir il vero Tylor nel 1855 visitò il Messico per dedicarsi a studi di archeologia ed etnografia.

tende a scomparire: si è tutti sottoposti a influenze esterne;
5. la trasmissione della cultura non è più unidirezionale ma multidirezionale: chiunque può insegnare qualcosa a chiunque, soprattutto se le informazioni, i valori sono veicolati da strumenti tecnologici avanzati. Tende a scomparire la sequenza lineare dell'apprendimento, a vantaggio della circolarità del sapere: tutti imparano da tutti. La democrazia è più produttiva dell'autoritarismo, anche se può apparire più dispersiva.

In virtù di queste convinzioni è diventato oggi abbastanza scontato ritenere che le culture indigene, tribali, stiano scomparendo sotto il peso della diffusione mondiale del capitalismo, che ci vuole tutti "consumatori" di qualcosa. Persino quando le colonie hanno iniziato a liberarsi delle loro madrepatrie[11], i nuovi Stati indipendenti non hanno fatto altro che promuovere delle politiche d'integrazione sociale alle tribù indigene presenti nel loro territorio, le quali dovevano mandare i loro figli nelle scuole statali, dovevano curarsi con la medicina sintetica, dovevano votare in occasione di elezioni, e adempiere a tutti i principali obblighi del "cittadino". Le comunità indigene tendono a essere sempre più assorbite dalla cultura dominante, che resta "dominante" anche in presenza di processi di decolonizzazione.

I mass-media sono in grado di raggiungere i luoghi più remoti del pianeta. Paradossalmente le ultime comunità indigene stanno diventando un'attrazione di tipo "turistico", a motivo dei loro manufatti, delle loro usanze, della loro alimentazione, ecc. Nell'analisi di queste comunità la "semplicità" è un lusso che l'antropologo non si può permettere, anche perché quanto più si afferma la dipendenza da fattori esterni, tanto più si diversificano le risposte (soprattutto commerciali) da offrire a tale dipen-

---

[11] Forse può apparire esagerato che in questo testo si continui a parlare di "colonialismo", quando si sa benissimo che a partire dalla fine della II guerra mondiale gli imperi coloniali europei hanno iniziato a disgregarsi. Tuttavia in questi ultimi 70 anni si è formato una sorta di "neo-colonialismo", consistente in una dominazione più sofisticata e apparentemente meno brutale, più economico-finanziaria che politico-militare. In ciò il ruolo degli Stati Uniti è dominante. Oggi è sufficiente l'arma del debito o dell'embargo commerciale per mettere un'intera nazione in gravi difficoltà. È impossibile uscire dal colonialismo, vecchio e nuovo, se non si diventa una grande potenza capitalistica o se non si esce completamente dalle dinamiche predatorie delle multinazionali. Significativo resta il fatto che tutti gli Stati che si sono emancipati politicamente dal colonialismo, a partire dal secondo dopoguerra, non riescano a non riprodurre, nei confronti delle comunità indigene autoctone, lo stesso trattamento discriminante che esse subivano in precedenza dal colonialismo occidentale.

denza.

In virtù dei mass-media ognuno ha la sensazione di vivere più culture, locali e globali, proprie e altrui, off-line e on-line. L'antropologia ha di fronte a sé il mondo intero, percepito nella sua interezza e complessità. Negli ultimi decenni del Novecento ci si è convinti che col colonialismo si è imposta l'idea di un "villaggio globale" (planetario), che tende a uniformarsi in maniera consumistica. Oggi è la tecnoscienza, gestita dai grandi capitali produttivi e finanziari, a dirci come dobbiamo essere "umani".

Nell'intero pianeta la cultura sembra essere diventata una sola: al massimo sono ammesse delle varianti, una relativa autonomia in uno spazio (o anche in un *range*) molto circoscritto e fino a quando esigenze superiori non decideranno di ridurla a zero. La diversità sta scomparendo sotto il peso della uniformità, della omologazione. Ci sentiamo parte di un unico mondo, ma non sulla base di comuni sentimenti umani, di valori minimi condivisibili, di approcci equivalenti ai processi naturali. Siamo in realtà tutti schiavizzati da poteri che sfuggono completamente al nostro controllo.

Quando si parla di "cultura delocalizzata", non s'intende la presenza di più culture autonome, che possono interagire tra loro in piena libertà, ma s'intende il fatto che i processi decisionali non appartengono al luogo in cui si vive. La cultura è "delocalizzata" soltanto perché non è attribuibile a un gruppo sociale preciso, a un ambiente specifico, connotato fisicamente, territorialmente. Il razzismo biologico è stato superato dall'uniformità sempre più spiccata degli stili di vita.

L'umanità è sempre più divisa in due grandi gruppi umani: quelli che producono molto e consumano poco, e quelli che consumano molto e producono poco. La stragrande maggioranza del genere umano lavora molto e consuma poco. Il capitale pensa che per produrre molto bastino poche macchine potenti, efficienti, fatte funzionare da lavoratori esperti, usati come schiavi salariati. Chi è privo di mezzi culturali (o chi pensa di possederli inutilmente) avverte solo angoscia e frustrazione. Di qui la continua esigenza di trasferirsi altrove, di emigrare in cerca di fortuna.

Continua imperterrito a riproporsi il problema sollevato dal socialismo due secoli fa: il capitale è in contraddizione irriducibile col lavoro. A questo problema oggi se ne è aggiunto un altro: il lavoro non può emanciparsi dal capitale senza mettere in discussione l'uso delle macchine, che è incompatibile coi processi di sviluppo o di riproduzione della natura. Il crollo della ecosostenibilità del macchinismo ha posto all'ordine del giorno l'esigenza di una elaborazione fortemente ecologistica delle idee del socialismo. Di qui il ritorno dell'interesse per le comunità primitive.

I valori minimi

Perché penso che i primi esseri umani si siano formati in Medio Oriente e non in Africa? Perché, guardando i tratti somatici, si ha l'impressione che quelle popolazioni non abbiano alcuna caratteristica particolare o rilevante, tale da prevalere su tutte le altre.

La pelle non è né troppo scura né troppo chiara; le labbra non sono carnose come quelle africane e gli occhi non sono a mandorla come quelli asiatici. Non sono individui i cui corpi hanno subìto particolari condizionamenti dovuti al clima, all'alimentazione, al luogo di residenza. Da lì, ad un certo punto, in fasi progressive, devono essere emigrati verso qualunque punto del pianeta, cambiando in maniera significativa l'aspetto fisico.

Ora, se è vero che, guardando soltanto questo aspetto fisico, possiamo dire che, a fronte di pur notevoli diversità, vi sono assolutamente degli elementi comuni, per quale motivo non dovrebbe essere la stessa cosa nei confronti degli aspetti etici o morali? Nonostante le enormi diversità culturali, perché si dovrebbe negare l'esistenza (o anche solo l'esigenza) di alcuni *valori comuni*? Ma se ci fossero, quali potrebbero essere? Di sicuro non quelli di tipo religioso, poiché qui le differenze sono abissali. Bisogna trovare qualcosa che preceda la nascita delle religioni. Bisogna andare indietro di molte migliaia di anni. Occorre trovare dei *valori minimi*, che siano però fondamentali, cui nessuno vorrebbe rinunciare, e se anche qualcuno volesse farlo, sarebbe costretto a rinunciare a una parte fondamentale di sé.

È dunque possibile individuare dei valori umani la cui interpretazione sia universalmente condivisa? Oppure dobbiamo rassegnarci al fatto che ogni valore può sempre essere interpretato in maniera opposta? I *valori umani universali* fanno comodo a chi vuol imporre una cultura valida per tutti, oppure possono essere usati proprio per impedire che si formi una cultura del genere?

Guardiamo ad es. il *diritto alla vita*. Sembra un valore elementare. Anche tra gli animali esiste: infatti sono tutti dotati di strumenti di difesa in caso di attacco nemico. Nessuno, in condizioni normali, sceglie il suicidio o, in condizioni di normale pacificazione, pensa di poter avere su altri il potere di vita e di morte. Solo nelle civiltà antagonistiche si sceglie il suicidio come forma di protesta o si può trattare qualcuno come una "cosa" e non come una "persona".

Eppure se il diritto alla vita fosse universalmente riconosciuto, non dovrebbero esserci assassini o guerre o sentenze capitali o aborti procurati... Per poter dire che questo può essere considerato un valore universale, cui tutti devono sentirsi vincolati, bisognerebbe prima garantire a tutti un'esistenza degna d'essere vissuta, in cui la *libertà di coscienza* e la *responsabilità personale* siano pienamente rispettate, in grado di essere effettivamente esercitate. In astratto il diritto alla vita non vuol dire nulla. La vita non è semplicemente qualcosa di fisico, non può essere paragonata al fatto di respirare. Non si è vivi neppure solo perché si è nati. L'esistenza in vita, nel mondo umano, implica anzitutto la possibilità di apprendere qualcosa di significativo, che aiuti a crescere nella propria interiorità, che aiuti a sviluppare la mente, la sensibilità, le emozioni, i valori... Qualunque forma riduzionistica, in senso meramente fisico, del concetto di "essere vivente" è abominevole.

D'altra parte è banale e fuorviante anche il suo rovescio: "È morto perché ha esalato il suo ultimo respiro", come si è soliti dire nei casi estremi. In realtà dovremmo dire che è morto alla condizione terrena e che continua a vivere in una dimensione ultraterrena, che per qualche ragione ci è ignota, come il feto nel ventre della madre non può sapere cosa lo attende fuori, benché riesca a percepirne qualcosa. Nell'universo nulla si crea e nulla si distrugge ma tutto si trasforma. L'essere umano continua a vivere perché, come "essenza", non è mai nato: cambiano solo forme e modalità.

Dobbiamo quindi pensare a qualcosa di precedente al diritto alla vita. Se diciamo che tutti hanno diritto a vivere una vita che sia socialmente ed eticamente dignitosa, dovremmo soffermarci ad analizzare il significato della parola "dignità". Ora, è evidente a tutti che ci si sente "degni" quando non ci si sente "mortificati". La mortificazione può essere imposta da qualcuno per esigenze di dominio. Di regola, da tale mortificazione ci si vuole liberare con la vendetta o con l'inganno o con una guerra civile, ovvero con una rivoluzione politica. Ma la mortificazione può essere avvertita anche quando si deve pagare il fio di qualche errore compiuto ai danni di qualcuno (un errore volontario o involontario, personale o collettivo o addirittura istituzionale).

In ogni caso la mortificazione si sopporta quando è di breve durata, poiché non si può a lungo tollerare di non essere pienamente liberi o almeno liberati da quella cosa che ci opprime. Si spera cioè, in tempi ragionevoli, di tornare a vivere la vita d'un tempo, senza essere sottoposti ad alcuna oppressione, cioè in attesa d'essere pienamente reintegrati nella comunità delle persone che si sono offese.

Ecco, forse il *senso della libertà* ci accomuna di più che non il diritto alla vita. Quando tutti avvertono di sentirsi liberi, non hanno motivi di minacciare la vita altrui. Tylor diceva che l'esogamia era stata inventata per impedire che le tribù si ammazzassero a vicenda, ma in tal modo non si rendeva conto che quando due tribù arrivano al punto da volersi sterminare, non c'è esogamia che tenga. Non possiamo essere superficiali in presenza della guerra o interpretare le vicende delle comunità primitive con categorie mentali diverse dalle loro.

Essere liberi non vuol dire non avere problemi da risolvere. Senza problemi da risolvere non si cresce, non matura alcuna personalità. Essere liberi vuol dire poter utilizzare liberamente i mezzi che virtualmente servono per risolvere determinati problemi. Una vita è degna d'essere vissuta quando si possiedono liberamente, autonomamente i *mezzi* con cui poter affrontare (da soli o insieme) i problemi che, di volta in volta, si pongono alla nostra attenzione. Senza il *possesso* di questi mezzi non c'è libertà.

Ora, chi decide quando i mezzi sono idonei o sufficienti a risolvere un determinato problema? Di sicuro non è l'individuo singolo, che potrebbe avere una volontà o una visione divergente da quella degli altri. Diciamo che è la sua *comunità di appartenenza*. L'essere umano è un *animale sociale*. I mezzi per risolvere i problemi devono appartenere a un *collettivo*. Il che non vuol dire che un collettivo, per avere tali mezzi, non sia costretto ad apporsi a un altro collettivo. Piuttosto vuol dire che quando un collettivo possiede tali mezzi, su questi non è possibile esercitare una proprietà privata (di qualcuno in particolare) o astratta, come quella dello Stato.

Ecco quindi posti dei *valori minimi universali*: l'uomo e la donna, appartenenti a un collettivo, si sentono liberi quando dispongono entrambi dei mezzi che li aiutano a risolvere i loro problemi. Poiché i problemi possono essere di natura materiale e immateriale, così devono esserlo i mezzi da impiegare. La libertà è in relazione alla proprietà: per sentirsi liberi tutti devono possedere i mezzi che garantiscono il senso della libertà. Se i mezzi non sono posseduti individualmente, devono esserlo collettivamente, affinché il singolo individuo possa sentirsi sicuro.

Ma questo non è ancora sufficiente. Infatti, ancora non è stato chiarito il *criterio* con cui usare tali mezzi. Sappiamo soltanto che se tutti devono possedere tali mezzi, nessuno può usarli a danno della proprietà altrui. Tuttavia gli esseri umani sono apparsi in un contesto che li precedeva nel tempo, almeno nell'ambito del nostro pianeta. La natura o la materia è qualcosa di assolutamente oggettivo, imprescindibile. Non è possibile decidere il criterio con cui usare i mezzi che devono risolvere i problemi, senza tener conto delle necessità della natura. Noi non siamo solo "esseri umani", ma anche "enti di natura". E la natura *vuole vivere*, esattamente come noi. La natura è "altro" da noi, ha le sue esigenze, le sue modalità d'esistenza e di risoluzione dei problemi.

Se nell'uso dei nostri mezzi di lavoro (che è un lavoro creativo, produttivo, risolutivo di problemi...) non teniamo conto delle esigenze vitali e riproduttive della natura, noi siamo destinati a perdere la nostra libertà. La scarsità di risorse ci renderà sempre più reciprocamente nemici.

Dunque, avere coscienza della libertà significa avere coscienza di qualcosa, la natura, che ci precede nel tempo e nello spazio e che, per questa ragione, va sommamente rispettata. È la stessa natura che ci indica i limiti oltre i quali non possiamo andare. La coscienza della libertà può maturare solo in un contesto in cui si ha consapevolezza di alcuni limiti invalicabili. La libertà personale si misura nel rispetto della libertà altrui, e questa alterità non va rispettata solo nei confronti dell'essere umano, ma anche nei confronti della natura, che ha proprie leggi oggettive, universalmente valide.

Ecco, forse un contatto più diretto con la natura potrebbe aiutarci a capire quali possono essere i valori minimi o fondamentali che possono farci sentire liberi e uguali.

La scientificità dell'antropologia culturale

I

Le pretese scientifiche dell'antropologia culturale sono una diretta conseguenza delle pretese scientifiche dell'antropologia fisica o biologica, ch'era però tutto meno che "scientifica", in quanto rigidamente evoluzionistica, inguaribilmente eurocentrica e tendenzialmente razzistica.

È vero, quando nacque l'antropologia culturale, con gli inglesi Tylor e Frazer e con l'americano Morgan, si cercò di rinunciare al razzismo e all'eurocentrismo; si cercò di separare le questioni biologiche da quelle culturali; ci si sforzò di guardare le comunità indigene con gli occhi del relativismo culturale; ma nella sostanza si rimase evoluzionistici e positivistici. Prima che l'antropologia avverta l'importanza delle teorie socialiste bisognerà attendere la fine della II guerra mondiale e soprattutto la contestazione operaio-studentesca degli anni Sessanta e Settanta del XX secolo.[12]

Si era in sostanza convinti che tutte le popolazioni fossero destinate a proseguire un cammino storico simile a quello occidentale, in cui le differenze avrebbero potuto riguardare soltanto i tempi, i mezzi e i modi, ma non il risultato finale (questo però senza tener conto che uno stile di vita borghese aveva iniziato a imporsi in un tempo piuttosto remoto, intorno al Mille, nei primi Comuni italiani).

La fondamentale certezza del valore dell'evoluzionismo era data dal grande sviluppo della tecnoscienza, dei mercati internazionali e degli Stati nazionali, politicamente e militarmente molto forti. Nulla poteva essere paragonato alla potenza dell'Europa occidentale e degli Stati Uniti. L'unica eccezione era costituita dal Giappone, che però non ha mai avuto la pretesa di rappresentare un "modello mondiale", ma, al massimo, "asiatico".

L'idea centrale di questi antropologi evoluzionistici era che la "primitività" delle popolazioni indigene dipendeva dalle loro religioni

---

[12] Recuperano qualcosa del marxismo in chiave antropologica, trattando il tema del colonialismo, i testi di Georges Balandier e dei suoi allievi, Claude Meillassoux e Jean-Loup Amselle. Ma bisogna studiarsi anche i testi di Marvin Harris, di Julian Steward, Leslie White, Ann Stoler, Eric Wolf (in particolare *L'Europa e i popoli senza storia*), Sidney Mintz (in particolare *Storia dello zucchero*). Per un'antropologia nettamente anti-razzista cfr Eugenia Shanklin, Leith Mullings e Takami Kuwayama.

animistico-totemiche e politeistiche, troppo infarcite di credenze feticistiche, magiche e mitologiche. Essi pensavano che sarebbe stato un grande passo avanti abbandonare queste religioni per abbracciare almeno il monoteismo: ciò in quanto tutti erano convinti che, prima o poi, la scienza avrebbe sostituito qualunque forma di religione.

Se tali antropologi borghesi avessero letto il capitolo del *Capitale* di Marx, dedicato al "feticismo delle merci", l'avrebbero inevitabilmente considerato, come già gli economisti borghesi e persino gli strutturalisti marxisti, il frutto di una mera elucubrazione filosofica priva di senso. Con ciò però avrebbero perso un'occasione preziosa per capire che proprio in quel testo l'autore aveva scoperto che il modo borghese di trattare la "merce" era straordinariamente somigliante al modo cristiano di trattare la "divinità", alla faccia delle presunta scientificità dell'economia politica classica.

Di regola per "autori classici" dell'antropologia culturale contemporanea non s'intende la suddetta triade (Tylor, Frazer e Morgan), ma un terzetto che ha operato tra le due guerre mondiali e nel secondo dopoguerra: Franz Boas (1858-1942), caposcuola tedesco dell'antropologia statunitense e maestro di una generazione di brillanti studiosi (Alfred Kroeber, Edward Sapir, Ruth Benedict, Margaret Mead, Robert Lowie, Abram Kardiner, Ralph Linton); poi il polacco Bronislaw Malinowski (1884-1942), teorico del funzionalismo antropologico, che trovò grandi estimatori in Alfred R. Radcliffe-Brown (1881-1955)[13] e in Edward E.

---

[13] Alfred Radcliffe-Brown (1881-1955), fortemente influenzato dalle teorie sociologiche di É. Durkheim, è stato il fondatore dell'antropologia sociale inglese, di orientamento funzionalista-strutturale, in polemica con gli evoluzionisti e diffusionisti. Per lui i fenomeni sociali andavano trattati usando il metodo induttivo, come fossero fatti naturali tra loro interagenti, sulla base di leggi oggettive che hanno come scopo finale l'integrazione sociale (l'adattamento), al di là degli aspetti psicologico-culturali in senso lato. Ecco perché non analizzò mai come cambiano nel tempo le istituzioni sociali, ma solo il *modo* in cui funzionano. Il colonialismo non era un argomento che gli interessava, però le sue ricerche furono strumentalizzate proprio dal governo inglese colonialista. Soggiornò per un biennio, agli inizi del Novecento, nelle isole Andamane, nell'Oceano Indiano, scrivendo poi il libro *Gli isolani Andamani* (1922). I suoi contatti con gli aborigeni australiani nel 1910-13 sono invece documentati nel libro *Organizzazione sociale delle tribù australiane* (1931). Fondamentale è il testo *Struttura e funzione nella società primitiva* (1952), che indica il quadro teorico della principale antropologia inglese tra gli anni Quaranta e gli anni Sessanta. Suoi principali allievi furono E. E. Evans-Pritchard e Meyer Fortes. I suoi studi sui sistema di parentela anticiparono nettamente quelli di Lévi-Strauss, ma quest'ultimo ridicolizzò la pretesa ch'egli aveva di giungere a leggi universali o generali sommando le singole esperienze concrete, senza avere delle premesse logiche.

Evans-Pritchard (1902-73); infine il franco-belga Claude Lévi-Strauss (1908-2009), massimo esponente dell'antropologia strutturale mondiale.[14]

Costoro iniziarono a separarsi dalla sociologia nei primi anni del XX sec., ritenuta inidonea per capire le realtà primitive. Émile Durkheim si muove ancora in una via di mezzo tra le due discipline: da un lato s'interessa dei fenomeni di massa delle società capitalistiche, dall'altro delle religioni australiane indigene. Se vogliamo l'antropologia culturale contemporanea è una sociologia che, nell'applicarsi allo studio delle comunità indigene, ha bisogno di dotarsi di strumenti diversificati, come p.es. quelli semiotici e linguistici.

*

Vediamoli ora separatamente.

Franz Boas frequentò le riserve di alcuni nativi americani della costa nord-ovest degli Stati Uniti. Era convinto che la testimonianza del ricercatore potesse ritenersi scientifica solo se "oculare". Di qui il suo motto: "Tutti sul campo!". Il metodo di ricerca doveva per forza essere induttivo, sul modello delle scienze naturali: 1) osservazione diretta dei fatti concreti, evitando le precomprensioni e cercando di apprendere bene la lingua della comunità da osservare: in tal senso Boas viene considerato un precursore della *etno-linguistica*; 2) elaborazione di leggi e teorie successiva alla raccolta e all'analisi comparativa dei dati, che doveva avere una componente "storica", diversamente da come facevano gli evoluzionisti. La debolezza di questo metodo stava proprio nel primo punto, là dove si pretendeva che l'antropologo potesse spogliarsi del proprio background, calandosi in prima persona nel contesto vitale della comunità indigena.

Secondo Boas e la sua scuola (influenzata dalla psicologia delle forme e dalla psicanalisi) ogni cultura possiede delle peculiarità che la rendono unica e irripetibile, per cui è inutile collocarla in uno schema universale, come appunto quello degli stadi evolutivi ("diverso" non significa "inferiore"). Questo "particolarismo storico-culturale" veniva considerato una premessa irrinunciabile per poter attribuire una validità euristica a ogni cultura, in rapporto all'ambiente in cui essa si è formata e sviluppata. Per lui quindi non aveva senso il comparativismo legato a un processo evoluzionistico lineare.

Tuttavia, applicando a delle comunità indigene, soggette al colo-

---

[14] A questo terzetto si può aggiungere il francese Marcel Griaule, ma non per l'importanza teorica. Frequentò per molto tempo il popolo dei Dogon nel Mali, pubblicando *Dio d'acqua* (1948), ed. Bollati Boringhieri, Torino 2002.

nialismo occidentale, gli stessi metodi delle discipline scientifiche, la sua metodologia finiva col diventare riduzionistica dei problemi sociali di quelle stesse comunità. Nel senso che se da un lato era giusto negare che tutte le comunità dovessero per forza diventare come le società occidentali, dall'altro però si sarebbe dovuto ammettere che l'occidente pretende, con la propria "pratica capitalistica", che, in qualche modo, lo diventino. Se anche in natura non esiste un processo uguale per tutti, la storia finisce con l'imporlo ugualmente.

Le comunità umane si sono condizionate reciprocamente per molti millenni, ma è stato solo il colonialismo europeo a costringere quelle tecnologicamente più deboli a rinchiudersi in se stesse per poter sopravvivere o a integrarsi, contro la loro volontà, nel sistema dominante, perdendo progressivamente la propria identità. Vedere questa chiusura o, al contrario, questa assimilazione come fenomeni originari e naturali, non derivati da precisi condizionamenti, è quanto meno una posizione ingenua, se non addirittura scientemente strumentale alle stesse dinamiche colonialistiche. Nel proprio forzato isolamento o nella propria integrazione le comunità indigene, avendo già perduto la propria specificità, avrebbero mentito anche a un antropologo che avesse chiesto di sottostare a un rito specifico per diventare un loro membro a tutti gli effetti.

In presenza di una civiltà cristiano-borghese, che ha pretese di diffusione mondiale, ritenendosi la "salvezza dell'umanità", fonte dispensatrice di verità assolute, religiose e scientifiche, è impossibile non valutare ogni comunità secondo parametri *esterni* a quella stessa comunità. Gli antropologi non possono rinunciare ai condizionamenti culturali che li formano come "scienziati", non possono spogliarsi di quel che sono, restando "antropologi" di realtà diversissime da quelle da cui provengono. È impossibile calarsi in uno stile di vita pre-borghese senza assumerlo definitivamente come proprio, rinunciando alle proprie origini culturali. Si può essere relativisti quanto si vuole, ma non lo sarà mai sino in fondo la cultura da cui si proviene, proprio perché la "cultura borghese" è "centralistica" per definizione. Che al "centro" vi sia l'Europa occidentale o gli Stati Uniti o il "globalismo capitalistico" diffuso su tutto il pianeta, non fa molta differenza. Si può transigere sulle "forme" dell'imperialismo, ma non sul fatto che il mercato è opposto all'autoconsumo, che il valore di scambio ha un primato assoluto sul valore d'uso, che lo scambio monetario non ha nulla a che fare col baratto delle eccedenze, che la democrazia rappresentativa è superiore a quella diretta, e così via. In una parola non serve a niente cercare un contatto con delle realtà primitive quando poi lo stile di vita di queste realtà non viene minimamente usato per contestare lo stile di vita delle società avanzate cui tutti noi apparteniamo.

Passiamo ora a **Bronisław Malinowski**, che trasferì in campo antropologico la precedente formazione ottenuta in campo fisico-matematico. Egli frequentò in tre momenti diversi (ogni volta da sette a dodici mesi) le isole Trobriand (1914-18), un arcipelago situato al largo delle coste della Nuova Guinea, abitato da una popolazione di papua-melanesiani (di cui imparò la lingua), ma era già stato in Australia nel 1913. Dalle sue osservazioni nacque *Argonauti del Pacifico occidentale* (1922), un classico dell'antropologia.

Pur volendo comprendere la visione del mondo di quella popolazione indigena, evitò di porre domande su temi astratti e generali, come per es. la giustizia o la punizione dei reati, preferendo l'analisi di fatti concreti. S'interessò di tutta la loro vita quotidiana, servendosi della collaborazione di alcuni informatori. Usava carta, matita e macchina fotografica; molto utili furono anche le tavole riassuntive sinottiche, soprattutto per le genealogie e i riti magici.

La sua analisi ruota attorno al concetto di "funzione", a partire dalla sua dimensione biologica, secondo cui un organo compie la funzione cui è preposto, sia singolarmente che in relazione ad altri organi. Una società è un complesso funzionale, in cui ogni realtà singola è indispensabile al sistema nella sua interezza. La funzione di un oggetto cambia a seconda del contesto in cui lo si usa, anche nel caso in cui resti invariata la sua forma.[15]

Anche la religione, secondo lui, svolge una funzione utile. Essa infatti è in grado di rispondere ai bisogni dell'uomo nei confronti dell'ambiente; aiuta a dare corpo alla speranza, a placare l'ansia di fronte alla morte, alla malattia, a tutto ciò che sfugge a un controllo razionale. Sotto questo aspetto non esiste una differenza sostanziale tra magia e religione: la magia aiuta ad affrontare le difficoltà causate dalla natura.

Dunque, gli usi, le tradizioni e le istituzioni di una società sono tra loro correlati, sicché il cambiamento di uno comporta la modifica di tutti gli altri. Si può iniziare a studiare qualunque oggetto, partendo an-

---

[15] Tra funzionalismo e struttural-funzionalismo la principale differenza sta nel fatto che il primo (Malinowski, Firth ecc.) analizza le azioni tra individui (soprattutto i rapporti tra bisogni individuali e soddisfazione di tali bisogni), nonché i limiti imposti agli individui dalle istituzioni sociali; il secondo invece (Radcliffe-Brown, Evans-Pritchard, Fortes, Goody, Schapera...) si preoccupa di meno delle azioni e dei bisogni individuali e di più della posizione degli individui nella costruzione dell'ordine sociale. Sono sfumature, in quanto entrambe le correnti definivano la società come un sistema biologico in cui i vari organi sono collegati tra loro. P.es. il sistema riproduttivo si collegava a quello della parentela, quello digestivo all'economia, quello nervoso alla politica, e (incredibile a dirsi) quello cardiocircolatorio alla religione!

che dal più banale: prima o poi però si deve per forza arrivare all'insieme.

Perché anche questa era una posizione ingenua? Semplicemente perché in presenza del colonialismo (quello inglese finanziava il suo soggiorno) non si può affatto sapere se la conservazione di un aspetto della comunità indigena sia in grado di assicurare l'insieme della comunità stessa. Non era raro vedere gli stessi indigeni illudersi di poterlo fare.

Se si accetta, olisticamente, che tutte le parti di un organismo siano tra loro collegate, non si può però escludere che alcune parti siano più importanti di altre (per es. è assolutamente prioritaria la possibilità di usare liberamente le risorse di un determinato territorio). Se queste parti fondamentali vengono meno a causa del colonialismo, ne risentono inevitabilmente anche tutte le altre; sicché alla fine ciò che l'antropologo può osservare è solo una sopravvivenza destinata col tempo a scomparire. E non ci sarà modo che elementi meno importanti della comunità (per es. le relazioni parentali) possano ripristinare ciò che si è perduto. Questo spiega perché il funzionalismo strutturale avrebbe senso solo se la comunità indigena fosse libera di gestire il proprio ambiente vitale.[16]

Vediamo ora brevemente **Claude Lévi-Strauss** (per l'approfondimento si veda il capitolo specifico). Egli si è posto in maniera inversa a Boas, nel senso che la sua principale preoccupazione è stata quella di cercare quegli elementi ricorrenti e quindi universali che orientano i comportamenti umani sul piano sociale, collettivo, e che si trovano alla base di tutte le culture. Diceva che questa sua preoccupazione derivava da alcuni testi di Rousseau, da lui considerato il vero fondatore dell'antropologia.

La sua metodologia è stata definitiva "strutturalista" non solo perché influenzata dalla filosofia strutturalista presente in Francia tra il 1960 e il 1970, ma anche perché veniva elaborata con strumenti logico-matematici, con cui si esaminavano gli aspetti di lunga durata nella vita delle comunità, cioè le strutture portanti che le tenevano in piedi. Lévi-Strauss era convinto che nella mente umana vi sono strutture comuni a tutti gli *homo sapiens*: per es. il bisogno d'imporre un ordine o una classificazione agli aspetti della natura, alla relazione dell'uomo con la natura, alle relazioni tra esseri umani. Uno dei mezzi più comuni usati per classificare è l'opposizione binaria: bene e male, vecchio e giovane, maschio e

---

[16] Fecero scalpore i suoi diari privati, pubblicati nel 1967, a venticinque anni dalla morte. Da essi infatti venne fuori un'immagine di lui molto diversa da quella che appariva nei testi ufficiali. L'antropologo dei "diari" era un uomo spesso a disagio, di volta in volta duro, compassionevole, intollerante e volgare nei confronti dei nativi, per nulla controllato e garbato. Alla luce dei suoi diari, Clifford Geertz scrisse che Malinowki passò gran parte del suo tempo sul campo desiderando essere altrove.

femmina, guerra e pace, cielo e terra ecc. Il bisogno umano di convertire le differenze di grado in differenze di specie è universale. Dall'unione di queste dicotomie risulta una totalità organizzata. L'opposizione non è un ostacolo all'integrazione, anzi, la favorisce. Lèvi-Strauss non vedeva contraddizioni inconciliabili, cioè la pretesa di far valere un elemento dell'opposizione binaria su un altro.

Egli si concentrò principalmente su due campi d'indagine: i miti e i rapporti di parentela. Sulle strutture di parentela decisiva è stata l'influenza del linguista russo Roman Jakobson, che, non a caso, era uno strutturalista. In questo campo Lévi-Strauss individuò una legge universale dei legami di parentela: il *tabù dell'incesto*, cioè la proibizione dell'unione sessuale con parenti stretti, e quindi l'*obbligo dell'esogamia*, la regola di sposarsi al di fuori del proprio gruppo di appartenenza. Lo scambio esogamico delle donne, secondo lui, non serviva soltanto per preservare l'integrità fisica della discendenza da malattie derivanti dalle unioni tra consanguinei[17], ma aveva anche la stessa funzione dello scambio linguistico nei rapporti comunicativi e di quello delle merci in economia: doveva servire per tenere in pacifico contatto i diversi gruppi e per far progredire la loro cultura. In ciò era debitore delle riflessioni di Marcell Mauss (1872-1950), riportate nel *Saggio sul dono* del 1923-24, ma anche delle ricerche psicanalitiche di Lacan, per il quale la struttura delle relazioni sociali prevede, a livello inconscio, la reciprocità e lo scambio.

Egli scoprì anche che in genere sono le donne a spostarsi nella tribù del marito, per cui la discendenza segue la linea maschile. In ciò contraddiceva i risultati delle ricerche di Malinowski, che rimase stupito dalla grande libertà sessuale prematrimoniale delle trobriandesi e dal fatto che la discendenza fosse matrilineare, al punto che la figura maschile più importante del nucleo familiare non era il marito ma il fratello della moglie, cui spettava la tutela e l'educazione dei nipoti.

D'altra parte nelle società primitive i legami parentali svolgevano una funzione determinante per la vita sociale, proprio perché non si era degli sradicati. Il sangue, la genealogia, i matrimoni strategici, la vita del clan costituivano la base della società civile. A noi occidentali queste cose paiono superate proprio perché siamo fondamentalmente individualisti e lasciamo che enti estranei, come lo Stato e il mercato, dominino il nostro vissuto quotidiano.

Egli si era anche accorto che nei miti si potevano costruire storie molto diverse tra loro semplicemente invertendo l'ordine degli elementi,

---

[17] Sul piano parentale la debole costituzione fisica dei faraoni egizi dipese proprio dal fatto che tendevano a sposarsi solo all'interno di una determinata dinastia.

cioè convertendo l'elemento positivo di un mito nel suo corrispondente negativo. Due miti apparentemente diversi finivano con l'essere due variazioni di una struttura comune, cioè pure trasformazioni linguistiche.

Sulla questione dei miti si può fare la seguente osservazione.[18] Oggi, dopo mezzo millennio di colonialismo, è impossibile sapere se i miti indigeni siano davvero un prodotto spontaneo, originario, autoctono o non piuttosto un prodotto derivato da una reazione a una realtà che impedisce d'essere se stessi. Si raccontano miti, fiabe o favole per puro divertimento o con intenti educativi, per insegnare qualcosa di utile usando un linguaggio figurato, simbolico, per molti versi avvincente, che rimane impresso molto facilmente nella memoria. Ma una cosa è farlo in uno stile di vita basato su libertà e uguaglianza; tutta un'altra è farlo quando si è costretti a subire il dominio di una potenza straniera. I miti servono per spiegare cose il cui significato razionale sfugge o servono proprio per spiegare, usando altre parole, un senso ancestrale delle cose, ma se vengono elaborati per sostenere che non esiste una vera razionalità nella vita quotidiana o nell'universo, allora si può anche pensare ch'essi siano stati influenzati da un regime oppressivo.

Qui possiamo aggiungere che i primi miti sulla creazione della natura da parte di un dio maschile che separa il cielo dalla terra, risalgono a circa 5000 anni fa, in pieno Neolitico. Fino ad allora l'unico dio esistente era la stessa natura. La radice culturale neolitica, che considera la natura un insieme di oggetti senz'anima, che il Padreterno mette a disposizione degli esseri umani, è stata ereditata dalla cultura giudaico-cristiana[19], che l'ha poi trasmessa, in forma laicizzata, alla cultura cristiano-borghese. Da un punto di vista "eco-filosofico" non vi è alcuna differenza tra una concezione teocentrica e una antropocentrica della vita, in quanto entrambe costituiscono una forma di violenza nei confronti di una concezione "eco-centrica".

II

L'antropologia della seconda metà del Novecento cambia registro, essendo influenzata dalle idee del socialismo, ma lo fa fino a un certo punto. In realtà è l'eclettismo a dominare.

In particolare negli anni Settanta si è cominciato a mettere in

---

[18] Per il resto si rimanda al libro già pubblicato: *Ribaltare i miti: miti e fiabe destrutturati*, ed. Amazon (qui si trova anche col titolo *I miti rovesciati*).

[19] Da notare però che nella tradizione giudaica la trasmissione dell'appartenenza al cosiddetto "popolo eletto" avveniva (ed è ancora oggi così) per via materna: ultimo retaggio matristico in mezzo a una serie di regole molto patriarcali.

dubbio che il punto di vista dell'antropologo sia davvero obiettivo, realistico. Anzi, si cominciò a pensare che le sue relazioni scritte servissero piuttosto a dare solidità al colonialismo. Ciò sulla base della convinzione secondo cui le culture primitive non sono affatto così ancestrali come si vuol far credere, ma frutto di mutamenti significativi causati dal colonialismo stesso. Il fatto stesso di vedere la cultura di una comunità come qualcosa di isolato (e quindi di inalterato) rispetto ad altre culture, facilmente analizzabile proprio in forza di tale isolamento, fa già parte di una visione distorta della realtà. L'isolamento, infatti, è sempre una reazione anomala a un condizionamento indesiderato. La cultura indigena ha subìto modificazioni regressive, implicanti relazioni sociali molto più difficili. Gli stessi primitivi rischiano di non sapere più chi sono, proprio perché troppo influenzati dal colonialismo culturale.

Questo forse spiega il motivo per cui l'antropologia moderna non venga quasi più applicata, di preferenza, allo studio delle comunità primitive: non solo perché di quelle poche rimaste si sa già praticamente tutto, ma anche anche perché esse tendono a scomparire sotto il peso della globalizzazione del capitale, che ha investito anche i paesi che si sono liberati del classico colonialismo, rozzo e brutale.

L'antropologia, che in fondo è una scienza borghese come tante altre, desiderosa di soddisfare nuove curiosità intellettuali, non fa che adeguarsi a tale processo, limitandosi a modificare il proprio oggetto d'indagine o addirittura il proprio statuto epistemologico. Non studia più il "primitivo", ma esplora gli "altri", in senso generico, nella consapevolezza di non possedere più le sicurezze d'un tempo. Anche le società industriali, soprattutto nelle loro aree periferiche o spersonalizzate, sono oggetto di ricerche antropologiche. In questa maniera però la specificità della disciplina si esprime, di volta in volta, a seconda dell'aspetto trattato, usando argomenti sociologici, psicologici, filosofici, ecc.

A dir il vero esiste una corrente antropologica che si oppone nettamente al particolarismo culturale della scuola di Boas, avvertendo l'esigenza di tracciare delle linee universali dello sviluppo umano. L'archeologo britannico di origine australiana, Vere Gordon Childe (1892-1957), precursore di molte teorie archeologiche della seconda metà del Novecento, l'ha definita "neo-evoluzionismo". A suo dire esiste una molla del progresso storico che caratterizza l'intero pianeta: è il modo in cui l'essere umano si procura i mezzi di produzione. Detto questo, è facile individuare i tre principali stadi dell'umanità: il *paleolitico* (caccia, raccolta, uso della pietra), il *neolitico* (agricoltura e allevamento specializzati) e le *civiltà* (urbanizzazione, classi sociali, divisione del lavoro, Stati nazionali...). Il processo è lineare: non si può più tornare indietro. L'ultimo stadio è il migliore. Pur essendo vicino al marxismo, Childe utilizza Marx come se fosse stato un teorico della borghesia.[20]

L'antropologo statunitense, Leslie White (1900-75), fa, in un certo senso, la stessa cosa. Egli ritiene che ogni società, quindi anche una comunità primitiva, possa essere suddivisa nei suoi tre aspetti fondamentali: il sistema *tecnologico* (gli strumenti materiali con cui si cerca di dominare la natura); il sistema *sociologico*, riguardante le relazioni umane; e il sistema *ideologico* (idee, arte, linguaggi, religioni, miti...). Dei tre sistemi egli ritiene il primo il più importante, e solo per questo presume di rifarsi al marxismo!

Medesima presunzione la si ritrova in Marvin Harris (1927-2001), che propone una ripartizione triadica non molto diversa: 1) *infrastruttura* (tecnologia, economia e demografia); 2) *struttura* (forme di parentela o di discendenza, modelli di distribuzione e consumo); e 3) *sovrastruttura* (religione, ideologia, cultura, gioco). Marvin usa una terminologia marxista solo perché i tempi lo richiedono, ma poi la fa confluire verso la psicologia comportamentistica, la demografia di Malthus, la selezione naturale di Darwin: un pout-pourri privo di vero senso critico.[21]

Harris fa anche un discorso anticolonialistico, ma solo per sostenere che, in ultima istanza, gli aspetti tecnologici prevalgono su tutti gli altri. Siccome tutto è integrato, quando si interpretano i fattori sociologici e ideologici, bisogna verificare quale influenza gli aspetti tecnologici hanno avuto su questi ultimi.

Come si può notare, i suddetti antropologi uniscono un materialismo culturale di provenienza marxista con un neo-evoluzionismo di provenienza borghese. Si sforzano di guardare le cose in maniera *olistica*, attribuendo una certa importanza agli aspetti tecno-scientifici o materiali, che consentono a una comunità di esistere (in tal senso si dà per scontato che la natura vada "dominata"). Poi ovviamente non resistono alla tentazione di dire che la migliore tecnologia è quella occidentale, per cui le comunità indigene devono uscire dal loro "primitivismo". Il loro è un materialismo eclettico, che prende dal marxismo l'analisi preliminare degli strumenti produttivi, ma poi va a cercare altrove il contesto ideologico

---

[20] I testi di Childe tradotti in italiano sono i seguenti: *L'uomo crea se stesso*, ed. Einaudi, Torino 1952; *L'evoluzione delle società primitive*, Editori Riuniti, Roma 1974; *La preistoria della società europea*, ed. Sansoni, Firenze 1979; *Il progresso nel mondo antico*, ed. Einaudi, Torino 1963; *La rivoluzione urbana*, ed. Rubbettino, Soveria Mannelli 2004; *I frammenti del passato: archeologia della preistoria*, ed. Feltrinelli, Milano 1960; *Progresso e archeologia*, ed. Cooperativa Libro Popolare, Milano 1953.

[21] Di lui vedi anche *Buono da mangiare. Enigmi del gusto e consuetudini alimentari*, ed. Einaudi, Torino 1992, dove l'esotismo sembra avere la meglio su tutto.

in cui collocare tale analisi, che, guarda caso, è sempre a favore dello sviluppo capitalistico.

Per giustificare la mancanza di senso critico dell'antropologia contemporanea, lo statunitense Clifford Geertz (1926-2006) è arrivato addirittura a sostenere che le comunità primitive non possono più apparire per quello che sono, ma soltanto sulla base di quanto esse dicono di essere. Sicché l'antropologo scrive testi che in realtà sono soltanto interpretazioni di interpretazioni. Le società, incluse quelle primitive, sono fenomeni troppo complessi per poter essere analizzate adeguatamente. Il pensiero non può essere che "debole". Una qualunque teoria generale rischia di essere solo molto approssimativa.

Con ciò però il discorso è chiuso. Se per Geertz non è possibile che una comunità sia sincera di fronte a un ricercatore, a che pro continuare a interessarsi delle sue caratteristiche? Inevitabilmente si finisce col fare un bel regalo a quelle teorie globalistiche che ambiscono a vedere tutto il mondo uguale, dipendente da poche multinazionali che producono ogni cosa. Se anche nelle comunità primitive permangono delle diversità, queste vanno considerate delle varianti che possono suscitare semplici curiosità intellettuali. Gli occidentali han forse bisogno di conoscerle? Magari a livello turistico sì.

In genere l'impostazione borghese dell'antropologia culturale contemporanea resta ben visibile là dove vengono messe sullo stesso piano la disparità delle ricchezze, le minacce all'ambiente, le nuove pandemie, le differenti religioni, ecc. Tutto sulla stessa bilancia, come se non vi fosse una causa a monte e tanti effetti a valle. Si dà per scontato che il capitalismo sia inamovibile, ineludibile.[22] D'altra parte come possono esistere aspetti sociali più gravi di altri, quando ogni cosa viene considerata equivalente a un'altra? Peraltro, non è forse vero che oggi tutto risulta interconnesso, soggetto a medesimi condizionamenti? I flussi di capitali, di messaggi, di migranti, di merci da un capo all'altro del mondo non hanno forse reso quest'ultimo una realtà molto piccola, dove è impossibile vedere cosa costituisce una "causa" e cosa rappresenta un "effetto"?

Peccato che in una tale visione pseudo-olistica delle cose si eviti accuratamente di dire che le realtà interdipendenti non sono affatto tra loro paritetiche, ma profondamente disuguali, di cui una pretende d'essere egemonica, mentre le altre devono sentirsi subalterne. La stessa pro-

---

[22] È molto raro sentire qualcuno ricordare che quando gli europei vivevano in tribù primitive, le civiltà commerciali più importanti fiorivano in Medio Oriente. Persino prima della rivoluzione industriale gli antenati di molti bianchi europei e americani vivevano in condizioni simili a quelle degli africani prima del dominio coloniale.

gressiva scomparsa delle comunità indigene non viene vista come una grandissima tragedia dell'umanità, che, in tal modo, non sarà più in grado di guardare al proprio passato per capire come risolvere i problemi del proprio presente; viene vista invece come un destino ineluttabile, cui nessuno può farci niente. La teoria evoluzionistica, che Darwin aveva applicato alla natura, continua ad essere applicata anche agli esseri umani.

Campioni dell'antropologia post-modernista sono James Clifford e George Marcus, con loro manifesto *Scrivere le culture*, con cui mettono in discussione l'attendibilità scientifica del resoconto etnografico. Per loro non esiste un osservatore neutrale, ma soltanto un interprete (l'antropologo) che si confronta con un altro interprete (l'indigeno). Entrambi raccontano cose condizionate dai rapporti colonialistici. Di oggettivo non esiste nulla. Sembra che questi eminenti studiosi abbiano "riscoperto" l'America!

III

Noi non possiamo migliorare le condizioni della natura in poco tempo. Con la tecnologia attuale non possiamo che peggiorarle. Non esiste una tecnologia industriale che non abbia sulla natura alcun impatto devastante. Per es. l'idea di sostituire le auto a idrocarburi con quelle elettriche è illusoria, oltre che pericolosa, perché sicuramente avremo altri, nuovi e non meno gravi problemi da risolvere (dove sotterreremo le batterie dismesse? e con quali materiali potremo costruirle per farle durare il più possibile? o per far durare il più possibile la loro ricarica?). E non è che fra un secolo potremo pensare di sostituire le macchine elettriche con quelle a propulsione nucleare. Andando avanti di questo passo finiremo con accelerare di molto la fine naturale del nostro pianeta.

La natura è stata rovinata in maniera irreparabile nell'arco di tre secoli. Se poi partiamo dalla nascita dello schiavismo (le prime civiltà antagonistiche che abbiamo sperimentato), il periodo è di circa seimila anni. Nei siti archeologici risalenti a epoche precedenti al 5500 a.C. non si riscontrano prove dell'esistenza di disuguaglianza sociale (abitazioni e tombe si somigliavano). In tutto questo tempo non siamo riusciti a capire che, su questo pianeta, prima è nata la natura, e solo dopo molto tempo è venuto fuori l'essere umano. Gli enormi deserti che abbiamo creato sono lì a testimoniare la nostra insipienza.

La natura ci precede di molto con le sue leggi oggettive, le quali, se vengono violate, provocano effetti catastrofici. Siamo arrivati a un punto in cui la natura è in grado di riprendersi ciò che le appartiene solo se noi non ci siamo. Considerando poi che nel nostro pianeta tutto è interconnesso e interdipendente, i disastri compiuti in un luogo hanno, pri-

55

ma o poi, conseguenze su tutti i luoghi, anche su quelli più remoti e impensati.

L'unico modo per permettere alla natura di risollevarsi, curando da sola le proprie ferite, è quello di ripensare completamente non solo l'*uso* della tecnologia ma anche la stessa *tecnologia*, rinunciando alle comodità "borghesi" ch'essa ci offre. Dobbiamo smetterla di cercare nel sottosuolo le fonti energetiche con cui vogliamo vivere sulla superficie terrestre. Quello che andiamo cercando, perforando la terra o scavando nelle miniere, finisce sempre nell'atmosfera, mentre lo usiamo, o siamo costretti a seppellirlo da qualche parte, dopo averlo usato, inquinando il sottosuolo. In un modo o nell'altro danneggiamo l'ambiente.

Di fronte alla attuale globalizzazione l'antropologia o ci aiuta a ritornare alle condizioni del comunismo primordiale, o non serve a nulla. Noi dobbiamo uscire quanto prima dalle nostre mistificazioni. Non abbiamo più tempo da perdere e non possiamo accontentarci di mezze misure. Se davvero vuole diventare una scienza olistica a favore della natura e della umanizzazione del nostro stile di vita, l'antropologia deve saperci dire con sicurezza quali sono le condizioni per realizzare una radicale inversione di rotta. Questo sarà il modo migliore per fare ammenda degli errori colonialistici compiuti nel passato. Prima si guardava il passato con gli occhi rivolti verso il futuro; ora si deve guardare lo stesso passato come il nostro unico futuro.

È limitata l'idea secondo cui l'antropologia deve ripensare se stessa e mettere alla prova le proprie categorie concettuali, facendo i conti con la realtà del mondo globale. Una volta stabilito che l'antropologia non può più essere la scienza del colonialismo, si deve arrivare alla conclusione che è l'intero sistema che ha prodotto la globalizzazione che deve ripensare se stesso. Altrimenti l'antropologia finirà con l'assumere posizioni rinunciatarie, rassegnate.

Antropologia deve poter voler dire "studio dell'uomo integrale", cioè di un uomo che deve smettere di essere "artificiale". Essa deve aiutare l'uomo a ridiventare se stesso, un "ente di natura", un essere naturale. Quindi la prima cosa che deve fare non è quella di adeguarsi ai processi che hanno portato all'attuale globalizzazione, ma è quella di *contestarli* in maniera radicale.

Viviamo in un "villaggio globale"? È vero, ma secondo i princìpi dello sfruttamento della natura e della manodopera salariata. Chiunque sia costretto a vendersi per un salario, si prostituisce, e quindi mina la credibilità dell'etica umana. Chiunque usi le risorse naturali in maniera tale da impedire una loro agevole riproduzione, va considerato un soggetto molto pericoloso, che mette a rischio l'intera sopravvivenza di una comunità locale e quindi, considerando che il villaggio è "globale", dell'intera umanità. Qualunque reato compiuto nei confronti della natura va considerato come un delitto contro l'umanità.

Stato e Nazione di fronte alle Etnie

I

I gruppi etnici li rispettiamo con malcelata sopportazione o con indifferenza, come una sopravvivenza del passato, destinata, prima o poi, a estinguersi.

Nelle moderne società industriali esistono i singoli e lo Stato. I singoli possono essere sposati o no, avere figli o no; possono essere iscritti a partiti, sindacati, associazioni, cooperative, club, ecc.; possono lavorare alle dipendenze di qualche istituzione pubblica o privatamente (in questo secondo caso possono essere sul libro-paga di qualcuno o in autonomia). Oggi è possibile credere nella religione che si vuole o non credervi affatto, benché in Italia vi sia ancora quell'assurdità chiamata "Concordato" (o Patti Lateranensi) recepita dall'art. 7 della Costituzione. Si possono parlare le lingue che si vogliono, ma la lingua nazionale va conosciuta. Si può votare il partito che si vuole, ma per farlo si deve avere la cittadinanza. Tutti devono avere dei documenti di riconoscimento, soprattutto per guidare un veicolo a motore o per ricevere assistenza sanitaria o aprire un conto in banca o per rapportarsi con uffici pubblici e cose del genere. Le tasse sono obbligatorie per tutti, almeno in teoria, poiché in pratica chi può evaderle, grazie all'aiuto del proprio commercialista, lo fa. L'istruzione è obbligatoria e gratuita fino a una certa età, anche se una famiglia può assicurarla ai propri figli in forma privata. Un tempo il servizio militare era obbligatorio e temporaneo per tutti i maschi, salvo eccezioni previste dalla legge; oggi invece tende a essere fatto, da entrambi i sessi, su base volontaria e professionale, e quindi in maniera permanente. Tutti sono tenuti a rispettare le leggi dello Stato, soprattutto la sua Costituzione, ma gli avvocati sono in grado di difendere egregiamente le persone più facoltose o autorevoli che pensano di essere superiori alla legge.

Ecco quanto caratterizza l'identità di un cittadino, che, in rapporto alle proprie disponibilità finanziarie, ai propri beni patrimoniali, può essere definito "indigente" o "benestante". Altre varianti sono dovute al fatto che lo Stato di appartenenza può essere di diverse tipologie politiche (in alcuni casi le tipologie possono essere anche ideologiche: si pensi per es. allo Stato del Vaticano, dove la monarchia ha un carattere assolutistico).

Ogni Stato dice di voler rispettare le minoranze (linguistiche, religiose, etniche ecc.)[23], ma in nessun caso le considera come un esempio da imitare; può anche cercare di tutelarle in maniera significativa, ma, in definitiva, ciò che più gli preme è l'*unità nazionale*. Se la minoranza è numericamente rilevante e pretende poteri particolari, possono sorgere delle tensioni: in tal caso lo Stato dovrà cercare delle intese, dei compromessi ragionevoli, senza venir meno al principio fondamentale dell'unità nazionale, che prevede precisi confini geografici.

Gli Stati nazionali sono intolleranti per definizione, in quanto non amano le identità locali o specifiche. In nome della loro astrazione politica, militare e burocratica pretendono una certa omologazione nello stile di vita, nella mentalità, nei valori culturali fondamentali. Quando nel 1992 scoppiarono a Los Angeles incredibili disordini in seguito all'assoluzione di quattro poliziotti bianchi, colpevoli d'aver pestato l'afroamericano Rodney King, la minoranza nera approfittò di quel sopruso per prendersela anche coi coreani, ritenuti lontani dal sistema generale di valori americani, che include, fra le altre cose, un certo "fair play" (per es. la disponibilità a "sorridere" nei rapporti umani).

II

L'identità nazionale o l'appartenenza a uno Stato sono concetti astratti, imposti dall'esterno. Anche il concetto di "razza" lo è (o lo è stato): serviva per giustificare il colonialismo europeo, cioè per esportare la civiltà borghese e per conservare quanto si era acquisito con l'uso della forza. Nei casi estremi, quando le popolazioni non volevano essere conquistate, si usava il concetto di "razza" per praticare il genocidio (o etnocidio), al termine del quale i sopravvissuti venivano confinati in appositi luoghi.

Storicamente la borghesia ha voluto uno Stato *nazionale*, avendo interesse a realizzare un unico mercato interno, con pesi, misure, monete... validi per tutti. Nell'ambito di questo mercato tutti i cittadini sono uguali (almeno all'apparenza), poiché tutti possono comprare o vendere. Non si è cittadini in quanto appartenenti a qualcosa di "specifico", e quindi di diverso rispetto ad altre realtà, ma lo si è in quanto ci si conforma a una prassi dominante, di tipo economico e finanziario: la compravendita di un bene o di un servizio, di una merce o di un titolo di credito, ecc.

La sfera economica, negli Stati capitalistici, al cospetto della

------

[23] Oggi, più che da una religione specifica, l'etnicità è definita dalla lingua che si parla, da certe usanze relative ai legami di parentela, da certe abitudini alimentari, dalla partecipazione a talune feste o riti, laici o religiosi.

quale si è sostanzialmente degli individui singoli, ha finito col prevalere su tutte le altre sfere sociali e culturali, caratterizzate da un certo senso del collettivo. Tutto ruota attorno al concetto di "proprietà dei mezzi produttivi". Un cittadino può credere in ciò che vuole, ma nell'ambito di un mercato o è produttore o consumatore: tutto il resto ha un valore molto relativo.

Quando si dice che le etnie sono il prodotto di costruzioni socio-culturali, bisognerebbe aggiungere che, in genere, sono basate su valori *umani* e *naturali*. Viceversa, la borghesia, che è anti-etnica per definizione, essendo nazionale e soprattutto internazionale, si basa su valori che di umano e di naturale non hanno nulla. I valori li ha presi dal cristianesimo, stravolgendone completamente il significato (imitando, in questo, l'atteggiamento che le autorità della Chiesa romana avevano tenuto nel corso del Medioevo). I valori della borghesia sono puramente teorici, fittizi, smentiti quotidianamente dalla prassi, che è cinica, volgare, materialistica.

Nell'ambito del capitalismo lo Stato non fa che favorire il più possibile questa esigenza uniformante, omologante della borghesia. Ecco perché diciamo che il superamento dello Stato deve andare di pari passo col superamento del mercato. Chiunque compia una rivoluzione politica per abbattere un governo borghese, non può limitarsi a sostituire uno Stato con un altro (come hanno fatto tutte le esperienze socialistiche del passato), ma deve procedere a smantellare in maniera progressiva qualunque forma di dipendenza da realtà esterne, che limitano enormemente la libertà umana.

Per la borghesia si è tanto più liberi quanto più si possiede qualcosa: la libertà è data dalla proprietà materiale. In tal senso è del tutto riduttivo sostenere che la libertà è data dalla cittadinanza. Sulla *citoyenneté* i governi francesi han costruito il loro modello assimilazionistico, che però non ha funzionato per niente con l'Algeria e che non ha certo risolto i problemi delle *banlieues* parigine. I gruppi etnici possono beneficiare, per varie generazioni, di tutti i vantaggi della cittadinanza, e parlare perfettamente la lingua nazionale, senza che si verifichi alcun vero processo di assimilazione.

Anche il multiculturalismo di paesi di forte immigrazione, come Stati Uniti, Canada e Gran Bretagna, non è servito granché a garantire un maggior rispetto della democrazia e dei diritti umani. Nelle società fortemente individualistiche "multiculturalismo" vuol dire soltanto una cosa: ognuno deve stare nel proprio "recinto" (o ghetto o quartiere o riserva), se vuole conservare la propria specificità. In caso contrario, se vuol davvero assimilarsi alla cultura dominante, che è tutta consumistica, deve rinunciare a ciò che più lo caratterizza.

La cultura liberal-democratica, nonostante si sforzi d'essere internazionale, tende a preferire i dirigenti politici dalla pelle chiara, o almeno dai lineamenti europei, di fede protestante (al massimo, cattolica, ma senza fanatismi di sorta, senza "dipendenze politiche" dal papato). Questi leader devono essere capaci di esprimersi in inglese anche quando non è la loro lingua-madre, devono essere preferibilmente di sesso maschile, devono indossare giacca e cravatta, abiti tipicamente occidentali, senza uso di orecchini, peircing e tatuaggi visibili (le cicatrici sono ammesse solo se costituiscono delle ferite da guerra, ma non devono essere sul volto). Devono essere fondamentalmente monogami, possibilmente non divorziati e non troppo prolifici (l'eventuale amante va tenuta ovviamente nascosta). Dieteticamente è meglio che siano onnivori, altrimenti rischiano di apparire "ideologici", anche se oggi non mangiare carne viene visto in maniera positiva. Devono avere il senso dell'umorismo e dell'autoironia, per soddisfare le esigenze dei mass-media. Devono essere salutisti, esibendo, nel tempo libero, un corpo tenuto in forma, senza adipe: il grasso fa pensare a una mancanza di carattere e a una tendenza a sudare quando si è in pubblico. Oggi è importante apparire anche ambientalisti, quindi vanno bandite le sigarette e persino l'uso della pipa: i denti devono essere molto bianchi e ben allineati. Eventualmente le mogli possono dimostrare sul piano pratico l'amore per l'ecologia. La statura non può essere né troppo alta né troppo bassa, per evitare spiacevoli confronti con altri leader. Anche l'età dovrebbe essere nella media: le persone anziane danno il senso della rassegnazione. Quando parlano devono essere sereni, tranquilli, distaccati: non devono avere il cosiddetto "sguardo da rettile", quello che punge con gli occhi, mettendo in imbarazzo. Devono essere capaci di parlare in pubblico senza leggere alcunché, salvo i casi in cui si possono usare pochi foglietti come pro-memoria (in televisione si usa il cosiddetto "gobbo"), ma i discorsi troppo lunghi, in una civiltà basata sull'immagine, sugli effetti scenici, sulla spettacolarità dell'azione, sarebbe bene evitarli, a meno che l'uditorio non sia composto di specialisti, cioè di persone abituate ad ascoltare con pazienza. Quando parlano possono mostrare d'essere appassionati di qualcosa, ma non devono far leva su sentimenti di odio o di risentimento nei confronti di qualcuno, tanto meno per motivi personali, a meno che, in un determinato momento, non sappiano di fare un favore a una fetta molto grande di popolazione, che, di tanto in tanto, ha bisogno di trovare un capro espiatorio su cui scaricare le proprie frustrazioni. In tal senso quando dichiarano guerra o una "persecuzione", devono farlo nella maniera più legale possibile, mostrando che si è fatto di tutto per non arrivare a soluzioni estreme. Devono far vedere di rappresentare anzitutto una "volontà popolare".

La cultura borghese si è formata in un lasso di tempo molto lungo (i primi Comuni nacquero mille anni fa): non è possibile assimilarla velocemente, neanche se si fosse in presenza di una integrazione non violenta, non imposta con la forza. La borghesia vive rapporti "contro-natura", sia a livello sociale che ambientale. Per acquisirli si dovrebbe come minimo abbracciare la religione cristiana, che, col suo astratto idealismo, favorisce una grande ipocrisia, separando nettamente il dire dal fare. L'odierna Cina, tanto per fare un esempio eclatante, ha certamente acquisito in tempi molto brevi, lo spirito commerciale del capitalismo, ma, non avendo mai avuto il cristianesimo come religione dominante, continua a restare molto indietro nell'uso ipocrita dei diritti umani. Peraltro il maoismo, che è stato una variante rurale dello stalinismo, ha pensato di poter superare il cristianesimo propagandando l'ateismo, ma non ha capito che per superarlo in maniera mistificata occorre anche un'etica cinica o una certa concezione distorta della morale, che la borghesia ha sviluppato all'interno dello stesso cristianesimo: cosa che il socialismo maoista non ha mai potuto fare, essendo stato soltanto un'ideologia politica autoritaria. Non a caso oggi il partito comunista ha ripristinato i valori del confucianesimo, che è una semplice filosofia di vita favorevole all'obbedienza nei confronti delle istituzioni.

Insomma, anche quando si appartiene a un collettivo (per es. a una etnia), la finalità sociale deve essere sempre quella di accumulare dei beni e di scambiarli usando il denaro. Per sentirsi libero, il cittadino deve vendere qualcosa, o deve essere capace di risparmiare per poter comprare qualcosa. Il valore di un qualunque bene o servizio, materiale o immateriale, coincide col suo prezzo di mercato, che è impossibile quantificare in maniera scientifica, in quanto le varianti che intervengono per formarlo sono innumerevoli. Non basta rifarsi al tempo di lavoro socialmente necessario. Il valore di un qualunque bene o servizio può essere calcolato in mille modi diversi, ma alla fine è il mercato che decide, che è tutto meno che razionale. In un certo senso non è neppure importante che vi siano dei prezzi basati sulla libera concorrenza o sul monopolio: l'importante è che si possa parlare di un prezzo *monetario*. Là dove non esistono mercati, non esiste neppure moneta circolante. Al massimo esiste il baratto, cioè lo scambio alla pari di beni o servizi, basato sulle proprie eccedenze produttive o sul proprio tempo a disposizione.

Se esiste autoproduzione e quindi autoconsumo, il mercato ha un'importanza molto relativa. Finché si acquista sul mercato ciò che permette la propria esistenza, la libertà non esiste. Essere liberi vuol dire poter compiere delle scelte in autonomia. L'unico vincolo possibile dovrebbe essere quello stabilito dal collettivo di appartenenza, caratterizzato da una preferenza per la dimensione locale. Il che non vuol dire che le comunità autogestite debbano vivere in maniera isolata o separate tra loro, ma soltanto che possono esercitare autonomamente la gestione delle risorse produttive (alimentari, abitative, ecc.) e la democrazia diretta per le decisioni comuni.[24] Le etnie sono sempre state in contatto tra loro, non solo per praticare il baratto, ma anche per esigenze esogamiche. Sposarsi tra parenti indebolisce i geni. Quindi non è vero che un gruppo etnico porta a escludere altri gruppi etnici. Se c'è libero e reciproco consenso, si può far tutto, anche allearsi per combattere e vincere un nemico comune, come per es. fecero alcune tribù indiane al tempo del generale Custer.

L'appartenenza astratta, generica a uno Stato è sempre vissuta come un'imposizione dall'esterno, come una insopportabile burocrazia, come una indebita ingerenza nella propria vita, personale e collettiva che sia.

Quando si appartiene a una comunità locale, si può anche non avvertire una profonda differenza tra vita privata e vita pubblica. Questo perché in un contesto locale ci si conosce tutti, ci si frequenta con una certa assiduità, e quindi si sa ciò che gli altri fanno. Ma quando si vedono dei rappresentanti dello Stato, civili o militari, è impossibile non avvertirli come degli estranei. Costoro infatti pretendono di comandare solo perché sono stati inviati dallo Stato. Ciò è insopportabile, per cui si farà di tutto per ridurre al minimo il peso dei loro poteri, almeno finché queste autorità esterne non capiranno che i loro poteri possono essere esercitati solo dopo aver ottenuto un certo consenso da parte dei cittadini locali.

Questo per dire che in un contesto davvero democratico, ciò che più conta è l'*identità del gruppo locale*, coi suoi valori di riferimento, con le sue relazioni sociali e di parentela, che nel tempo si sono consolidate e che possono essere tenute sotto controllo, al fine di evitare pericolose tensioni disgreganti. Ecco perché una nazione dovrebbe coincidere con una etnia o un gruppo tribale, come accadeva tra i nativi nordamericani. Ha senso che il territorio dei Tuareg sia diviso tra cinque Paesi: Mali, Niger, Algeria, Burkina Faso e Libia e che migliaia di loro vivano in esilio in Mauritania?

Si è fatto un gran dire in Polonia, al tempo del socialismo statale, quando si pretendeva di considerare la nazione cattolica più autentica dello Stato comunista. Però quando lo Stato è crollato, non si è permesso al mezzo milione di ortodossi di creare un proprio Stato. Probabilmente anche gli ebrei avrebbe voluto fare la stessa cosa. Recentemente ne

---

[24] La futura democrazia diretta non potrà basarsi sui vincoli parentali né su una rappresentatività astratta e impersonale del potere. La stessa divisione del lavoro non potrà dipendere da fattori oggettivi, indipendenti dalla volontà dei soggetti. La democrazia diretta va dimostrata quotidianamente, affrontando esigenze comuni con chi ci sta accanto.

avrebbero diritto i filo-russi in Ucraina, i catalani e i baschi in Spagna; e che dire degli scozzesi o dei gallesi in Gran Bretagna? O dei bretoni e dei corsi in Francia? In Europa esempi di questo genere si sprecano. Gli Stati, al massimo, concedono una certa autonomia amministrativa (nel migliore dei casi anche finanziaria), ma mai e poi mai una anche *politica*. L'Italia, per es., diventerebbe un colabrodo, anche se la democrazia ne trarrebbe un gran vantaggio, benché sia ridicolo pensare che l'autonomia politica di una etnia o di una regione sia il massimo della democrazia in presenza del capitalismo. Quando l'Italia era divisa in tanti Principati borghesi, era preda degli appetiti di Stati unificati stranieri. Gli stessi Principati erano perennemente in guerra tra loro, salvo pacificarsi temporaneamente di fronte a un pericolo comune, proveniente dall'esterno della penisola.

La situazione attuale delle etnie e regioni potrebbe essere migliorata nell'ambito del capitalismo, solo se l'autonomia non fosse "concessa" dallo Stato, ma semplicemente "riconosciuta", o al massimo reciprocamente "concordata". Se lo Stato fosse intelligente non aspetterebbe la minaccia di attentati o di una guerra civile o di una secessione, prima di riconoscere la legittimità dell'autonomia locale o regionale. Purtroppo però la caratteristica dominante degli Stati borghesi è solo quella di mascherare la propria brutalità, il proprio cinismo con delle belle frasi sui vantaggi dell'unità nazionale, sull'importanza della democrazia parlamentare, sull'equidistanza da parte delle istituzioni e altre amenità del genere. Quando si insiste nel volere un'autonomia regionale, subito si levano le voci di chi vorrebbe una repubblica presidenziale proprio per impedire la paventata "frammentazione" dei poteri, cioè un presidente della repubblica molto autorevole, eletto direttamente dai cittadini, simile a quello statunitense, che in fondo è come un "monarca".

In poche parole l'autodeterminazione può essere solo conquistata con la forza. Ne sanno qualcosa gli irlandesi o le nazionalità che si sono separate dalla ex-Jugoslavia, finite però nelle braccia del capitalismo europeo. Quello che è accaduto in Cecoslovacchia, in cui la repubblica ceka e quella slovacca si sono separate di comune accordo, può essere considerato un'eccezione. In Italia tutte le etnie e minoranze linguistiche o religiose han vissuto grandi difficoltà di sopravvivenza: Ladini, Occitani, Albanesi, Carnici, Corsi, Ebrei, Friulani, Grecanici, Sloveni, Mocheni, Rom e Sinti e altre ancora, che oggi, peraltro, in seguito ai flussi migratori, sono continuamente in aumento.

A volte si dice che anche il gruppo etnico ha il senso della proprietà, in quanto tende a identificarsi con un territorio specifico, in cui vuole risiedere. Ora, a parte il fatto che tale appartenenza territoriale può anche essere il risultato di un condizionamento storico subìto da forze sociali superiori alla propria, generalmente quello che manca alle etnie (almeno a quelle pre-borghesi) è proprio l'uso aggressivo della proprietà. La condivisione dei beni è relativa alla percezione comune di un certo senso di precarietà delle cose.[25] Poiché la terra, coi suoi frutti, viene considerata come un dono della natura, il senso della proprietà privata è ridotto al minimo, e solitamente coincide con la proprietà personale degli oggetti di uso quotidiano. Peraltro le etnie originarie erano tutte nomadiche: la stanzialità è subentrata quando è stata inventata l'agricoltura, i cui interessi si sono subito scontrati con quelli dell'allevamento del bestiame, che richiede campi non recintati, riforniti di acqua e di pascoli freschi.

È contraddittorio essere nomade e avere il senso della proprietà privata, a meno che dei gruppi etnici nomadici non si coalizzino per togliere di mezzo le comunità che praticano lo schiavismo. Ma in questo caso si dovrebbe parlare di "pirateria", una cosa molto simile alla gestione "privatistica" della proprietà borghese, legittimata dalla presenza dello Stato, tant'è che il socialismo riformista, per qualificare la proprietà borghese, parla di "furto".

Là dove le precipitazioni sono scarse o imprevedibili, il trasferimento delle mandrie allevate era inevitabile. Ma là dove erano regolari e abbondanti si praticava in genere l'agricoltura: l'allevamento riguardava quei pochi animali domestici che aiutavano nel lavoro, nei trasporti e che integravano la dieta alimentare con latte, burro, yogurt, formaggi, carne e sangue. Gli allevamenti stanziali e specializzati di tipo industriale, luoghi di tortura per tutti gli animali, sono stati possibili solo sotto il capitalismo.

---

[25] Cfr AA.VV., *L'arte della condivisione. Per un'ecologia dei beni comuni*, ed. UTET, Novara 2015.

L'antropologia economica

Le origini

Si parla di "antropologia economica" a partire dal trattato dell'antropologo statunitense di origine ebraica, discepolo di Franz Boas, Jean Melville Herskovits (1895-1963), *Economic anthropology: the economic life of primitive peoples*, del 1940,[26] anche se già prima di lui Bronisław Malinowski e Marcel Mauss avevano messo in dubbio l'universalità del concetto di "homo oeconomicus", nel senso che, studiando le società primitive, non tutto è classificabile in termini di "acquisto e vendita". Lo stesso Boas aveva dovuto constatare che quando si distruggono volontariamente dei beni per acquisire prestigio, si fa fatica a interpretarli con le categorie del liberismo economico.

Tuttavia fu solo a partire dal suddetto trattato di antropologia economica (frutto di studi sul campo in Benin, Suriname e Trinidad), cui vanno aggiunte le riflessioni anti-capitalistiche di Karl Polanyi, Conrad M. Arensberg e Harry W. Pearson, alla fine degli anni Cinquanta, nel loro lavoro *Traffici e mercati negli antichi imperi: le economie nella storia e nella teoria* (ed. Einaudi, Torino 1978), che si aprì un acceso dibattito, principalmente nei settori accademici degli Stati Uniti, tra la corren-

---

[26] Strano che il volume non sia mai stato tradotto in lingua italiana, poiché, dopo la seconda guerra mondiale, questo padre dell'antropologia afroamericana perorò pubblicamente la causa dell'indipendenza africana dal colonialismo, attaccando i politici statunitensi per la loro visione dell'Africa come oggetto della strategia della guerra fredda. Di lui si trova soltanto *Il mito del passato negro* (ed. Vallecchi, Firenze 1974), in cui respinge l'idea che gli afroamericani abbiano perso ogni traccia del loro passato quando furono presi dall'Africa e ridotti in schiavitù in America. Ha inoltre precisato il significato del "relativismo culturale", negando la necessità di un evoluzionismo dai sistemi sociali tribali a quelli occidentali (cfr *Man and His Works*): in ciò era assai polemico con l'antropologia inglese interessata all'Africa. La sua "Biblioteca Melville J. Herskovits", fondata nel 1954 nella Northwestern University, è la più grande collezione libraria al mondo specializzata sull'Africa: contiene oltre 260.000 volumi rilegati, tra cui 5.000 libri rari, oltre 3.000 periodici, riviste e giornali, raccolte di archivi e manoscritti, 15.000 libri in 300 lingue africane diverse, ampie raccolte di mappe, poster, video e fotografie. Fu criticato apertamente da Edward Franklin Frazier (1894-1962), il più importante sociologo afroamericano del Novecento, perché secondo lui i neri americani avevano definitivamente perduto le tracce della loro cultura africana. Considerarli culturalmente diversi non faceva che fornire un'ulteriore motivazione alle politiche segregazioniste che si stavano combattendo.

te "formalista" e quella "sostanzialista" (o "sostantivista"). Il dibattito, durato dal 1957 al 1971, si concluse con una definizione più precisa dello statuto epistemologico dell'antropologia economica, più vicina alle idee sostantivistiche, aventi come punto di riferimento l'opera fondamentale di Polanyi, *La grande trasformazione* (1944).

I formalisti ritenevano che i concetti base dell'economia politica classica potessero essere applicati anche alle società primitive, in quanto qualunque comportamento economico consiste nell'operare scelte convenienti in presenza di risorse scarse. La convenienza è sempre di carattere personale, basata sull'interesse: l'individuo spiega il sociale, poiché la società non è che una somma di individui. L'obiettivo economico di qualunque società è sempre quello di produrre di più col minimo sforzo (principio di massimizzazione). Il che non vuol dire che un sistema sociale non occidentale debba essere definito "primitivo" o "arretrato", anche se indubbiamente un'economia primitiva è tale proprio perché non possiede un mercato, una valuta e una tecnologia meccanizzata. Semplicemente ogni sistema deve cercare il suo punto di equilibrio: l'economia non è che una relazione intelligente tra fini e mezzi, in cui l'individuo ha esigenze potenzialmente illimitate, mentre le risorse disponibili non lo sono. La pensavano così non solo Herskovits, ma anche D. M. Goodfellow, R. W. Firth, E. E. LeClair, H. K. Schneider, R. Burling, F. Barth, R. Paine, R. F. Salisbury, B. Epstein, L. Sharp, L. J. Pospíšil...

I sostantivisti (G. Dalton, D. Kaplan, P. Bohannan, C. Arensberg, R. Pearson...) si rifacevano a Polanyi, il quale aveva detto che nell'economia primitiva prevale, come relazione sociale, la *reciprocità*: p.es. le bande di cacciatori-raccoglitori, organizzate in gruppi parentali, si aiutavano reciprocamente. Al massimo si può essere in presenza di una *redistribuzione egualitaria* (una sorta di "socialismo statale") di beni e servizi di cui si fa responsabili un organo centrale nei confronti di una popolazione locale, dopo averli ricevuti da questa stessa popolazione. In entrambi i casi la politica controlla l'economia, cosa che nel capitalismo avviene in maniera inversa. L'economia primitiva è parte organica di un tutto, che pretende d'essere autosufficiente, autoregolato: la presenza di un mercato da cui dipendere avrebbe poco senso. Il sociale ingloba completamente l'economico: le transazioni economiche non possono essere comprese al di fuori degli obblighi sociali. Inoltre la dipendenza nei confronti della natura non può essere messa in discussione. Dunque le differenze tra economia primitiva e industriale non sono di grado ma *qualitative*. Le tesi sostantiviste furono poi sviluppate da un gruppo di antropologi che le collegò ad aspetti simbolico-culturali e cognitivi per spiegare i fenomeni economici: A. Appadurai, M. Sahlins,, I. Kopytoff, M. Douglas e B. Isherwood.

L'economia primitiva

Uno dei settori in cui l'odierna antropologia può dire qualcosa di interessante al mondo occidentale è quello *economico*. I vari sistemi di autosussistenza primitivi possono farci capire che il capitalismo non è il modo migliore per garantire un'esistenza sufficientemente equilibrata sul piano materiale. Gli antropologi non devono aver paura di dirlo. A loro spetta il compito di dimostrare che il presente non è migliore del passato solo perché ci è contemporaneo.

Non bisogna anzitutto dimenticare che fino a 10.000 anni fa gli esseri umani di qualsiasi parte del mondo erano cacciatori e raccoglitori. Ci si accontentava delle risorse disponibili, quelle che si vedevano a occhio nudo, perché presenti sulla superficie terrestre o immediatamente sotto (per es. frutta a guscio, bacche, meloni, radici e tuberi, miele, insetti e uova nelle foreste, ecc.). Quando si volevano risorse anche di tipo animale, si andavano a cercare le prede di cui si conoscevano le tracce, che si potevano catturare con relativa destrezza e abilità usando archi e frecce, lance, cerbottane, reti, coltelli, trappole (per gli animali di grosse dimensioni occorreva una battuta di caccia collettiva). Nessuno ha mai detto che nelle foreste la vita fosse facile, ma di sicuro non lo era standosene fuori. Semmai si può accettare l'idea che gli umani frequentassero ambienti diversi a titolo di pura curiosità. Ma era sempre la foresta a garantire la necessaria protezione.

Non si sapeva neanche lontanamente cosa fosse la proprietà privata dei mezzi produttivi: un principio oggi scontato in qualunque diritto costituzionale del mondo. Al massimo una tribù poteva rivendicare su un'area produttiva alcuni diritti d'uso nei confronti di un'altra tribù, ma era difficile che tali diritti venissero rivendicati in maniera assolutamente esclusiva. La proprietà privata anche di una semplice porzione di territorio era inconcepibile. Di regola infatti venivano concesse delle autorizzazioni temporanee agli stranieri (p. es. un gruppo di passaggio), onde evitare qualunque contenzioso che avrebbe potuto implicare degli effetti nocivi. Generalmente anzi si guardava con favore l'ospitalità, in previsione di ottenere, in caso di necessità, il ricambio dell'aiuto prestato.

A dir il vero dai primi ominidi bipedi africani vissuti a partire da circa 4-6 milioni di anni fa sino ai più antichi rappresentanti del genere umano (Homo habilis, Homo erectus, ecc.), si è vissuti di sola raccolta spontanea di frutti selvatici, in quanto il pianeta ne era ricchissimo e la popolazione era scarsa. La caccia è stata introdotta solo dall'Homo sapiens.

Si è passati alla caccia non tanto perché la popolazione era aumentata in maniera considerevole, ma semplicemente perché, ad un certo punto, si era usciti dalle foreste. Paradossalmente la caccia non è avvenuta dove sarebbe stato più facile praticarla, cioè appunto nelle foreste, ma nella prateria o nella savana o nella tundra. L'uomo ha cominciato ad armarsi in un territorio poco praticabile, con scarsa vegetazione, tendenzialmente ostile, altrimenti non ne avrebbe avuto alcun motivo. Negli spazi aperti ha incontrato animali molto veloci o pericolosi, in competizione tra loro, oppure animali di grandi dimensioni, che non avrebbero potuto vivere nelle intricate foreste, e che anzi, essendo erbivori, tendevano a ridurne le dimensioni. I carnivori, mangiandosi gli erbivori, impedivano agli erbivori di mangiarsi le foreste.

La caccia e la raccolta non sono forme di economia produttiva ma *acquisitiva* (o di prelievo). Tuttavia nella caccia si deve praticare una forma di violenza che può indurre nell'uomo dei sensi di colpa. Finché si poté praticare la sola raccolta, qualunque forma di violenza era impossibile, e non solo perché il cibo era abbondante per tutti, ma anche perché gli animali costituivano per l'uomo una fonte d'insegnamento a livello comportamentale, oltre che un'occasione di svago e di compagnia. Il massimo che gli uomini potevano fare agli animali della foresta era di sottrarre qualche uovo nei nidi di uccelli o del miele alle api. In ogni caso è impossibile immaginare che gli uomini vivessero nelle foreste senza mai poter vedere un fiume, un lago o un mare. Prima di essere stati cacciatori di animali terrestri, dovevano essere stati pescatori. Dai pesci non potevano imparare quasi nulla per la loro vita in superficie, quindi non potevano avvertire sensi di colpa quando si cibavano di molluschi, crostacei o di pesci catturati con reti, fiocine e arpioni.

Perché l'uomo sia uscito da una condizione così favorevole resta un mistero. Di sicuro è sbagliato sostenere che le prime forme di raccolta del cibo siano avvenute nella prateria o nella savana, approfittando della stagione umida o usando, nella stagione secca, un bastone appuntito per cercare tuberi e radici. In questi territori, in cui non ci si può nascondere, se non si caccia, non si può sopravvivere. La raccolta diventa solo un'attività collaterale. Poi col tempo l'uomo arriverà a capire che può addomesticare alcuni animali erbivori, in grado di fornirgli latticini e carne in maniera relativamente tranquilla.

La svolta: agricoltura e allevamento

Tutto cambiò in Medio Oriente circa 10.000 anni fa (dalle coste della Palestina al Golfo Persico, e, più a nord, in Anatolia), quando si cominciò ad addomesticare gli animali (inizialmente capre e pecore) e soprattutto a coltivare alcune piante (frumento, orzo...), trasformando in modo significativo l'ambiente.[27] Nel resto del mondo l'agricoltura s'imporrà tra il 9000-9500 (in Cina e Nuova Guinea) e il 5000-7000 a.C. (Africa occidentale, Centroamerica, Sud Sahara). Il motivo di tale transizione resta poco chiaro, poiché le foreste non erano ancora state distrutte e ai cacciatori la selvaggina non mancava. Che senso aveva lavorare di più e passare a un'alimentazione più povera sul piano qualitativo, molto meno diversificata, anche se più abbondante su quello quantitativo?

I paleoantropologi sostengono che 12.000 anni fa vi fu un cambiamento climatico dopo l'ultima glaciazione, che portò nel Vicino e Medio Oriente a un innalzamento della temperatura, a un incremento delle specie vegetali domesticabili, come p.es. i cereali.[28] E non è da escludere che a tale svolta abbia contribuito l'aumento della popolazione e la graduale estinzione, in quell'area geografica, dei grandi erbivori da cacciare. Sia come sia, resta evidente che nei luoghi dove la caccia è difficoltosa, si deve trovare un'alternativa alla propria sopravvivenza, e questa fu trovata vivendo in maniera stanziale in un territorio che andava profondamente modificato con nuovi strumenti e metodiche lavorative. Il bastone appuntito o la zappetta che prima serviva per trovare tuberi e radici sottoterra o per seminare qualcosa, fu collegato a un aratro, che creava solchi di file parallele ove inserire dei semi per la raccolta di legumi e cereali. All'inizio erano gli stessi uomini a tirare l'aratro, col "sudore della loro fronte" (come recita il Genesi), poi si cominciarono a usare buoi o cavalli.[29] Storicamente è accertato che intorno al 6000 a.C. in Mesopotamia si

---

[27] Le coltivazioni di mais, manioca e patate si svilupparono in modo indipendente 3-4.000 anni dopo nelle Americhe.

[28] Durante questa glaciazione i livelli dei mari si abbassarono di oltre 120 metri. Alla fine di questa glaciazione seguì un periodo tardiglaciale, in cui la temperatura e le precipitazioni raggiunsero gradualmente i valori attuali (inizio Olocene 11.700 anni fa).

[29] Nel mondo antico e altomedievale l'aratro era "leggero", di legno, privo di ruote, trainato da un bue, dotato di una punta in legno che rompeva la terra spostandola di lato, senza però rovesciarla. All'attrezzo in legno si aggiunsero poi sia una pala affilata in ferro, detta *vomere*, che penetra in profondità e taglia orizzontalmente la zolla di terra; sia una lama perpendicolare al suolo per il taglio verticale della terra, detta *coltro*. L'aratro leggero tracciava un solco poco profondo ed era adatto all'aratura dei terreni sabbiosi, asciutti e friabili dell'area mediterranea. La rotazione delle colture era biennale. Le terre dell'Europa nordica, dense di radici e sassi quando venivano sottratte alle foreste, umide e pesanti quand'erano sottratte alle paludi, si poterono dissodare solo quando i contadini, a partire dall'XI sec., ebbero un aratro "pesante", a *versoio*, per andare in profondità e rovesciare la zolla tagliata dal vomere e dal coltro. Occorrevano da due a otto buoi, oppure si usavano i cavalli ferrati con collare rigido. La rotazione era triennale. Nel Medioevo si diffondono anche i mulini ad acqua e a vento, in so-

usavano i buoi per trainare l'aratro.[30]

In questo uso strumentale dell'animale non si può vedere qualcosa di "immorale", anche perché, nell'arco di un anno, l'aratura veniva fatta una-due volte, a seconda della fertilità del terreno. Il vero lavoro consisteva nella canalizzazione e irrigazione e nel mantenere sgombri da erbacce e parassiti i campi da coltivare o le piante fruttifere. I fossati, per far scorrere bene l'acqua piovana o fluviale o di un pozzo o di un lago artificiale, andavano tenuti puliti e allineati. Una volta terminato l'impianto, che doveva prevedere l'uso di una stalla per gli animali, di un porticato per i mezzi da trasporto, di un granaio o un fienile per i cereali trebbiati, di una attrezzaia per gli strumenti agricoli..., il resto, in maniera prevalente, riguardava la manutenzione (sarchiatura, potatura, concimazione ecc.) e la difesa da eventi climatici sfavorevoli.

Per quanto riguarda la domesticazione degli animali non si sa con precisione se abbia preceduto la scoperta dell'agricoltura o sia stata contestuale ad essa. Là dove il cibo è abbondante, non vi è alcun bisogno di addomesticare gli animali, anche perché gli stessi animali non avvertono l'uomo come un pericolo. L'animale ha cominciato ad aver paura dell'uomo quando l'uomo si è trasformato in cacciatore.

L'uomo non ha mai cercato di addomesticare dei carnivori: quando l'ha fatto col lupo, l'ha trasformato in un cane adatto a proteggere le mandrie, o quando ha cercato di farlo con un felino, ha dovuto prima trasformarlo in un gatto. Nel circo si addomesticano leoni e tigri, ma il domatore non può mai sapere con sicurezza se quando entra in pista non verrà sbranato, anche perché gli animali devono lavorare a digiuno: il cibo è un premio per la loro performance.

L'uomo ha sempre preferito allevare erbivori, con esigenze alimentari poco dispendiose (almeno finché non si è entrati nell'epoca industriale), con un elevato tasso di crescita (possibile anche in cattività), di carattere non aggressivo, non soggetto al panico, in grado di vivere in un branco e di seguire un leader, uomo o animale che sia. Naturalmente col tempo gli allevamenti si sono parecchio diversificati: agli ovini e bovini si sono aggiunti i suini e gli equini, i canidi, i bachi da seta, le api, vari tipi di uccelli, il pollame, i conigli, i cammelli e i dromedari, i lama, gli alpaca, le renne ecc.

Le società pastorali

Le società pastorali, prive di agricoltura, sono potenzialmente in-

---

stituzione di quelli azionati da animali o schiavi.

[30] Sulla Mesopotamia sono fondamentali gli studi di Jean Bottéro.

stabili, avendo una base economica piuttosto fragile: il bestiame può essere decimato da una epidemia o razziato, e ha continuamente bisogno di acqua (il che provoca scontri tra tribù o con gli agricoltori). Tra gli antichi pastori la carne e i prodotti caseari potevano assicurare circa il 50% della dieta alimentare: il resto dipendeva da caccia e pesca o dai mercati. Dagli agricoltori potevano procurarsi i cereali e vari manufatti, che potevano essere scambiati col cuoio, il pellame e ovviamente i prodotti caseari.

La pastorizia può essere considerata un sistema ecosostenibile ma non autosufficiente, a meno che non faccia parte di un villaggio di agricoltori, che si preoccuperà di redistribuire i prodotti caseari. Generalmente però le famiglie degli allevatori considerano le loro mandrie di proprietà privata, tanto che questa si eredita per linea di discendenza maschile (presso i pastori Navajo, nel sud-ovest degli Stati Uniti, per linea femminile, ma si tratta di un'eccezione). Persino il corredo domestico è di pertinenza dei capi-famiglia. Solo le aree di pascolo e le vie della transumanza sono regolate da diritti d'uso, codificati in modo informale da tradizioni orali.

Le società pastorali sono acefale, prive di un'autorità centrale e di una stratificazione sociale. Forse questo spiega il motivo per cui nell'ambito della pastorizia in sé non si sono rilevati importanti valenze democratiche nella gestione del sistema di autosussistenza, almeno non così significative come quelle peculiari al mondo della caccia-raccolta e orticoltura. Tutta l'organizzazione pastorale si basa sulla parentela. Evans-Pritchard scrisse che presso i Nuer i membri di una comune discendenza, dopo aver superato la soglia delle dimensioni compatibili con la disponibilità di risorse, si scindevano in due o più gruppi, restando in contatto per le unioni matrimoniali o per alleanze di tipo difensivo.

I pastori nomadi amano la libertà di movimento e non sopportano gli ordini che provengono dall'esterno del loro gruppo. D'altra parte il migliore allevamento è proprio quello estensivo, su ampi spazi, ove gli animali possono pascolare liberamente. Gli effetti positivi di questa attività stanno nel fatto che gli animali mantengono bassa l'erba, liberano il terreno dai rovi, riducono i rischi d'incendio, inoltre mantengono fertile il suolo con le loro deiezioni. Tutto ciò oggi è possibile solo in pochissimi luoghi del pianeta.

Il nomadismo pastorale, con lo spostamento dell'intero villaggio, oggi è piuttosto raro: lo si trova in alcune aree del Medio Oriente e del Nord Africa. In Iran, p. es., i gruppi etnici di Basseri e Qashqai percorrono 480 chilometri per giungere a 5.400 metri sopra il livello del mare. Molto più praticata è invece la transumanza di pochi individui del villaggio con le loro mandrie durante il periodo estivo. I Ciukci, una popolazione di 16.000 abitanti della tundra siberiana nord-orientale (una regione che spesso arriva a 50 gradi sotto zero), sulla costa fanno i pescatori di trichechi e balene, ma all'interno sono pastori di renne. Le greggi non sono "spinte" ma semplicemente "seguite" e, se si separano, devono farlo anche i pastori, vivendo una vita nomade per gran parte dell'anno. Dopo il crollo dell'Urss la produzione di pellicce, connessa all'allevamento delle renne, non è più contemplata nella nuova realtà capitalistica. Poiché non esistono per i Ciukci altre attività produttive, aumenta sempre di più il numero di coloro che sono costretti a emigrare dai loro villaggi natali verso i centri regionali.

Dall'agricoltura allo schiavismo

Dopo la nascita dell'agricoltura e dell'allevamento la caccia-raccolta sopravvisse solo nelle foreste o in alcune isole, oppure in territori dove l'agricoltura sarebbe stata impossibile, a meno che i mezzi non fossero molto sofisticati. Praticamente da quando è nata l'agricoltura intensiva (del tutto diversa dall'orticoltura, che non è né intensiva né estensiva) l'uomo ha cominciato a dare risposte sempre più sbagliate alle sue domande, fino al punto in cui si è trovato a costruire delle civiltà basate sull'antagonismo sociale. E ogni volta che cambiava civiltà era convinto, in maniera del tutto ingenua, di aver realizzato un vero progresso, cioè di essersi definitivamente liberato dai problemi delle civiltà precedenti.

Tuttavia la principale tragedia dell'umanità non avvenne con l'introduzione dell'agricoltura *in sé* o dell'allevamento *in sé*, ma con l'associazione di tali strategie alimentari alla nascita dello *schiavismo*, che inizialmente fu di tipo *statalistico*, in complessi tipicamente urbanizzati. Detto altrimenti, la tragedia non avvenne quando si cominciò a scoprire che da una terra lavorata o da certi animali addomesticati si poteva ottenere del cibo abbondante o comunque supplementare, ma quando questa possibilità fu estremizzata, scelta nettamente in alternativa alla caccia e alla raccolta, che sicuramente erano più ecologiche.

D'altra parte tutte le tragedie avvengono sempre quando si passa da qualcosa di sufficientemente naturale a qualcosa di assolutamente artificiale, che viene giustificato con pretesti ideologici (religiosi o mitologici). Si finisce col creare nuove contraddizioni sociali, le cui conseguenze diventano tanto più gravi quanto più si perfezionano gli strumenti con cui dominare la natura. La storia ha dimostrato che le tragedie avvengono quando, invece di restare *olistici*, si preferisce diventare *settoriali*, facendo pagare la propria scelta particolare di vita alla natura e alle società che in quel settore (di regola tecnologico) sono più deboli.

I due sistemi di autosussistenza (caccia-raccolta e agricoltura-allevamento) poterono coesistere pacificamente solo perché il pianeta da esplorare era enorme e gli abitanti molto pochi (nel Paleolitico non superavano i 4 milioni di individui), ma quando, circa 6.000 anni fa, si formarono molteplici sistemi schiavistici in competizione tra loro, la Terra cominciò a farsi stretta (soprattutto dal Nilo al Tigri e all'Eufrate), le guerre diventarono la regola e le foreste cominciarono a essere progressivamente smantellate. È stata la continua riduzione delle foreste (territorio privilegiato per la caccia) a portare i due sistemi di sussistenza in forte competizione tra loro, una competizione che successivamente si è estesa anche tra agricoltura e allevamento, soprattutto quando i cacciatori, più soggetti al nomadismo, si trasformarono in allevatori. Finché l'agricoltura venne praticata nelle zone più impervie del pianeta, non costituiva un particolare pericolo, ma quando si cominciò ad abbattere le foreste e i boschi per far posto ai terreni da coltivare o per le esigenze urbane, si scatenò un meccanismo perverso, che ancora oggi sembra non aver fine.

La vita del cacciatore è stata resa impossibile dal fatto che i regimi schiavistici avevano continuamente bisogno di legname per costruire abitazioni urbane e navi militari o mercantili, o macchine da guerra (p.es. per forgiare le spade si usò il legno prima del carbone), per cui le foreste si ridussero sensibilmente. Non dimentichiamo che, stando a calcoli approssimativi, dopo la nascita dell'agricoltura la popolazione mondiale passò dagli 8-15 milioni ai 50 milioni nel 1000 a.C. e ai 250-300 milioni nel I sec. d.C.

Agricoltura e allevamento

Abbiamo detto che all'origine dell'umanità non esisteva neppure la caccia di animali, ma solo la raccolta di tutto ciò che si poteva trovare di commestibile nelle foreste. Solo uscendo da questi luoghi dal clima mite, ricchi di cibo e finendo in luoghi con un clima torrido o rigido, in ogni caso privo di umidità e scarsamente piovoso, oppure in luoghi paludosi, acquitrinosi, malsani, soggetti alle periodiche esondazioni dei fiumi, avrebbe avuto senso "produrre" il cibo lavorando la terra con strumenti tecnici, costruendo canali irrigui e così via.

La transizione a uno stile di vita stanziale, al di fuori delle foreste, sarebbe stata impossibile, nelle zone più impervie del pianeta, senza l'affermazione dell'agricoltura come fonte primaria di sostentamento. In condizioni normali si praticava la caccia e la raccolta, che generalmente erano itineranti: al massimo ci si affidava all'orticoltura, che non richiedeva l'uso dell'aratro, degli animali da tiro, dei mulini per creare le farine, dei forni per cuocerle e tanto meno di schiavi. È anche molto probabile che prima ancora dell'agricoltura, che richiede tecnologia, competenza, lavori faticosi e ben organizzati, sia sorto l'allevamento di animali di piccole dimensioni, facilmente catturabili e gestibili.

In un certo senso potremmo dire che mentre l'agricoltura è una conseguenza estremizzata dell'orticoltura, l'allevamento è invece una conseguenza estremizzata della caccia (probabilmente in un contesto già caratterizzato dalla presenza dell'agricoltura). In entrambi i casi si tratta di una forma di specializzazione di una pratica preesistente, che però ha comportato nuove metodiche e nuovi stili di vita.

In teoria, se la raccolta è stata anteriore alla caccia, dovremmo dire che l'allevamento sia stato posteriore all'agricoltura, ma non è detto che sia avvenuto così. Forse è meglio dire che agricoltura e allevamento sono state due attività costrette a un reciproco condizionamento (salvo il fatto che l'agricoltura richiede un impegno collettivo a vasto raggio; l'allevamento no). Di sicuro dalla semplice raccolta spontanea di frutti selvatici venne fuori l'orticoltura solamente quando la raccolta, dopo essere usciti dalle foreste, non era più sufficiente per sfamarsi. In ogni caso l'orticoltura non richiedeva un impegno gravoso come quello della lavorazione sistematica e collettiva dei terreni, con l'uso di strumenti specifici. L'orticoltura poteva essere praticata ovunque, anche all'interno delle foreste.

L'agricoltura vera e propria aveva invece bisogno di altri spazi (ai danni delle foreste) e soprattutto di altre motivazioni. Essa è già un tentativo di sottomettere la terra con la forza, in maniera continuativa, superando definitivamente le difficoltà di un ambiente ostico, anzi ostile, dove non è così facile procurarsi il cibo e dove è facile ammalarsi. Senza agricoltura non sarebbe mai nata né la proprietà privata né lo Stato, preposto a difendere tale proprietà.

Una volta usciti dalle foreste si può forse pensare che possa apparire più facile essere allevatori itineranti che agricoltori stanziali, ma entrambe le specializzazioni richiedono una certa competenza, una certa abilità. Non a caso esse costituiscono la prima vera *divisione sociale del lavoro*. L'allevatore deve essere capace di produrre latte e formaggio: il resto glielo dà l'animale in maniera spontanea (uova, lana..., ma anche, dopo averlo ucciso, corna, pelle, midollo, ossa...).

Tuttavia, là dove la selvaggina è molto abbondante non ha senso fare l'allevatore. Prima dell'arrivo degli europei i nativi nordamericani non furono mai né allevatori né agricoltori, salvo eccezioni, e non vivevano nelle foreste ma nelle praterie, praticando caccia e raccolta. Nei territori stepposi della Russia non era certo una rarità che gli uomini passassero dall'agricoltura all'allevamento, ritenendo quest'ultimo assai più conveniente in quegli immensi spazi dove ci si poteva spostare da un luogo all'altro, senza dar fastidio agli interessi degli agricoltori.

Probabilmente il primo grande conflitto sociale, che diede una svolta all'umanità, non fu quello tra agricoltori e cacciatori ma quello tra agricoltori e allevatori, cioè tra stanzialità e nomadismo, tra necessità di campi chiusi e di campi aperti. Il bestiame ha bisogno di campi liberi, non recintati. Là dove vige l'agricoltura è certamente possibile la domesticazione degli animali, ma l'agricoltore usa animali di piccole dimensioni e, se anche grandi, in numero molto limitato, proprio perché considera l'allevamento un'attività secondaria. Buoi e cavalli possono tornare utili per l'aratro o per i mezzi di trasporto, ma chi pensa di fare l'allevatore di mestiere, lo fa per commerciare i suoi prodotti. Esattamente come chi si dedica all'agricoltura, che è un sistema in grado di offrire un certo surplus alimentare.

Il problema del surplus

Che il metodo di caccia e raccolta sia efficiente è dimostrato dal fatto che, nonostante mezzo millennio di colonialismo occidentale, viene praticato ancora oggi, con tutte le difficoltà dovute al fatto che le multinazionali sono interessate alla deforestazione per vendere legno pregiato e per altri motivi di business immediato.

L'efficienza deve avere un valore non solo tecnico-materiale ma anche *etico-sociale*; e, da questo punto di vista, è importante non avere un surplus da vendere, poiché è proprio questo che può generare disuguaglianze sociali.[31] Là dove si producono sistematicamente delle eccedenze alimentari è facile che gruppi familiari-parentali-clanici finiscano con l'acquisire maggiore prestigio rispetto ad altri gruppi: basta una diversa forza fisica o strategia lavorativa o una particolare ricchezza del suolo. Non solo, ma quando alcune persone acquisiscono, per qualche ragione contingente, uno status più elevato, mutano le regole della condivisione all'interno del medesimo gruppo. Se l'orticoltura diventa l'anticamera dell'agricoltura intensiva e permanente, è facile la formazione delle città e una progressiva discriminazione sociale. È vero che ci sono volute migliaia di anni prima di passare dal bastone appuntino e dalla zappetta all'aratro, ma una volta compiuta tale transizione, non si è più tornati indietro.

Nondimeno riteniamo sia sbagliato sostenere che la società agricola, basata sui ruoli distinti di sovrani, funzionari, soldati e sacerdoti sia nata in zone dove si potevano coltivare facilmente i cereali. Se davvero vi fosse stata questa facilità, non vi sarebbe stata alcuna stratificazione

---

[31] Il che non vuol dire che qualunque tipo di "surplus" sia in sé da evitare: anche nel Paleolitico si sapevano conservare le eccedenze di carne affumicata.

sociale: non sarebbe stata tollerata. Uomini e donne provenivano da un mondo (quello dei cacciatori-raccoglitori) in cui si era organizzati per piccole bande, prive di capi riconosciuti, di funzionari amministrativi e della figura sociale del soldato: non si aveva motivo di pensare a duri scontri armati. Nell'ambito di una medesima tribù, in un medesimo territorio, non avrebbe potuto esserci un'evoluzione così innovativa senza una certa resistenza sociale.

Le città dovevano per forza formarsi in luoghi impervi e inospitali, quasi spopolati, assai poco praticabili se lasciati a se stessi. In queste città si portò alle sue estreme conseguenze una pratica che già si conosceva, l'orticoltura itinerante, trasformandola in agricoltura stanziale, sistematica, basata prevalentemente sui cereali, al fine di ottenere un surplus significativo. Senza un aratro e senza una sicura irrigazione su canali geometrici, costruiti collettivamente e faticosamente, mantenuti diligentemente, ciò sarebbe stato impossibile.

Quindi possiamo dire che in presenza dell'orticoltura poteva anche esserci l'allevamento di animali domestici, ma non era in forma specializzata. Invece là dove è presente l'agricoltura, di sicuro è presente, in maniera separata, anche l'allevamento specializzato, e i conflitti tra i due sistemi di sussistenza sono inevitabili, come documentano i classici miti di Caino e Abele o di Romolo e Remo. Peraltro l'allevamento del bestiame era un'occupazione maschile, quindi non è da escludere che il patriarcato abbia avuto origini in questo ambiente.

Finché si pratica la raccolta, la caccia, l'orticoltura e l'allevamento di piccoli animali, limitati numericamente, non c'è alcun bisogno di passare all'agricoltura intensiva né all'allevamento specializzato. Cioè non c'è bisogno di arrivare a una situazione in cui si è costretti a vendere dei prodotti per arricchirsi. Il che non significa che i cacciatori e orticoltori, potendo restare liberamente tali, non barattassero i loro prodotti coi pastori. L'importante, per tutti, era affermare il principio che non si doveva dipendere dal mercato per la propria sussistenza.

La nascita dello schiavismo va addebitata all'agricoltura intensiva, che rappresenta una violenza nei confronti della natura; e l'allevamento specializzato, pur essendo itinerante, quindi meno impattante sulla natura, è una conseguenza del fatto che l'agricoltura intensiva, associata a uno sviluppo urbanistico, è in grado di creare un mercato. Chi fa l'allevatore di mestiere è un individualista che ha bisogno di vendere i suoi prodotti, possibilmente per arricchirsi. L'allevatore può anche praticare il baratto con l'agricoltore, ma in genere chi baratta le eccedenze con quest'ultimo è il cacciatore. Semmai l'allevatore ha bisogno di comprare dall'agricoltore il mangime per gli animali. Ecco perché chi pensa di fare solo l'allevatore ha bisogno di un mercato monetario.

I limiti delle società industrializzate

Dal punto di vista economico qualunque sistema antagonistico (schiavismo, servaggio, capitalismo e socialismo), sia in forma privata che statale, rappresenta un abisso rispetto al sistema di *autosussistenza* del mondo primitivo, soprattutto rispetto a quello basato su caccia e raccolta.

Le differenze sarebbero forti anche se il sistema basato su agricoltura e allevamento non avesse conosciuto la proprietà privata o statale dei mezzi produttivi. Personalmente infatti tendiamo a non credere che la pratica dell'agricoltura e dell'allevamento comporti necessariamente l'introduzione dell'antagonismo sociale nelle relazioni umane, anche se il passo dovette essere breve (storicamente di circa 3-4 mila anni).

L'agricoltura costituisce senza dubbio una violenza quotidiana alla natura. E l'allevamento lo è nei confronti degli animali. L'allevamento priva l'animale della sua libertà sin dalla nascita, trasforma la sua specifica natura, i suoi comportamenti istintivi... Anche la caccia, ovviamente, costituisce una forma di violenza, ma non ha il carattere della sistematicità quotidiana, né l'esigenza di realizzare un surplus produttivo da barattare o da vendere sul mercato. Il cacciatore primitivo non aveva armi con cui potesse portare all'estinzione una determinata specie animale, né aveva conoscenze con cui potesse crearne di nuove. Non selezionava una specie a scapito di altre. Rispettava tutta la diversità biologica che trovava in natura, sapendo bene che, così facendo, garantiva meglio la sopravvivenza alla propria comunità d'appartenenza.

Dunque, sotto questo aspetto una comunità indigena si sarebbe trovata agli antipodi nei confronti di qualunque altra formazione sociale, inclusa quella socialistica, almeno per come questa si è sviluppata a partire dal socialismo utopistico. Un socialismo basato sull'industrializzazione o sulla gestione statalistica della società (come fu quello dell'Europa orientale) o connotato in maniera mercantile (come l'attuale cinese), non ha nulla a che vedere con l'*economia autogestionale* del mondo primitivo. L'unico comunismo esistito nella storia è quello precedente alla nascita dello schiavismo, che è durato centinaia di migliaia di anni.

Il mondo primitivo ha subìto dei colpi demolitori a partire dallo schiavismo, ma quelli mortali li sta subendo da quando si è sviluppato il capitalismo a livello mondiale. Infatti il capitalismo non stabilisce solo un uso diverso dei mezzi di lavoro tipici delle civiltà schiavili e feudali, ma ne crea di nuovi, infinitamente più potenti, in grado di sconvolgere qualunque equilibrio naturale su tutto il pianeta, in un tempo relativamente breve.

Di fronte all'efficacia devastante di questi mezzi tecnici, neppure il socialismo (utopistico e scientifico, riformistico e rivoluzionario) è stato capace di trovare delle alternative convincenti. Ci si è illusi che bastasse socializzare o statalizzare la proprietà dei mezzi produttivi. Volendo continuare a usare una tecnologia incompatibile con le esigenze riproduttive della natura, l'umanità si è infilata in un vicolo cieco dal quale non riesce a uscire in alcuna maniera. Eppure la cosiddetta "produzione alimentare" è esistita per meno dell'1% del tempo che l'*homo sapiens* ha trascorso sulla Terra. Prima si era vissuto di sola "acquisizione", muovendosi liberamente su vasti territori, senza confini imposti da Stati sovrani. La stessa attuale "borghesia" vuole agire su mercati di livello internazionale per incrementare il proprio business, non riconoscendo confini di sorta. Piuttosto è la "piccola borghesia" che chiede il rispetto dei "confini geografici" quando avverte i fenomeni migratori come una minaccia al proprio benessere.

Oggi abbiamo creato degli agglomerati urbani così imponenti, dei mezzi di trasporto così capienti e veloci, delle armi così distruttive, degli strumenti lavorativi così onnipotenti che una qualunque società che ne fosse priva verrebbe guardata con pietà e commiserazione; verrebbe giudicata una pura assurdità se il suo modello fosse prospettato per il futuro.

Ecco perché non può esistere alcuna possibilità d'intesa con le ultime comunità primitive rimaste sul pianeta: o sono loro ad adeguarsi o la loro sorte è segnata. Dovrebbero accadere degli eventi epocali di portata così catastrofica da far pensare a una sorta di "apocalisse", ma anche in quel caso i sopravvissuti, per ripristinare le condizioni di vita dell'uomo originario, dovrebbero rinunciare consapevolmente alle conoscenze scientifiche che possiedono. E chi mai farebbe una cosa del genere se non costretto da circostanze esterne ed estreme? E quali condizioni potrebbero essere così cogenti, così costrittive da indurre l'uomo a ritenere le proprie conoscenze scientifiche del tutto inutili ai fini della propria sopravvivenza? Lo schiavismo romano fu superato dalle orde barbariche provenienti dall'Asia. Ma l'attuale capitalismo, diffuso su tutto il pianeta, da quali "orde barbariche" potrebbe essere abbattuto?

Le popolazioni che soffrono maggiormente gli effetti del "globalismo" sembra che non abbiano altra intenzione che quella di abitare le città del sistema capitalistico, come se non avessero alcuna alternativa da proporre. Manca *l'intelligenza delle cose* con cui opporsi a dei processi giudicati irreversibili. L'alternativa non è più "o socialismo o barbarie", ma "o primitivismo antico o barbarie moderna". Infatti, anche là dove il socialismo si è realizzato, le tribù primitive sono sempre state penalizzate: non ci sarà stato un genocidio come quello borghese, ma pressioni a cambiare stile di vita sicuramente sì.

Per poter apprezzare il mondo primitivo dovremmo rinunciare alle acquisizioni tecnologiche della moderna rivoluzione scientifica, ma, siccome non siamo disposti a farlo, neppure quando gli effetti deleteri della scienza sulla natura sono sotto gli occhi di tutti, non ci resta che attendere qualcosa di profondamente traumatico, che, con una forza invincibile, costringa l'umanità intera a ripensare se stessa, soprattutto che induca quell'enorme maggioranza di popolazioni colonizzate a ribellarsi a chi le sfrutta da mezzo millennio.

Noi occidentali non siamo più in grado di comprendere, neppure se ci avvalessimo di tutte le scienze teoriche che abbiamo elaborato, il significato di ciò che abbiamo superato da migliaia di anni e che consideriamo irrimediabilmente perduto. Ancora oggi guardiamo con ammirazione, relativamente al nostro passato, le grandi costruzioni degli imperi schiavistici, restando indifferenti alla semplicità della vita nelle foreste. Quando nel vangelo di Matteo 18,1-5 veniva detto che "se non si diventa come bambini, non si può entrare nel regno dei cieli", si voleva appunto dire che se non si torna a vivere nella semplicità dell'uomo primitivo, la civiltà non ci porterà da nessuna parte.

Essere contro la tecnologia non vuol dire assumere atteggiamenti ideologici o unilaterali. Significa soltanto che bisogna chiedersi quale tipo di tecnologia usare per permettere alla natura di riprodursi agevolmente. Non possiamo usare la tecnologia che ci pare, pensando che, in caso di disastro ambientale, abbiamo sempre la possibilità di trasferirci altrove. L'uomo deve sentirsi responsabile nei confronti della natura là dove *fisicamente, territorialmente* vive in essa e con essa. Purtroppo però, da quando abbiamo scoperto nuovi continenti, questa responsabilità l'abbiamo perduta. Anzi, ci siamo ancora più convinti che l'enorme estensione del pianeta ci avrebbe autorizzati ad avere nei confronti della natura qualunque atteggiamento arbitrario: di qui p.es. l'enorme inquinamento di tutti i mari.

Ecco perché diciamo che in attesa di un disastro ambientale di rilevanza mondiale, da obbligarci a cambiare stile di vita, dovremmo addestrarci a vivere nella maniera più parsimoniosa possibile, allontanandoci dalle città, recuperando il valore della terra, il contatto diretto con gli animali, aiutando la natura a crescere attorno a noi, contestando radicalmente chi sta portando l'umanità alla catastrofe.

I vantaggi dell'orticoltura

Finché l'agricoltura rimase orticoltura, non si associò allo schiavismo o al servaggio. Là dove esistono istituzioni pubbliche che impongono ai contadini di produrre per una città, di sicuro è presente una discriminazione sociale, uno sfruttamento del lavoro altrui. Se vogliamo, persino l'attività venatoria, essendo condotta prevalentemente dagli uomini, rischiava di creare delle discriminazioni di genere, se le donne non contribuivano attivamente con la raccolta del cibo o appunto con l'orticoltura.

Le donne dei cacciatori dovevano cominciare a pensare a come difendersi dai rischi di una subordinazione sessuale. Infatti, se una donna si aspetta di ricevere il cibo dall'uomo e si limita a cucinarlo, oltre che naturalmente ad allevare figli, è facile ch'essa veda diminuire la propria mobilità e a considerare la vita domestica e la riproduzione sessuale come le uniche vere attività che la distinguono dall'uomo. Quindi, se volevano conservare una certa uguaglianza sociale, le donne dovevano o partecipare in qualche modo alla caccia, oppure procurare il cibo in altra maniera. Non a caso tra i boscimani !Kung San i cacciatori più capaci possono avere più mogli, mentre il diritto di eredità segue, in generale, la linea paterna, benché, per ottenere una moglie, l'uomo debba chiederla alla madre di lei, provvedendo per più di un anno a procurare selvaggina alla sua famiglia.

L'orticoltore (in genere la donna) non utilizza in modo intensivo né la terra, né il lavoro, né gli attrezzi agricoli, e non prevede l'uso di capitali da investire, né quindi una produzione mercantile. Non pratica, in forma associata, i lavori di canalizzazione e irrigazione tipici delle società schiavistiche. Non accumula, in grandi magazzini, il prodotto ottenuto, sia perché l'attività tradizionale per sfamarsi (caccia e raccolta) non viene mai abbandonata, sia perché le comunità dei cacciatori e orticoltori non sono mai molto grandi. Peraltro il sistema di caccia e raccolta, che è il più antico modo conosciuto di procurarsi il cibo e che condividiamo con gli altri primati, non si trasforma necessariamente in orticoltura, poiché questa richiede una certa competenza e conoscenza del territorio.

Le piccole comunità dei cacciatori e raccoglitori erano l'ideale per vivere l'uguaglianza sociale e la democrazia. Questo anche perché non ha alcun senso essere in tanti quando poi non ci si conosce di persona. I rapporti sociali servono per eliminare l'isolamento, la solitudine, le manifestazioni alienanti tipiche dell'individualismo, ma per vivere in un contesto sociale bastano i rapporti di parentela o di associazione. Non c'è bisogno di costruire una grande città, dove pochi comandano e molti obbediscono, e dove i sentimenti di estraneazione e di frustrazione, quando non incanalati in forme di protesta sociale o politica, inducono a compiere azioni umanamente riprovevoli. Un socialismo davvero democratico dovrebbe prevedere la fine degli agglomerati urbani, il superamento della spersonalizzazione, della burocratizzazione dei rapporti umani.

Anche nel caso in cui una città fosse suddivisa in tanti piccoli quartieri, i cui cittadini fossero del tutto indipendenti nel decidere le soluzioni migliori per le esigenze del loro quartiere di appartenenza, resta il fatto che nessun cittadino è in grado di provvedere direttamente alla propria alimentazione. Può farlo tramite specifiche aziende o imprese, relativamente all'abitazione, al vestiario, al rifornimento idrico (con pozzi o dighe), ma la produzione del cibo avviene in un territorio extra-urbano. Il punto di mediazione tra vita rurale e vita urbana è il mercato, ove si acquista quasi qualunque cosa. Anche nel caso in cui un mercato "borghese" non esistesse e i prodotti venissero distribuiti attraverso una serie di magazzini, non si riuscirebbe comunque a risolvere il problema della separazione strutturale tra città e campagna. Anzi, spesso il cibo proviene da luoghi molto distanti dalla città in cui si vive: viene prodotto in maniera artificiale, raccolto ancora immaturo, con poche sostanze nutritive; per conservarlo nel tempo si usano agenti chimici, e i mezzi usati per imballarlo e per trasferirlo nelle grandi città sono nocivi all'ambiente naturale. La città, insomma, dipende dalla campagna, anche se è la città che impone alla campagna la tipologia dei prodotti e i prezzi di mercato.

Un socialismo davvero democratico, molto diverso da quelle parodie e mistificazioni fino ad oggi realizzate, deve prevedere una vita in campagna e con un'agricoltura non intensiva. Qualunque forma di estremizzazione del lavoro porta alla carestia, a improvvise epidemie e pandemie, alla desertificazione, all'antagonismo sociale, alla necessità di vendere prodotti sui mercati, all'impoverimento delle facoltà intellettuali... Le regioni caratterizzate in modo significativo dall'orticoltura si trovano da millenni nell'Africa subsahariana, nell'Asia meridionale e sud-orientale, nel Pacifico, nell'America centro-meridionale e nei Caraibi. Quanto tempo hanno durato le esperienze del socialismo industrializzato e statale? Poche decine di anni!

Per praticare l'orticoltura non serve neppure l'aratro: bastano, come strumenti principali, una zappetta, un semplice bastone appuntito, oltre naturalmente ai cesti per trasportare i semi e le derrate. È solo nel mondo dell'agricoltura vera e propria, quando si riuscirà a produrre oggetti in ferro, che vi sono la vanga, la falce e il falcetto, la roncola, il setaccio, il rastrello, il forcale e tanti altri strumenti resi obsoleti da una incessante modernizzazione industriale, fatta di macchine più o meno automatiche, che producono molto di più in molto meno tempo, grazie anche all'uso di fertilizzanti chimici.

Nell'orticoltura il lavoro manuale non era particolarmente faticoso e per l'irrigazione ci si affidava generalmente alle piogge. Naturalmente il lavoro dell'orticoltore richiedeva più tempo di quello del cacciatore, ma permetteva di ottenere molto di più: mais, fagioli, miglio, sorgo, igname, svariate specie di radici e di tuberi, bacche, meloni, frutta a guscio, miele...

Presso le comunità indigene dedite alla caccia, gli orticoltori non coltivavano i campi in modo permanente, ma li lasciavano a riposo per periodi di tempo di durata variabile. Si tagliava un piccolo appezzamento boschivo o forestale, oppure, più semplicemente, si appiccava il fuoco a un piccolo lotto di terra incolto, eliminando le piante infestanti e i parassiti. Con la cenere ottenuta lo si concimava, dopodiché veniva seminato con cereali, legumi, tuberi, radici, ortaggi, erbe e fiori commestibili, ecc. In genere il terreno veniva usato per uno o due anni, poi veniva abbandonato, lasciando che tornasse allo stato originario.[32] In attesa di poterlo riutilizzare, la comunità si trasferiva altrove, provvedendo a tagliare e bruciare un nuovo terreno. L'infertilità era impossibile. Generalmente come combustibile si usava il legno, che è rinnovabile, se si lascia alla natura il tempo di rigenerarsi.

Non esisteva neppure una vera e propria divisione del lavoro, se non a livelli minimi, quelli stabiliti da fattori oggettivi, come il sesso e l'età. Anzi, presso le popolazioni che abitano le zone temperate l'orticoltura viene praticata indifferentemente da uomini e donne: gli uomini pulivano il terreno col fuoco, ma per la semina e la raccolta erano impegnate anche le donne. Solo la caccia di animali di grandi dimensioni coinvolgeva gli uomini, ma la selvaggina di questo tipo, non molto frequente, forniva una piccola parte della dieta dei cacciatori-raccoglitori nelle zone temperate, a meno che non si vivesse in quelle circumpolari.

Si dice anche che la preparazione del cibo fosse riservata alle donne, ma è anche vero che in alcune tribù gli uomini si prendevano il diritto di coltivare alimenti di prestigio da dedicare a feste o banchetti rituali. Non esisteva una regola comune: al massimo si può pensare che l'unico fattore oggettivo, prevalentemente usato, in condizioni normali, come criterio per l'assegnazione di tutti i compiti fosse l'*età*. P. es. gli elementi più anziani che restavano nell'accampamento, costruendo strumenti per cacciare e accudendo i bambini, mentre gli altri uomini andavano a caccia.

Al tempo precoloniale, presso gli Irochesi (sei nazioni che dovevano rinnovare di continuo un patto di non belligeranza per poter esistere tranquillamente), erano le donne che coltivavano il granoturco e ne gestivano la distribuzione, e da questo alimento dipendeva se gli uomini potessero andare in guerra o no. In comunità basate sull'autosussistenza è

---

[32] In talune aree densamente popolate di Papua Nuova Guinea il terreno viene coltivato per 2-3 anni, quindi messo a riposo per un periodo di 3-5 anni e infine coltivato nuovamente.

facile che la distribuzione pubblica delle derrate alimentari finisca con l'attribuire alle donne un certo status. D'altra parte erano loro che garantivano la riproduzione del collettivo.

L'orticoltura non era che un'agricoltura itinerante con rotazione integrale dei terreni usati, la cui grandezza media non superava l'ettaro: un misura sufficiente per il sostentamento di una famiglia di 5-8 persone per un anno. Il che non implicava di necessità lo spostamento dell'intero villaggio, che generalmente non andava mai oltre le 200-250 persone. Tra i Kuikuru della foresta tropicale sudamericana un villaggio di 150 abitanti è rimasto nello stesso luogo per 90 anni. Essendo le loro abitazioni piuttosto solide, preferivano raggiungere a piedi le loro coltivazioni (prevalentemente di manioca). Invece coloro che praticavano l'orticoltura sulle colline pedemontane delle Ande peruviane, in micro-villaggi di circa 30 individui, preferivano, nei loro spostamenti, ricostruire in toto le loro piccole e semplici abitazioni. Gli indiani nordamericani, che praticavano solo caccia e raccolta, smontavano le loro tende in pochi minuti, quando si mettevano a seguire i percorsi delle mandrie selvatiche di bufali. Si sono comportati così per migliaia di anni.

Il sistema di caccia-raccolta e orticoltura può durare un tempo indefinito, in quanto ecologicamente sostenibile. In un'isola del gruppo Andamane, North Sentinel, nel Golfo del Bengala (India), un centinaio di Sentinelesi o Andamanesi vivono da più di 55.000 anni in totale isolamento dal resto del mondo. Si crede siano discendenti diretti delle prime popolazioni umane arrivate dall'Africa. Oggi gli ultimi rimasti sono oltre 300.000 e continuano a vivere di caccia, pesca e raccolta. I matrimoni sono combinati dai familiari, poiché si ritiene che questo sia il modo migliore per evitare conflitti sociali, ma praticano anche lo scambio dei doni. La direzione della società è affidata esclusivamente agli anziani.

In queste comunità le esigenze economiche sono minime e minimo è l'impegno lavorativo per soddisfarle. Vi sono società di cacciatori-raccoglitori che dedicano solo cinque ore alla settimana per trovare il cibo e per fabbricare e riparare i loro attrezzi da lavoro. Hanno molto tempo libero da dedicare al racconto di storie, miti e leggende e alla produzione di oggetti artistici. Nel suo libro *L'economia nell'età della pietra*, M. Sahlins, contraddicendo quanto sosteneva M. J. Herskovits a proposito degli Aborigeni australiani, affermava che i primitivi dedicavano pochissimo tempo al lavoro per procurarsi il cibo, e che non per questo erano miseri. Semplicemente si accontentavano dello stretto necessario, dedicando gran parte del loro tempo alla famiglia, agli svaghi, al riposo, all'arte...

Nei primi anni Sessanta alcuni antropologi si accorsero che la struttura ossea degli Ju/'hoansi, in relazione all'età e allo stato di salute, era molto simile a quella della popolazione nordamericana d'inizio Novecento. Le malattie infettive o le patologie da invecchiamento (come per es. l'artrite) erano poco diffuse; quelle degenerative e mentali del tutto assenti.[33]

D'altra parte è da tempo noto che soltanto con la nascita dell'agricoltura si sviluppano le malattie infettive, e per una serie di ragioni: la densità abitativa è straordinariamente aumentata, per cui qualunque malattia si diffonde molto velocemente e ampiamente; la sedentarietà obbliga a convivere coi propri rifiuti (germi e microbi si diffondono nelle acque); se si fa crescere un'unica specie vegetale, si diffondono più facilmente insetti, funghi e virus; il cibo stoccato nei silos può essere attaccato da topi, insetti e muffe; l'apertura di rotte commerciali finalizzate allo smercio di prodotti agricoli ha favorito il diffondersi delle malattie; molte malattie infettive provengono direttamente dagli animali allevati: vaiolo (cammelli e bovini), tbc (bovini), morbillo (bovini), colera (frutti di mare), pertosse (maiale, cane), lebbra (bufalo indiano), difterite (bovini), influenze e raffreddori di varia natura (cavallo, maiale, anatre). L'influenza pandemica del 1918, che eliminò dal 3 al 5% della popolazione mondiale, derivò probabilmente dalla innaturale vicinanza di anatre e maiali per la macellazione. Non è certamente un caso che gli umani abbiano in comune 65 malattie coi cani, 50 coi bovini, 45 con pecore e capre, 42 coi suini. Degli oltre 1.400 patogeni umani documentati, il 64% è di origine animale.

Dovendo quindi scegliere tra orticoltura e agricoltura, è evidente che sarebbe da preferire la prima. Ancora oggi l'orticoltura è di fondamentale importanza per tutta una serie di coltivazioni: piante medicinali, piante da frutto, ortaggi, piante aromatiche, piante ornamentali, alghe, ecc. Gli orticoltori delle zone tropicali e pluviali coltivano dozzine di specie vegetali simultaneamente. Oggi è del tutto normale vedere l'orticoltura occuparsi anche di conservazione delle specie vegetali, di ristrutturazione paesaggistica, di progettazione e manutenzione di giardini, di ibridazione e creazione varietale, di gestione di collezioni di interesse botanico e cura di orti botanici, ecc.

Tuttavia le cose non sono così semplici come sembrano, a causa soprattutto delle abitudini acquisite nell'arco di migliaia di anni. È ingenuo infatti pensare che si possa tornare indietro come se nulla fosse successo. La transizione a uno stile di vita *umano* e *naturale* sarà un processo lungo e faticoso. Al momento sarebbe già molto se avessimo consape-

---

[33] Si è calcolato che nel 30000 a.C. gli esseri umani, al momento della morte, avessero soltanto, in media, 2,2 denti in meno, i quali però era già saliti a 3,5 nel 3500 a.C. e a 6,6 in epoca romana.

volezza della sua necessità.

Gli svantaggi dell'agricoltura

I primi sistemi agricoli, pienamente documentati, risalgono al Neolitico e si trovano in Medio Oriente. Oggi si trovano ovunque vi sia della terra da coltivare. Sono co-responsabili della desertificazione del pianeta, soprattutto da quando l'uso della chimica ha fatto il suo ingresso in agricoltura, trasformandola in una risorsa meramente commerciale.[34] Molti degli attuali deserti sono stati causati da fiorenti civiltà e non da conseguenze climatiche: il Sahara, p.es., si è formato in 10.000 anni. Ecco perché è insensato fare antropologia senza impegnarsi a favore dell'ecologia.

In Anatolia, nella provincia turca di Konya, si trova uno dei siti più antichi del neolitico, quello di Çatal Hüyük, di 13,5 ettari, sorto accanto a una palude e continuamente ricostruito lungo una sequenza di 18 livelli stratigrafici, che vanno dal 7400 al 5700 a.C. ca. Aveva una popolazione media di circa 6.000 abitanti e durò circa 1.500 anni.

La stranezza di questo villaggio agro-pastorale è l'assenza di aperture verso l'esterno, nonché di porte a livello del terreno. Praticamente le case, di altezze diverse, fatte di mattoni di fango, erano affiancate o addossate l'una all'altra e ci si spostava utilizzando i tetti, dove si trovava l'ingresso principale. La circolazione e gran parte delle attività domestiche avvenivano al livello delle terrazze. Si è pensato che ciò servisse per difendersi dagli animali selvatici e da eventuali incursioni di popolazioni confinanti, ma resta oscuro il livello di conflittualità tra le diverse comunità dell'epoca. L'unica via d'accesso all'intero complesso era fornita da

---

[34] Per desertificare non occorre neppure la chimica: basta eliminare gli alberi. Ricordiamo tutti la storia del norvegese Erik il Rosso, che fu esiliato dall'Islanda per aver commesso un omicidio. Costretto a salpare con la sua famiglia e i suoi schiavi, si diresse verso una terra di cui aveva sentito parlare, insediandovisi nel 985: la chiamò Grønland ("Terra verde"), perché piena di foreste. Un po' alla volta arrivarono altri coloni e la popolazione raggiunse il numero di 3-5 mila persone. Oggi l'isola è ricoperta da ghiacci per l'83% del suo territorio. Si è sempre pensato che fosse stata una glaciazione a costringere i Vichinghi ad abbandonare la Groenlandia agli inizi del XV secolo. Invece furono proprio loro a desertificare l'isola. Realizzavano le abitazioni e le navi in legno; inoltre disboscavano per far posto ad allevatori di capre, pecore e mucche e agli agricoltori. Quando, in seguito a questo atteggiamento scriteriato, il clima si irrigidì, se ne andarono tutti. D'altra parte avevano una cultura diversa da quella degli Inuit, i quali erano abituati a vivere nei ghiacci (ancora oggi sono circa il 90% della popolazione).

scale che potevano facilmente essere ritirate in caso di pericolo.

Ogni abitazione era divisa in due stanze. Quella più grande aveva al centro un focolare rotondo e delle piattaforme elevate per dormire; in un angolo c'era un forno per cuocere il pane. La stanza più piccola era una dispensa per conservare il cibo: tra una casa e l'altra c'erano dei cortili usati come stalle per capre e pecore. Gli abitanti cacciavano bovini selvatici, ma anche lupi, volpi e leopardi. Coltivavano grano, orzo, piselli... Sapevano filare e tessere la lana. Commerciavano l'ossidiana a lunga distanza. Molto sentito era il culto dei morti.

Non meno interessante è il sito mesopotamico di Çayönü (Turchia meridionale), che si pensa sia stato abitato ininterrottamente all'incirca dall'8250 a.C. al 5000 a.C. Fino al 6000 a. C. la comunità si sosteneva con la "caccia e raccolta", oltre alla coltivazione di legumi, lenticchie, vecce e farro; poi invece si preferì alla caccia l'allevamento di pecore e capre.

Il villaggio mostra le prime tracce di lavorazione dei metalli, benché resti sconosciuta la fusione. Sono stati ritrovati ben 35 utensili di rame, molti di più che in qualunque altro sito archeologico precedente il 4500 a.C.

Da Çayönü giungono anche le più antiche tracce di tessitura del Vicino Oriente: sono state ritrovate fibre intrecciate di lino. Si usavano anche la malachite, l'ossidiana e le conchiglie marine, a dimostrazione di una certa attività artigianale-mercantile. E si conosceva la ceramica, importata dall'estero. Proprio in questo sito si è accertata una certa discriminazione di ceto dovuta al fatto che nel quartiere nord vivevano, in grandi case, le persone più agiate, mentre quello sud era abitato dal popolo, che abitava case piccole.

La prima cultura urbana d'Europa oggi è definita quella di Cucuteni-Trypillia, del tardo neolitico, che fiorì fra il 5500 a.C. e 2750 a.C. circa nella regione del Dnestr-Dnepr dell'attuale Romania, Moldavia e Ucraina. I Trypiliani costruirono le più grandi città in Europa, ognuna di esse con 10.000 o 15.000 persone. Gli insediamenti venivano bruciati ogni 60-80 anni, quando la cultura si spostava altrove. Qui siamo in presenza di una sorta di "socialismo statale", antecedente alla formazione dello schiavismo, ma successivo al "comunismo primordiale". Vi sono chiare tracce di agricoltura, allevamento del bestiame, uso della ceramica, del rame e della religione.

Da parte di alcuni linguisti e di alcuni archeologi (tra cui Otto Schrader, Vere Gordon Childe, Marija Gimbutas) i proto-indoeuropei (nomadi guerrieri di origine caucasica) provengono dalle steppe pontico-caspiche. In particolare la Gimbutas (che unì l'archeologia alla linguistica) arrivò a dire che in Europa si sarebbero fusi elementi di un sistema matriarcale-egualitario con una cultura patriarcale-gerarchica portata dagli indoeuropei nell'età del bronzo, che, per quanto riguarda l'Europa, si estende dal 3500 a.C. al 1200 a.C. circa.[35]

A partire dalla nascita dell'agricoltura gli strumenti produttivi hanno subìto un costante processo di perfezionamento, poiché si è fatta della lavorazione della terra la principale fonte dell'alimentazione, ovviamente senza escludere quella proveniente dagli allevamenti: il tutto sulla base degli scambi monetari sul mercato, che, a partire dal capitalismo, hanno subissato quelli basati sull'autoconsumo e sul baratto delle eccedenze.

La differenza fondamentale dall'orticoltura è che il lotto agricolo è coltivato in maniera permanente, per cui per ottenere ogni anno sufficienti derrate alimentari occorre un aratro che vada in profondità (un tempo trainato da buoi o da cavalli), una costante irrigazione (priva di sali dannosi) e una sicura e abbondante fertilizzazione (un tempo fatta col letame degli stessi animali). Si tratta di una strategia intensiva, che richiede grande impegno lavorativo (soprattutto nella fase iniziale dell'impianto e nella sua manutenzione) e una periodica rotazione delle colture (biennale o triennale) per non compromettere la fertilità del terreno.

Il passaggio dall'orticoltura all'agricoltura non è stato affatto spontaneo, proprio per una questione di mentalità, di stile di vita. Là dove è possibile la raccolta, e poi la caccia, si considera l'orticoltura come un'attività integrativa; questa diventa prevalente solo quando la caccia è poco fruttuosa. L'agricoltura invece è un'attività primaria, conseguente al fatto che l'attività venatoria non è più praticabile come un tempo, e la preoccupazione principale è quella di acquisire delle eccedenze.

Inizialmente, infatti, l'agricoltura si diffonde dove la vita sarebbe stata molto difficoltosa, a causa delle periodiche esondazioni dei fiumi (non a caso le prime civiltà furono "fluviali"). L'agricoltura richiede la costruzione di canali per l'irrigazione artificiale. Se si coltiva in collina, occorre necessariamente il terrazzamento, che è un modo ingegnoso di far scorrere l'acqua sfruttando la forza di gravità. Deve comunque esserci una sorgente o una falda acquifera permanente: al limite è sufficiente l'acqua potabile di un pozzo.

Le famiglie dedite all'agricoltura erano composte di molti ele-

---

[35] I testi più importanti della grande studiosa della mitologia, Marija Gimbutas, tradotti in italiano, sono i seguenti: *I Baltici*, ed. Il Saggiatore, Milano 1967; *Le dee e gli dei dell'antica Europa: 6500-3500 a.C.: miti e immagini del culto*, ed. Stampa alternativa, Viterbo 2016; *La civiltà della dea*, ed. Stampa alternativa/Nuovi equilibri, Viterbo 2012-2013; *Le dee viventi*, ed. Medusa, Milano 2005; *Il linguaggio della dea*, ed. Venexia, Roma 2008.

menti. La proprietà della terra poteva appartenere all'intero villaggio, ma col tempo apparterrà ai clan e poi alle singole famiglie patriarcali. La privatizzazione della terra, associata allo sviluppo dello schiavismo o del servaggio (privati o statalizzati), diventerà tanto più importante quanto più si svilupperanno le città-stato, i regni e gli imperi. In ogni caso si trattava di una proprietà che non poteva essere violata dagli allevatori, le cui mandrie avrebbero devastato le colture, né poteva essere una proprietà violata da altri soggetti pubblici o privati. Certo, può essere esistita un'agricoltura che per molto tempo non si sia associata ad alcuna formazione sociale antagonistica, ma è indubbio che tra agricoltura intensiva e schiavismo ad un certo punto s'impone una reciproca influenza.

L'agricoltura intensiva ha una resa produttiva, a lungo termine, per singola area coltivata, superiore a quella dell'orticoltura, e certamente arricchisce di più rispetto al sistema di caccia e raccolta, che non prevede l'uso quotidiano della compravendita. Oggi, per porre rimedio ai disastri dovuti all'introduzione massiccia dei fertilizzanti chimici, avvenuta verso la metà del XX sec. (negli Stati Uniti già negli anni Venti), si sta cercando di adottare dei fertilizzanti organici, che sono un mix di sostanze vegetali, animali e minerali.

Il circolo vizioso che crea l'agricoltura è che, aumentando il surplus disponibile, cresce anche la popolazione, la quale avrà bisogno di sempre maggiori terre da coltivare. A un certo punto s'innesca un meccanismo automatico che risulta essere assai poco controllabile. La popolazione finisce col crescere molto più in fretta delle risorse disponibili. Per soddisfare le sue maggiori esigenze si è costretti a ricorrere a metodiche lavorative sempre più perfezionate, sempre più intensive. Si ottengono rese maggiori, ma a costi imprevisti: fossi, canali e risaie possono diventare focolai di malattie ed epidemie; le foreste vengono abbattute per far posto alle coltivazioni, quindi vi è perdita di diversità alimentare (botanica e faunistica), senza considerare che la deforestazione, rendendo il clima più caldo, mina la regolarità delle piogge, aumenta l'infertilità dei terreni, nonché la velenosità delle falde acquifere e degli stessi prodotti coltivati. Oltre a ciò si creano condizioni tali per cui diventa necessaria una svolta politicamente autoritaria, con cui ci si illude di risolvere tutti questi problemi.

Non è certamente un caso che le prime forme di servitù nascano quando esiste una certa competizione tra clan nel cercare di ottenere un surplus significativo da una difficile coltivazione della terra (i problemi maggiori sono sempre quelli relativi alla gestione delle risorse idriche, alla diversa tipologia dei terreni, al rispetto dei confini). Quando poi ci si convince che per poter beneficiare collettivamente di questo surplus, occorre controllarlo in ambienti indipendenti dalle comunità rurali di villaggio, cioè in ambienti urbani, il gioco è fatto. In condizioni ambientali ostili, dove deve prevalere la coltivazione di poche fondamentali derrate, copiose e sicure, la gestione dei magazzini o dei depositi che le contengono può indurre a credere nella necessità di un potere superiore, con cui assicurare a tutti il minimo vitale ed evitare la carestia. La distribuzione del cibo può diventare occasione per creare discriminazioni sociali, per far nascere ceti privilegiati. Se attorno ai grandi magazzini del surplus si insediano degli operatori preposti non solo all'inventario delle derrate, al calcolo della ripartizione, ma anche alla loro protezione fisica, ecco che la burocrazia viene affiancata da un servizio d'ordine, poliziesco. Se poi si pensa che una parte del surplus può essere venduta per acquistare merci che non si possono produrre per questioni ambientali o climatiche, e che, per questo motivo, danno prestigio a chi le possiede, ecco che si formano i primi elementi per trasformare l'agglomerato urbano, separato fisicamente dalla campagna o comunque dagli agricoltori che la lavorano, in una città-stato, che può anche diventare un regno e perfino un impero.

Lo ripetiamo quindi con convinzione: l'agricoltura *in sé* non produce schiavismo, ma non può esserci schiavismo senza agricoltura intensiva, che costituisce una forma di violenza sistematica nei confronti della terra, bisognosa di riposo per rigenerarsi. Il principale disastro dell'umanità è stato proprio quello di voler vivere molto al di sopra di ciò che la natura può offrire. Si sono volute creare delle civiltà enormemente dissipative, le quali, per essere tenute in piedi, richiedono enormi risorse naturali e lavorative. Si pensi solo al fatto che le attuali città, anche quelle più piccole, sono dei cantieri edili costantemente aperti: la manutenzione efficiente di ciò che si è costruito è il problema principale di ogni giorno.

Si è passati da un sistema produttivo a un altro, senza rendersi conto che quello agricolo ha la caratteristica d'essere molto più "energivoro" del precedente (senza poi considerare che, di fronte agli imprevisti, come una grandinata, un'invasione d'insetti, una siccità..., l'agricoltura sembra essere molto più fragile di altri sistemi produttivi). La capacità d'essere umani e naturali è andata tanto più scemando quanto più è aumentata la ricerca di fonti produttive con cui rendere l'esistenza più comoda e sicura. E oggi, dopo aver ottenuto effetti opposti a quelli desiderati, siamo arrivati a un punto in cui tornare indietro sembra essere del tutto impossibile, non solo perché non esistono più le condizioni che permettevano tranquillamente la caccia e la raccolta spontanea del cibo, ma anche perché, qualora esistessero, non sapremmo come utilizzarle, avendo totalmente perduto le adeguate competenze.

Oggi, l'unico modo per cercare di uscire da questo meccanismo infernale è quello di consumare il meno possibile, puntando decisamente sulla ricerca di metodiche che favoriscono la progressiva uscita dai mercati, adottando cioè tutte le forme possibili di *autoproduzione* e *autoconsumo*. Occorre non solo prevedere un progressivo trasferimento della popolazione dalla città alla campagna, ma anche pianificare una riforestazione del pianeta, eliminando nel più breve tempo possibile tutto ciò che la natura non è in grado di smaltire in un tempo relativamente breve.[36]

Soprattutto bisogna togliersi dalla testa l'idea di poter realizzare tutte queste cose senza prima aver rovesciato i governi che favoriscono i grandi capitali, cioè senza prima aver espropriato tutti coloro che hanno privatizzato la proprietà dei mezzi produttivi per esigenze puramente mercantili. Bisogna anche rinunciare all'idea di poter utilizzare *tutta* la tecnologia creata dai sistemi antagonistici. Non è assolutamente vero che la tecnologia dipende dall'uso che se ne fa. Quella moderna ha la proprietà specifica di devastare l'ambiente a prescindere da chi e da come la gestisce. Un mezzo di lavoro, per essere ecologico, dev'essere costruito da chi lo usa per la propria sopravvivenza e autoriproduzione.

La concezione primitiva del lavoro

A partire dal 1963 l'antropologo canadese Richard Borshay Lee[37] condusse degli studi su un gruppo di 30 boscimani (!Kung San) che cacciavano nell'arido altopiano del Kalahari. Si era accorto che in due giorni e mezzo di lavoro alla settimana si procuravano una gamma di cibi completa anche rispetto agli standard europei, con un adeguato apporto calorico e proteico, proveniente dalla carne degli animali uccisi e da un vegetale molto presente nella loro alimentazione: la noce di mongongo. Le donne partorivano non più di tre figli (la metà della media africana): non

---

[36] In Costa Rica, p.es., il progetto di riforestazione, che si realizzerà entro il 2021, prevede che il paese immetterà nell'atmosfera tanto CO_2 quanto le sue foreste riusciranno a riassorbire. Già adesso le operazioni si svolgono in zone deforestate e con terreni poco fertili, a causa dell'impatto umano, utilizzate precedentemente per l'agricoltura intensiva (riso in prima istanza) e l'allevamento di bestiame: 200 volontari piantano 3.000 alberi al giorno (le specie sono autoctone). Tuttavia proprio in questo Paese, di cui noi importiamo gli ananas, vi è un'espansione senza controllo delle monocolture estensive e delle fumigazioni con pesticidi in prossimità di centri abitati, scuole e ospedali. Il Costa Rica vanta il record mondiale nel consumo di pesticidi per ettaro (18,2kg/ha). Secondo quanto riporta il Servizio fitosanitario dello Stato, durante il 2017 sono stati importati 18,6 milioni di chilogrammi di principi attivi, una tonnellata in più dell'anno precedente. E non vi sono norme che ne regolamentino l'uso. Peraltro proprio da questo Paese, attraverso le rotte commerciali di Rotterdam, è giunto il parassita detto xylella che, una volta entrato nel Salento (2012-13), sta seccando la stragrande maggioranza degli ulivi.

[37] Curiosamente di questo antropologo non è stato tradotto nulla in italiano.

praticavano né l'aborto né l'infanticidio, ma usavano come contraccettivo naturale il prolungamento dell'allattamento al seno.

Tuttavia la loro situazione non era affatto idilliaca. Infatti un altro antropologo, Marshall D. Sahlins, si accorse ch'erano stati costretti a un'economia di sola caccia e raccolta a causa delle pressioni esercitate dai pastori Bantu, con cui mantenevano scambi. Ogni volta che i !Kung San cercavano di insediarsi in zone più fertili o ricche di acqua, ne venivano scacciati, anche dagli agricoltori. Eppure per 20.000 anni non erano vissuti isolati.

Resta il fatto che dedicavano poco tempo a procurarsi il cibo. Forse perché le risorse disponibili erano abbondanti? No, semplicemente perché avevano una concezione del lavoro molto diversa da quella capitalistica, occidentale o asiatica che sia.[38] Nelle società egualitarie la forza-lavoro non viene acquisita tramite denaro o usando la forza, ma si basa su rapporti di parentela o associativa in cui vige l'aiuto reciproco. Non può esserci una divisione del lavoro troppo marcata, né un'attività artigianale troppo specializzata.

Su questo bisognerebbe riflettere parecchio, anche per darsi dei criteri sufficientemente validi ai fini della costruzione del futuro socialismo democratico. In effetti la specializzazione produttiva (che all'inizio, nelle città, era di tipo professionale-artigianale) ha indubbiamente il vantaggio di favorire il commercio, ma toglie la possibilità, anzi, la necessità di *saper fare di tutto*, che è la regola fondamentale della democrazia economica. Peraltro bisognerà fare molta attenzione al fatto che chi pratica un lavoro specializzato può arricchirsi velocemente e acquisire delle posizioni egemoniche.

Certo, è possibile che uno si specializzi in ciò che gli piace di più. Ma è un errore coltivare esigenze troppo individuali: la mente si ottunde nel proprio settorialismo, perde di elasticità nei confronti dei problemi della vita in generale, si chiude nei confronti del diverso. *Tutti devono saper fare tutto*: questa la regola fondamentale di un'esistenza normale. Il che non vuol dire che nello stesso momento tutti devono fare le stesse cose, ma solo che, in caso di necessità, si deve poter trovare sempre qualcuno in grado di fare una determinata attività. Questo dà grande sicurezza al collettivo.

L'ideale quindi non è la specializzazione, ma la *diversificazione*

---

[38] Gli Yir-Yoront australiani, della penisola di Cape York, non distinguono neppure linguisticamente le parole "lavoro" e "gioco". Loro distinguono gli esseri umani in due gruppi: ordinari (reali) e ultraterreni (i propri antenati, gli spiriti malvagi e quelli antecedenti al tempo primordiale della Creazione). Per estensione metaforica i bianchi rientrano nella categoria dei "vagabondi" con intento malevolo, cioè non sarebbero esseri "reali" veri e propri.

degli apprendimenti. Dovrebbero essere bandite tutte le forme di estremizzazione del lavoro, cioè le mansioni unilaterali, quelle che nella storia del genere umano hanno sempre indicato la presenza di una qualche discriminazione sociale. Occorrerà evitare non solo le specializzazioni particolari, ma anche l'attribuzione unilaterale di lavori monotoni, ripetitivi alle stesse persone o alle stesse categorie di persone. Per ovviare a ciò è sufficiente mettere in atto la *turnazione delle responsabilità.* Tutto diventa più leggero se la fatica viene equamente distribuita. Occorrerà creare un sistema in cui il lavoro venga vissuto come una forma di *soddisfazione personale,* in grado di favorire le relazioni sociali, la realizzazione di progetti comuni, l'acquisizione di nuove competenze, la verifica dell'utilità delle competenze apprese...

Il lavoro serve per risolvere problemi, propri o altrui, per soddisfare esigenze personali e collettive: non può essere una condanna imposta dall'esterno, né può avere come finalità l'accumulo di beni e capitali. Lavorare per ottenere un surplus da vendere sul mercato significa condannarsi a una vita da schiavi. Il lavoro non può portare allo sfinimento delle forze fisiche e/o intellettuali, non può indurre la persona a cercare altrove il senso della propria vita, non può essere fonte di stress o di frustrazione, non può indurre a comportamenti alienanti o violenti. E, d'altra parte, tutte queste forme negative dell'esistere non possono essere provocate neppure dalla mancanza di lavoro. Sia che si lavori, sia che non si lavori, nei momenti in cui si fa qualcosa o non la si fa, la vita deve sempre restare "umana e naturale". Se le esigenze economiche prendono il sopravvento sui rapporti sociali, persino sui rapporti naturali con le cose, sulle proprie esigenze espressive, il risultato è che non si lavora più per vivere, ma si vive per lavorare. Tutto si trasforma. La libertà personale viene sacrificata sull'altare di ciò che viene sbandierato da qualche imbonitore come sicurezza generale, come forza collettiva, in grado d'imporsi su chi non ha adottato gli stessi criteri.

Insomma il senso della vita non può essere dato dal lavoro, come il non-senso della vita non può essere dato dalla mancanza di lavoro. Ciò che occorre è l'*esperienza del collettivo in cui si vive.* È solo questa esperienza, vissuta in autonomia, che può decidere, collegialmente, *quando* e *come* lavorare. Bisogna sottrarre con decisione all'individuo singolo o a un'entità astratta (come p.es. il Mercato o lo Stato), il diritto di decidere per gli altri. Persino nel rapporto genitori/figli i genitori devono sapere che i figli appartengono all'intera comunità, per cui tutti sono tenuti a farli crescere nel migliore dei modi.

Che cosa salvare dell'industrializzazione?

Ci sono state delle conseguenze positive nello sviluppo industriale di epoca moderna? Ovviamente la domanda è retorica, in quanto non ve ne sono state, ma se un antropologo se la pone e comincia a trovare delle risposte affermative – come in genere succede nei manuali scolastici, che vogliono sempre essere politicamente corretti – è inutile poi andare a cercare nella scienza antropologica una contestazione convincente dell'attuale globalismo. A fronte delle comodità e del benessere riscontrabile in tante nazioni del Primo Mondo, sarà impossibile trovare delle motivazioni, se non di tipo moralistico, per sostenere che le comunità indigene meritano d'essere salvate.

Detto altrimenti: un antropologo non dovrebbe avere difficoltà a sostenere che, per quanto riguardo la tutela ambientale, il mondo primitivo era sicuramente migliore di quello moderno. Se invece inizia a dire che oggi la durata della vita media è molto più elevata (il che, detto così, non vuol dire nulla, in quanto va guardata la *qualità* della vita), o che si produce di più in un tempo minore (come se la qualità della vita potesse dipendere da indici meramente quantitativi), o che esistono i diritti civili e sociali e altre amenità del genere, è evidente che, dovendo scegliere quale sistema buttare giù della torre per perpetuare la specie, non impiegherebbe molto tempo a prendere la sua decisione.

Questo per dire che la storia non va guardata come un processo evoluzionistico, in base al quale ciò che viene dopo, nonostante alcuni evidenti limiti, è *sempre* migliore di ciò che esisteva prima. È sbagliato pensare che ciò che esisteva prima, se al genere umano fosse piaciuto, sarebbe rimasto inalterato. La storia non funziona secondo parametri deterministici, proprio perché gli esseri umani sono dotati di *libertà di coscienza*.

Se davvero il capitalismo ritiene d'essere il miglior sistema economico di tutti i tempi, dovrebbe smetterla di usare il criterio dello sfruttamento del lavoro altrui per garantire il benessere economico, poiché, con questo criterio, il benessere viene garantito solo a un'infima minoranza.

Dunque, bisognerebbe limitarsi a dire che la storia è fatta di formazioni sociali all'interno delle quali, mediante un determinato modo di produzione, si è cercato di risolvere un problema di una certa gravità, quello della sopravvivenza, che coi metodi tradizionali appariva ingestibile. Detto questo, bisogna poi verificare, caso per caso, senza fare alcuna generalizzazione, se le soluzioni trovate hanno davvero risolto il problema, o se invece si sono limitate ad affrontarlo usando mezzi e metodi diversi. Se una vera soluzione non vi è stata, per tutti i componenti della società, allora, per correttezza, bisognerebbe dire che una formazione sociale non può essere considerata migliore di un'altra, solo perché è venuta dopo o solo perché, venendo dopo, ha potuto utilizzare mezzi e metodi più moderni.

Il tribunale della storia ci chiederà se *effettivamente* abbiamo risolto i nostri problemi più gravi, e se l'abbiamo fatto *per tutti*, nessuno escluso. Quando tutti sono soddisfatti, è impossibile che i mezzi e i metodi siano sbagliati.

Ovviamente gli esseri umani si trovano a vivere in condizioni che non dipendono dalla loro volontà. Tuttavia, siccome non sono animali, dipende dalla loro coscienza se accettarle o no. Che questa coscienza possa essere esercitata, è dimostrato appunto dal fatto che nella storia vi sono stati molteplici modi di vivere l'esistenza. Prima o poi il genere umano, guardando retrospettivamente tutto ciò che avrà fatto nella storia, dovrà poter dire quali sono state le condizioni esistenziali che gli avevano permesso di risolvere con sicurezza i principali problemi della sua vita. Tale sicurezza possiamo anche considerarla "relativa", poiché la sfida contro le difficoltà della vita appartiene alla psicologia umana; l'importante è che la volontà d'impegnarsi per risolvere i problemi non venga ostacolata da chi pretende di possedere il monopolio dei mezzi produttivi.

Ora, per non apparire troppo astratti con questi discorsi filosofici, diciamo che il principale problema da risolvere per l'essere umano è quello di trovare il modo di *sentirsi libero*. Sotto questo aspetto non ha alcun senso dire che ci si sente liberi solo perché si vive più a lungo, si produce di più in meno tempo, si possiede la democrazia rappresentativa, una carta costituzionale e altre piacevolezze del genere. Gli esseri umani sono tenuti a popolare l'intero universo, e devono sapere con esattezza a quali condizioni possono farlo, nel rispetto delle loro caratteristiche umane e naturali, in maniera tale che nessuno si senta discriminato per qualche motivo. Tali caratteristiche non sono scritte da nessuna parte. Si scoprono soltanto in un dialogo alla pari, in cui ognuno sia libero di dire quello che pensa.

*

Qui vorremmo concludere questo lungo capitolo sull'antropologia economica facendo questa semplice osservazione. Oggi, quando si parla di questo settore specifico dell'antropologia, sarebbe bene non tenerla mai separata da nessun discorso di tipo ecologico o ambientalistico. Gli ecologisti, infatti, devono arrivare alla conclusione che non c'è modo di "salvare l'ambiente" se non recuperando gli stili di vita dei primitivi, di cui gli antropologi sono adeguatamente a conoscenza.

Tutto quello che di ecologico viene fatto nell'ambito del capitalismo è, in ultima istanza, soltanto un palliativo. Il problema ecologico ha cominciato a imporsi, alla coscienza collettiva, a partire dagli anni Ottanta, soprattutto con la grande distribuzione organizzata, a livello nazionale, di prodotti in plastica o plastificati. Nel decennio precedente non lo si avvertiva come un problema che sarebbe potuto diventare gravissimo nel giro di così poco tempo, al punto da sfuggire a un vero controllo.

Purtroppo dagli anni Ottanta ad oggi la situazione mondiale non ha fatto che peggiorare. La raccolta differenziata dei rifiuti, il riciclaggio, il compostaggio, il divieto di produrre plastiche "usa e getta", i pannelli solari, le pale eoliche, la geotermia, l'uso del metano e del gpl e altre soluzioni del genere si sono rivelati soltanto nella loro pochezza: sono una goccia nel mare. La nostra civiltà, fondamentalmente basata sugli idrocarburi, sulla chimica e sui materiali radioattivi, sta letteralmente devastando l'ambiente, compromettendo l'esistenza dello stesso genere umano. Ecco perché un qualunque antropologo, se non è anche un convinto ecologista, favorevole a soluzioni primitiviste, che risolvano il problema alla radice, è meglio che cambi mestiere.

L'antropologia politica

L'antropologia politica è nata nel primo Novecento, ma ufficialmente la si fa risalire agli anni Quaranta, grazie alle pubblicazioni sui sistemi politici di alcune società tribali africane (Nuer, Tallensi, Ashanti, Azande, Senussi...) da parte di due antropologi funzionalisti britannici: Edward Evan Evans-Pritchard (1902-73)[39] e Meyer Fortes (1906-83), discepolo di Malinowski. Più precisamente l'opera fondamentale, che scrissero insieme, fu *African Political Systems*, del 1940.

Furono loro a stabilire la differenza tra "clan" e "tribù" da un lato, e Stati primitivi dall'altro, considerando quest'ultimi più significativi. Cercarono soprattutto di classificare le società africane sulla base dei rapporti parentali. Si accorsero, p.es., che mentre i San erano organizzati semplicemente in gruppi basati sui parenti, i Nuer e i Tallensi invece erano federazioni di gruppi unilineari di discendenza[40], ognuno dei quali era associato a un segmento territoriale. Tra gli Stati a base territoriale (ad es. quelli dei Tswana dell'Africa meridionale e del Congo di Africa centrale, o gli emirati del nord-ovest africano), la parentela regolava solo le relazioni domestiche. In pratica vi erano in Africa dei sistemi politici sia primitivi che avanzati.

Con la pubblicazione di *Stregoneria, Oracoli e Magia tra gli Azande*, Evans-Pritchard dovette ammettere l'esistenza di diverse tipologie di "razionalità", da valutarsi non dal punto di vista della loro verità o falsità, ma cercandone la coerenza interna e la logica pratica a cui rispondono.

---

[39] Di Evans-Pritchard in lingua italiana si possono trovare: *I Nuer: un'anarchia ordinata*, ed. F. Angeli, Milano 2003; *La donna nelle società primitive e altri saggi di antropologia sociale*, ed. Laterza, Roma-Bari 1973; *Introduzione all'antropologia sociale*, ed. Laterza, Roma-Bari 1975; *Stregoneria, oracoli e magia tra gli Azande*, ed. R. Cortina, Milano 2002; *Gli Azande: storia e istituzioni politiche*, ed. Jaca Book, Milano 1977; *Teorie sulla religione primitiva*, ed. Sansoni, Firenze 1971; *Colonialismo e resistenza religiosa nell'Africa settentrionale: i Senussi di Cirenaica*, Edizioni del Prisma, Catania 1979. Di Fortes invece non è stato tradotto nulla, anche se su di lui si può trovare qualcosa in A. Barnard, *Storia del pensiero antropologico*, ed. Il Mulino, Bologna 2002; U. Fabietti, F. Remotti, *Dizionario di Antropologia*, ed. Zanichelli, Bologna 1997 e U. Fabietti, *Storia dell'Antropologia*, ed. Zanichelli, Bologna 2011.

[40] La discendenza *unilineare* considera solo uno dei due legami genealogici ed esclude l'altro. Il dominio coloniale europeo in Africa e Asia ha contribuito al declino del sistema di parentela matrilineare.

Si scontrò poi duramente con A. G. Radcliffe-Brown, fautore della separazione dell'antropologia dalla storia, quando sostenne l'impossibilità di comprendere una società primitiva senza aver chiaro tutto il suo percorso evolutivo, in quanto i problemi del presente sono sempre frutto di processi iniziati e sviluppatisi nel passato. In tal senso – diceva – raramente gli antropologi riescono a cogliere a fondo il pensiero delle genti che studiano. D'altra parte rimproverava agli storici di interessarsi soltanto del mondo occidentale. Inoltre rifiutava l'idea che l'antropologia fosse più vicina alle discipline scientifiche che non a quelle umanistiche.

*

Quando si parla di "antropologia politica", bisogna evitare accuratamente di assumere atteggiamenti evoluzionistici. I manuali scolastici presentano sempre le quattro diverse modalità per fare politica (bande, tribù, domini e stati) in una successione cronologica in cui l'elemento precedente appare politicamente inferiore a quello successivo. Questo modo di presentare le cose può anche apparire "politicamente corretto" o "didatticamente neutrale", ma in realtà è fuorviante. Un antropologo, infatti, non dovrebbe mai limitarsi a prendere atto dell'evoluzione dei fatti, altrimenti non si capisce perché non abbia fatto il politologo o il sociologo o l'economista o semplicemente lo storico. Un antropologo un minimo obiettivo, intellettualmente onesto, sinceramente democratico dovrebbe sostenere l'idea che il capitalismo è un sistema da superare, non foss'altro che per una ragione: non può coesistere con tutti gli altri sistemi politici, sia che l'abbiano preceduto, sia che nel presente si autodefiniscano "alternativi".

Il capitalismo è un sistema politico ed economico totalizzante, che tende a condizionare pesantemente, anzi a stravolgere radicalmente tutto ciò che incontra. Si dovrebbe anzi cercare di capire quale sistema politico, di quelli che l'hanno preceduto, è il più adatto a costituire un'alternativa convincente, praticabile. L'antropologia politica dev'essere davvero "politica" e non limitarsi a essere "antropologica". Se l'antropologo è convinto che il capitalismo sia il miglior sistema politico ed economico di tutti i tempi (a motivo p.es. della rivoluzione tecno-scientifica che ha saputo creare), allora è inevitabile che qualunque sua posizione farà solo dei danni alle comunità primitive che contatta.

L'antropologo deve dare per scontato che quando parla di politica, non deve neppure prendere in considerazione l'*entità statale*: lo fanno già gli specialisti delle altre discipline sociali. Piuttosto deve cercare di far capire al suo lettore come superarla in tutte le sue forme e manifestazioni. Gli Stati e, prima ancora gli imperi, i regni e le città-stato, sono tutte realtà che indicano formazioni sociali antagonistiche, responsabili a vario titolo del disastro dell'umanità e dell'ambiente naturale. Non hanno da insegnare nulla alla democrazia futura, che non potrà certamente assumere la forma della "delega" o della "rappresentatività" come nelle odirne società "statuali", la cui democrazia è puramente formale.

L'unica cosa che, sul piano politico, bisogna cercare di chiarire con sufficiente esattezza, è la seguente: posto che il concetto di Stato va superato (come da sempre hanno sostenuto sia l'anarchia che il socialismo scientifico e rivoluzionario, seppur in forme diverse), qual è la condizione per realizzare la *democrazia diretta*? Ora, se guardiamo come l'umanità si è evoluta (o meglio "involuta"), dobbiamo dire che il modo migliore per realizzarla è quello di avere un sistema politico *localmente decentrato* (cioè non centralizzato come Stato-Nazione), con due tipi di proprietà: *sociale* e *personale* (escludendo tassativamente quella privata dei fondamentali mezzi produttivi) e con una *gestione collettivistica dei bisogni* (quella per la quale l'individuo singolo deve sottostare alle decisioni della comunità, anche nel caso in cui non siano state prese all'unanimità ma solo a maggioranza). In una parola bisognerà realizzare una *società senza Stato*, cioè l'opposto di qualunque civiltà antagonistica, incluso il socialismo statale, nella versione stalinista e maoista.

Di tutti i sistemi politici esaminati dall'antropologia, quali sono stati gli unici in grado di soddisfare i suddetti requisiti? Sono stati indubbiamente quelli *clanici* (per singole bande) e *tribali* (più clan tenuti insieme). Dei due, il più antico è stato il primo, appartenente ai cacciatori e raccoglitori. È dunque soprattutto su questo che bisogna concentrare l'attenzione, anche perché è durato alcuni milioni di anni e, in alcune aree del pianeta, è ancora presente. I manuali parlano di "bande", introducendo la parola "clan" soltanto quando trattano il tema delle "tribù". Ma tra i due termini non vi è molta differenza, in quanto si basano entrambi sui legami di parentela (generalmente il clan fa risalire la propria discendenza a un fondatore mitico o fittizio). Semmai una differenza esiste tra clan e lignaggio, in quanto quest'ultimo è in grado di ricostruire dei rapporti genealogici sulla base di un preciso antenato comune (o comunque si vanta di poterlo fare).

Le bande di cui i suddetti manuali trattano sono in genere tre, ancora oggi esistenti: i !Kung (una suddivisione della popolazione San), i Pigmei del bacino del fiume Congo e gli Inuit dell'Artico.

Nel suo studio del 1972, *La nozione di tribù*, Morton H. Fried[41]

---

[41] Di lui (1923-86) non si trova nulla tradotto in italiano. Eppure fu un illustre accademico di antropologia alla Columbia University di New York, apportando notevoli contributi ai campi della teoria sociale e politica (fu il primo, p.es., a in-

ha definito le bande come formazioni sociali fluide, mobili e di piccole dimensioni (vanno da un minimo di 20 a poco più di un centinaio di individui), con una leadership molto relativa. Generalmente sono legate da vincoli di parentela, ma non è obbligatorio, in quanto un individuo può passare da una banda a un'altra, oppure avere una parentela anche in un'altra banda, in quanto i matrimoni sono necessariamente esogamici.

D'altra parte in origine i rapporti stretti tra consanguinei erano inevitabili. Oggi dovremmo avere criteri più flessibili, essendo abituati a realtà statuali che non ne tengono conto, se non in misura molto ridotta. La cosa però non dovrebbe essere difficile, visto che la leadership clanica era del tutto simbolica e informale: nessuno veniva eletto permanentemente a dirigerla. I membri più anziani della banda generalmente erano tenuti in considerazione come guide o come consiglieri, ma non c'erano né leggi né alcuna delle coercizioni riscontrate nelle società antagonistiche. La futura comunità locale autogestita non potrà formarsi sulla base di alcun vincolo biologico (già i Nuer avevano capito che la paternità sociale è molto più importante di quella biologica); anzi, stanti gli attuali, imponenti, flussi migratori, anche le caratteristiche culturali (lingue, religioni, alimentazione, usi e costumi) avranno un'importanza molto relativa. Fatta salva la *condivisione del bisogno* e la *proprietà comune dei mezzi produttivi*, ognuno dovrà essere lasciato libero di regolarsi come meglio crede, nel rispetto delle libertà altrui. Ciò che non piacerà alla maggioranza del collettivo, andrà discusso insieme.

Se esisteva un leader, ciò era dovuto alla sua buona reputazione come cacciatore o narratore o perché più competente in una particolare situazione, ma non per questo poteva disporre di un potere costrittivo (al massimo aveva un potere persuasivo): non era altro che un "primus inter pares". Non si comminavano mai delle sentenze di morte, ma al massimo delle sanzioni. Se uno veniva espulso da una banda o se ne voleva andare spontaneamente, doveva poter accedere a una banda diversa, altrimenti non sarebbe sopravvissuto.

L'importante infatti è stabilire che ogni funzione dirigenziale è transitoria, soggetta a una volontà collettiva, a un periodico controllo. Chiunque, nella sua funzione, deve poter essere sostituito in qualunque momento, se si vogliono evitare tentazioni autoritarie.

In una qualsivoglia banda la maggior parte dell'attività "politica" era dedicata alla condivisione di decisioni riguardanti le migrazioni del

---

trodurre il termine di *social devolution*, con cui spiegava che le società complesse possono decomporsi in forme meno complesse). Si specializzò nell'antropologia della Cina. Il suo primo assistente fu Marvin Harris e il suo primo studente laureato Marshall Sahlins.

gruppo (il nomadismo è parte integrante della vita di una banda), ma vi erano da stabilire anche le modalità e gli obiettivi della caccia, le strategie di difesa del territorio, la ricerca e la conservazione dell'acqua, la distribuzione del cibo e la risoluzione di conflitti interpersonali. Quest'ultimi, in genere, riguardavano tre ambiti: la rivalità nella caccia, l'adulterio e la stregoneria (anche il fatto di non mantenere una promessa poteva essere considerato un fatto molto grave).

Il problema dell'adulterio era dovuto al fatto che nei clan, egualitari per natura, vigeva la monogamia, con cui è più facile evitare conflitti interpersonali e garantire la protezione della prole, che peraltro nei mammiferi ha costi biologici piuttosto elevati. La monogamia però non implicava che la crescita dei figli, sotto ogni punto di vista, fosse un compito esclusivo dei loro genitori. Nei sistemi clanici era l'insieme della comunità a gestire i soggetti da allevare, educare, istruire, formare e curare. In futuro il concetto di "vicinato" dovrà infatti superare quello di "famiglia": il "prossimo" è chi il destino ci pone "accanto".

In tali casi, comunque, il giudizio su un eventuale reato e la relativa sanzione non spettavano a un'apposita autorità giudiziaria, essendo inesistente la separazione dei tre classici poteri (legislativo, esecutivo e giudiziario). Semplicemente dovevano essere i diretti interessati a risolvere il problema tramite la discussione (le faide erano vietate). In caso contrario la collettività provvedeva a isolare il soggetto ritenuto più colpevole, inducendolo ad andarsene (ostracismo), oppure lo si ridicoleggiava affinché si vergognasse di ciò che aveva fatto. In casi estremi la stessa banda si separava in due parti.

Non esisteva la scrittura: i costumi, i comportamenti delle bande erano trasmessi oralmente e si apprendevano sulla base delle relazioni sociali. La fissazione della scrittura è infatti "ideologica" per definizione, proprio perché l'esercizio della coscienza della libertà può essere stabilito solo da una concreta relazione sociale. La religione, quando presente, era generalmente basata sulla sola tradizione familiare (culto degli antenati) e, al massimo, sui consigli di uno sciamano.

I componenti di una banda possedevano uno status sociale equivalente: le uniche differenze riconosciute erano quelle di sesso e di età (le donne erano più dedite alla raccolta e alla orticoltura che alla caccia). Segni o emblemi di affiliazione politica non avevano alcun senso.

Una banda era economicamente autosufficiente e non produceva surplus, non pagava tributi e non manteneva un esercito stabile (caratteristiche fondamentali delle prime civiltà urbanizzate). Occupava temporaneamente un territorio (riconosciuto da altre bande), formando un accampamento con abitazioni molto semplici. Sconfinamenti o incursioni in territori di gruppi limitrofi sono sempre stati rari, anche perché nel passato più remoto le bande occupavano territori ampiamente distanti tra loro e con bassa densità di popolazione (si parla di un abitante per 15-100 kmq). In ogni caso i problemi di confine non si sono mai risolti scatenando delle guerre. Nessun etnografo ha mai documentato, tra i gruppi di cacciatori-raccoglitori, l'esistenza di conflitti che possano rispondere alla definizione di "guerra". È piuttosto con l'emergere delle società sedentarie del Neolitico, tra i gruppi tribali dediti alla coltivazione della terra e all'allevamento del bestiame, che iniziano ad apparire i primi seri conflitti bellici.

Le bande sono sempre state aggregazioni fluide, continuamente soggette a processi di frammentazione e ricomposizione: una banda può anche cessare di esistere se un gruppo ne esce fuori. Di solito la ragione di questi cambiamenti è la maggiore o minore disponibilità delle risorse alimentari. P.es. i Pigmei si dividono nelle stagioni in cui si raccoglie il miele e si ricompongono quando devono andare a caccia (cosa che richiede una partecipazione collegiale).

Le bande si distinguono dalle tribù non solo perché queste sono generalmente più grandi, composte da più famiglie (più bande imparentate tra loro possono formare una tribù che va da un centinaio di individui fino a molte migliaia: i Nuer, p.es., sono circa 200.000), ma anche perché sono prevalentemente stanziali (o comunque tendono a limitare il nomadismo), anche se non per questo si identificano con una precisa unità territoriale, come p.es. quelle greche al tempo della riforma di Clistene. Le istituzioni (il capotribù e il "consiglio degli anziani") sono sufficientemente formalizzate, hanno cioè un carattere permanente.

Le tribù sono sorte all'inizio del Neolitico, circa 10-12.000 anni fa, dedicandosi, in genere, alla pastorizia e all'orticoltura (integrate da caccia, pesca e raccolta), con una tecnologia che non arriverà mai all'uso dell'aratro. Possiedono una relativa omogeneità culturale e linguistica. Oggi le più note tribù sono gli Yanomami in Amazzonia, gli aborigeni australiani, i beduini del Medioriente, i Nuer del Sudan, gli indiani nordamericani delle Grandi Pianure, i Papua della Nuova Guinea.

Ora, se la tribù non è che una somma di bande o di clan, perché non ha lo stesso tasso di democrazia? È possibile che il lignaggio (ovvero la discendenza da un antenato comune, maschile o femminile, di ogni singolo gruppo), quando assume un valore politico, possa formare un certo aristocraticismo? Evidentemente sì, visto che dal concetto di "tribù" si passerà, ad un certo punto, a quello di "dominio", benché nella tribù ancora non si riscontrino delle stratificazioni socioeconomiche vere e proprie (cioè una struttura di classe o di casta): al massimo vi è una stratificazione basata sul genere, in quanto le donne non ricoprono mai delle funzioni dirigenziali.

Nell'ambito della tribù non si può parlare neppure di un governo formale equivalente a quello dei domini e men che meno degli Stati.[42] I leader non posseggono mezzi sicuri che garantiscano l'applicazione delle decisioni politiche. Per essere convincenti devono basarsi soltanto sulle loro buone qualità personali (la coerenza, la saggezza, la capacità persuasiva...) ed essere molto generosi. Devono stabilire il momento opportuno per il trasferimento del bestiame, per la semina e la raccolta, per le feste e le cerimonie stagionali, oltre al fatto che devono saper risolvere i conflitti interni ed esterni. Il regolamento dei conflitti avviene attraverso dei risarcimenti, ma sono possibili anche le faide.

Dunque perché nelle tribù il livello di egualitarismo risulta essere inversamente proporzionale all'aumentare delle dimensioni della densità della popolazione? Per quale motivo l'aumento delle determinazioni quantitative porta, ad un certo punto, a una nuova qualità? La *democrazia diretta* sembra poter funzionare al meglio soltanto quando ci si conosce tutti, ci si frequenta con una certa periodicità, ci si controlla reciprocamente in maniera abbastanza assidua.

Nelle tribù i gruppi di discendenza agiscono come unità in difesa dei propri diritti e come agenti del controllo sociale. Quindi esiste sempre il rischio che si formi una certa tendenza all'aristocraticismo, che non sempre può essere scongiurata dall'intelligenza dei cosiddetti "grandi capi". La società futura dovrà invece saper porre le condizioni che permettano di avvertire in maniera traumatica anche la più semplice attenuazione dei valori della democrazia e dell'uguaglianza, sociale e di genere. Se ci si abitua a rinunciare anche alla più piccola parte della propria libertà, pensando che ciò dipenda da circostanze che non si possono modificare, la *democrazia diretta* non si realizzerà mai.

---

[42] Nei domini (*chiefdom*), nati circa 7.500 anni fa (in Mesoamerica 3.000 anni fa), i capi e i loro discendenti sono di rango più elevato rispetto alle persone comuni. I matrimoni tra individui appartenenti a strati sociali diversi tendono a essere proibiti. La gestione della politica è centralizzata: i capi dei vari villaggi o sottogruppi sono in posizione servile tributaria verso il gruppo guida. La loro carica è ereditaria. In Nordamerica questi sodalizi pantribali si sono formati nei secoli XVIII-XIX per evitare che le singole tribù, private delle loro risorse tradizionali dal colonialismo europeo, si sterminassero tra loro. Tipici sono quelli degli Irochesi, Cherokee, Algonchini... Ma anche i popoli germanici che conquistarono l'impero romano occidentale nel V sec. d.C., sebbene considerati delle tribù, in realtà erano dei domini, avendo una gerarchia sociale formata da re, da un'aristocrazia di guerrieri, da comunardi liberi e da servi.

Marcel Mauss e il *Saggio sul dono*

Per scrivere, nel 1924, il suo *Saggio sul dono: forma e motivo dello scambio nelle società arcaiche* (ed. Einaudi, Torino 2002), l'antropologo e sociologo francese Marcel Mauss (1872-1950)[43], si avvalse sostanzialmente di tre o forse quattro contribuiti etnografici: lo scambio *kula* dei Trobriandesi nella Nuova Guinea coi Maori in Nuova Zelanda, documentato da Bronisław Malinowski nel suo libro più importante, *Argonauti del Pacifico Occidentale*, del 1922 (ed. Bollati Boringhieri, Torino 2011); il rito *potlach* degli indiani nordamericani Kwakiutl, studiato da Franz Boas nel libro *L'organizzazione sociale e le società segrete degli indiani Kwakiutl*, del 1897 (ed. CISU, Roma 2001); il caso della credenza nello *hau* (spirito della cosa donata) documentato da Elsdon Best fra i Maori della Nuova Zelanda negli anni 1912-25 (cfr *The Maori*, Ams Pr Inc 1975; *Maori Religion and Mythology*, Ams Pr Inc 1975). Oltre a questi testi bisogna aggiungere le ricerche condotte da Alfred R. Radcliffe-Brown presso gli Andamanesi, nel Golfo del Bengala, di cui Mauss era a conoscenza (cfr *The Andaman Islanders*, del 1922, The Free Press of Glencoe, New York 1964).

Per tutta la sua vita accademica l'autore, non avendo mai fatto "ricerche sul campo", si era limitato a utilizzare i materiali degli etnografi, scrivendo libri anche sulla religione, sul sacrificio, sulla magia, sulle tecniche del corpo, ecc. Nonostante ciò viene considerato uno dei pionieri dell'antropologia francese. Insieme a L. Lévy-Bruhl e P. Rivet fondò l'Istituto di Etnologia. Oggi il Movimento Anti Utilitarista nelle Scienze Sociali (MAUSS), nato in Francia negli anni Ottanta grazie all'impegno di Alain Caillé, che voleva opporsi all'idea dominante secondo cui il dono parte sempre da un qualche interesse nascosto, ha ripreso la lettura del *Saggio sul dono* in termini di critica del capitalismo. La critica consiste nel fatto che non solo il mercato ma anche lo Stato viene considerato un meccanismo anti-dono. In ciò ci si differenzia dalle tesi dello stesso

---

[43] Di lui esistono in italiano varie opere, tra cui: *Teoria generale della magia e altri saggi*, ed. Einaudi, Torino 2000; *I fondamenti di un'antropologia storica*, ed. Einaudi, Torino 1998; *Manuale di etnografia*, ed. Jaca Book, Milano 1969; *Sociologia e antropologia*, ed. Newton Compton, Roma 1976; *Le tecniche del corpo*, ed. ETS, Pisa 2017; *La nozione di persona: una categoria dello spirito*, ed. Morcelliana, Brescia 2016. Per capire le influenze del socialismo riformistico su Mauss è sufficiente leggersi *Il socialismo: definizione, origini, la dottrina saint-simoniana* (ed. F. Angeli, Milano 1973), scritto dal suo maestro e parente Émile Durkheim, con una introduzione dello stesso Mauss.

Mauss, che invece considerava lo "Stato sociale" un rimedio efficace alla libera concorrenza mercantile.[44]

Il testo di Mauss, per la sua profondità e originalità, viene considerato un classico dell'antropologia culturale. Enormemente commentato dagli specialisti, si trova, sintetizzato, in tutti i manuali scolastici di antropologia, nel capitolo dedicato all'economia, insieme al principale libro dell'economista, sociologo, antropologo e filosofo ungherese Karl Polanyi, *La grande trasformazione* (1944), in cui si utilizza una prospettiva antropologica nello studio dei fenomeni economici. Entrambi gli autori vengono usati per fare un semplice discorso "anti-consumistico", senza porsi a favore del socialismo. Ci si limita cioè a dire che le comunità primitive possedevano, sul piano economico, dei princìpi *etici* più democratici di quelli degli occidentali. In questa maniera gli autori dei manuali scolastici restano nell'ambito del "politicamente corretto".

Vediamo ora che cos'è il **potlach** (che troviamo anche scritto così: potlatch, potlàc, potlač e che, stando a una voce della lingua chinook, significa "dono", ma anche – secondo alcuni studiosi – "nutrire", "consumare").

Il potlach è un evento festivo, contemplato in un sistema di scambio regionale, che si svolge tra alcune tribù, tra loro imparentate, di nativi americani della costa nordoccidentale del Pacifico degli Stati Uniti e del Canada, come gli Haida, i Tlingit, i Tsimshian, i Salish, i Nuu-cha-h-nulth e i Kwakiutl della Columbia Britannica. Le tribù sono composte da cacciatori-raccoglitori atipici, in quanto sono stanziali e hanno dei capi (un ruolo trasmesso per via matrilineare). La disposizione in cui le persone si siedono durante le feste o i potlach è determinata in base al rango sociale. Al censimento del 2016 queste e altre tribù del Canada, che oggi si definiscono "nazioni",[45] non superavano il milione di abitanti, suddivisi in 634 comunità, le cui lingue sono più di 50. Il contatto con gli europei, avvenuto nella seconda metà del Settecento, fu disastroso: impoverimento, epidemie di vaiolo, malattie veneree ecc.: cosa che si protrasse per circa un secolo e mezzo. Ancora oggi – secondo l'*Enciclopedia Canadese* – il 47% dei loro 254.000 bambini vive in condizioni di povertà (nelle praterie la povertà arriva al 65%!).

Il territorio in cui queste tribù vivono un tempo era molto ricco di risorse, con grandi quantità di pesci e mammiferi marini, selvaggina di

---

[44] Cfr J. Godbout, *Lo spirito del dono*, ed. Bollati-Boringhieri, Torino 1993.

[45] "First Nations" è il termine collettivo che designa queste tribù, da loro adottato nel 1980, nel significato di "primo fra pari", accanto agli inglesi e ai francesi come nazioni fondatrici del Canada. Da questo termine sono esclusi i Métis e gli Inuit, altre popolazioni native del Canada.

ogni tipo. Ecco perché erano stanziali. Nelle loro case di legno avevano sviluppato un artigianato di qualità, fabbricando canoe, suppellettili in legno e in rame, coperte di pellicce... Avevano anche ottime tecniche di essiccazione e conservazione del cibo.

Il potlach era una cerimonia rituale in cui un'intera tribù (o un villaggio, un clan o anche una persona molto importante) distribuiva gratuitamente e distruggeva beni di valore o di prestigio (coperte, canoe, pezzi di rame e altri oggetti) per affermare pubblicamente il proprio rango o per riacquistarlo nel caso l'avesse perduto. In tal modo gli ospitanti inducevano i partecipanti a contraccambiare quando avrebbero tenuto il loro potlach.

Tale comportamento serviva non solo a tenere vive le relazioni sociali intertribali e conservare dei princìpi di reciprocità, ma anche a evitare che vi fosse una eccessiva accumulazione di beni in una sola tribù rispetto alle altre limitrofe. Infatti, siccome i periodi di abbondanza o di scarsità dipendevano da eventi naturali non prevedibili o comunque non controllabili, si era capito che tale casualità non doveva incidere in maniera significativa sulle relazioni pacifiche tra le varie tribù.

La pratica del potlach è stata resa illegale in Canada e negli Stati Uniti nel 1885, principalmente a causa della pressione dei missionari cristiani e degli agenti del governo che la consideravano un'abitudine contraria all'etica protestante del lavoro e ai valori delle società borghesi. Nonostante il divieto, essa continuò a esistere illegalmente per anni, anche perché veniva considerata un simbolo dell'identità culturale di quelle popolazioni e della loro resistenza all'assimilazione forzata e alla segregazione nelle riserve. Molti nativi mandarono petizioni ai governi affinché rimuovessero la legge contro un costume ch'essi non consideravano peggiore del Natale, occasione in cui ci si scambiano i doni. E così nel 1951 la legge fu abolita.

Ancora oggi le persone continuano a partecipare a tale "economia del dono", associandola alla commemorazione di importanti persone defunte, all'innalzamento di un totem (raffigurante una figura zoomorfa o antropomorfa), alla celebrazione di un matrimonio, alla nascita di un figlio, a pagamenti per significativi servizi resi, ad attività politiche, a riunioni della tribù, ecc. I regali attualmente consistono in denaro o cibo, ma possono comprendere coperte, vestiti, piatti, utensili per la casa, oggetti artistici e quasi qualsiasi cosa con un valore evidente. La lista degli invitati può variare da 500 a 1000 persone. Ci vuole almeno un anno per organizzare un potlach.

Vediamo ora che cos'è il **kula**, di cui parla Malinowski.

Si tratta di uno scambio simbolico di doni effettuato in una trentina di isole di Trobriand, disposte a cerchio, nel Mare delle Salomone dell'Oceano Pacifico. I partecipanti compivano viaggi anche di chilometri in canoa (secondo percorsi opposti) per scambiarsi doni che consistevano in collane di conchiglie rosse, gli uni, e bracciali di conchiglia bianca, gli altri. Dunque lo scambio poteva avvenire solo tra oggetti diversi: braccialetti per collane e viceversa.

Gli oggetti restavano nelle mani del possessore per un periodo limitato di tempo e poi in seguito barattati nel corso di visite che gli abitanti delle isole si scambiavano periodicamente. Quindi il dono era un atto dovuto, così come quello di accettarlo, nonché, in un tempo successivo prestabilito, quello di restituirlo, in una proporzione almeno equivalente a quella del dono ricevuto.

I preparativi per la partenza e gli scambi erano rigidamente ritualizzati. Nei due o tre giorni in cui una spedizione era ospite su un'altra isola, si barattavano generi alimentari, vasellame, canoe e altri beni nella produzione dei quali si erano specializzati gli abitanti di isole diverse. Lo scambio rituale infatti aveva il compito d'instaurare un rapporto di fiducia e di amicizia, base necessaria dello scambio materiale.

Le popolazioni ritenevano che gli ornamenti scambiati fossero impregnati di significati magici, che aiutavano le comunità a sopravvivere e a stare in pace tra loro, sempre che il dono tornasse (insieme all'essenza spirituale in esso contenuta), al donatore originario. In caso contrario la forza magica avrebbe assunto una potente carica distruttiva nei confronti dell'inadempiente.

Nonostante le profonde trasformazioni delle società melanesiane nel XX sec., tale rituale, sempre affiancato da uno scambio commerciale di oggetti di uso quotidiano, è tuttora praticato in questo arcipelago.

L'analisi di Mauss

Mauss arrivò a fare le seguenti riflessioni, che possiamo suddividere in una decina di punti.

1. L'istituzione sociale del dono reciproco ha un carattere universale, valido per ogni comunità primitiva.

2. La forma più importante di economia non è lo scambio di prodotti utili (baratto), ma lo scambio non utilitaristico tra due gruppi sociali o tra i capi di due gruppi, in rappresentanza di istanze collettive.

3. L'economia primitiva è basata su tre azioni: *dare, ricevere* e *ricambiare,* che solo all'apparenza sembrano volontarie; in realtà sono moralmente obbligatorie, in quanto il rinunciarvi può essere considerato come una forma di minaccia o di provocazione o addirittura come una dichiarazione di guerra. Il che implica che en-

tro un certo tempo il dono va ricambiato. La gratuità non è assoluta ma relativa.

4. Lo scambio dei beni non è fine a se stesso, ma possiede lo scopo morale di promuovere amicizie, vincoli sociali e alleanze militari.

5. Nel potlach (che è insieme la magnificazione e l'esasperazione dell'economia del dono) il valore dei beni distribuiti e sperperati diventa misura del valore dell'uomo, sancisce il rango nella comunità, la sua potenza: un individuo di alto rango deve poter disporre, distribuire e sperperare beni commisurati al suo status sociale. Più si è in alto, più si deve distribuire e distruggere, pena il declassamento sociale. Vi è quindi una logica del dono di tipo agonistico: impadronirsi di un potere simbolico sotto forma di onore e prestigio.

6. Il dono reciproco fa parte del sistema delle "prestazioni totali", essendo un meccanismo che interessa la totalità dei componenti di una comunità in tutte le loro attività. Quindi attraverso la sua analisi è possibile leggere per estensione le diverse componenti della società.

7. Gli oggetti donati e ricevuti presentano caratteristiche magiche, simboliche, mitiche, religiose, immaginarie, che vincolano e influenzano la persona che le dona o le riceve. L'oggetto ricevuto possiede un'anima e incorpora l'identità del donatore; chi non ricambia, verrà danneggiato dall'influsso dello spirito contenuto nell'oggetto.

8. I due sistemi giuridici indoeuropei (indiano antico e germanico) conservano tracce significative di una analoga economia del dono. Tuttavia nei mercati occidentali lo scambio avviene sulla base dell'equivalenza astratta del valore, indipendentemente dai legami sociali, affettivi ecc.

9. Nell'Europa occidentale non solo è consueto il principio secondo cui chi dona di più vale più degli altri, ma sta diventando sempre più forte, da parte della società civile, l'esigenza di avere forme di assistenza sociale, di cooperazione, di mutuo soccorso, che altro non sono se non forme di "dono". La redistribuzione del reddito a favore dei più svantaggiati reintroduce un principio di moralità all'interno dell'economia borghese.

10. Il dono reciproco, essendo un baratto a scadenza, anticipa la nozione di credito. È da un sistema di doni, dati e ricambiati a termine, che sono sorti, da una parte, il baratto, per semplice avvicinamento di tempi separati, e dall'altra, l'acquisto e la vendita, (quest'ultima a termine e in contanti), e persino il prestito.

Critiche

Le critiche prevalenti rivolte al testo di Mauss insistono sul fatto che si dovrebbe parlare non tanto di una catena di atti del dono (dare, ricevere, ricambiare), quanto piuttosto di un unico principio di "reciprocità", che è – stando alle parole di Malinowski – una "intrinseca simmetria di tutte le transazioni sociali".

Stessa cosa per Karl Polanyi: la reciprocità permette d'integrare l'economico col sociale, per cui è imprescindibile in tutte le azioni della comunità primitiva, la quale, se prevede una gestione centralizzata delle risorse economiche, deve comunque assicurare a tutti una redistribuzione equa. La costruzione di legami sociali è decisamente superiore ai beni specifici che circolano, sicché il fatto di distruggerli per ostentare un proprio rango sociale va al di là delle caratteristiche salienti di una comunità primitiva.

Anche Lévi-Strauss, che con la sua critica all'opera di Mauss, nel 1957, scatenò un lungo dibattito, era dello stesso parere: "è lo scambio che costituisce il fenomeno primitivo, non le operazioni distinte in cui lo scompone la vita sociale". Cioè esiste lo scambio anche prima del "dare" senza "ricevere" e senza "ricambiare". Egli inoltre considerò una sciocchezza parlare di "forza spirituale" nelle cose oggetto di scambio: questo perché gli scambi avvengono per ragioni inconsce, la prima delle quali è l'esigenza dell'esogamia.

Invece secondo Sahlins il dono presenta aspetti "spirituali" veri e propri, in quanto coinvolge personalmente (emotivamente) il donatore, che per questo motivo si aspetta un'azione reciproca. Inoltre il dono è una pratica che stabilisce relazioni amichevoli per sfuggire allo spettro della guerra.

Derrida arrivò addirittura a dire che Mauss parla di tutto meno che di "dono", il quale richiede che il donatario non restituisca di necessità.

Insomma non ha senso parlare di "dono" se già esistono relazioni sociali consolidate. Là dove la proprietà è *sociale*, il dono è superfluo, oppure è ridotto a un aspetto di secondaria importanza. E per quanto riguarda le relazioni tra comunità differenti, ci si può limitare tranquillamente al *baratto*, senza chiamare in causa motivazioni spiritualistiche. In ogni caso se le relazioni pacifiche sono precedenti al dono, non ha senso che chi riceve il dono si senta obbligato, seppur moralmente, a restituirlo, per di più in una gara di tipo autodistruttivo e allo scopo di conservare un rango sociale che in una comunità primitiva, egualitaria per natura, sarebbe inconcepibile. Né, tanto meno, ha senso ostentare la propria ricchezza da donare o da distruggere.

Nell'analisi di Mauss il dono non sembra essere utilizzato per creare legami ma per spezzarli. Non a caso l'atto ostentatorio al centro del potlach viene definito "dono di rivalità" (agonistico), e il beneficiario, se vuole cancellare l'umiliazione inflittagli dal donatore, deve accettare la sfida e assumersi l'obbligo di rispondere con un dono più importante, come se fosse sotto ricatto morale. È forse normale che ci si senta moralmente impegnati a ricambiare il dono ricevuto? Dov'è l'*etica* – di cui tanto parla Mauss – in tale trattativa? Lo scambio forzato sembra essere piuttosto qualcosa di molto gravoso, che rischia di minare la sicurezza personale e della propria tribù o del proprio clan. Quando si è "costretti" a dimostrare che si è in diritto di restare indipendenti proprio perché si dispone di risorse materiali abbondanti, non si è forse in presenza di un atteggiamento estremo, disperato? Non è forse questo un atteggiamento con cui si potrebbe anche mentire sull'effettiva disponibilità delle proprie risorse (che nella realtà sarebbero molto minori di quelle esibite), avendo come unico obiettivo quello di poter conservare un proprio tradizionale *status*? Non era forse questo l'atteggiamento che tenevano molti nobili feudali quando cominciarono a vedersi rovinati dallo stile di vita borghese?

C'è quindi qualcosa di unilaterale in questo testo, su cui vorremmo fare alcune riflessioni, anche perché atteggiamenti del genere in Italia potrebbero applicarsi alla cultura della criminalità organizzata. Si ha cioè l'impressione che Mauss abbia usato una pratica molto particolare, storicamente situata, appartenente ad alcune tribù sedentarie, per renderla universale nello spazio e nel tempo. È molto probabile che quelle forme particolari di scambio fossero state inventate in seguito alla colonizzazione europea, al fine d'impedire che tribù, tra loro confinanti, entrassero in collisione, visto che gli europei avevano tolto loro gran parte dei territori, trasformandoli in proprietà privata.

Anzitutto dobbiamo dire che Mauss non vede mai il baratto come un'alternativa radicale alla compravendita capitalistica, ma anzi vede lo scambio moralmente obbligato come un'anticipazione di forme borghesi della trattativa commerciale. Questo poi senza considerare che in origine, nelle foreste dei raccoglitori-cacciatori, doveva esserci il dono puro e semplice, frutto della condivisione naturale dei beni, precedente persino il baratto delle eccedenze, a prescindere da qualunque considerazione relativa a sesso, età, parentela ecc. Lo hanno scritto molti antropologi: J. Woodburn parlando degli Hadza, M. Sahlins parlando dei !Kung, E. Marshall Thomas parlando dei Boscimani, A. R. Radcliffe-Brown e E. H. Man parlando degli Andamesi, e si potrebbe andare avanti con tante altre testimonianze.

Probabilmente Mauss era intenzionato a far vedere, per convincere meglio il suo lettore borghese, che le popolazioni primitive, essendo vicine agli occidentali come mentalità (anzi, *eticamente* superiori, in quanto anteponevano all'utile economico il socialmente vantaggioso), non meritavano d'essere brutalmente colonizzate: a monte dei vari genocidi doveva esservi stato un tragico malinteso.

Sappiamo naturalmente che non fu un tragico malinteso (p. es. quando i Kwakiutl iniziarono a commerciare con gli europei, furono quasi sterminati dalle malattie), ma quel che ci interessa sottolineare è un'altra cosa. Mauss sostiene che l'oggetto donato possedeva, secondo gli indigeni, una forza spirituale che spingeva chi l'aveva ricevuto a ricambiare, in quanto tale forza (detta "mana") vuole ritornare da dove è venuta. Ora, supponendo che lo scambio dei doni sia un simbolo del periodo ancestrale, in cui tutti vivevano pacificamente nelle foreste, che bisogno c'era di scambiarsi dei doni nelle modalità del potlach e del kula, cioè assegnando al dono una connotazione *etica* e non semplicemente economica? Perché scambiarsi dei doni così moralmente vincolanti quando non c'è motivo per odiarsi? Là dove vige la proprietà *sociale* dei mezzi produttivi, se ci si sente minacciati da una comunità esterna che non la pratica, l'idea di un dono reciproco, moralmente vincolante, con tale comunità non può mai essere attuata. La società basata su rapporti antagonistici cercherà sempre d'impadronirsi, con l'inganno (una sorta di "cavallo di Troia"), dei beni dell'altra società. Se invece entrambe le società praticano la comunione dei beni, ed entrambe avvertono la necessità di uno scambio moralmente obbligato, allora vuol dire che le condizioni esterne, ambientali, sono molto difficili e si è prossimi a un conflitto, che si cerca appunto di evitare con una soluzione estrema, quella dell'autodistruzione della propria ricchezza, che deve essere reciproca e molto convincente, cioè restituendo più di ciò che si è ricevuto.

Nell'ambito del comunismo primitivo era del tutto normale che una comunità potesse barattare delle eccedenze con un'altra comunità, dovute alle diverse situazioni ambientali, ma non era certamente normale che si pensasse a uno scambio di doni in cui ci si sentisse "moralmente vincolati", e tanto meno che in tale scambio si dovesse provvedere a distruggere le proprie eccedenze (ammesso e non concesso che delle comunità basate su raccolta e caccia potessero averne). Se lo scambio vincolato dei doni doveva servire per cementare un'amicizia, allora vuol dire che si era in presenza di una rivalità in atto. Non a caso Mauss parla continuamente di "rango sociale da conservare", come se la comunità primitiva vivesse una situazione simile a quella delle popolazioni cosiddette "barbariche" penetrate in Europa occidentale alla fine dell'impero romano.

Se nello scambio vincolato dei doni una tribù (o, all'interno della tribù, un clan) voleva far mostra della propria ricchezza, allora vuol dire che la minaccia di un conflitto bellico o sociale era reale. Anche quando Mauss parla di baratto, non manca di sottolineare che, tra quelle tribù, era "una contrattazione molto tenace" (segno, anche questo, che non era proprio il caso di parlare di "comunismo primitivo"). In realtà l'unico scambio davvero obbligatorio, nell'ambito delle comunità primordiali, era quello delle donne, onde evitare l'incesto e un conseguente indebolimento fisico dei componenti della tribù.

A volte, leggendo libri come questo, vien quasi da pensare che il colonialismo europeo abbia avuto la meglio sugli indigeni non tanto perché era dotato di strumenti tecnologici molto più potenti, quanto perché le tribù primitive stavano già sperimentando le conseguenze più deleterie del progressivo allontanamento dalle pratiche del comunismo primordiale. Detto altrimenti (ed è una domanda, beninteso): la vittoria degli europei fu tanto più veloce quanto più le comunità primitive avevano sperimentato soluzioni di tipo schiavistico alle loro contraddizioni? Se la cerimonia del dono da ricambiare obbligatoriamente era antecedente al colonialismo, gli europei non hanno fatto altro che inserirsi in una conflittualità latente tra tribù confinanti? Se si deve dare in cambio più di quanto si sia ricevuto, col rischio di compromettere la propria sicurezza economica, non si è forse in presenza di un ricatto o di una intimidazione? Se tutti sono tenuti a regalare qualcosa, non vuol forse dire che si stanno formando rapporti di sudditanza? Non siamo forse in presenza di una qualche paura collettiva? Che tali fatti sociali andassero considerati "totali", indicava davvero una positività o non forse una crescente negatività? La distruzione di beni in eccesso era forse dettata dalla paura che le tribù economicamente meno dotate potessero assumere atteggiamenti bellicosi? Siamo forse in presenza non di una dimostrazione di forza bensì di debolezza? Il fatto di voler impedire a chi era già molto ricco di esserlo ancora di più, non significa forse che la ricchezza, come valore di vita, era già penetrata nella mentalità primitiva? Distruggere la ricchezza in eccesso non diventava forse una forma di moralismo? E questo moralismo non è forse visibilmente presente nelle conclusioni del libro di Mauss?

Sembra che tutto il discorso sull'economia del dono abbia la finalità di perorare la causa di uno "Stato sociale" all'interno del capitalismo. Si legga questa sua affermazione cruciale: "Tutta la nostra legislazione di sicurezza sociale, questo socialismo di Stato già realizzato, si ispira al seguente principio: il lavoratore ha dato la propria vita e il proprio lavoro, da un lato, alla collettività, dall'altro, ai suoi datori di lavoro; se egli deve collaborare all'opera di assicurazione, coloro che hanno beneficiato delle sue prestazioni [leggi: i capitalisti] non si liberano da ogni obbligo nei suoi confronti con il pagamento del salario; lo Stato stesso, che rappresenta la collettività, gli deve, unitamente ai suoi datori di lavoro, e con il concorso, una certa sicurezza durante la vita contro la disoccupazione, la malattia, la vecchiaia, la morte".

Si noti che il libro è stato scritto nel 1924, a sette anni dalla rivoluzione bolscevica, che effettivamente stava realizzando in Russia una sorta di "socialismo statale". Mauss sembra voglia convincere il lettore (e i poteri dominanti della borghesia) che nell'Europa occidentale non vi è alcun bisogno di fare una analoga rivoluzione, se si appoggia l'idea (socialista) di una "legislazione di sicurezza sociale", che *è già* – secondo lui – un "socialismo di Stato realizzato". Cioè le idee che hanno i lavoratori socialisti di favorire l'assistenza e la previdenza sociale non vanno viste come un "perturbamento" dell'ordine pubblico (preposto a tutelare l'interesse privato), ma come "un ritorno al diritto", cui tutti devono sentirsi vincolati. Lo Stato deve venire incontro a esigenze di tipo *sociale* provenienti dai lavoratori. Se non si accetta un'idea di solidarietà, si diventa moralmente inferiori ai primitivi che si è voluto colonizzare. Mauss in sostanza chiedeva di moralizzare l'attività mercantile, di democratizzare il capitalismo sul piano sociale. In ciò si poteva indubbiamente intravedere l'influenza delle sue origini ebraiche.

Aveva senso preventivare un'eticità *ex post* nella compravendita borghese, tale per cui dal profitto ottenuto si potesse scorporare una quota-parte da riservare all'assistenza e previdenza sociale dei lavoratori, quando quella medesima compravendita non la prevedeva assolutamente *ex-ante*? Sì, si poteva preventivarla, ma solo a condizione di fidarsi non tanto della "generosità" dei capitalisti, quanto piuttosto della capacità resistenziale delle masse proletarie. Come poi in effetti accadrà, quando nel secondo dopoguerra il Welfare State diventerà una realtà imprescindibile dell'economia capitalistica, da difendere contro i continui attacchi di chi vorrebbe smantellarlo.

Fonti

Su questo argomento si rimanda alla seguente bibliografia in lingua italiana:

M. Godelier, *L'enigma del dono*, ed. Jaca Book, Milano 2013.

J. Derrida, *Donare il tempo: la moneta falsa*, ed. R. Cortina, Milano 1996.

R. Marchionatti, *Gli economisti e i selvaggi: l'imperialismo della scienza economica e i suoi limiti*, ed. B. Mondadori, Milano 2008.

J. T. Godbout, *Quello che circola tra noi. Dare, ricevere, ricambiare*, ed. Vita e Pensiero, Milano 2008.

J. T. Godbout - Alain Caillé, *Lo spirito del dono*, ed. Bollati-Boringhieri, Torino 1993.

J. T. Godbout, *Il linguaggio del dono*, ed. Bollati-Boringhieri, Torino 1998.

A. Caillé, *Critica dell'uomo economico. Per una teoria anti-utilitarista dell'azione*, ed. Il melangolo, Genova 2010.

A. Caillé, *Il terzo paradigma. Antropologia filosofica del dono*, ed. Bollati-Boringhieri, Torino 1998.

S. Zanardo, *Il legame del dono*, ed. V&P, Milano 2007.

M. Anspach, *A buon rendere. La reciprocità nella vendetta, nel dono e nel mercato*, ed. Bollati Boringhieri, Torino 2007.

B. Giacomini, *In cambio di nulla. Figure del dono*, ed. Il Poligrafo, Padova 2006.

Lewis Hyde, *Il dono: immaginazione e vita erotica della proprietà*, ed. Bollati-Boringhieri, Torino 2005.

A. Salsano, *Il dono nel mondo dell'utile*, ed. Bollati-Boringhieri, Torino 2008.

M. Aria – F. Dei, *Culture del dono*, ed. Meltemi, Roma 2008.

L'interpretazione dello spirito del dono (a cura di P. Grasselli, C. Montesi; con un saggio di Alain Caillé), ed. F. Angeli, Milano 2008.

AA.VV., *Il dono: le sue ambivalenze e i suoi paradossi. Un dialogo interdisciplinare*, ed. Di Girolamo, Trapani 2012.

J. Starobinski, *A piene mani: dono fastoso e dono perverso*, ed. Einaudi, Torino 1995.

U. Galimberti, *Il corpo*, ed. Feltrinelli, Milano, 2002.

R. Benedict, *Il crisantemo e la spada*, ed. Laterza, Roma-Bari 2009 (parla del dono in Giappone).

B. Karsenti, *L'uomo totale. Sociologia, antropologia e filosofia in Marcel Mauss*, ed. Il Ponte, Bologna 2005.

"Dada. Rivista di antropologia post-globale", Speciale n. 1/2018, *Debito e dono*.

L'antropologia italiana

L'antropologia italiana è nata nel 1869 con la cattedra universitaria di Antropologia fisica, tenuta a Firenze dal medico fisiologo e neurologo, nonché deputato e senatore sotto il Regno d'Italia, Paolo Mantegazza (1831-1910), che aveva fondato il primo laboratorio di patologia sperimentale in Europa. Cominciò a interessarsi di etno-antropologia in seguito a un viaggio compiuto in Sudamerica, tant'è che nel 1870, sempre a Firenze, fondò il Museo etno-antropologico.

L'anno dopo invece fondò, insieme a Felice Finzi, la prima Società italiana di antropologia ed etnologia, nonché la rivista "Archivio per l'antropologia e l'etnologia", che affrontò temi riguardanti non solo il Mezzogiorno italiano, ma anche l'Africa orientale colonizzata dai governi nazionali.[46]

Mantegazza fu uno dei primi divulgatori delle teorie evoluzionistiche in Italia: nel periodo 1868-75 era persino in corrispondenza con Darwin. Il suo romanzo, *L'anno 3000: sogno* (1897), viene considerato uno dei precursori ottocenteschi della fantascienza italiana. Le sue ricerche contribuirono all'affermazione dell'antropologia intesa come "storia naturale dell'uomo". Dedicò due libri di etno-antropologia all'India, nel 1884 e nel 1886.

Fra il 1870 e il 1890 compì varie spedizioni scientifiche in regioni allora poco conosciute. In Argentina, in Paraguay e in Bolivia è attualmente riconosciuto come un autore classico. Durante la sua permanenza in America Latina venne in contatto con alcune popolazioni che usavano foglie di coca: ciò lo indusse a studiare gli effetti di questa sostanza sia a livello digestivo che nervoso. Il suo interesse scientifico per le droghe lo portò a pubblicare un trattato che a quel tempo fece epoca: *Quadri della natura umana. Feste ed ebbrezze.*

Un viaggio intorno al globo tra il 1865 e il 1868 e la fondazione della Società Italiana di Antropologia e Etnologia nel 1871 furono i "potenti incentivi" per la passione etnoantropologica anche di un amico e collaboratore di Mantegazza per un quarantennio: Enrico Hillyer Giglioli, che infatti fu il vicedirettore della suddetta Società e assiduo contributore all'*Archivio per l'Antropologia e l'Etnologia.* In quanto zoologo di professione fondò invece a Firenze la Collezione Centrale degli Animali Vertebrati Italiani: una straordinaria documentazione della fauna d'Italia, che arriverà ad annoverare quasi 35.000 esemplari appartenenti a 1235

---

[46] Sull'Etiopia vedi le opere di Vinigi Grottarelli (1912-92).

della 1250 specie al tempo note per l'Italia.

L'antropologia fisica o biologica era chiaramente evoluzionistica e positivistica (vi aderì anche Cesare Lombroso), e durante il periodo fascista molti suoi esponenti collaborarono alla stesura del "Manifesto della Razza" (1938), venendo incontro alle richieste dei nazisti che col regime aveva stipulato il Patto d'acciaio.

Il trasferimento della capitale da Firenze a Roma favorì la fondazione in questa città della Società Romana di Antropologia (1893)[47], grazie all'impegno dell'accademico Giuseppe Sergi (1841-1936), che aveva tenuto una cattedra di Antropologia nella Facoltà bolognese di Lettere. La sua fama scientifica è legata soprattutto allo studio dei tipi umani fossili e al grande lavoro di classificazione antropologica, per il quale, fra l'altro, si avvalse di un metodo di valutazione della morfologia del cranio da lui ideato e descritto nell'opera *L'uomo, secondo le origini, l'antichità, le variazioni e la distribuzione geografica* (1911).

A dir il vero già nel biennio 1875-76 l'accademico di paleoetnologia Luigi Pigorini (1842-1925) aveva fondato con Chierici e Strobel il "Bullettino di Paletnologia Italiana" e il Museo Preistorico Etnografico di Roma, che oggi porta il suo nome e che, formato da due parti distinte: sezione etnografica e sezione preistorica, è entrato a far parte dal 2016 del Museo delle Civiltà, in cui sono confluiti il Museo Nazionale d'Arte Orientale Giuseppe Tucci, il Museo Nazionale di Arti e Tradizioni Popolari e il Museo Nazionale dell'Alto Medioevo. Nel 1877 Pigorini ottenne la prima cattedra di Paletnologia dell'Università di Roma, di cui fu titolare per circa 40 anni.

Il distacco della etno-antropologia (che resta impregnata di elementi evoluzionistici) dall'antropologia fisico-biologica avviene nei primi anni del Novecento. L'etnografo, naturalista ed esploratore Lamberto Loria (1855-1913), dopo aver riempito i musei di Roma, Firenze, Genova e Modena con oggetti acquistati in Africa, Asia e Melanesia (solo in Nuova Guinea soggiornò per circa sette anni), cominciò, verso il 1905, a interessarsi di demologia italiana, visitando Circello nel Sannio. Fece suo l'oggetto d'interesse del cattedratico e medico palermitano di Demopsicologia Giuseppe Pitrè (1841-1916), a capo degli studi delle tradizioni popolari (folkloristiche), che lo videro impegnato per 40 anni.[48]

---

[47] Ora si chiama Istituto Italiano di Antropologia.

[48] Fondatore e condirettore dell'"Archivio per lo studio delle tradizioni popolari" (33 volumi, 1880-1906), Pitrè compilò la prima esauriente bibliografia del folklore italiano, *Bibliografia delle tradizioni popolari d'Italia* (1894), che conteneva oltre 6.000 voci. Curò anche la pubblicazione delle *Curiosità popolari tradizionali* in 16 volumi (1885-1899). La sua opera più monumentale resta comunque la *Biblioteca delle tradizioni popolari siciliane* (1872-1913), una raccolta

Loria era convinto che le classi subalterne delle società "civili", per i loro modi di vita e la loro cultura, fossero simili ai "primitivi", per cui meritavano d'essere studiate. Sicché per un quinquennio egli guidò un'équipe di ricercatori, inviati in tutte le regioni italiane al fine di raccogliere del materiale etnografico, che poi si rivelò così cospicuo da poter realizzare nel 1906 il Museo delle Arti e Tradizioni popolari a Roma. Dopodiché, nel 1910, insieme allo storico Francesco Baldisseroni e all'antropologo fisico Aldobrandino Mochi, allievo di Mantegazza, fondò la Società di Etnografia italiana, e si fece promotore, nel 1911, del primo Congresso di Etnografia, a Roma, all'interno del quale però si consumò la rottura tra gli antropologi fisici (che pretendevano d'essere scientifici come gli studiosi delle scienze naturali) e gli etnologi veri e propri, che si consideravano "umanistici".

Tuttavia la disgrazia maggiore dell'etnologia italiana non fu affatto determinata da tale rottura, che, anzi, fu un utile chiarimento di posizioni, bensì dall'influenza idealistica della cultura crociano-gentiliana. In particolare Croce poneva i popoli primitivi al di fuori del processo morale e spirituale della storia, per cui, secondo lui, l'etnologia non aveva necessità di svilupparsi, tant'è che la prima cattedra di Etnologia s'impose a Roma solo nel 1967.

Per non pochi anni l'etnologia si è interessata solo di religioni, grazie all'influenza del sacerdote cattolico Wilhelm Schmidt (1868-1954), direttore del Museo Missionario Etnologico, fondato a Roma nel 1927 (oggi è una sezione dei Musei Vaticani). Era un leader della Scuola etnologica viennese: nel 1906 aveva fondato la rivista "Anthropos", e nel 1931 l'Istituto Anthropos, che esistono ancora oggi. Rifiutava l'evoluzionismo a favore delle tesi diffusionistiche[49], che sfruttò in maniera confessionale, anche con l'appoggio di padre Agostino Gemelli, il quale, quando si istituì la prima cattedra di Etno-antropologia all'Università Cattolica del Sacro Cuore, l'aveva destinata a mons. Giovanni Guariglia, non prima che si facesse una solida competenza presso la scuola viennese di

---

del folklore siciliano in 25 volumi con varie sezioni dedicate ai canti popolari, ai racconti, ai proverbi, alle leggende, ai giochi, ai costumi, ecc., tutto riportato fedelmente in dialetto. La ricchezza delle raccolte di Pitrè resta ineguagliata: il volume dedicato ai giochi infantili, ad es., ne descrive più di trecento, per ognuno dei quali sono registrate le varianti sia siciliane che italiane. Con lui nasce il termine "demologia". Lo studioso di folklore, E. Tang Kristensen (1843-1929), originario dello Jütland, fu non meno prolifico del Pitrè: infatti pubblicò più di 30.000 pagine di materiale (circa 79 volumi) comprendente 3.000 canti popolari, 1.000 melodie, 2.700 racconti popolari e 25.000 storie e leggende.

[49] Alla fine di questo capitolo viene spiegata la differenza tra evoluzionisti e diffusionisti.

Schmidt.[50]

Dal 1912 al 1954 Schmidt pubblicò i 12 volumi de *L'origine dell'idea di Dio*, cercando di sostenere, sulla scia dell'antropologo scozzese Andrew Lang (*The Making of Religion*, 1898), l'idea che le popolazioni più antiche della Terra (p.es. i Pigmei africani) erano, allo stesso tempo, cacciatori-raccoglitori e monoteisti (*Urreligion*); e che solo in un secondo momento si sarebbe formata una degenerazione dell'umanità, fautrice di culti magico-sciamanici, animistico-totemici e politeistici, ideati dalle civiltà agricolo-pastorali. Il Vaticano era entusiasta di questa teoria.

Schmidt in realtà non aveva detto nulla di straordinario per i credenti; la novità stava nel fatto che aveva cercato di trovare conferme sul piano antropologico. Infatti, per molti secoli, volendo restare fedeli alla Bibbia, si era voluto credere che l'umanità, alle sue origini, avesse avuto fede in un'unica divinità (grazie a una "rivelazione") e che solo dopo il peccato originale essa sarebbe involuta verso la credenza in più divinità, salvo poi tornare al monoteismo (Jahvismo ebraico, Cristianesimo, Islamismo), in virtù dell'intervento di soggetti eccezionali, come Mosè, Cristo e Maometto.

Tale concezione però aveva cominciato a entrare in crisi durante l'Illuminismo, per effetto dei primi studi sulle religioni dei cosiddetti "selvaggi", i quali apparivano più animisti, feticisti e politeisti che monoteisti. La cosa fu confermata dal positivismo e dall'evoluzionismo. Il racconto della Bibbia veniva insomma negato alle radici. Senonché, grazie alla ricerca etnologica, si venne a scoprire, presso popolazioni fortemente primitive, la credenza in un "essere supremo": fu questo fatto che portò Schmidt a formulare la tesi forzosa dell'*Urmonotheismus*.

Questa posizione fu vivacemente contestata dallo storico delle religioni Raffaele Pettazzoni (1883-1959) in una serie di libri di notevole spessore.[51] Egli introdusse per primo nel mondo accademico italiano la

---

[50] A dir il vero la passione principale di Schmidt era la linguistica. I suoi primi lavori furono dedicati alle lingue Mon-Khmer del sud-est asiatico, nonché alle lingue dell'Oceania e dell'Australia. Nel 1906 arrivò a ipotizzare l'esistenza della superfamiglia linguistica delle Lingue austriche, che riunirebbe i gruppi linguistici austronesiano e austroasiatico. Schmidt riuscì a dimostrare che le lingue Mon-Khmer hanno collegamenti interni con altre lingue dei mari del sud. Tuttavia la sua scoperta non fu accettata dalla maggioranza degli etno-linguistici.

[51] Le opere di Pettazzoni sono sterminate; tra le più recenti ristampate si possono segnalare le seguenti: *La religione di Zarathustra nella storia religiosa dell'Iran*, ed. La vita felice, Milano 2015; *Saggi di storia delle religioni e di mitologia*, ed. Loffredo University Press, Napoli 2013; *L'uomo e il suo destino: miti e leggende*, ed. UTET, Torino 1990; *Il regno dell'uomo: miti e leggende*, ed. UTET, Torino 1990; *In principio: i miti delle origini*, ed. UTET, Torino 1990;

disciplina di Storia delle religioni, adottando il "metodo storico-comparativo". Fu il fondatore della Scuola italiana di Storia delle religioni negli anni Venti e della rivista scientifica "Studi e materiali di storia delle religioni" nel 1925. La sua Scuola di perfezionamento in Scienze Etnologiche era nettamente in polemica con gli allievi di Schmidt, ma rifiutava anche il funzionalismo di Malinowski e di Radcliffe-Brown.

La sua tesi, in sostanza, si riduceva a questo: in tutte le società la presenza dell'essere supremo è contrastata da altre entità spirituali. L'essere supremo è preminente ma non unico ed esclusivo. Schmidt confonde ricerca scientifica e teologia, cioè l'idea di "essere supremo" con quella del "dio monoteistico". Il monoteismo è una realtà religiosa recente, realizzata come atto polemico nei confronti del politeismo. Anche nel libretto, *L'essere supremo nelle religioni primitive*, del 1957, conferma questa posizione. L'idea di dio nelle religioni primitive non è un'idea apriori e indipendente dai contesti storici. Esiste solo storicamente e varia a seconda del tipo di società, tant'è che nelle primitive civiltà agricole coincideva con la Madre Terra, la quale nutre gli esseri umani gratuitamente; nelle civiltà pastorali è invece il Padre celeste, poiché dal cielo proviene la pioggia che fa nascere e crescere l'erba necessaria al pascolo degli armenti e alla vita degli esseri umani; nelle civiltà della caccia è il Signore degli animali, poiché da lui dipende le cattura della selvaggina, e così via.

A partire dai suoi studi, verso la metà degli anni Cinquanta, la teoria del monoteismo primordiale venne respinta *en bloc* negli ambienti accademici non confessionali, costringendo i sostenitori della "Scuola di Vienna" di Schmidt a riformularla parzialmente. Arrivarono infatti a dire che le culture antiche non avrebbero conosciuto un "vero monoteismo", ma solo una forma di "teismo originale" (*Ur-Theismus*, contrapposto all'animismo non teistico). Esse avrebbero avuto un concetto di "Dio Supremo" e non tanto di "Dio unico".

In Italia, fino agli anni Sessanta del XX sec., col termine "antropologia" si è sempre inteso qualcosa di "fisico-scientifico", mentre gli aspetti più propriamente socio-umanistico-culturali venivano riservati all'etnologia. La denominazione "antropologia culturale", già presente al-

---

Storia delle religioni e mitologia, ed. Mimesis, Milano-Udine 2018; *Monoteismo e politeismo: saggi di storia delle religioni*, ed. Medusa, Milano 2005; *Quando le cose erano vive: miti della natura*, ed. UTET, Torino 1991; *Tra dei e demoni: miti e leggende*, ed. UTET, Torino 1990; *Dal caos al cosmo: miti astrali*, ed. UTET, Torino 1991; *I misteri: saggio di una teoria storico-religiosa*, ed. Lionello Giordano, Cosenza 1997. Del tutto trascurate invece le tante opere dedicate al tema della "confessione dei peccati" (cfr quella edita da Forni, Bologna 1970).

l'estero, fu importata da un allievo di Pettazzoni, Tullio Tentori (1920-2003), che aveva studiato a Chicago con Robert Redfield.[52]

Nel 1950 Tentori vinse un concorso ministeriale per l'unico posto di etnologo disponibile, e iniziò un progetto di ricerca sulle orme dei lavori di Ernesto De Martino, riguardante la realtà di Matera. Durante tale ricerca iniziò una collaborazione col sociologo austriaco Friederich Friedmann, che lo porterà ad impegnarsi per far rifluire nella realtà accademica italiana l'approccio dell'antropologia culturale di tradizione statunitense. In Italia, fino ad allora, tale settore di studi veniva denominato "etnologia", seguendo la tradizione di studi francese, ch'era abbastanza autoreferenziale rispetto alle altre scuole dominanti internazionali.

Momento topico di questa battaglia fu il 1° Convegno Italiano di Scienze Sociali a Milano nel 1958, dove, insieme ad altri studiosi, egli presentò il documento *Appunti per un memorandum sull'antropologia culturale*, in cui delineava l'impianto teorico di una disciplina da inserire negli ordinamenti universitari.

Tra i fondatori del Museo nazionale delle arti e tradizioni popolari (Roma 1955), che diresse fino al 1972, Tentori ricoprì la carica di presidente dell'Associazione italiana per le scienze etno-antropologiche (1989-92). Lo studioso impostò la direzione del Museo verso un avvicinamento alle discipline demo-etnoantropologiche, con attenzione alla ricerca etnografica più che alla semplice catalogazione di oggetti materiali.

Nel 1969 gli venne conferita una delle prime cattedre italiane in Antropologia culturale, con cui sostenne a livello scientifico l'interdisciplinarità, la lotta al pregiudizio, l'incontro fra culture. Tendeva a usare il termine di "antropologia culturale" per interpretare in maniera critica la società contemporanea e non solo per studiare le società primitive. Tra le sue pubblicazioni più interessanti: *Antropologia culturale* (1960); *Il pregiudizio sociale* (1962); *Appunti di civiltà indigene dell'America* (1968); *Scritti antropologici* (5 voll., 1970-76); *Per una storia del bisogno antropologico* (1983); *Il rischio della certezza. Pregiudizio, potere, cultura* (1987). Di carattere autobiografico *Il pensiero è come il vento. Storia di un antropologo* (postumo, 2004).

Tuttavia non sarebbe potuto venir fuori uno come Tentori sulla base degli studi del solo Pettazzoni. Egli in realtà si situa sulla scia del napoletano Ernesto De Martino (1908-65), che riprende, nel secondo dopoguerra, le felici osservazioni anti-idealistiche di Antonio Gramsci, dedicate al folclore italiano.

Quattro opere fondamentali, una di Gramsci *Osservazioni sul*

---

[52] Tentori si era laureato nel 1942 con una tesi sulla *Religione degli Indiani della California. Il culto di Kuksu diffuso fra le tribù Pomo, Wintu, Maidu, Waffa.*

folclore (1950), e tre di De Martino, *Naturalismo e storicismo nell'etnologia* (1941), *Il mondo magico* (1948) e *La terra del rimorso* (1961), segnano uno spartiacque fondamentale tra la vecchia e la nuova etnologia e aprono la strada a una antropologia culturale vera e propria. Per la prima volta si arriva a dire che i popoli colonizzati e le classi subalterne non sono "cose" da analizzare in maniera "naturalistica"; la stessa magia non è un errore concettuale dei primitivi, come volevano Croce e gli evoluzionisti, ma un'espressione dello spirito umano, utilizzato anche contro chi vuol far scomparire la cultura primitiva. Il folclore popolare va visto in antagonismo alla cultura borghese dominante.

I riti popolari aiutano l'uomo a sopportare una sorta di "crisi della presenza" che si avverte nei confronti del "nuovo" che avanza. I comportamenti stereotipati dei riti offrono rassicuranti modelli da seguire, non sono frutto di ignoranza. Il concetto di "spaesamento" risulta strettamente connesso a riti religiosi proprio perché non si sa in quale altro modo affrontare i rischi della vita. Astraendo dalla storia reale in cui agisce il negativo, mito, rito e simbolo diventano un circuito in cui i protagonisti pensano di poter risolvere le loro frustrazioni.

De Martino fu collaboratore di Raffaele Pettazzoni all'Università "La Sapienza" di Roma, nell'ambito della Scuola romana di Storia delle religioni. Come ordinario di Storia delle religioni e di Etnologia, dal 1957 fino alla morte insegnò all'Università di Cagliari, dove ebbe uno stuolo di allievi di grande importanza nelle discipline etno-antropologiche.[53]

Una delle prime cattedre nazionali di Antropologia culturale fu istituita a Bologna nel 1970, alla facoltà di Scienze politiche, tenuta dal docente Bernardo Bernardi (1916-2007), ove rimase sino al 1982; poi

---

[53] Le opere di De Martino sono molteplici e tutte di un certo spessore culturale. In particolare si segnalano *Naturalismo e storicismo nell'etnologia*, ed. nuova presso Argo, 1997 Lecce; *Il mondo magico: prolegomeni a una storia del magismo*, ed. nuova presso Boringhieri, 1973 Torino; *Morte e pianto rituale nel mondo antico: dal lamento pagano al pianto di Maria*, ed. nuova Bollati Boringhieri, 2000 Torino; *Sud e magia*, ed. Feltrinelli, 2002 Milano; *La terra del rimorso. Contributo a una storia religiosa del Sud*, Il Saggiatore, 1961 Milano; *Furore, simbolo, valore*, ed. Feltrinelli, 2002 Milano; *Magia e civiltà. Un'antologia critica fondamentale per lo studio del concetto di magia nella civiltà occidentale*, ed. Garzanti, 1962 Milano; *La fine del mondo. Contributo all'analisi delle apocalissi culturali*, ed. Einaudi, 2002 Torino; *Scritti minori su religione, marxismo e psicoanalisi*, Nuove edizioni romane, 1993 Roma; *Storia e metastoria: i fondamenti di una teoria del sacro*, ed. Argo, 1995 Lecce; *Scritti filosofici*, ed. Il Mulino, 2005 Bologna. Cfr anche G. Chiariglione, *Il discepolato di Ernesto De Martino*, Editrice Petite Plaisance, Pistoia 2019.

egli passò dal 1982 al 1992 a insegnare Etnologia all'Università La Sapienza di Roma. Bernardi aveva studiato con l'antropologo sociale Isaac Schapera a Capetown. Con lui l'antropologia culturale e la demologia si fusero, e si cominciò a rifiutare l'immagine dell'antropologo come mero osservatore obiettivo, in quanto si riteneva impossibile prescindere dal proprio background culturale. L'antropologia culturale diventava una sorta di critica di se stessa.

Gli studi di Bernardi si focalizzano sull'Africa Subsahariana, attraverso ricerche sul campo in Zimbabwe, Kenya ed Etiopia, e soggiorni di studio in numerosi paesi dell'Africa. In particolare gli interessavano le strutture sociali e religiose dei Zesuru e dei Meru.[54]

Agli inizi degli anni Ottanta sul lavoro di De Martino s'innestano lo strutturalismo francese, la semiotica, l'antropologia interpretativa e post-moderna. Oggi, in Italia, col termine "antropologia" s'intendono le "Discipline demo-etno-antropologiche", secondo la formulazione data da un grande cultore di Lévi-Strauss, il socialista Alberto Cirese (1921-2011), il quale voleva far capire che per una nazione priva di colonie come l'Italia e totalmente estranea al concetto germanico di "stirpe", sarebbe stato opportuno interessarsi delle tante culture popolari pre-unitarie, molto più importanti delle società indigene extra-europee, che venivano riservate all'etnologia vera e propria. Il primo Congresso dell'Antropologia culturale delle Società complesse è stato tenuto nel 1987.

Cirese studiò presso la Facoltà di Lettere dell'Università di Roma e con R. Pettazzoni alla Scuola di perfezionamento in Scienze etnologiche, e svolse attività di assistente volontario presso la cattedra di Etnologia (1953-1957), collaborando anche con Ernesto de Martino. La carriera accademica si avviò con l'abilitazione alla libera docenza in Letteratura delle tradizioni popolari, ottenuta nel 1956. A partire dall'anno successivo fu chiamato alla cattedra di Storia delle tradizioni popolari all'Università di Cagliari, ove rimarrà fino al 1972, insegnandovi anche Antropolo-

---

[54] Tra i suoi scritti si segnalano *Le religioni dei primitivi*, Istituto Editoriale Galileo, 1953 Milano; *Etnologia e antropologia culturale*, ed. Franco Angeli, Milano 1973; *Uomo, cultura, società. Introduzione agli studi demo-etno-antropologici*, ed. Franco Angeli, Milano 2002; *Africa meridionale*, ed. De Agostini, Milano 1977; *I sistemi delle classi d'età. Ordinamenti sociali e politici fondati sull'età*, ed. Loescher, Torino 1984; *Introduzione allo studio della religione*, ed. UTET, Torino 1992; *Africa. Tradizione e modernità*, ed. Carocci, Roma 1998; *Nel nome d'Africa*, ed. Franco Angeli, Milano 2001; *Africanistica. Le culture orali dell'Africa*, ed. Franco Angeli, Milano 2006; *Uomo, cultura, società. Introduzione agli studi demo-etno-antropologici*, ed. Franco Angeli, Milano 2011. Ha collaborato al vol. 5: *Religioni dell'America precolombiana e dei popoli indigeni*, ed. Laterza, Roma-Bari 1997.

gia culturale e guidando, con Ernesto de Martino e Clara Gallini (1931-2017), l'importante Scuola antropologica di Cagliari. Tra il 1968 e il 1972 coordina il lavoro di quaranta ricercatori che, per conto della Discoteca di Stato, effettuano la prima rilevazione di "tradizioni orali non cantate" (fiabe, leggende, aneddoti, indovinelli, proverbi, ecc.) che documenta tutto il territorio italiano. Dopo Cagliari, Cirese passa a insegnare Antropologia culturale prima a Siena, dal 1972 al 1974, e poi a Roma, dal 1973 al 1991. A Roma è anche il primo coordinatore del dottorato in Scienze etnoantropologiche, istituito nel 1988.[55]

Tuttavia oggi l'antropologia italiana[56] non studia più le società contadino-pastorali, ma le realtà urbanizzate, con tutti i loro problemi: flussi migratori, multiculturalismo, etnicità e identità locali, forme di marginalizzazione, ecc. Sembra non avere un approccio olistico, ma settoriale, specifico, come quello di Boas e di Malinowski. Prevale la tendenza a considerare limitata tanto la scienza quanto la non-scienza, per cui il miglior approccio scientifico è quello di non avere pretese di obiettività.[57]

Differenze tra evoluzionismo e diffusionismo

[55] Gli studi di Cirese, in genere, sono molto specifici; tra quelli, a carattere generale, si possono segnalare *Cultura egemonica e culture subalterne. Rassegna degli studi sul mondo popolare tradizionale.* ed. Palumbo, 1973 Palermo; *Intellettuali, folklore, istinto di classe. Note su Verga, Deledda, Scotellaro, Gramsci,* ed. Einaudi, 1976 Torino; *Oggetti, segni, musei. Sulle tradizioni contadine,* ed. Einaudi, 1977 Torino; *Segnicità fabrilità procreazione. Appunti etnoantropologici,* ed. C.I.S.U., 1984 Roma; *Dislivelli di cultura e altri discorsi inattuali,* ed. Meltemi Editore, 1997 Roma; *Il dire e il fare nelle opere dell'uomo,* ed. Bibliotheca, 1998 Gaeta; *Tra cosmo e campanile. Ragioni etiche e identità locali,* ed. Protagon, 2003 Siena. Su di lui cfr *Insegnamenti di Alberto Mario Cirese* (a cura di P. Clemente e E. Testa), ed. CISU, Roma 2002; *Scritti e altri lavori di Alberto Mario Cirese* (a cura di E. Testa), ed. Olschki, Firenze 2011.

[56] Cfr l'Associazione italiana per le Scienze etno-antropologiche, fondata nel 1991; la Società italiana di Antropologia medica, fondata nel 1998; la Società italiana per la Museografia e i beni demoetnoantropologici, fondata nel 2001; l'Associazione Nazionale Universitaria degli antropologi culturali, fondata nel 2006.

[57] I maggiori studiosi contemporanei sono i seguenti: Alberto M. Cirese, Vittorio Lanternari, Luigi M. Lombardi Satriani, Tullio Tentori, Bernardo Bernardi, Carlo T. Altan, Clara Gallini, Pietro Clemente, Francesco Remotti, Ugo Fabietti, Antonio L. Palmisano (numerosi sono gli specialisti del comitato scientifico della rivista "Dada" di antropologia post-globale curata da quest'ultimo: dadarivista.com). Indispensabile la lettura di E. V. Alliegro, *Antropologia italiana: storia e storiografia 1869-1975*, ed. SEID, Firenze 2011.

In campo antropologico l'evoluzionismo classico era di matrice positivistica, in quanto sosteneva che ogni società (in autonomia o perché "aiutata" da quelle più avanzate) deve attraversare gli stessi stadi evolutivi di quella occidentale (giudicata la più sviluppata), in quanto esiste una unità psichica del genere umano. Sicché si può prevedere una classificazione delle società sulla base del grado di evoluzione raggiunto: selvaggio, barbarico e civile. Lungo un percorso evolutivo unico, uguale per tutti, esistono dei gruppi umani più arretrati, che tuttavia si svilupperanno col tempo, essendo anch'essi in grado di creare innovazioni (ipotesi poligenetica). Si tratta soltanto di avere pazienza e di favorirli col colonialismo. Tuttavia negli anni Quaranta-Cinquanta, dopo il disastro della II guerra mondiale, il neoevoluzionismo arrivò ad ammettere delle linee di sviluppo multiple e parallele, lungo le quali ogni società passerebbe attraverso vari stadi di complessità, senza dover per forza seguire un percorso unico, quello occidentale.

Il diffusionismo invece è una teoria antropologica sorta alla fine del XIX sec. e affermatasi nei primi decenni del successivo sulla base della "teoria delle migrazioni", ideata del geografo tedesco Friedrich Ratzel (1884-1904), il quale, non credendo nell'unità psichica del genere umano, predicata dagli evoluzionisti, pensava la cultura in termini di migrazioni e conquiste (quindi da un centro a più periferie). La cultura si afferma attraverso conflitti in cui i popoli culturalmente più avanzati conquistano quelli più deboli e impongono la loro cultura, salvo essere soppiantati da altri popoli con culture ancora più forti. Quindi aspetti culturali simili si ritrovavano in zone diverse del pianeta semplicemente perché, partiti da alcune aree specifiche (p.es. l'Egitto dei faraoni), si sono poi propagati geograficamente, attraverso commerci, conflitti bellici o migrazioni dei popoli. Ad esempio la cultura dell'arco con le frecce soppianta quella della lancia. Questo perché le grandi invenzioni vengono fatte una sola volta e poi si diffondono attraverso le migrazioni o per imitazione. Solo alcune società sono in grado di produrre cultura: le altre si limitano a riceverla dall'esterno.

Sia gli evoluzionisti che i diffusionisti non mettevano in discussione che l'Europa occidentale fosse la culla della civiltà più avanzata.

L'antropologia marxista

L'antropologia marxista fu un fenomeno, tutto sommato, abbastanza marginale nell'ambito degli studi del materialismo storico-dialettico.[58] Questo perché il mondo primitivo veniva considerato come una tappa dell'evoluzione storica destinata a essere superata dallo schiavismo, che sul piano produttivo, a causa delle monumentali città-stato, regni e imperi, appariva nettamente superiore. Per molto tempo il marxismo, sulla scia degli studi di F. Engels, considerò giusto che il modello-base dell'agricoltura emarginasse il sistema della caccia e raccolta e della pastorizia itinerante. Un modello che – come noto - s'impose, pur seguendo varianti significative in oriente e occidente, dal IV millennio a.C. sino al XIX secolo, quando fu rivoluzionato dal macchinismo capitalistico.

L'assurdità del marxismo è stata non solo quella d'immaginarsi un'evoluzione materiale o economica del tutto lineare (che si pensava essere basata soltanto su bisogni e interessi), senza una contestuale *rivoluzione culturale* che ne giustificasse il percorso, ma anche quella di ritenere che la comunità primitiva, nonostante il suo alto tasso di democrazia e di uguaglianza sociale, andasse superata a causa di una produzione troppo arretrata. Inoltre esso riteneva che, proprio a motivo del basso livello delle forze produttive, i primitivi si costruissero delle rappresentazione fantastiche che rispecchiavano la loro impotenza nella lotta contro la natura. Di qui la preferenza concessa al Neolitico patriarcale rispetto al Paleolitico matriarcale, benché il superamento definitivo della comunità primitiva avvenne soltanto nel IV millennio, con la nascita degli Stati schiavistici e l'uso dei metalli (oro, argento, rame, piombo, stagno e bronzo).[59]

Tutto questo oggi va considerato nettamente superato. Già Lenin aveva capito che la *politica* è più importante dell'economia, come la *coscienza* è più importante della spontaneità. Di fronte a processi che avvengono secondo determinazioni quantitative, spesso impercettibili, si può sempre far valere l'esigenza di una svolta qualitativa, di tipo rivoluzionario. Il leninismo dovette affrontare il problema delle società primiti-

---

[58] Cfr il testo riepilogativo di Vito Bongiorno edito su "Marxismo oggi" nel settembre 2015.

[59] Sumeri e Ittiti già 4000 anni a.C. usavano il ferro per piccoli oggetti come punte di lancia e gioielli. Con la Grecia classica si verificò il passaggio dalle armi in bronzo a quelle in ferro. L'Età del Bronzo in Europa si colloca tra il 3500 e il 1200 a.C. circa

ve quando, dopo aver compiuto la rivoluzione, ebbe a che fare con le tante etnie e nazionalità che lo zarismo teneva sottomesse, soprattutto nella parte asiatica della Russia. Purtroppo Lenin morì molto presto e i suoi successori, Stalin in primis, continuarono, peggiorandola, la politica autoritaria dei "grandi russi".

Questo spiega uno dei motivi per cui l'antropologia non ebbe mai alcun significativo sviluppo nell'ambito del marxismo. Al mondo primitivo si riconosceva la prima forma di comunismo, ma solo nel senso dell'*uguaglianza sociale*, essendo assente la proprietà privata dei mezzi produttivi. Per tutto il resto quella forma di comunismo andava superata, esattamente come tutte le altre formazioni sociali antagonistiche. Il socialismo statale doveva avvalersi della rivoluzione tecnico-scientifica del sistema capitalistico, per cui si dava per scontato che solo questa forma di socialismo avrebbe garantito alla società tutto il benessere di cui aveva bisogno. Le comunità primitive ancora sparse nel pianeta avrebbero dovuto adattarsi a uno schema ideologico precostituito.

A questo schema, piuttosto semplicistico, dell'evoluzione storica si oppose un allievo e critico di Claude Lévi-Strauss, l'antropologo politico francese Pierre Clastres (1934-77), che fece importanti ricerche sugli indios del Sud America, cercando di dimostrare la falsità dell'assunto secondo cui tutte le società evolvono da un sistema tribale-comunista-egualitario a sistemi gerarchici. Questo perché le società non gerarchiche sono portatrici di meccanismi culturali che impediscono attivamente l'emergere di figure di comando, isolando potenziali candidati a leader o privandoli del potere. Tra i cacciatori-raccoglitori non si riconosceva mai alcun "capo ufficiale", e in ogni caso il soggetto autorevole non disponeva di alcun potere coercitivo. Quando esistono dei "capi" è perché i colonizzatori volevano semplificare i rapporti con gli indigeni nel commercio di qualcosa. D'altra parte se manca la proprietà privata non possono esserci dei "capi". Per 2,5 milioni di anni non ce ne sono stati. Ecco perché nel suo libro *La società contro lo Stato* (1974), in cui si riferisce agli Aché-Guayaki del Paraguay, Clastres sostiene che queste forme sociali non gerarchiche non possono essere considerate "primitive", nel senso di "arretrate". I gruppi primitivi andavano da 30 a 50 membri: se si arrivava a superare tale soglia, ci si divideva, proprio perché una comunità di 100-150 membri tende a diventare autoritaria.

Sino alla fine della II guerra mondiale il marxismo si era limitato all'opera di Friedrich Engels, *Origine della famiglia, della proprietà privata e dello Stato* (1884), che può essere considerato il primo tentativo di applicazione delle idee marxiste alle società non europee. Engels non aveva fatto altro che utilizzare gli appunti etnografici presi dall'ultimo Marx, che si era messo a studiare vari testi sul comunismo primitivo, tra cui il principale fu quello dell'etnologo americano L. G. Morgan, *La società antica* (1877), dedicata alle istituzioni del matrimonio e della famiglia, ma gli interessava anche quello dello studioso russo M. Kovalevsky, *La proprietà fondiaria in forma di obščina* (1879), al fine di capire il carattere universale della proprietà fondiaria indivisa, esistente nei tempi antichi presso varie popolazioni del mondo.[60]

Tuttavia le conclusioni che trassero dai loro studi furono abbastanza divergenti: per Marx l'esistenza del comunismo primitivo andava completamente ripensata, e questo fu uno dei motivi per cui non portò a compimento gli ultimi due volumi del *Capitale*; per Engels invece l'esistenza di un comunismo del genere non metteva affatto in discussione ch'esso andasse superato dallo schiavismo, a partire dal quale nascono le civiltà progredite (Sumeri, Assiri, Babilonesi, Egizi, città-stato nella Valle dell'Indo, della Polinesia, della Cina, del continente americano, della Grecia e di Roma). Cioè Engels assunse in maniera schematica le tesi positivistico-evoluzionistiche di Morgan, secondo cui il mondo andava suddiviso in tre fasi: selvaggio, barbaro e civile, in rapporto al progresso tecnologico.

Quando negli anni Sessanta del XX sec. si avviò un primo tentativo di destalinizzazione in Russia, e si sviluppò nel Terzo Mondo il processo di emancipazione politica dal colonialismo, e si presero a leggere con maggiore interesse gli scritti di Marx dedicati al modo di produzione asiatico, alle forme economiche precapitalistiche e successivamente all'etnologia, l'ideologia marxista cominciò a diversificarsi, ammettendo l'idea che le *formazioni sociali* sono qualcosa di più complesso dei *modi di produzione*, e quindi criticando il carattere semplicistico della gerarchia dei cinque stadi dell'evoluzione (comunismo primitivo, schiavismo, feudalesimo, capitalismo, socialismo), incapace di rendere conto dello sviluppo storico delle società africane e asiatiche.

Ovviamente si evitava di prescindere da un fatto giudicato incontestabile: le società che costituiscono l'oggetto principale dell'antropologia culturale (quelle normalmente definite "arcaiche", "non occidentali", "pre-industriali" o "primitive") devono essere osservate tenendo conto del rapporto di sottomissione coloniale che esse intrattengono verso il capitalismo, per cui considerarle come qualcosa di "statico", conservatosi inalterato nel tempo, sarebbe un profondo errore.

---

[60] Su questo ho già scritto varie cose in *Marx economista* e in *Cinico Engels*, ed. Amazon. Il testo di Marx in lingua italiana è *Quaderni antropologici*, ed. Unicopli, Milano 2009. Si veda anche A. Schmidt, *Il concetto di natura in Marx*, ed. Laterza, Bari 1969.

La stessa tradizione antropologica occidentale, che aveva nutrito per motivi ideo-politici, una sostanziale diffidenza verso gli spunti etnologici offerti dalle opere di Marx e Engels, dovette ricredersi proprio dopo la II guerra mondiale, quando il socialismo statale ebbe nettamente la meglio sul nazifascismo, favorendo, indirettamente, i processi di decolonizzazione politica nel Terzo Mondo.

Furono gli etnologi francesi della seconda metà del sec. XX a interpretare una enorme mole di dati riguardanti le società africane in chiave marxista. Essi sostanzialmente aderirono alla versione strutturalista del marxismo data da L. Althusser, tra i cui allievi figurano M. Godelier, E. Terray e P.-P. Rey.

Ovviamente ci si muoveva anche in altre parti del mondo. In Gran Bretagna l'Associazione degli antropologi sociali convocò, nel 1973, per la prima volta nella sua storia, un simposio su antropologia e marxismo. Peter M. Worsley (1924-2013), figura di spicco dell'antropologia britannica, fu un membro fondatore chiave della Nuova Sinistra. Dedito ad alcuni studi antropologici è stato anche il marxista inglese Edward P. Thompson (1924-93), avverso allo strutturalismo di Althusser e per il quale il rapporto struttura/sovrastruttura andava ripensato completamente. Un antropologo inglese particolare è Stephan Feuchtwang, che dal 1966 si è concentrato sulle relazioni tra religione popolare e politica nella Cina Popolare e a Taiwan.

Negli Stati Uniti, Stanley Diamond (1922-91) fondò la rivista "Dialectical Antropology", in cui sono pubblicati numerosi lavori sul rapporto marxismo/antropologia. Marvin Harris (1927-2001), col suo materialismo culturale, fece suoi alcuni postulati economici di Marx. Leslie A. White (1900-75) aveva simpatie per il marxismo, anche se non in maniera esplicita. J. S. Kahn, che ha svolto la sua attività sul campo tra i Minangkabau di Sumatra, aveva un'impostazione sostanzialmente materialistica.

Generalmente i suddetti etno-antropologi preferivano usare i concetti di "modo di produzione" e di "formazione economica e sociale", più che quelli di "infrastruttura" e "sovrastruttura", poiché avevano bisogno di individuare una *totalità sociale* in cui l'individuo e i gruppi sociali abbiano un senso generale nelle loro attività. La tendenza a collocare l'analisi di Marx all'interno di un'impalcatura meccanicistica (in senso funzionale-strutturale) veniva respinta a favore di un approccio più *olistico*, che tenesse conto degli aspetti simbolico-culturali. Erano considerate "volgari" le forme di materialismo che riducono le relazioni sociali allo status di epifenomeni ruotanti attorno alle relazioni economiche o in riferimento alla pura e semplice tecnologia o all'adattamento biologico.

Tuttavia quando si parla di "antropologia marxista" gli studiosi intendono soprattutto riferirsi a quella *francese*, per cui è di questa scuola che bisogna parlare, i cui autori più rappresentativi, che pubblicarono vari articoli nella rivista "L'Homme", furono sostanzialmente quattro.[61]

Pur essendosi laureato in filosofia, Emmanuel **Terray** (1935) passò ben presto all'antropologia dopo aver letto *Le strutture elementari della parentela* di Claude Lévi-Strauss e soprattutto dopo aver incontrato Georges Balandier, che lo affascinò con la sua antropologia politica dedicata al Terzo Mondo. S'interessò dell'organizzazione sociale di un gruppo delle identità ivoriane: i Dida, cercando di costruire un'antropologia politica che potesse far parte del progetto marxista di Louis Althusser.[62] Fece una tesi anche sugli Abron, una popolazione del Ghana. Il suo testo più significativo è *Il marxismo e le società primitive* (1969), uno dei primissimi lavori di antropologia marxista, in cui mette in luce che presso i Dida vigeva una intersezione di due "modi di produzione": il primo fondato sulla cooperazione paritaria di tutti i membri del gruppo, l'altro fondato su una distribuzione delle risorse alimentari e riproduttive (le donne) in base al criterio dell'anzianità, cioè legata al lignaggio. Secondo questo criterio i giovani sono dipendenti dagli anziani, gestori delle risorse materiali e degli scambi matrimoniali. Questo modo di produzione era del tutto estraneo alla teoria marxiana.

L'analisi di Terray veniva però contraddetta da quella di Claude **Meillassoux** (1925-2005), il quale aveva studiato la struttura socio-economica del gruppo Gouro (altra popolazione ivoriana), circoscrivendo l'intero metodo produttivo dei Gouro attorno alla dipendenza che legava i giovani agli anziani. Nel testo *Donne, granai e capitali* (1975) arriva a dire che il controllo sociale veniva esercitato dagli anziani sulle donne in

---

[61] Non dimentichiamo però il nome del venezuelano Rodolfo Quintero (1903-1985), uno dei maggiori esponenti dell'antropologia marxista in America Latina, soprattutto per i suoi studi sull'Antropologia petrolifera e su quella delle città latinoamericane. Stranamente, inoltre, non è stato tradotto nulla di significativo in italiano dell'antropologo e sociologo marxista francese Jean Copans, specialista in Africa nera e co-fondatore della rivista "Politique africaine" nel 1980. Pochissimo tradotte in italiano sono anche le opere di José R. Llobera, antropologo cubano naturalizzato inglese.

[62] È noto che l'antropologia marxista sia stata influenzata dalla rilettura strutturalista del *Capitale* di Marx operata da Althusser (1966). La sua analisi, infatti, partiva dall'assunto che nei sistemi economici vi sono strutture che tengono insieme in maniera organica le forze produttive, la tecnologia e persino la religione, senza che ciò possa essere ricondotto a un piatto determinismo economico. Non solo, ma le "formazioni sociali" non sono caratterizzate da un unico modo di produzione, ma piuttosto da un'articolazione di diversi modi.

quanto produttrici di uomini la cui energia lavorativa veniva poi investita nel lavoro della terra. La famiglia veniva quindi considerata una grande riserva domestica di manodopera: chi controlla le donne, controlla indirettamente la terra. Il modo di produzione *lignatico* non era che un'evoluzione storica del modo di produzione *domestico*, basato, quest'ultimo, sulla regola per cui i giovani, che prestano lavoro al servizio dei vecchi, ricevono, dopo un certo periodo di tempo, una moglie in cambio. Quindi tutti gli uomini hanno, nel corso della loro vita, la possibilità di accedere alle donne e ai mezzi di produzione sociale. Invece col metodo lignatico tutto dipende da chi è in grado di pagare un certo prezzo della sposa, sicché il controllo sociale della proprietà comune si trasforma in controllo biologico-riproduttivo da parte di una particolare categoria di persone. Un modo originariamente egualitario può trasformarsi, se condizionato da un sistema capitalistico-colonialistico, in una gerontocrazia sfruttatrice, in grado di destabilizzare, a lungo andare, la stessa comunità domestica.

Dopo aver studiato sul campo, dal 1965 al 1967, tre società del Congo-Brazzaville e la loro evoluzione durante il periodo coloniale, Pierre-Philippe **Rey** sostenne, in *Colonialismo, neocolonialismo e transizione al capitalismo* (1971), che i rapporti tra giovani e anziani, descritti nei due libri suddetti, andavano visti come "scontro di interessi tra classi contrapposte", cioè tra i giovani e le donne da un lato e gli anziani e i maschi adulti dall'altro. Queste forme antagonistiche sono il prodotto, secondo Rey, dell'acuirsi dello sfruttamento coloniale delle piantagioni e dell'economia schiavista. È semplicistico parlare di giustapposizione di modi di produzione differenti.

In ogni caso questi studi sottolineavano come il lavoro sia fondato non solo sullo sfruttamento di una classe da parte di un'altra, ma anche su quello fra i sessi all'interno dell'unità domestica o fra i gruppi d'età nella società più ampia: sfruttamento legittimato dal sistema di proprietà e da quelli politico, di parentela e persino religioso.

Maurice **Godelier** (1930), allievo di Lévi-Strauss, centrò la sua attenzione sul tema della parentela nelle società primitive, osservando inizialmente usi e costumi dei Baruya, una cultura indigena della Papua Nuova Guinea. Stando a questo studioso la parentela è una "sovrastruttura" (secondo il significato marxista), ma, al tempo stesso, è anche una "struttura", nel senso che i rapporti di parentela vanno visti come regolatori dei rapporti di produzione (struttura) e, al tempo stesso, dei rapporti politici e della sfera religiosa (sovrastruttura). Quindi la tesi di Meillassoux veniva considerata vera fino a un certo punto. Nelle società caratterizzate dal modo di produzione domestico i rapporti di parentela non sono il dato primario (biologico) del loro funzionamento, proprio perché l'universo di parentela non può essere ridotto a un livello meramente biologico, essendo qualcosa di eminentemente sociopolitico. Persino la religione può rivestire un ruolo centrale nei modi di produzione. Il classico rapporto struttura/infrastruttura/sovrastruttura andava ripensato, alla luce degli studi etnoantropologici delle comunità primitive, conferendo alle rappresentazioni simboliche una certa autonomia nei confronti dell'infrastruttura e delle basi materiali dell'esistenza. Anzi la nozione stessa di "modo di produzione asiatico", elaborata da Marx per spiegare il mancato sviluppo del capitalismo in Cina e utilizzata da Karl August Wittfogel (1957) nell'analisi del dispotismo orientale nell'Asia antica, in Medio Oriente, nel continente americano e nell'Egitto faraonico, andava precisata proprio nella sua valenza *culturale*.[63]

Come si può notare la questione dei legami di parentela era centrale in queste ricerche. In ciò si rifletteva la dipendenza culturale dalle opere di Lévi-Strauss. In realtà il discorso sulla parentela, che poteva andare benissimo in un'analisi strutturale, non diceva granché sulla società primitiva. Questo perché il corpo sociale primitivo non può essere ridotto a legami di sangue o di alleanze parentali. La parentela *non è* la società, benché la società primitiva non possa essere pensata senza legami parentali. Per lo strutturalismo il sistema della parentela doveva servire per codificare il divieto di incesto. Ma per capire come la società primitiva possa costituire un'alternativa convincente alle società basate sugli antagonismi sociali ci vuole ben altro.

Come noto, l'altro grande argomento affrontato da Lévi-Strauss è stato quello *mitologico*, estraneo però ai marxisti francesi, e che invece interesserà molto quelli italiani. La tesi fondamentale dell'antropologo francese era che i miti costituiscono un sistema omogeneo, che li collega tra loro, per cui per capirne uno si può partire da un altro. Ma, così facendo, la formazione dei miti veniva ad essere separata dal sostrato sociale e produttivo che li aveva generati. La coerenza nell'interpretazione dei miti diventa logico-formale, ma perde di storicità. I miti implicano una dimensione sociopolitica, svolta con un linguaggio simbolico-figurato (ben visibile anche nei riti), che l'analisi strutturale, stregata dalla propria coerenza formale, evita di prendere in esame, anche perché sarebbe costretta a individuare le influenze del colonialismo sulle tradizioni popolari dei nativi. In poche parole lo strutturalismo, nelle mani di Lévi-Strauss, rischiava di diventare una sociologia senza società.

---

[63] Godelier criticò molto anche la separazione operata da Lévi-Strauss tra la *forma* delle relazioni sociali e le loro *funzioni*, in forza della quale il "simbolico", ricostruito artificiosamente, trionfava sul reale (visibile) e si perdeva l'insieme delle relazioni.

*

In **Italia** l'antropologia marxista è stata influenzata dal testo di Antonio Gramsci (1891-1937), *Osservazioni sul folclore* (1929-35), cui fece riferimento Ernesto De Martino (1908-65), anche se il suo fu un tipo di marxismo più etico-umanistico che socio-economico. Il marxismo gramsciano confluì successivamente negli studi demologici italiani (riguardanti il folclore e le culture contadine del Mezzogiorno), attraverso soprattutto le opere di Alberto M. Cirese (1921-2011) e di Luigi M. Lombardi Satriani (1936), senza dimenticare la figura di Vittorio Lanternari (1918-2010), concentrandosi sui temi seguenti: i riti e le concezioni magico-religiose, interpretate alla luce dei rapporti tra culture dominanti (cattolicesimo ufficiale e intellettuali meridionali) e culture subalterne (contadini della Basilicata), nel caso di De Martino; l'uso politico del folclore (come cultura di contestazione, come parte dei consumi di massa), nel caso di Lombardi Satriani; movimenti religiosi e oppressione coloniale, nel caso di Lanternari; demologia, letteratura popolare e patrimoni culturali nel caso di Cirese. Particolare attenzione all'antropologia religiosa ha dedicato anche Alfonso Maria Di Nola (1926-97), membro della presidenza del comitato promotore dell'Associazione culturale marxista fondata nel 1987.[64]

In Gramsci il folclore viene visto come una concezione del mondo e della vita di una popolazione, intesa come un insieme di credenze e di riti che caratterizzano le classi subalterne, del passato pre-unitario, ricche di tradizioni (anche magiche), contrapposte alle classi egemoniche, tipicamente borghesi, colte, fautrici dell'unificazione nazionale e tendenti all'omologazione culturale.

Accanto all'interesse esplicito verso il "Gramsci antropologo" nel dibattito letterario degli anni Cinquanta del XX sec., le raccolte sistematiche di canti e fiabe popolari italiane degli stessi anni sono da ricondurre alla forte influenza delle idee gramsciane su Italo Calvino (1923-85) e Pier Paolo Pasolini (1922-75), così come sulla produzione dei film neorealisti.

---

[64] Cfr di lui *Antropologia religiosa: introduzione al problema e campioni di ricerca*, ed. Newton Compton, Roma 1984; *Gli aspetti magico-religiosi di una cultura subalterna italiana*, ed. Boringhieri, Torino 2001; *La nera signora: antropologia della morte e del lutto*, ed. Newton & Compton, Roma 2001. Su di lui invece cfr Antropologia e storia delle religioni: saggi in onore di Alfonso M. di Nola, a cura di A. De Spirito e I, Bellotta, ed. Newton & Compton, Roma 2000.

Tuttavia, all'estero, soprattutto in Inghilterra, l'antropologia marxista si rese ben presto conto che identificare folk e mondo rurale era troppo semplicistico, anche perché nelle città si era sviluppato un folklore non riducibile a un semplice residuo frammentario di quello rurale, tenuto in vita da quanti erano immigrati dalle campagne nelle città in cerca di fortuna. Nella categoria del folk andavano inclusi sia la popolazione rurale che un proletariato urbano, in grado di gestire un proprio folklore. Per gli studiosi marxisti inglesi il folk (di origine sia contadina che proletaria urbana) s'identificava con le classi oppresse o, più in generale, con le "classi subalterne" in opposizione alle "classi egemoni".

Senonché, proseguendo su questa strada, la sociologia borghese arrivò a dire che anche gli "oppressori" hanno un proprio folklore, sicché la parola "folk" può indicare qualunque gruppo di individui che presenta un fattore unificante, quale p.es. la nazionalità, l'appartenenza regionale o etnica o urbana (folklore italoamericano e cino-americano...), la religione (folklore cattolico, ebraico o islamico), l'occupazione (folklore dei vinificatori, dei fabbri, dei minatori o dei pastori), ecc. Ogni villaggio o paese o nazione possiede un suo corpus unico di tradizioni: toponimi, leggende, termini dialettali e specialità culinarie locali. Persino la singola unità familiare può vantare un tipo legittimo di folk: nomignoli per i familiari, storie tramandate delle vicende della famiglia, rituali familiari particolari.

La nuova definizione borghese di folklore, che rinunciava a qualunque caratterizzazione politica del folk, soprattutto se eversiva rispetto alla cultura dominante, consentiva di includervi anche tutti i gruppi di primitivi: ogni popolazione africana costituisce un autentico folk con il suo complesso di tradizioni folkloristiche, miti, leggende e fiabe, e lo stesso vale per le tribù indigene del Nordamerica e del Sudamerica. Anzi, un individuo può appartenere a diversi tipi di folk, in quanto membro di una famiglia, di un gruppo etnico, religioso, professionale e nazionale. Nel corso della sua vita egli dovrà passare da un codice all'altro, usando il folklore appropriato al gruppo in cui si trova in un dato momento.

Il declino dell'antropologia marxista

Verso gli inizi degli anni Ottanta, dopo una decina d'anni in cui lo strutturalismo e il marxismo erano prevalsi nella scienza sociale, un gruppo di pensatori (J.-F. Lyotard, J. Derrida, J. Baudrillard, G. Vattimo, ecc.) imbocca una strada che lo porterà lontano dal marxismo e che lo indurrà a porre le basi di una corrente filosofica postmoderna. Con la cosiddetta "fine delle ideologie", col fallimento del cosiddetto "socialismo reale", preceduto dall'esaurirsi delle speranze connesse alla rivoluzione culturale del Sessantotto, viene meno la ragione di presentare il socialismo scientifico come modello universale di validazione. Il fatto di trovarsi in un'era "post-metafisica", rende impossibile credere in una visione del mondo agglutinante di tutte le culture. La "decostruzione", lo smontaggio delle certezze acquisite diventa il modello critico del metodo ermeneutico della realtà. La credenza nella fine della storia viene infranta e s'impone il relativismo dei valori: non esiste più un obiettivo unitario verso il quale possiamo dirigerci.

Questi postulati penetrano nell'antropologia e sono approvati nel Seminario della School of American Research di Santa Fe nel New Mexico nel 1984. Qui si arriverà a criticare la pretesa di trasferire nel testo etnografico tutta l'immediatezza dell'interazione tra antropologo e informatori. L'antropologo non è in grado di descrivere esattamente ciò che vede, sia perché influenzato da un background culturale completamente diverso, sia perché i suoi stessi informatori, che in qualche maniera patiscono analoghi condizionamenti, non hanno la capacità di essere più obiettivi di lui. Le nozioni di "funzione" e "sistema" perdono di autorevolezza, sicché diventa inevitabile rinunciare a cercare le regolarità degli insiemi dei sistemi sociali e si preferisce la loro indeterminatezza.

Da allora un gruppo di antropologi americani (G. E. Marcus, V. Crapanzano, J. Clifford, P. Rabinow, S. Tyler, ecc.) ha trasformato l'antropologia in una mera lettura del comportamento umano, l'arte d'interpretare singole azioni significative, senza pretendere di studiare la società primitiva come un fatto oggettivo, nel suo insieme. Questo perché non è mai possibile entrare in contatto con una persona, in qualsiasi situazione sociale, senza costruire immediatamente una rappresentazione letteraria, simbolica, del soggetto di questo incontro. Anche nel caso in cui fosse l'informatore in persona a parlare, le sue informazioni non sarebbero altro che interpretazioni. La relazione tra antropologo e informatore è uno spazio di interlocuzione in cui entrano in gioco differenti interpretazioni di realtà, in maniera tale che l'antropologia altro non è che un'interpretazione di interpretazioni. Non c'è alcuna possibilità di penetrare in maniera olistica l'esperienza soggettiva dell'altro e della sua cultura: bisogna accontentarsi di dati parziali, ancorché rilevanti. Noi possiamo conoscere come un individuo usa i simboli nel suo rappresentare la realtà, possiamo conoscere la retorica dei simboli, ma non possiamo sapere, se non ipoteticamente, come i simboli siano vissuti.

La crisi della rappresentazione olistica di stampo struttural-funzionalista, o meglio, la decostruzione del concetto olistico di cultura ha indotto l'antropologia a passare dalla *società* al *testo*, a una specie d'incontro tra psicanalisi e letteratura, in cui lo stesso autore non deve temere di sentirsi coinvolto emotivamente. Fare ricerca non vuol dire analizzare e ricomporre sistemi sociali e culturali integrati, ma osservare frammenti di cultura, moltiplicare i punti di osservazione, collocarsi in una posizione decentrata, dentro e fuori il frame dell'osservazione.

Si prese a dire che, visto che un antropologo non è in grado di capire "scientificamente" neppure se stesso, deve smetterla di sentirsi il "salvatore" che cerca di recuperare le culture in via di estinzione, usando il più possibile un linguaggio asettico, neutrale, in cui viene bandita la sua personalità, la sua sensibilità (ci si riferiva ovviamente a Malinowski e Lévi-Strauss). L'antropologia, col suo *culturalismo*, deve allontanarsi dal "materialismo oggettivistico" e rientrare nel campo delle discipline umanistiche. La cultura deve diventare la variabile esplicativa indipendente da tutto. Questo permetterà all'antropologo di esprimersi non solo nella tradizionale forma saggistico-razionale, ma anche secondo altri criteri narrativi, etnopoesia, diario, fiction, comunicazione visuale, cultura orale, produzione estetica, stili performativi... La sua scrittura deve rinunciare a riordinare i dati, forzandoli dentro una "spiegazione" precostituita.

D'altra parte le stesse culture indigene non sono qualcosa di statico: il colonialismo le ha deformate in maniera irreparabile. È del tutto inutile cercare di rappresentarle oggettivamente (meno che mai può farlo un antropologo proveniente da società colonizzatrici): al massimo si può dar loro voce quando vogliono difendere il diritto a esistere.

Non solo, ma in un contesto globalizzante come quello attuale, ove i confini tra comunità locali e organismi sovranazionali sono quanto mai liquidi, l'antropologia deve ripensare il suo stesso oggetto tradizionale di ricerca. *Tutto* diventa oggetto di antropologizzazione. Il concetto di "campo" diventa quanto mai mobile, svincolato dall'aderenza a un determinato spazio, e per affrontare le sue problematiche occorrono competenze di più soggetti, in grado d'interagire tra loro (sociologi, psicologi, antropologi, statistici...). L'etnografia è multisituata, come dice George Marcus: il che richiede di comparare e giustapporre fenomeni che sono distanti tra loro solo in apparenza.

Tutto evapora, tutto si scolora, tutto s'intreccia in maniera inestricabile, al punto che non si capisce più da dove sorgano i problemi, quelli veri. Nell'analizzare l'iceberg, stando a bordo del Titanic, si preferisce limitarsi a osservare solo la sua punta, sotto ogni aspetto, considerando irrilevante quanto esso sia esteso sotto la superficie dell'oceano. Al IX Congresso di Sociologia spagnola, nel settembre 2007, più di 1.200 articoli o comunicazioni furono presentati. Ebbene, parole o definizioni come lavoratore, lotta di classe, classe operaia, fabbrica, fame, modi di produzione, neocapitalismo, imperialismo, colonialismo... erano quasi del tutto assenti. Eppure il colonialismo, seppure più economico e finanziario che politico, è rimasto. Il reddito medio dei paesi ricchi era, al tempo di Marx (1820), tre volte superiore a quello dei più poveri. Nel 1913 era undici volte. Nel 1973 quarantaquattro volte. Nell'attuale decennio, settantadue volte. Oggi, la quinta parte più ricca dell'umanità riceve l'86% delle entrate mondiali. Il relativismo o lo scetticismo degli antropologi postmodernisti serve soltanto a rafforzare una situazione abbondantemente consolidata; lasciano che tutto rimanga uguale in forza del presupposto che non ci sono criteri sufficienti per stabilire dei giudizi di valore oggettivi.

L'antropologia occidentale, che negli anni Sessanta e Settanta si era avvalsa del contributo del marxismo, oggi non sa che farsene, anche perché plaude al socialismo mercantile di tipo cinese. E pensare che già il classico *Saggio sul dono* (1924) di Marcel Mauss, pur considerando il dono come un *fatto sociale totale*, e quindi trascurando la produzione come elemento fondamentale per comprendere il meccanismo dello scambio economico, aveva molti punti di contatto con l'analisi della merce di Marx, con la differenza che la merce, essendo *universale*, fa incontrare due persone estranee, che tali restano dopo la compravendita, mentre il dono, essendo *locale*, aveva il compito di rinforzare delle relazioni sociali già in atto. Il libro era stato scritto in uno spirito di critica della disoccupazione e della disumana concorrenza borghese nel periodo tra le due guerre e presentava una visione politica riformistica in cui la società capitalistica doveva riconoscere un certo debito nei confronti del lavoratore.

Oggi il migliore etno-marxismo non appartiene né agli Stati Uniti né all'Europa occidentale, ma all'America Latina, che non può permettersi il lusso di rinunciare tanto facilmente a un approccio "classista" delle contraddizioni sociali e tanto meno a uno scollamento dell'antropologia dal colonialismo o dell'antropologia dalla storia, come facevano i funzionalisti e gli strutturalisti. Antropologi messicani, come R. Stavenhagen (1932-2016), scomparso di recente, e G. López y Rivas, non possono neppure separare i loro studi da un impegno politico progressista. Per loro l'etnia non è qualcosa di indipendente, incompatibile o antitetico al concetto di "classe", né può essere ridotta al suo aspetto meramente "culturale". Qualsiasi approccio economicistico è sbagliato, se riduce la questione etnica a una semplice questione di "sfruttamento economico" delle risorse del territorio di appartenenza dell'etnia. La questione etnica è una parte fondamentale della questione nazionale, nel senso che la fine dello sfruttamento della manodopera salariata è solo uno degli aspetti di un problema di più vaste proporzioni. Questo non tanto perché gli indigeni generalmente non sono dei "salariati", quanto perché la questione etnica non può essere risolta semplicemente riconoscendo all'etnia uno spazio di manovra indipendente.

Bisogna peraltro fare attenzione all'uso che si fa del termine "etnia", poiché con esso si possono mascherare atteggiamenti razzistici. Da tempo l'antropologia post-coloniale ha criticato l'uso di questo termine da parte degli antropologi che collaboravano coi colonialisti: se "etnia" vuol dire essere residenti in un medesimo territorio, fisicamente simili, parlanti una stessa lingua, devoti a una stessa religione e cose simili, allora tali classificazioni artificiose, che per gli stessi primitivi non avevano alcun senso, servono soltanto a controllare i vari gruppi etnici. L'odio interetnico scoppiato negli anni Novanta tra Hutu e Tutsi in Ruanda, che comportò un milione di morti, fu alimentato a bella posta da Francia, Belgio e Stati Uniti (tramite aiuti finanziari e formazione militare, con relative forniture belliche) per meglio influenzare quel Paese.

L'agire dei cosiddetti "primitivi" pone interrogativi di fondo (soprattutto in termini di tutela ambientale) alle relazioni sociali degli stessi popoli urbanizzati. L'antropologia marxista sudamericana è come se avesse intuito che è impossibile passare dal capitalismo al socialismo senza un certo ritorno al democratismo "primitivo".

Osservazioni su Marvin Harris

Nel suo manuale, *Antropologia culturale* (ed. Zanichelli, Bologna 1998, fasc. A, p. 133), Marvin Harris si chiede perché l'Africa sia così arretrata, e ha cercato di dare sette spiegazioni di tipo storico, culturale, ambientale, che metteremo in corsivo.

1. *A causa del deserto del Sahara gli africani sono stati tagliati fuori dal patrimonio tecnologico e ingegneristico che Roma aveva lasciato in eredità all'Europa.*

Questo è un modo positivistico o evoluzionistico di guardare le cose e, come tale, non vale nulla. Il progresso non sta nella tecnologia in sé. I parametri del progresso antico dell'Africa non vanno messi a confronto con ciò che i Romani avevano fatto sul piano tecnologico e ingegneristico. Nell'alto Medioevo le tribù barbariche liberarono gli schiavi o li trasformarono in servi pur avendo una tecnologia nettamente inferiore a quella romana; anzi, dopo che i barbari trasferirono la loro residenza nelle campagne, le città furono in gran parte abbandonate (si pensi alla perdita dell'uso degli acquedotti e delle condutture dell'acqua e delle fogne, oltre che dei bagni pubblici e delle terme). Non solo, ma nella campagna si fecero progressi tecnologici che i Romani, proprio a causa dello schiavismo, non arrivarono mai a compiere: si veda ad es. la sostituzione dello schiavo o dell'animale coi mulini a vento per macinare i cereali, ma anche il collare da spalla per i cavalli da traino, il ferro per i loro zoccoli, la bussola, il timone girevole, la carta, gli occhiali...

2. *Il deserto del Sahara impedì anche il flusso verso sud delle influenze arabe che tanto fecero per rivitalizzare le scienze e il commercio europei.*

Di nuovo si ripete il concetto borghese che il progresso sta nelle scienze e nei commerci. Qui poi gli errori storici sono due: a) non è vero che l'islam non poté penetrare nell'Africa sub-sahariana; poté farlo tranquillamente utilizzando l'Oceano Indiano, tant'è che furono gli arabi a creare l'istituto della schiavitù in questo continente, dopo ovviamente la civiltà egizia, che però la praticava nella forma statalistica. Non a caso furono proprio gli islamici, inizialmente, a fare da mediatori tra le comunità indigene e i colonizzatori europei per le esigenze di manodopera schiavile da parte di quest'ultimi. b) Il secondo errore sta nel fatto di non rendersi conto che anche i Paesi magrebini, pur essendo a contatto diretto con l'Europa occidentale di tipo capitalistico, rimasero poco sviluppati tecnologicamente, lontani dalle dinamiche borghesi più avanzate, tanto che furono facilmente colonizzati dagli europei. Questo per dire che per arrivare al capitalismo occorre anche una certa cultura cristiano-borghese. Conquistato l'impero bizantino, l'islam impedì che sulla costa mediterranea e mediorientale si formasse una cultura favorevole allo sviluppo del capitalismo. Anche quando l'islam occupò la Spagna, non arrivò mai a porre le basi di uno sviluppo socioeconomico favorevole al capitalismo, pur essendo gli islamici degli ottimi orticoltori, agricoltori, mercanti, navigatori... Non avevano la cultura adatta allo scopo.

3. *La presenza della mosca tze-tze nelle foreste africane a sud del Sahara impediva che i bovini potessero essere utilizzati come strumenti da tiro e come fonti di latticini.*

La mosca tze-tze è diffusa dal Sahara fino al deserto del Kalahari: depone le uova nella terra umida vicino all'acqua. Solo di recente, a causa dei mutamenti climatici, ha cominciato a migrare nei pressi delle grandi città, minacciando circa 60-70 milioni di persone di 36 Paesi sub-sahariani. Non esiste vaccino per animali o esseri umani, poiché il batterio parassita è in grado di eludere il sistema immunitario dei mammiferi. Ci si deve accontentare di alcuni farmaci per curare la malattia, anche se di recente è stato decifrato il suo complesso genoma, che conta ben 366 milioni di "lettere" (pari al 10% del genoma umano!): si è scoperto che l'insetto è particolarmente attratto dal nero e dal blu elettrico. Questo parassita non uccide animali tipicamente africani, come antilopi, bufali, potamocheri, cefalofi, antilopi cervicapra e facoceri, ma il bestiame introdotto in Africa dall'uomo: asini, buoi, cammelli, cani, capre, cavalli, maiali, muli e pecore. Ogni anno elimina circa tre milioni di capi di bestiame: il che ovviamente non è un male per gli animali selvatici e per la riproduzione vegetale della natura. Tra il 1902 e il 1905 la malattia uccise circa 30.000 persone nella regione del Lago Vittoria. Nei decenni successivi si propagò in Camerun, Ghana e Nigeria. In molti villaggi fu infettato un terzo della popolazione, al punto che fu solo verso la fine degli anni Trenta che l'epidemia scomparve. Oggi però questa malattia colpisce intorno alle 25.000 persone ogni anno. Detto questo, si può aggiungere che l'Europa occidentale ha conosciuto ondate ricorrenti di epidemie (peste, vaiolo, lebbra, colera, tifo, influenza spagnola...) infinitamente più gravi della cosiddetta "malattia del sonno", al punto che hanno provocato una riduzione enorme dell'intera sua popolazione: tuttavia questo non le ha affatto impedito di svilupparsi in maniera borghese.

4. *Senza animali da tiro, l'attrezzo maggiormente usato in agricoltura fu la zappa anziché l'aratro.*

Harris sembra non rendersi conto che là dove esistono foreste che permettono caccia e raccolta (e, per certi versi, anche l'orticoltura nomadica), non vi è alcuna necessità di passare all'agricoltura intensiva. Gli Egizi han praticato l'agricoltura per 4.000 anni (iniziando quando in Europa si era ancora all'età della pietra): eppure ciò non ha avuto alcuna conseguenza sul resto dell'Africa, che rimase ancora ferma a metodiche alimentari nettamente pre-schiavistiche.

5. *I cavalli, che nell'Europa medievale erano divenuti le principali macchine da guerra, nell'Africa tropicale scarseggiavano o addirittura non esistevano.*

In realtà l'uso militare del cavallo è conosciuto in Africa da tempi immemorabili, grazie ai bellicosi Hyksos, che lo usavano nei loro carri militari (gli Egizi lo adottarono verso il 1600 a. C.). Al tempo dei Cartaginesi si usavano anche gli elefanti per fare la guerra. Gli stessi conquistatori arabi del nord Africa rimasero affascinati dai cavalli berberi, per la loro notevole resistenza, agilità e capacità di adattamento, e provvidero subito a incrociarli con quelli che loro già possedevano. Il cavallo berbero venne ampiamente impiegato sui campi di battaglia fino alla metà del Novecento. Eppure i Paesi magrebini non divennero mai capitalistici in maniera autoctona. Inoltre esistevano cavalli anche in Namibia, famosi per la loro capacità di sopravvivere in un ambiente desertico. E che dire dell'impresa eroica di Lawrence d'Arabia che, contro gli Ottomani, preferì usare i cammelli?

6. *Mentre i popoli che vivevano nel bacino del Mediterraneo sviluppavano i commerci e le guerre grazie alle navi e divennero potenze marinare, i loro omologhi di pelle scura a sud del Sahara erano privi di mezzi navali per difendersi, tant'è che le prime navi portoghesi, nel XV sec., occuparono i porti africani con molta facilità.*

La flotta navale punica dominò l'intero Mediterraneo dal VI al III secolo a. C., eppure questo non fu sufficiente per vincere l'espansione romana, che apprese l'uso militare delle navi proprio dai Cartaginesi. Questi ultimi avevano imparato a costruire navi dagli Egizi, che furono i primi a sfruttare la navigazione come mezzo di trasporto per merci, soldati e informazioni. Il Nilo, che attraversa l'intero Egitto, è un'ottima via di comunicazione grazie alle sue acque calme e al vento che, soffiando prevalentemente da nord, permette la navigazione controcorrente. Le prime zattere di papiro intrecciato risalgono al periodo Predinastico (tra il 5000 a.C. e il 3500 a.C.). Furono proprio loro a inventare la vela. Successivamente furono scalzati dai Fenici. Gli Arabi sono sempre stati ottimi commercianti e ottimi navigatori, in grado di insegnare agli europei molte cose. Eppure da tutto ciò non venne fuori la mentalità borghese che portò alla nascita del capitalismo. È altresì probabile che le società sub-sahariane non abbiano sviluppato la navigazione proprio perché, essendo l'Africa un continente immenso, non avvertivano la necessità di comportarsi in maniera colonialistica. In fondo i primi veri Stati schiavistici dell'Africa (oltre a quello statalistico degli Egizi) sono stati costruiti con due imperi in conflitto tra loro:

a) quello Songhai, che, costituito nel VII sec. sul medio corso del Niger, dominerà su quasi tutta l'Africa occidentale sino alla metà del XV sec., dopo aver adottato l'islam nell'XI sec. In questo impero si creò un esercito professionale e la suddivisione amministrativa del territorio in province, ciascuna affidata a un governatore. Inoltre i giudici, i medici e gli studiosi musulmani erano stipendiati dallo Stato.

b) L'impero del Mali (fondato a metà del XIII sec.), il cui sovrano Abubabakri II inviò una spedizione attraverso l'Atlantico quasi due secoli prima di Colombo (solo una nave fece ritorno). Il suo successore, Kankan Musa, donò così tanto oro, in un pellegrinaggio verso La Mecca, da far crollare il prezzo di questo metallo a livello mondiale per 12 anni. A Timbuctu furono fondate due università islamiche. Eppure tutto questo, che non aveva nulla di inferiore a quanto stava accadendo in Europa occidentale nello stesso periodo, non fu sufficiente a porre le basi per la nascita del capitalismo. Nel 1591 un esercito marocchino guidato da Judar Pasha (l'ex cristiano Diego de Guevara) invase e sconfisse l'impero, che non si riprenderà mai più.

7. *Il commercio degli schiavi, inaugurato dai Portoghesi, paralizzò completamente l'economia africana, distruggendo tutti gli Stati feudali esistenti.*

In realtà andrebbe spiegato il motivo per cui lo schiavismo introdotto dagli islamici non ebbe lo stesso effetto devastante di quello europeo. Schiavisti e commercianti berberi percorrevano da secoli, lungo il Sahara, le piste che li portavano nell'Africa tropicale per acquistare schiavi da vendere nei mercati nordafricani. Eppure ciò non sconvolse l'Africa come fecero gli europei. Inoltre lo schiavismo in sé non paralizza affatto l'economia: quello greco-romano creò due imponenti civiltà commerciali. Semmai paralizza l'economia basata sull'autoconsumo. Lo schiavismo risultò conveniente persino nel XIX sec., quando, pur di conservarlo tra le piantagioni di cotone, i piantatori sudisti negli Stati Uniti furono disposti a far scoppiare una dura guerra civile. Andrebbero inoltre diversificate le tipologie dello schiavismo: p.es. quello iberico, rispetto a quello anglo-francese, di industriale non ebbe quasi mai nulla.

Miti e sogni di Quinterna

La rivista "n+1", espressione dell'ultima corrente bordighista italiana (Sinistra Comunista) e del sito quinterna.org, ha dedicato vari numeri al tema del comunismo primitivo. Pur non essendo specializzata in etno-antropologia, sono forse le sue cose migliori, che meritano d'essere analizzate, non solo perché attinenti all'argomento di questo libro, ma anche perché si rifanno all'ideologia marxista, seppur in modo piuttosto singolare, come vedremo.

La tesi principale che la redazione vuole sostenere è espressa nel numero monografico 27/2010: "nella *prima transizione* la dinamica sociale che porta dal comunismo primitivo alla proprietà [sottinteso: privata], alle classi e allo Stato [sottinteso: classista], contempla un passaggio in cui la società è ibrida, è cioè una commistione di comunismo che non c'è più e di proprietà classista che non c'è ancora. Nella *seconda transizione* avremo un effetto evolutivo analogo nel passaggio dalla società proprietaria di classe al comunismo sviluppato. Avremo cioè un comunismo che c'è già in lotta aperta contro un capitalismo che c'è ancora. Dimostrando che è possibile la persistenza di una struttura comunistica primitiva in ambiente sociale assai avanzato, alle soglie della forma statale, è anche dimostrato che sarà possibile l'anticipazione di una struttura comunistica avanzata in un ambiente sociale ancora arretrato, cioè con retaggi capitalistici". La transizione odierna avrebbe un carattere "scientifico", in quanto si porrebbe come "evento della natura, che accumula forza in evoluzione graduale verso eventi *catastrofici* repentini". Le transizioni, infatti, sono evolutive, inevitabili, in cui il ruolo rivoluzionario dei soggetti è piuttosto relativo. L'inevitabilità consisterebbe nel fatto che il capitalismo, per sopravvivere, è costretto a socializzare sempre più, a livello internazionale, la propria produzione e distribuzione, venendo a collidere con una gestione privatistica della proprietà. La suddetta redazione cioè vorrebbe sostenere una corrispondenza speculare tra la prima e la seconda transizione, in cui il comunismo primitivo veniva conservato a fatica, e quello futuro, che non potrà affermarsi con meno fatica.

Ora però, senza star qui a discutere il determinismo scientista che caratterizza questa corrente[65], vediamo meglio come viene articolato il discorso sulla prima transizione, che è argomento attinente al nostro oggetto. La tesi principale che noi abbiamo sostenuto in tutto questo libro è che il comunismo primitivo può essere esistito, nella sua forma paleolitica, a livello mondiale, almeno fino a quando non si scopre l'importanza dell'agricoltura, che comporta il superamento del nomadismo con la stanzialità.[66] Dopodiché si fronteggiano due modi diversi di vivere la vita: anzitutto quello dei *cacciatori-raccoglitori* (prima raccoglitori stanziali nelle foreste, poi cacciatori nomadi nelle praterie, infine anche orticoltori, intenti a bruciare per uno o due anni piccole porzioni di foresta); in secondo luogo quello degli *agricoltori e allevatori* (decisamente stanziali i primi, spesso nelle zone più impervie del pianeta; viceversa, ancora nomadi o seminomadi i secondi, sempre in conflitto con gli agricoltori a motivo della recinzione dei campi). I due stili di vita hanno potuto coesistere per molto tempo, in quanto il numero degli abitanti mondiali era esiguo, gli spazi immensi e gli agricoltori avevano occupato zone fluviali acquitrinose, paludose, con imponenti fiumi soggetti a periodiche esondazioni, in grado di fertilizzare in maniera naturale il terreno. Si parla infatti di "civiltà fluviali".[67] Il lavoro dell'agricoltore consistette nel cana-

---

[65] Quinterna è favorevole a una transizione comunista che utilizzi il meglio della tecnologia capitalistica. Vede tale transizione come conseguenza non della completa dissoluzione del capitalismo, ma, al contrario, del suo pieno sviluppo contraddittorio.

[66] Attenzione che questo non vuol dire che la stanzialità sia stata successiva al nomadismo. Non si può escludere il fatto che all'interno delle foreste i primi uomini siano stati stanziali e che abbiano iniziato a praticare il nomadismo appena ne erano usciti. Solo che la stanzialità interna alle foreste, ricche di alimenti a portata di mano, non poteva portare ad accumulare un surplus, che è invece tipico della stanzialità agricola.

[67] Non a caso tutti gli studiosi, di qualunque disciplina, parlano di "civiltà" per intendere qualcosa che si distaccava chiaramente dal modo di vivere neolitico, paleolitico o genericamente "primitivo". Il periodo e il luogo originario di riferimento, per le civiltà, è quello Calcolitico (età del rame) nel Medio Oriente, ivi inclusi elementi forti di civiltà riscontrati in alcuni siti archeologici dell'Armenia, della Grecia e nell'altopiano della Persia, per non parlare delle culture asiatiche dell'Estremo Oriente, lungo le vaste vallate fluviali, specialmente quella dell'Indo nell'Asia centro-meridionale (odierno Pakistan) e del Fiume Giallo in Cina. Non è da escludere che la grande migrazione asiatica avvenuta 13.000 anni fa verso il continente americano fosse dovuta proprio alla presenza di strutture "schiavili" o "servili" in Cina e India, le quali strutture però furono riproposte dalle civiltà mesoamericane e andine (inca, maya e azteca). Da notare però

lizzare le acque, nel bonificare le paludi, nel produrre in maniera sistematica i cereali, nel creare agglomerati urbani in grado di organizzare tutta la produzione e distribuzione delle derrate. L'allevamento di caprini, ovini, bovini, suini... nasce contestualmente a questo nuovo stile di vita. I bovini arriveranno a essere impiegati nell'uso dell'aratro.

Esiste lo schiavismo in queste civiltà? In un primo momento no, ma si pongono tutte le premesse materiali perché si formi. Le date le conosciamo: il Neolitico agricolo si sviluppa nel 10-12000 a.C. Quando nasce la schiavitù? Se si guarda il Codice babilonese di Hammurabi dovremmo dire nel II millennio a.C., ma esso si riferisce a un'istituzione consolidata e del tutto comune tra i popoli dell'antichità. Infatti essa era già conosciuta tra le prime civiltà fluviali, come p.es. quella dei Sumeri in Mesopotamia, risalente al 3.500 a.C. Quindi possiamo dire che la schiavitù, in alcune aree del pianeta, ha circa 6000 anni di storia.[68]

Dunque cosa è avvenuto nel periodo compreso tra i 10-12000 anni a.C. e i 6000-5500 a.C.? Secondo Quinterna si è sviluppato un comunismo "urbano" (che per questa ragione non può essere definito "primitivo"), organizzato in maniera centralizzata (con stoccaggio di tutto il raccolto agricolo), sostanzialmente di tipo "distributivo-egualitario", in quanto mancavano il denaro come equivalente universale e il mercato delle merci (se non quello tra città, che però era più che altro una forma di baratto delle eccedenze gestita da personale incaricato dallo Stato): in una parola c'era solo il *valore d'uso*. Non essendoci alcuna proprietà privata (in quanto al massimo la terra veniva concessa dal sovrano in usu-

---

che secondo le ricerche di Luigi L. Cavalli-Sforza i primi esseri umani sono arrivati nel continente americano circa 40.000 anni fa utilizzando lo stretto di Bering via mare. Di sicuro si sa che la Beringia è rimasta emersa solo tra 25 e 10.000 anni fa.

[68] Se si esige la scrittura come prerequisito per definire la "civiltà", allora la prima "culla" dello schiavismo (in forma statalizzata) è la civiltà sumerica, seguita dal periodo arcaico dell'Egitto (prima dinastia). Ma se si guarda la sola agricoltura, allora i primi segni di un processo di sedentarietà possono essere rintracciati nelle regioni attorno al Mediterraneo già dal 12000 a.C., quando la cultura natufiana divenne sedentaria e cominciò a evolvere verso una società agricola attorno al 10000 a.C. Se si prende come punto di riferimento la ceramica, bisogna risalire addirittura a un periodo compreso tra il 17100 e il 14500 a.C. in Cina e Giappone. Tuttavia la svolta verso il superamento definitivo del comunismo primitivo è avvenuta solo con la fusione del rame, verso la fine del V millennio a.C. La fusione di qualunque metallo comporta sempre pesanti deforestazioni (per arrivare al carbone, con cui fondere il ferro, ci vorrà la rivoluzione industriale). Ma sarà solo a partire dall'età del bronzo (circa 3300 a.C.) che le guerre diverranno interminabili.

frutto[69]) né una divisione "sociale" del lavoro, ma solo "tecnico-funzionale", non vi era alcuna stratificazione sociale (se non quella per funzioni e non per ceti o classi), alcun tipo di discriminazione (neppure quella di genere!). Il produttore era padrone dei propri mezzi produttivi. A livello politico non esistevano monarchie o dinastie ereditarie né forme di autoritarismo, che non fossero una pura e semplice applicazione della legge. La stessa parola "Stato" non aveva nulla di ciò che qualifica quello moderno, nato a partire dal Cinquecento. Le funzioni amministrative erano revocabili in qualunque momento.

Riepiloghiamo con un'affermazione centrale di "n+1" questa curiosa interpretazione dei fatti: *"non esiste un confine preciso tra le società pre-classiste e quelle di classe.* La lotta della società per la conservazione del comunismo primitivo, paradossalmente, ha successo solo quando riesce a darsi un proprietario collettivo che amministra la società in modo centralizzato, producendo e distribuendo alla maniera antica ma organizzata secondo nuovi modelli quantitativi (surplus agrario)! (n. 27/2010). I paradossi, si sa, sono amati da chi ha una visione estremistica della vita. Chiunque però è in grado di accorgersi che se non esiste un "confine preciso" tra le suddette società o civiltà, si può dire, di entrambe, ciò che si vuole, persino qualcosa di "paradossale", come p.es. che le società "pre-classiste" (ma sarebbe meglio dire "castali") fossero quanto di meglio si potesse desiderare, una volta scoperta l'agricoltura, per conservare il comunismo primitivo. Anzi, si arriva addirittura a far capire che là dove c'è agricoltura c'è comunismo "sviluppato"; altrimenti bisogna parlare di comunismo "primitivo", cioè spontaneistico, istintivo, di piccoli gruppi itineranti poco significativi, incapaci a "dominare" la natura.

Quindi gli antagonismi sociali, per Quinterna, maturano soltanto dopo, quando il proprietario collettivo al governo si accingerà a realizzare la transizione alla società classista. Lo Stato sarà l'artefice della distruzione della società civile. Motivo di questo comportamento schizofrenico? Il fatto di volere sempre di più, di non accontentarsi dell'economia del dono e del baratto, ma di pretendere metalli pregiati (oro e argento). Lo schiavismo nasce in seno al comunismo urbanizzato, così come il comunismo futuro sta nascendo in seno al capitalismo avanzato. Non è curioso che si dica una cosa giusta, come la seguente (se riferita al comunismo primitivo), senza capire che diventa subito falsa se applicata in un

---

[69] La rivista (n. 27/2010), di fronte a questa concessione della terra in comodato d'uso, è costretta ad ammettere che venivano consegnati anche i contadini che la lavoravano, benché, pur di non ammettere la presenza del servaggio, anteponga a ciò l'avverbio "probabilmente".

contesto diverso come quello delle civiltà fluviali? L'autosostentamento è "un sistema che possiede meccanismi di autoregolazione in grado di assorbire fluttuazioni e controllare eccessi e carenze" (n. 28/2010). Le società di tipo "asiatico" erano superiori in quanto si puntava più sull'equilibrio (omeostatico) che non sulla crescita.

Peccato che in questa analisi non si veda il rovescio della medaglia: l'equilibrio era ottenuto grazie alla sottomissione generalizzata della popolazione, pretesa da una casta di intellettuali. Le stesse carenze economiche venivano risolte in modo tutt'altro che "pacifico": la guerra è una costante di tutte le società urbanizzate che, basando la propria ricchezza sull'agricoltura, erano inevitabilmente portate ai commerci e a ingrandirsi a spese altrui.

Il modello urbanistico di futura città comunistica, fatta salva l'odierna tecnologia, pare essere, nelle valutazioni di "n+1", la Gerico di almeno 8000 anni anteriore alla nascita di Cristo (in Cisgiordania), quindi la città più antica della storia. Dagli scavi sono emerse tracce importanti di insediamenti circostanti del periodo epipaleolitico (tra il 18000 e il 12500 a.C.); sono stati trovati reperti appartenenti alla cultura natufiana (tra il 12000 e il 10500 a.C.) e reperti del periodo neolitico preceramico (tra l'8000 a.C. e il 7200 a.C.).

Nel 6850 Gerico era in grado di ospitare 2000 persone. Vi si praticavano caccia, pesca, orticoltura, agricoltura e allevamento di capre e pecore. Come religione aveva il culto dei morti, era ben fortificata e con una gestione centralizzata delle risorse e delle funzioni; era totalmente priva di proprietà privata, di classi sociali e aveva un'organizzazione statale completamente diversa da quelle attuali, con cui, peraltro, poteva costruire opere imponenti con attrezzi poco sviluppati. Raggiunse la sua maggiore estensione tra il 1700 ed il 1550 a.C. Verso il 1250 a.C., secondo la narrazione biblica del Libro di Giosuè, la città fu invasa e rasa al suolo dagli ebrei guidati dal condottiero Giosuè, successore di Mosè, anche se attualmente la maggioranza degli studiosi ritiene che l'ultima occupazione del luogo durante il tardo Bronzo è del XIV sec. e, da allora fino al sec. IX, non si verificarono ulteriori stanziamenti. Quindi, al tempo di Giosuè, nessuno viveva a Gerico.[70] La città fu comunque ripetutamente distrutta e ricostruita. Non è da escludere che sia stata proprio questa città, posta in uno snodo cruciale tra oriente e occidente, tra settentrione e meridione, a influenzare le successive civiltà basate sul "dispoti-

---

[70] Gerico, prima conquista degli Israeliti sotto il comando di Giosuè, fu rasa al suolo e tutti gli abitanti uccisi, ad eccezione della famiglia di Rahab, una prostituta che aveva ospitato le spie ebraiche. Il giudizio che gli ebrei davano di Gerico era analogo a quello su Babilonia.

smo asiatico", pur restando essa una città-stato, senza mai diventare un "regno".[71]

Abbacinata dalle teorie tecnologiche dell'archeologo Vere Gordon Childe[72], la redazione non vuole ammettere alcun antagonismo sociale interno a queste civiltà antiche, almeno fino alla nascita dello schiavismo: non solo riguardo a Gerico, ma anche in riferimento a Uruk dei Sumeri[73], Ebla, Mehrgarh, Harappa, Mohenjo-daro e a tutte le città egizie, ecc. Praticamente nel VII-VI millennio a.C. l'umanità avrebbe vissuto, secondo la rivista, un periodo d'oro (in senso comunistico) in un'area che va da dall'Iran all'Egitto, dalla Turchia al Golfo Persico (la cosiddetta "Mezzaluna fertile"), che poi includerà anche l'America centrale e alcune zone indo-cinesi. In genere si preferisce sostenere che tali società furono distrutte da eventi esterni, o naturali (climatici, alluvionali, ecc.) o militari, in quanto esistevano società commerciali bellicose. Persino dell'impe-

---

[71] Montesquieu per primo, nello *Spirito delle leggi* e nelle *Lettere Persiane*, considera il "dispotismo asiatico", basato sulla paura e sul potere arbitrario del sovrano (come in Turchia e Cina), una forma autonoma di governo, e non più una semplice degenerazione rispetto a monarchia e repubblica, come voleva Aristotele. In tal senso esso poteva applicarsi anche alle nazioni europee, p.es. alla Francia del suo tempo. Cfr Domenico Felice (a cura di), *Dispotismo. Genesi e sviluppi di un concetto filosofico-politico*, ed. Liguori, Napoli 2002.

[72] Gli unici testi di Childe presi in esame sono stati *La rivoluzione urbana* e *Il progresso nel mondo antico*.

[73] Uruk fu il primo insediamento umano a prendere la forma di una città, con tanto di stratificazione sociale e specializzazione del lavoro. Posta a 20 km ad est del fiume Eufrate, in una regione meridionale dell'attuale Irak, aveva un territorio arido per le piogge scarse e irregolari, ma anche perché le acque del fiume scorrevano disordinatamente, favorendo le inondazioni. A ciò si rimediò inventando l'irrigazione, con cui distribuire l'acqua del fiume a tutta la pianura coltivata. Fu abitata dal IV millennio a.C. al V sec. d.C. Contava una popolazione di circa 80.000 abitanti (la maggiore del mondo). Fu la città dello storico re Gilgameš, famoso eroe di un'epopea (2600-2500 a.C.) che influenzerà gli scritti biblici del peccato adamitico e del diluvio universale. Coeva di Uruk è Ur, la città da dove emigrò l'allevatore Abramo. Attorno al 2350 a.C. il prestigio di Uruk inizia a declinare, perché conquistata dagli Accadi di Sargon, il primo popolo a realizzare un impero (poi fu la volta dei Gutei, dei Babilonesi, degli Assiri...). D'altra parte il regno sumerico fu sempre debole, in quanto composto da città-stato indipendenti tra loro, governate dal proprio re-sacerdote, in lotta tra loro per la questione idrica. Il più grande tempio di Uruk aveva una struttura con cui saranno costruite, dopo tre millenni, le chiese cristiane. Qui fu ideata la più antica forma di scrittura (cuneiforme) intorno al 3200 a.C. Applicarono per primi la ruota ai trasporti di terra. Misuravano il tempo col sistema sessagesimale ed erano molto avanzati in campo matematico. Elaborarono un calendario lunare di dodici mesi di trenta giorni ciascuno e produssero le prime cosmogonie.

ro romano viene detto che se non fosse stato per le invasioni barbariche, avrebbe conservato il proprio "equilibrio"!

Così facendo però ci si lascia sfuggire la differenza tra "schiavismo privato" e "servaggio statale" (quest'ultimo è sempre tributario e basato sul pluslavoro, quello con cui si realizzeranno i grandi monumenti), e non si comprende né il ruolo mistificante della religione ai fini della realizzazione del "comunismo urbanizzato" (in origine le figure del sovrano e del sacerdote coincidevano, così come il tempio col palazzo in cui si compivano sacrifici e si stoccavano le derrate), né il fatto che l'ufficializzazione dello schiavismo, circa 6000 anni fa, non fu altro che la formalizzazione di una serie di discriminazioni sociali di molto anteriori, sviluppatesi in maniera crescente, di cui la prima, la più semplice, fu quella di genere, come ben documentano tutti i miti più antichi.

In sostanza, secondo "n+1" le migliori espressioni del comunismo primitivo non sono avvenute nel periodo paleolitico della caccia-raccolta (che pur è durato alcuni milioni di anni), in cui le comunità erano di piccole dimensioni e totalmente dipendenti dalla natura (economia acquisitiva), ma nel periodo agricolo-pastorale del Neolitico, in cui si cominciò a "dominare" la natura e a creare federazioni o leghe tra proto-città, con necropoli e centri culturali in comune. La grandiosità dei monumenti non dipendeva affatto da alcuna forma di schiavitù né di lavoro coatto: semplicemente gli operai e gli artigiani erano persone libere che accettavano un lavoro provvisorio, difficile e ben remunerato in prodotti naturali.[74] Naturalmente la costruzione di opere imponenti, l'osservazione dei cieli, la contabilizzazione degli ammassi di cereali comportarono la nascita della scrittura e della matematica.

---

[74] È noto che l'idea che le piramidi di Cheope, Chefren e Micerino fossero state costruite da "lavoratori oppressi" fu formulata per la prima volta da Erodoto, che visitò l'Egitto intorno al 450 a.C., circa 2000 anni dopo la loro costruzione. È stato intorno al 1990 che, sulla base di alcuni scavi archeologici, si arrivò a scoprire che l'edificazione delle piramidi fu opera di cittadini comuni, di cui alcuni erano precettati, a rotazione, e altri ingaggiati a tempo pieno. Questi operai e artigiani erano talmente rispettati che quando uno di loro moriva sul lavoro veniva seppellito con tutti gli onori vicino alla piramide. Non solo, ma a dimostrazione che questa "follia" aveva un carattere nazionale, risulta da prove certe che le grandi famiglie del Delta del Nilo e dell'Alto Egitto inviassero ogni giorno 21 vitelli e 23 montoni per nutrire i lavoratori. Il problema resta comunque un altro: il fatto che dei sovrani avessero bisogno di costruire opere così colossali o che decine di migliaia operai fossero impiegati per buona parte della loro vita e in una maniera particolarmente faticosa a costruire edifici del tutto inutili alla loro vita privata, può essere considerato un segno di "democrazia"? O forse si preferisce evitare di rispondere a questa domanda, limitandosi a constatare che quelle costruzioni furono comunque spettacolari?

La data della fine di tale comunismo viene spostata dalla redazione verso il periodo della nascita dello schiavismo in Grecia, successivo persino alla fase minoico-micenea.[75] Quindi, sotto questo aspetto, nessuna civiltà antica può essere stata "schiavistica": non lo furono gli Egizi e neppure gli Incas e i Maya, né gli abitanti della Valle dell'Indo o quelli della Mesopotamia, e così via.

La redazione arriva addirittura a sostenere che in Egitto, durante il periodo pre-dinastico e quello delle prime dinastie, non poteva esistere la schiavitù in quanto i prigionieri di guerra venivano uccisi! Col che però si dà per scontato che il cosiddetto "comunismo primitivo" degli Egizi era, sin dagli inizi, molto bellicoso. In ogni caso non è vero che, nella fase espansiva, i prigionieri venissero uccisi: in realtà venivano schiavizzati. Al massimo diventavano soldati mercenari, riscattandosi dalla schiavitù col servizio delle armi. In Egitto gli schiavi esistono sin dalla I dinastia: persino i sacerdoti venivano detti "schiavi" di questa o quella divinità. Uno dei re di questa dinastia si vantava di aver preso 120.000 prigionieri nel Basso Egitto. La lotta tra Alto e Basso Egitto è il filo conduttore che spiega tutta la storia del Primo Regno.

Si può anche pensare che i primi canali d'irrigazione lungo il Nilo siano stati scavati da persone libere, ma lo sviluppo su larga scala del sistema d'irrigazione esigeva una considerevole quantità di manodopera, sicché il lavoro doveva per forza diventare obbligatorio. E sarà sulla base di questo lavoro che si costruiranno le piramidi e tutti gli altri monumenti. L'indigenza della popolazione rurale era già molto grave al tempo della IV dinastia. Anzi, proprio sotto questa dinastia persino i sacerdoti potevano possedere schiavi personali, seppur non in proprietà ma concessi in usufrutto dal sovrano come retribuzione per i riti.

Neppure è vero che l'esercito non fosse permanente. Già nel Medio Regno lo era, e molto duro era l'addestramento, che peraltro avveniva sin dalla più tenera età. In un testo del Nuovo Regno è detto che "per ogni lieve trasgressione il suo corpo viene battuto come un papiro. Deve abituarsi anche a portare carichi più pesanti della soma di un asino e a bere acqua putrida... tutto ciò in previsione delle lunghe marce nelle assolate terre siriane". Se uno disertava veniva inflitta a lui la morte e ai suoi genitori la condanna al lavoro forzato nelle miniere. Generalmente i soldati potevano contare su ricche ricompense e partecipare alla divisione del bottino di guerra; e quando si ritiravano dal servizio ottenevano

---

[75] La società minoica, a differenza di quanto sostiene "n+1", non aveva tracce del comunismo primitivo, in quanto era una società palaziale e tributaria, con un re-sacerdote e con miti tendenti a sminuire il ruolo della donna. Essa è all'origine della civiltà europea.

delle terre da coltivare.

Viene offerta da "n+1" una descrizione della storia egiziana quanto meno edulcorata. In pratica gli Egizi, non essendoci il denaro, si accontentavano di ciò che avevano. Quando avevano bisogno di oro, legname o lapislazzuli, organizzavano una spedizione per procurarseli nel "deserto" (!) o presso altri popoli, ai quali facevano "un dono talmente grande da non poter essere rifiutato" (n. 27/2010). A parte queste affermazioni dal sapore vagamente "mafioso", è indubbio che la società egizia fosse fondamentalmente basata sui *tributi in natura*, richiesti sia internamente che nelle colonie. I faraoni praticavano l'imperialismo sui Paesi confinanti.

Non è comunque vero che non conoscessero l'uso del denaro. A partire dalla XVIII dinastia (1552-1305 a.C.) vi fu uno strumento di scambio basato sui metalli: il *deben*, che poteva essere d'oro, d'argento o di rame. Se l'uso di questo metallo come mezzo di scambio nel Nuovo Regno non incise sull'economia agricola del Paese, fu solo perché in assenza di proprietà privata dei mezzi produttivi non si sviluppano i mercati. Ma questo non vuol dire che la "democrazia" o l'"uguaglianza sociale" fossero maggiori.

È quanto meno idilliaco sostenere che il faraone "è una divinità fra le altre (e non un uomo autoproclamatosi divino come succederà in Mesopotamia, in Grecia e a Roma); non ha alcuna possibilità di adoperare l'autorità suprema per legiferare, far eseguire o giudicare. Egli è 'servo di Maat' ed esegue ciò che prescrive la tradizione" (n. 27/2010). Sotto questo aspetto la redazione ritiene perfettamente giusta l'avversione del clero politeista all'eresia monoteistica di Amenofis IV. Nulla però viene detto, da parte della redazione, del fatto che i faraoni della I dinastia (cioè quelli più vicini all'ex comunismo primitivo) erano già così crudeli da richiedere persino il sacrificio di alcuni funzionari di corte, di servi e di artigiani per averli al loro servizio nell'oltretomba.

Quanto alla natura divina del faraone si è completamente trascurato il fatto ch'egli era l'unico sommo sacerdote, cioè l'unico vero intermediario tra gli uomini e le divinità, l'unica persona che poteva accedere alle cerimonie più sacre officiate nei templi: la classe sacerdotale che eseguiva i riti lo faceva soltanto dietro sua delega. La monarchia egizia era una regalità sacra e onnipotente a tutti gli effetti. I nobili (spesso familiari del sovrano), il visir (scelto tra i nobili) e i funzionari svolgevano mere funzioni di supporto. Il concetto di "divinità faraonica" decadde solo nel cosiddetto Periodo tardo (672-332 a.C.), quando gli Assiri, occupato l'Egitto, imposero al faraone di rinunciare al titolo di sommo sacerdote (il ruolo di mediatore religioso fu assunto direttamente dai funzionari chiericali locali).

Vi sono altri aspetti significativi che la redazione trascura o sottovaluta o interpreta in maniera distorta, conseguenti al fatto ch'essa non vede alcuna violenza nell'appropriarsi dei beni altrui in politica estera e si rifiuta di definire "burocratica" un'amministrazione statale dei beni comuni, è inutile dilungarsi.[76]

1) Non è interessata allo studio del *mito* per capire la transizione dal comunismo primitivo allo schiavismo, quando invece sarebbe stato fondamentale farlo, poiché la nascita dell'agricoltura è strettamente connessa alla nascita di nuove religioni, tutte politeistiche.[77] Gli elementi del comunismo primitivo sono stati usati in maniera mistificata dalle società agricole, servendosi appunto di miti e religioni. È del tutto inutile sostenere che noi occidentali non abbiamo neppure adeguate categorie per interpretare delle società che non erano classiste come le nostre e che quindi non usavano le parole come le intendiamo noi. In realtà non può esistere alcun passato che ci impedisca di darne un'interpretazione corretta. La stessa redazione di "n+1" ritiene di non avere dubbi sulla validità delle proprie affermazioni, neppure quando sostiene che nell'antico Egitto non vi era una monarchia assolutistica, in quanto il faraone si considerava un "dipendente del cosmo", preposto a tenere le cose in ordine![78]

---

[76] In questa valutazione della burocrazia "n+1" sposa le tesi di J. Needham (*Scienza e società in Cina*) contro quelle del sinologo marxista K. Wittfogel (*Il dispotismo orientale*). Quest'ultimo cercò di spiegare la natura delle società statuali asiatiche sulla base della propria "teoria idraulica", subendo gli influssi di K. Marx e M. Weber. Nel 1951, in piena guerra fredda, divenne un convinto anticomunista, arrivando persino a denunciare come "filo-comunista" l'ambasciatore canadese (eminente storico del Giappone) Egerton Herbert Norman davanti al Sottocomitato per la Sicurezza Interna del Senato americano. Pur essendo difeso dalle autorità canadesi e pur non essendoci prove certe che fosse una spia sovietica, Norman si suicidò a Il Cairo nel 1957, mentre svolgeva un ruolo chiave come diplomatico tra il leader egiziano G. A. Nasser e le potenze occidentali, preoccupate di un'intesa troppo stretta dell'Egitto con l'URSS. Le ragioni del suicidio sono ancora avvolte nel mistero. Wittfogel, in seguito, si pentì amaramente del suo gesto.

[77] Nel n. 28/2010 viene esaltata la filosofia taoista: "produzione senza possesso, azione senza autoaffermazione, sviluppo senza dominio", ponendola come sovrastruttura adeguata al modo di produzione asiatico. Si dimentica però di aggiungere che il taoismo veniva affiancato dal confucianesimo: il primo rappresentava l'idealismo astratto, il secondo invece l'atteggiamento concreto da tenere nei confronti delle autorità. Entrambe erano filosofie favorevoli a uno Stato centralizzato e classista.

[78] Sarebbe bastato prendere in esame il poema di *Gilgamesh*, non meno interessante di quelli omerici, non foss'altro perché in esso risulta chiarissimo (forse perché scritto molto tempo prima dell'*Iliade*) che la civiltà urbanizzata si era for-

2) La redazione sembra non comprendere che nella fase storica iniziale dell'antagonismo sociale il rapporto tra padrone e schiavo (o servo) non poteva avere alcunché di "personale" ma solo di "istituzionale" o di "statale" proprio perché la memoria del comunismo primitivo era ancora molto forte (e anche perché a un certo senso solidaristico costringevano le condizioni geograficamente difficili dell'ambiente da urbanizzare). La privatizzazione di questo rapporto (la sua estremizzazione) è stata una caratteristica della cultura europea o mediterranea, che sul piano logistico rappresentava un'area periferica di due grandi continenti confinanti, e che però porterà alla nascita del più grande impero schiavistico della storia, quello romano. È quindi assurdo sostenere che nel modo di produzione asiatico non poteva esserci alcuna forma di schiavismo e che l'unica vera schiavitù fu quella greco-romana. In tal modo non si riesce a distinguere lo schiavismo "statale" o "pubblico" da quello "privato" (se non piace la parola "schiavo" si possono usare le parole "servo", "sottoposto", "suddito": la sostanza cambia solo se il "padrone" è istituzionale o privato o anche associato in forma privata).

Così viene scritto nel n. 28/2010: "La forma cosiddetta asiatica è l'estensione di una società precedente ancora comunistica, in cui struttura e sovrastruttura coincidono, non essendoci ancora separazione tra valore d'uso e valore di scambio, ed essendoci armonia tra produzione e riproduzione dell'uomo e della sua comunità". La redazione salva la forma asiatica proprio perché vi vede "un involucro che corrisponde al suo contenuto". Ecco a quali sviste può portare un'analisi meramente strutturale degli eventi, incapace di tener conto dell'importanza dell'ideologia e del suo impatto sull'economia. Tutti i cosiddetti modi di produzione asiatici hanno avuto religioni naturalistiche, collettivistiche e fatalistiche che hanno giustificato degli Stati centralizzati, gestiti da una ristretta élite di potere.

3) Quando si afferma che nelle società antiche pre-classiche non

---

mata allontanandosi dalle foreste, nei cui confronti si provavano sentimenti molto controversi. Già dalla Tavola I si comprende bene il livello delle contraddizioni sociali vissute a Uruk, i cui sudditi si lamentano dell'oppressione del loro re Gilgamesh e chiedono al dio An, sovrano del firmamento, di far nascere un oppositore. Viene così creato Enkidu, l'uomo selvaggio che vive con gli animali nella steppa. Siccome si tratta di un mito "proto-urbano", Enkidu viene dipinto non solo come colui che potrà tenere a freno la smisurata potenza di Gilgamesh, ma anche stargli accanto nei momenti di pericolo (un nemico che può diventare amico). Enkidu però deve essere prima educato alla civiltà. A questo compito provvede la prostituta sacra Shamkhat, che gli insegna le basi della vita cittadina prima di condurlo a Uruk (si noti peraltro che la sessualità, in tanti miti antichi, viene sempre usata per screditare il ruolo della donna e imporre il patriarcato).

vi era divisione *sociale* del lavoro in quanto era assente la proprietà privata dei mezzi produttivi, si sta trasformando il concetto di "proprietà statale" (che viene fatta arbitrariamente coincidere con quella "pubblica" o "sociale") in qualcosa di *feticistico*, cioè come una sorta di assoluta garanzia contro ogni forma di antagonismo sociale. In nome di questa proprietà statale viene minimizzato arbitrariamente il ruolo del sovrano: si arriva addirittura a sostenere che fosse "eleggibile", una sorta di "primus inter pares", coadiuvato da amministratori revocabili, la cui autorità era distribuita secondo le funzioni, senza alcun "gioco di potere".

In realtà l'autorità naturale dei capi-tribù e dei consigli degli anziani non viene affatto "superata" nelle proto-città, bensì *ipostatizzata*, cioè resa indipendente dalla volontà popolare. Di qui la corruzione di tutte le autorità, i tentativi del clero e dei funzionari locali di rendersi indipendenti dal sovrano, la razzia delle tombe e il continuo malcontento popolare, che in Egitto, partendo sin dalla V-VI dinastia, proseguì fino alla morte dell'ultimo sovrano tolemaico, esacerbandosi ancor più, ovviamente, sotto l'imperialismo romano.

4) La redazione sembra non avere alcuna consapevolezza della pericolosità di poter ammassare quantità significative di scorte alimentari. Non è forse l'eccedenza che ad un certo punto determina la formazione di un ceto preposto a "controllarla", il quale non si preoccupa di svolgere alcun vero lavoro produttivo? Non vi sono già qui, in questa tentazione di gestire le cose dall'alto, in maniera esclusiva o "in nome del popolo", i germi dell'involuzione autoritaria di tutte le città antiche? L'aumento esponenziale delle riserve da stoccare non è forse in grado, ad un certo punto, di generare una nuova mentalità, un diverso stile di vita? La redazione si limita a dire che le società proto-urbane distrussero il proprio comunismo solo verso l'età del bronzo, ma questa è un'epoca assolutamente troppo recente. Anche ammesso e non concesso che in tali società non vi fossero i cosiddetti "segni del potere" (palazzi, templi, tombe reali, caserme, monumenti celebrativi...) e che la mobilità sociale fra uno strato sociale e l'altro fosse sempre possibile, resta il fatto che le basi del superamento del comunismo primitivo si pongono semplicemente "uscendo dalle foreste" e avventurandosi nelle savane e nelle praterie. Con ciò non vogliamo sostenere che l'agricoltura *in sé* abbia creato lo schiavismo, però è un fatto incontestabile che lo schiavismo (prima statale in Asia, Africa e America, poi privato in Europa occidentale) s'impone solo là dove c'è l'agricoltura e quindi la stanzialità. Che in queste forme di "socialismo statale", prive di proprietà privata dei mezzi produttivi, non si possa parlare di "schiavitù" come quella greco-romana, non toglie nulla al fatto che si fosse in presenza di una "servitù generalizzata", gestita da una casta di intellettuali rappresentata da un sovrano assolutista.

Lo schiavismo privato del mondo greco-romano non sarebbe stato possibile realizzarlo come "sistema" se non fossero esistiti in precedenza dei rapporti servili-tributari gestiti dallo Stato.

5) "La caccia, la raccolta e il nomadismo, che comportano lo spostamento di intere tribù-nazioni, sono attività altamente dissipative in relazione alla quantità di energia in gioco, anche se alterano relativamente poco il rapporto uomo-ambiente" (n. 27/2010). Questo quello che Quinterna pensa del "vero" comunismo primitivo, esistito ben prima delle civiltà antiche così tanto esaltate.

Ora, a parte che il rapporto uomo-ambiente non era "alterato" per niente nel periodo del Paleolitico, ci si chiede se davvero si debba dare per scontato che un'intera tribù dovesse trasferirsi altrove per le esigenze della caccia: non era forse sufficiente un gruppo di cacciatori? In ogni caso quando lo si faceva, le abitazioni non venivano forse smontate e ricostruite con molta facilità? Il nomadismo non ha forse in sé maggiori possibilità di garantire la democrazia all'interno di un gruppo tribale o clanico? Che senso ha sostenere che le società paleolitiche vanno rifiutate in quanto avevano "un rendimento basso"? E che le città neolitiche furono in grado di unire per la prima volta "efficacia ed efficienza"? Per quale motivo bisogna usare criteri così tipicamente "borghesi"? Il capitalismo non ha forse un alto rendimento? Eppure è enormemente dissipativo, come d'altronde la stessa rivista ammette. Le civiltà antiche non furono forse responsabili di tante deforestazioni per cuocere i mattoni per le loro abitazioni, per forgiare armi da guerra nei forni, per realizzare navi di ogni tipo? Là dove si formano le città, antiche o moderne, attorno ad esse scompaiono le foreste. Le città producono solo desertificazione.

Che senso ha osannare le società neolitiche per essere state capaci di garantire la produzione agricola e la distribuzione in maniera centralizzata e poi contestare duramente la realizzazione dello stalinismo, quando nella sostanza (quella organizzativa) si voleva la medesima cosa, cioè uno Stato centralizzato? Non è affatto vero che "l'esigenza dell'organizzazione e della centralizzazione nasce per conservare i rapporti comunistici anche quando la società è florida e può permettersi un surplus, il quale a sua volta permette la specializzazione tecnica, la contabilità e la scrittura" (n. 27/2010). Se questa tesi fosse vera, noi avremmo che in un primo tempo i leader politici di queste società avrebbero svolto funzioni democratiche, cui però avrebbero rinunciato in un secondo tempo, pretendendo di governare arbitrariamente sul popolo. E come si sarebbe potuto scongiurare, *oggettivamente*, una involuzione del genere? Quali sono le *condizioni materiali* che meno favoriscono l'emergere di rapporti conflittuali? Non le abbiamo forse vissute per due milioni di anni?

Si può anche ammettere un periodo di transizione dal cacciatore-raccoglitore all'agricoltore-allevatore in cui non fossero presenti dei rapporti antagonistici, ma la storia ha dimostrato che là dove si sono imposte le civiltà fluviali o le città-stato, basate prevalentemente su agricoltura e allevamento, col tempo si sono formate delle stratificazioni sociali sempre più nette, al punto che non si è più riusciti a tornare indietro, almeno non in maniera progressiva o pacifica. Il surplus ottenuto da agricoltura e allevamento ha indotto a creare delle città commerciali, intenzionate a diventare sempre più grandi, sempre più ricche, e quindi ad assumere atteggiamenti sempre più aggressivi. È del tutto inutile sostenere, come fa "n+1", che tali società, se fossero rimaste *isolate*, accontentandosi dell'economia del dono e del baratto, sarebbero rimaste inalterate per millenni, avendo piena capacità di autoregolarsi. Di fatto nessuna società urbana nella storia dell'umanità ha mai scelto l'isolamento. Semmai lo fanno ancora oggi le società di cacciatori-raccoglitori per evitare il colonialismo occidentale.

In realtà sarebbe meglio sostenere, anche perché si sbaglierebbe di meno, che l'organizzazione centralizzata delle civiltà antiche rientra da subito nella categoria dell'"antagonismo sociale". Quel tipo di organizzazione non serviva affatto per conservare il comunismo primitivo, ma proprio per *negarlo*, facendo vedere che non vi era soluzione di continuità tra i due sistemi sociali di vita. In realtà, come evidenza esteriore di una precisa rottura, la *religione* era lì a testimoniarlo, la prima ideologia (necessariamente prescientifica) che l'umanità si sia data per giustificare la rinuncia al comunismo primitivo. Non ha alcun senso sostenere che l'impero di Sargon, di Tuthmosi III, di Ramses II non erano imperi come possiamo intenderli oggi, poiché non avevano classi, interessi economici in conflitto, uno Stato che opprime la società, dei territori occupati militarmente. Proprio Sargon, "re-sacerdote delle quattro parti", cioè dell'intero mondo conosciuto, fondò il concetto di "regalità" non più sulla spersonalizzata gestione amministrativa tipica dei Sumeri, ma su un ideale eroico-militare. Quello accadico fu il primo vero impero della storia, il primo organismo multietnico, capace di assoggettare quasi l'intera Mesopotamia per circa 150 anni e di tenere relazioni commerciali con tutta l'Asia. Un impero lacerato da congiure di palazzo e dall'anarchia.

Il genere umano non è caratterizzato da una progressiva evoluzione verso il meglio, ma da un'involuzione sempre più tragica. Di fronte alle contraddizioni antagonistiche si è cercato di porvi rimedio, ripristinando qualcosa del passato comunismo, ma i risultati sono stati molto deludenti, non solo perché altamente provvisori, ma anche perché sulla base di essi si sono costruite delle alternative conflittuali ancora più difficili da superare. È aumentata la sofisticazione degli strumenti di dominio e la mistificazione con cui si è capaci di usarli.

6) A volte si ha l'impressione che "n+1" non sia in grado di comprendere la differenza sostanziale tra "casta" e "classe". Infatti quando nega l'esistenza delle classi, nelle società antiche non ancora basate sullo schiavismo come sistema economico, tende a negare anche quella delle caste. In realtà la casta è perfettamente compatibile con un "socialismo statale" (antico e moderno) – come la storia ha dimostrato –, essendo composta da funzionari governativi o amministrativi, nonché da militari, oltre che ovviamente dai politici e da tutto il parentado dei sovrani.[79] Tutta questa gente non svolge alcun lavoro "produttivo" in senso economico, ma solo un lavoro legislativo, giudiziario, sanzionatorio, poliziesco, militaresco, propagandistico e ideologico: tutti lavori che una società basata su caccia e raccolta avrebbe giudicato assurdi, inutili, anzi pericolosi.

Oggi, quando si parla di "caste", s'intende qualcosa che riguarda prevalentemente l'India e si pensa ch'esse risalgano alla penetrazione degli Arii (o Indoeuropei) in questo Paese nel corso del secondo millennio a.C. Inizialmente il meccanismo castale fu usato per tener separati i ruoli dei dominatori da quelli dei dominati, classificando le persone sulla base delle loro occupazioni; in seguito però le caste sono divenute ereditarie. A dir il vero la casta è un concetto molto più antico, strettamente collegato alla religione, che può imporsi anche in società in cui non sono presenti il denaro e il mercato urbano, ma solo scambio alla pari delle eccedenze, fatta salva, in politica interna, la subordinazione della campagna alla città.

Al tempo delle città o civiltà neolitiche (quelle del regime di produzione cosiddetto "asiatico") vi erano anche commerci in denaro tra città-stato, ma generalmente il commercio estero era monopolizzato dalle istituzioni. I mercanti erano funzionari statali. Era troppo forte la paura che si formasse una classe sociale capace di rendersi autonoma dal controllo del potere politico. Anche nell'alto Medioevo europeo mancavano il denaro, il mercato e la borghesia, ma non per questo mancava la casta dei nobili laici ed ecclesiastici, la quale, avendo in proprietà privata la terra, si configurava anche come una classe sociale.

Dunque, se si vuole sostenere che lo Stato sia nato prima della formazione delle classi, non si può sostenere ch'esso sia nato prima della formazione delle caste. Lo Stato non è nato per tutelare una giustizia distributiva di risorse alimentari, organizzata in maniera centralistica, ma perché le caste, la cui ricchezza è sempre stata basata sulla terra, pensaro-

---

[79] Ancora oggi in Asia la grande maggioranza degli Stati è riluttante a riconoscere dei diritti territoriali ai popoli indigeni. Non a caso molti di questi popoli, più che lottare per ottenere una parziale autonomia, preferiscono la secessione.

no che con uno Stato centralista il loro potere sarebbe stato assicurato per il futuro, anche a costo di dover attribuire al sovrano dei poteri sovrumani. All'origine della "civiltà" vi è sempre un atto arbitrario, come documentano tutti i miti nati in contesti urbani. Lo Stato serve per garantire un'egemonia pregressa. Se sotto il socialismo statale antico si rinuncia alla proprietà privata delle terra, lo si fa solo perché il sovrano sa benissimo che se non la concedesse liberamente in usufrutto alla casta, il suo potere sarebbe costantemente minacciato. La rinuncia alla proprietà privata, in società del genere, faceva parte dell'ideologia utilizzata per ingannare la popolazione lavoratrice, che non voleva rinunciare al comunismo primitivo. È proprio a partire dal Neolitico che inizia a formarsi una casta (inizialmente con funzioni religiose), la quale rivendica un potere particolare, reso subdolo dalla religione, con cui può contrapporsi all'intero popolo. In ogni caso i cosiddetti "nomarchi" non erano – come vuole "n+1" – dei semplici funzionari amministrativi che gestivano le province egiziane, ma costituivano anche una potente aristocrazia schiavistica, in possesso privato di enormi ricchezze, tant'è che potevano venderle, lasciarle in eredità o regalarle. Sotto la IV dinastia tutta questa nobiltà era in buona parte imparentata col faraone.

Viceversa, lo Stato dei regimi schiavistici che abbiamo conosciuto in Europa occidentale, è nato per regolamentare i conflitti tra classi che avevano interessi opposti tra loro e che volevano conservare il potere o conquistarlo *in quanto classe* e, all'interno di questa, *in quanto individui singoli*: ci riferiamo alle classi agrarie, mercantili, contadine, operaie, artigiane e così via. Di tutte queste classi, quella che riuscì a compiere una rivoluzione assolutamente inedita nella storia, scoppiata intorno al Mille, fu la classe *borghese*, che seppe sfruttare il progressivo acuirsi delle contraddizioni sociali dovute alla rendita agraria, utilizzando il cristianesimo a favore del mercantilismo. La borghesia diede una risposta sbagliata, perché individualistica, a un problema reale, che solo i contadini avrebbero potuto risolvere, ripristinando il comunismo primitivo, ma non seppero farlo. Da allora il capitalismo borghese non ha fatto altro che svilupparsi in maniera forsennata, a dispetto di tutti i conflitti bellici, le epidemie e mutamenti climatici causati dalle devastazioni ambientali.

Lo Stato come amministrazione pubblica del bene comune è una contraddizione in termini. Non ha senso che il bene economico primario, quello del cibo, venga reso "comune" da una volontà particolare, quella appunto della casta, che pretende di rappresentare una volontà popolare attraverso la mediazione assolutistica del sovrano e l'uso mistificato della religione.

Quando la distribuzione delle risorse dipende da una volontà particolare, per quanto riconosciuta collettivamente nella sua funzione autorevole, esiste sempre la tendenza a usare quelle risorse in modo arbitrario, oppure tende a formarsi una volontà oppositiva alla direzione centralizzata, che nel peggiore dei casi porta a realizzare una società basata sull'antagonismo privato. Ecco perché non può esistere alcuna vera democrazia in un contesto urbano, dove i cittadini non vanno a caccia e non praticano orticoltura, agricoltura e allevamento, ma campano sulle spalle di chi fa questi lavori fuori dalle mura urbane. In città la vicinanza più prossima ai propri strumenti lavorativi è vissuta da operai e artigiani, provenienti sempre dal mondo contadino. La città, in sé, esprime una divisione sociale del lavoro che ha addirittura connotati logistici: il che la rende particolarmente alienante.

Là dove esiste un surplus regolare (il limo lasciato dal Nilo permetteva tre raccolti l'anno!), le cui variazioni quantitative accidentali non minano l'efficacia del metodo produttivo per ottenerlo, emerge sempre il desiderio di usare tale eccedenza come dono per motivi d'interesse, oppure di scambiarlo con beni, giudicati essenziali, di cui si difetta per motivi ambientali; finché poi viene l'esigenza di venderlo, quando tra le comunità s'impone una moneta di valore (oro, argento, bronzo, rame) che svolga la funzione di equivalente universale. Il vero baratto, quello che non mina l'autonomia di una comunità, dovrebbe avvenire solo con uno scambio di beni giudicati superflui, cioè non essenziali alla propria sopravvivenza. Al di fuori di questo caso, qualunque surplus, prodotto in maniera sistematica, può essere occasione di conflitti: p.es. quando si dona si pretende un "contraccambio", in mancanza del quale si pensa subito a qualche intenzione minacciosa; quando tali beni si scambiano beni giudicati essenziali, si pretende il loro progressivo aumento quantitativo, al fine di soddisfare una crescente domanda interna; quando vengono venduti, si vuole realizzare il massimo possibile, a qualunque costo, poiché si è consapevoli che il potere economico fa aumentare quello politico.

Sotto questo aspetto, l'unica vera differenza tra lo schiavismo statale e quello privato sta nel fatto che il commercio, nel primo sistema, è un monopolio dei sovrani e dei loro funzionari: i mercanti non possono fare ciò che vogliono. Per poterlo fare, in Europa occidentale, la borghesia ha dovuto inventarsi una serie infinita di princìpi etici, religiosi, filosofici, giuridici e politici che sul piano umano e democratico dovevano apparire di altissimo livello, altrimenti le motivazioni individualistiche sarebbero state considerate immediatamente contrarie agli interessi nazionali. Viceversa, nel modo di produzione cosiddetto "asiatico", se è giusto parlare di "dispotismo" in riferimento alla compagine governativa, la collettività continuava ad avere ancora sentore delle passate tradizioni comunistiche.

L'ideologia più assurda della classe borghese occidentale fu interamente applicata al concetto di "libertà personale": per poter fruire di questa libertà occorre essere *giuridicamente liberi* (cioè non servi né schiavi), occorre avere una *proprietà privata*, che renda economicamente autonomi, senza accontentarsi di quella pubblica, e occorre credere che il lavoro sia *fonte di valore*. Un'ideologia assurda per il semplice fatto che per realizzare tutto questo occorre "sfruttare" il lavoro altrui.

Da tempo vari antropologi, come ad esempio Giulio Angioni (allievo e collaboratore di Ernesto de Martino e di Alberto Mario Cirese, esponente della Scuola antropologica di Cagliari) e Philippe Descola (titolare della cattedra che fu di Claude Lévi-Strauss al Collège de France), hanno evidenziato come non esista un legame diretto tra l'adozione di una nuova tecnica o di un nuovo strumento lavorativo e un aumento della produttività. Questo perché le attività produttive sono connesse a un insieme di condizioni sociali che ne determinano il valore intrinseco. La relazione che si instaura tra l'uomo e la materia, inerte o viva, si deve poter rappresentare a partire dall'insieme delle relazioni (pre)esistenti all'interno di una totalità sociale tra l'uomo e la materia. Ognuno capisce da sé che se esistesse il primato del valore d'uso, scomparirebbe del tutto il concetto di lavoro come fonte di valore. Il valore dei beni sarebbe dato dal contesto che li usa, a prescindere dalla possibilità di scambiarli o venderli.

Da dove veniva alla borghesia il concetto di "lavoro" come fonte di valore se non dalle società asiatiche (o dall'Egitto faraonico), che lo vivevano come "tributo in natura"? All'epoca dei cacciatori-raccoglitori non esisteva neppure il "lavoro" in senso proprio. Non era il lavoro che dava "valore" alle cose. Il valore era dato dalla comunità nel suo insieme, che sostanzialmente non "lavorava" come facciamo oggi. Non c'era nessuno a cui dover "rendere conto". Il lavoro non era "produttivo", quello che serve per far "quadrare i conti", quello misurato quantitativamente in rapporto al tempo e statisticamente secondo una media calcolata in rapporto all'età, alla forza fisica, all'abilità delle mani, ai prezzi di mercato e così via. Il lavoro era puramente "acquisitivo", basato su raccolta e caccia: si toglieva provvisoriamente alla natura una piccola parte di ciò che essa offriva spontaneamente e le si permetteva di riprodurla in maniera agevole. Caccia e raccolta non era "produttive" proprio perché non producevano *surplus*. Al massimo lo era l'orticoltura, ma in forma limitata, in quanto si doveva permettere a una piccola parte della foresta, temporaneamente disboscata, di ricrescere. Soltanto là dove s'impone la stanzialità, resa necessaria dalla presenza dell'agricoltura, sorge anche inevitabilmente la necessità di "lavorare". La nuova ricchezza, ottenuta dal surplus alimentare, ha sempre come conseguenza logica una deforestazione e quindi una desertificazione dell'ambiente, quindi un mutamento climatico e delle conseguenze nocive sul proprio fisico, non adatto a vivere in luoghi del tutto artificiali.[80]

Insomma la redazione non ha fatto altro che proiettare nel passato un tipo di comunismo statalizzato che vorrebbe veder realizzato nel futuro. Giustifica le civiltà antiche dicendo che "ogni sistema complesso tende al caos... Raggiunto uno stato di instabilità che le comunità non possono più tollerare, la crisi viene superata soltanto aumentando il livello di complessità, ma con un ordine di tipo nuovo" (n. 27/2010). In realtà la storia (di lunga durata) dimostra proprio il contrario, e cioè che quando la complessità diventa insopportabile, la società tende ad autodistruggersi (salvo scaricare all'esterno, con l'uso della guerra, il peso delle proprie insanabili contraddizioni), oppure viene distrutta da altre società che non sopportano la sua presenza, fino al punto in cui non s'impone una decisiva semplificazione delle relazioni sociali.

Non ha alcun senso sostenere che la storia del genere umano va divisa in società completamente comuniste e altre tendenzialmente comunistiche in quanto contenenti elementi di socializzazione che le fanno somigliare a quelle del passato. Non si può scambiare la realtà con la propria fantasia. Non solo con l'agricoltura ma anche con l'introduzione dei metalli s'impone nella storia qualcosa di radicalmente diverso dal passato paleolitico. Che poi questa diversità sia stata vissuta inizialmente in una forma che potremmo definire "feudale-statale" e che solo in seguito si sia imposta come "privata-commerciale", non cambia nulla. Oggi il comunismo primitivo non esiste più, se non in qualche sperduto luogo del pianeta che *Monsieur Le Capital* non è ancora riuscito a sfruttare. *Madame la Terre* è stata detronizzata 10.000 anni fa.

Anche i riferimenti che la rivista fa a Marx sono del tutto forzati. Non è vero che Marx, parlando delle società precapitalistiche si riferiva a uno stadio tribale inferiore a quello della Cina, dell'Egitto antico, del Messico e delle civiltà mesoamericane. Quando inizia a fare questo egli era nell'ultimissimo periodo della sua vita. Prima di allora intendeva riferirsi proprio al *modo di produzione asiatico* (specie a quello dell'India colonizzata dagli inglesi). Non pubblicò niente di definitivo perché non aveva sufficienti materiali da analizzare, ma aveva già chiaro che le forme comunitarie del modo di produzione asiatico erano state le più tenaci nell'opporsi allo sviluppo del capitalismo non in virtù di aspetti positivi, ma proprio a causa del fatto che l'individuo veniva praticamente sacrifi-

---

[80] Un ettaro di terreno coltivato – viene detto in J. Diamond, *Armi, acciaio e malattie* (ed. Einaudi, Torino 1998) – nutre da 10 a 100 volte più contadini che cacciatori/raccoglitori se incolto. Naturalmente nel medio-breve periodo.

cato sull'altare dell'interesse collettivo, che a sua volta era imposto o tenuto entro certi limiti dal potere autocratico. Queste forme poterono opporsi al capitalismo solo perché questo si trovava ancora allo stato embrionale; in seguito però, non avendo esse mutato fisionomia, saranno destinate a soccombere. Semmai Marx non riuscì ad analizzare l'apporto che i fenomeni sovrastrutturali diedero alla persistenza di quelle società tributarie, dove i lavori collettivi erano coatti. Per il resto egli aveva già capito che in quelle società si era abolito il comunismo primitivo conservandone però l'apparenza: cioè se dal punto di vista della proprietà collettiva vi era qualcosa di apparentemente "comunistico", dal punto di vista della stratificazione sociale non vi era più nulla, anche se ciò non favorì il processo d'individualizzazione dell'uomo, come appunto avvenne nelle società classiste occidentali.[81]

Forse l'unica domanda sensata che possiamo rivolgerci è la seguente: può durare di più una società servile basata sulla proprietà *privata* o su una proprietà *statale* dei mezzi produttivi? Guardando la storia, dovremmo dire che lo schiavismo statale è durato di più. Ma dobbiamo anche dire che i maggiori progressi tecnologici sono avvenuti sotto lo schiavismo privato, come d'altronde era naturale che fosse, in quanto la reciproca concorrenza, la competizione individualistica stimola la ricerca di strumenti sempre più efficaci per imporsi. Questi mezzi sembrano ga-

---

[81] Gli appunti etnologici di Marx risalgono a poco tempo prima della morte, ma quando egli risponde alla famosa lettera della Vera Zasulič (1881), si era già letto nel 1877 *Ancient Society* di L. H. Morgan, regalatogli dall'etnografo russo M. Kovalevsky; conosceva bene anche le opere etno-antropologiche di J. W. B. Money (1861), H. S. Maine (1875), J. B. Phear (1880), R. Sohm (1880), J. Lubbock (1882) sull'origine delle civiltà, e l'opera di storia del diritto di G. L. von Maurer sulle comuni germaniche primitive, pubblicata nel 1865-66. Il capitolo sul feticismo della merce, nel *Capitale*, gli era stato ispirato dal testo di Charles de Brosses, *Du culte des dieux fétiches* (1760), letto nel 1841. Per scrivere il capitolo sulle "Forme che precedono la produzione capitalista", presente nei *Lineamenti della critica dell'economia politica* (1857-58) si era letto, nel 1851, un testo di W. Coke sulla storia naturale della società negli Stati barbari e civilizzati e un testo di H. H. Bancroft sugli indiani nordamericani. Engels invece non era minimamente interessato al comunismo primitivo, però poi quando vide nell'archivio di Marx, appena deceduto, i suoi quaderni etno-antropologici, scrisse, nel 1884, *L'origine della famiglia, della proprietà privata e dello Stato*, traendone conclusioni abbastanza diverse da quelle di Marx. Infatti per quest'ultimo l'esistenza del comunismo primitivo andava completamente ripensata, soprattutto a causa del primato assoluto del valore d'uso su quello di scambio; per Engels invece l'esistenza di un comunismo del genere non metteva affatto in discussione ch'esso andasse superato dallo schiavismo, a partire dal quale nascono le civiltà progredite.

rantire nel breve periodo una superiorità schiacciante (come fu p.es. quella romana), almeno finché i progressi tecnici non vengono acquisiti da quelle società che invece preferiscono uno schiavismo statale. Grazie a questi mezzi l'Europa occidentale, che ha inventato il capitalismo privato, domina il mondo intero da molti secoli. Ma oggi il testimone sembra stia per essere ceduto a una potenza asiatica, la Cina, specializzata nello "schiavismo statale", una potenza che unisce, in forma inedita, la presenza di proprietà statale di tutta la terra col mercantilismo individuale. Il socialismo che tende a sostituire il capitalismo privato del mondo occidentale è un *socialismo mercantile* o, se si preferisce, un *capitalismo statalizzato*. Probabilmente si passerà da una forma di schiavitù salariata privata a una forma di schiavitù salariata statalizzata, dove il salario tornerà ad essere, per la stragrande maggioranza delle persone, in natura.

*

Ecco ora un breve riassunto della storia politico-militare della civiltà egizia, che può servire a capire quanto siano improprie talune affermazioni della rivista "n+1" su tale civiltà.

Generalmente nei manuali scolastici si sostiene che i due regni, Alto e Basso, dell'Egitto vennero unificati con la forza militare in una guerra civile, verso il 3100 a.C., in un solo impero da Narmer (o Menes in greco), re dell'Alto Egitto, che inaugurò le trenta dinastie, con cui gestire in maniera esclusiva le acque del Nilo, sottraendole alle tribù paleolitiche e neolitiche (la coltivazione del grano, dell'orzo e del lino risale come minimo al 3500 a.C.). A lui infatti si deve un vasto programma di drenaggio delle acque e di sistemi di irrigazione. Narmer pose le basi per una monarchia assolutista, ereditaria e teocratica, anche se già con la II dinastia iniziò una nuova guerra civile (le piramidi pretese dai sovrani nella IV dinastia dovevano appunto servire per indurre la popolazione a sentirsi unita in un progetto nazionale). Il faraone era "il figlio del dio Sole" e doveva sposarsi solo con membri di sangue reale, quindi si trattava generalmente di matrimoni tra parenti. La prima colonia di Narmer fu conquistata nella terra di Canaan in Palestina, ma già nella IV dinastia ci si espande verso la Nubia e la Libia, dove era relativamente facile acquisire degli schiavi. La più antica iscrizione geroglifica è la Tavoletta di Narmer, databile al 3000 a.C. circa, in cui viene testimoniata la bellicosità di questo re guerriero.

Una prima fase di sfaldamento completo del potere centrale a favore dei governatori provinciali, i nomarchi, avviene nel cosiddetto "Primo periodo intermedio", che copre gli anni che vanno dal 2160 al 2055 a.C. e comprende le dinastie VII, VIII, IX e X.

Nel Regno medio (2055-1790) i faraoni della XI dinastia, tornati a egemonizzare l'intero Paese, assoggettano Nubia e Palestina. Ma nel 1730 gli Hyksos, provenienti da oriente, conquistano l'Egitto per 150 anni, grazie alla superiorità militare, ma anche approfittando di una serie di rivolte e divisioni interne al regno. Durante la dominazione degli Hyksos una popolazione nomade ebraica entra in Egitto. Dagli Hyksos gli Egizi apprendono l'uso del cavallo, del carro da combattimento e delle armi in ferro; così nel Regno nuovo (1530-1080), dopo un conflitto trentennale, i faraoni riconquistano il Paese. Sottomettono Etiopia, Palestina, Fenicia, Siria, Babilonia e Assiria. Fermano l'avanzata dell'impero ittita nella battaglia di Kadesh del 1275, con cui si pone fine a una lunga serie di guerre tra i due regni.

Dal 1375 al 1350 il faraone Amenofi IV tenta d'imporre un culto monoteistico, che però non sopravvive alla sua morte, a causa dell'ostilità del potente clero politeista. È probabile che da questa riforma fallita sia nato il tentativo di proseguirla, da parte di Mosè (sacerdote egizio) col popolo d'Israele, che non uscì dall'Egitto in maniera pacifica.

Nel 663 la capitale Tebe viene conquistata dagli Assiri, sicché nella Bassa epoca (663-525) i faraoni rinunciano alle conquiste, limitandosi a promuovere un'intensa attività commerciale con Greci e Fenici. I Filistei sottraggono all'Egitto la Palestina. Nel 525 i Persiani di Cambise uccidono in battaglia il faraone Psammetico III, riducendo l'Egitto a una loro provincia. Quando nel 331 Alessandro Magno, conquistando l'impero persiano, giunge in Egitto, viene accolto come liberatore e fonda la nuova capitale Alessandria. Alla sua morte l'immenso impero da lui conquistato viene diviso tra i suoi generali: Tolomeo ottiene l'Egitto, che includeva la Palestina e la Siria. L'indipendenza verrà definitivamente persa con l'arrivo dei Romani.

L'antropologia strutturale di Lévi-Strauss

Limitatamente a un discorso introduttivo sul ruolo colonialistico dell'antropologia borghese, occorre spendere due parole anche sulla corrente strutturalistica di Claude Lévi-Strauss, non perché oggi risulti essere un "classico", quanto perché, nell'arco della lunga vita di questo ricercatore, che ha avuto esperienze dirette del mondo primitivo, la sua opera è diventata monumentale.

Ormai è assodato che tutte le sue analisi poggiano su varie fonti: la linguistica strutturale di Roman Jakobson (che ha mostrato, fra le altre cose, come i costituenti di base del linguaggio umano sono appaiati in gruppi di due: sonori/sordi, gravi/acuti ecc.), la cibernetica di John von Neumann e l'algebra di George Boole (quest'ultimo perché cercava una prova scientifica della cosiddetta "unità psichica universale"), la semiologia saussuriana (che poneva una complementarità tra significante e significato e definiva l'unità minima del suono linguistico, non ulteriormente scomponibile), e la tradizione sociologica di Émile Durkheim (laddove soprattutto questi parla di "rappresentazioni psichiche collettive", di "indagine empirica" della realtà da esaminare, di stretta correlazione tra fatti sociali, di approccio il più possibile distaccato da parte dell'osservatore, onde evitare l'interferenza dei suoi preconcetti). Il suo modello di antropologo sul campo era quello di Franz Boas.

A partire dalle considerazioni di M. Mauss sul dono egli sviluppa una teoria generale della comunicazione basata su tre piani: scambio delle donne tra i gruppi (relazioni parentali, esogamia), comunicazione dei messaggi linguistici (mitico-totemici), scambio di beni e servizi (economia). Il suo saggio sulle *Strutture elementari della parentela* (1949) lo portò improvvisamente alla ribalta. Egli identifica nella proibizione dell'incesto e nell'esogamia (matrimonio con individui esterni alla propria famiglia) le costanti universali che segnano il passaggio dal puro stato di natura a una società umana organizzata che si relaziona con l'esterno, con l'altro da sé. La proibizione dell'incesto è dunque il passo fondamentale grazie al quale, per il quale, e soprattutto nel quale, si compie il passaggio dalla natura alla cultura. In un certo senso essa appartiene alla natura, giacché costituisce una condizione generale della cultura (di qui il suo carattere di universalità). Ma in un altro senso essa è già cultura che agisce e impone la propria regola in seno a fenomeni di tipo naturale, indipendenti dalla cultura.

Quando poi scrive *Antropologia strutturale* (1958), dicendo che l'antropologia occupava un campo della semiologia che la linguistica non aveva rivendicato come proprio, gli si aprirono le porte della carriera accademica. Testualmente scrisse: "la fonologia passa dallo studio dei fenomeni linguistici coscienti a quello della loro infrastruttura inconscia; rifiuta di considerare i termini come entità indipendenti, prendendo invece come base dell'analisi le relazioni tra i termini; introduce la nozione di sistema; infine, mira alla scoperta di leggi generali, sia trovate per induzione, sia dedotte logicamente, il che conferisce loro un carattere assoluto".

Sempre in quest'ultima opera precisa, con una chiarezza cristallina: "Come i fonemi, i termini di parentela sono elementi di significato; anch'essi acquistano tale significato solo a condizione di integrarsi in sistemi; i sistemi di parentela, come i sistemi fonologici, sono elaborati dall'intelletto allo stadio del pensiero inconscio; infine la ricorrenza, in regioni del mondo tra loro lontane e in società profondamente differenti, di forme di parentela, regole di matrimonio, atteggiamenti ugualmente prescritti tra certi tipi di parenti, ecc., induce a credere che, in entrambi i casi, i fenomeni osservabili risultino dal gioco di leggi generali ma nascoste". Cioè in pratica le strutture della parentela assomigliano a quelle linguistiche, in quanto non rappresentano qualcosa di cui si è consci e in cui esiste una possibilità di scelta.

Il metodo dello strutturalismo[82] è applicato anche all'analisi del totemismo (*Totemismo oggi* e *Il pensiero selvaggio* sono del 1962), lasciando capire chiaramente che nell'essere umano vi sono strutture di pensiero che sfuggono allo scorrere del tempo e alla diversità degli ambienti, per cui chiamare "primitivo", in senso sprezzante, il pensiero degli indigeni non ha senso. Il pensiero selvaggio non è il pensiero dei selvaggi, bensì un pensiero non ancora "addomesticato". Si rifà addirittura a Michel de Montaigne[83], a J. J. Rousseau[84] e a H. Bergson per sostenere

---

[82] Attenzione che Lévi-Strauss sentiva di avere qualcosa in comune non tanto con gli strutturalisti più famosi (Althusser, Foucault, Barthes e Lacan), bensì con quelli meno noti: Georges Dumézil e Émile Benveniste.

[83] Lévi-Strauss rimase positivamente colpito da un passaggio dei *Saggi* nei quali Montaigne descrive i selvaggi della costa brasiliana mentre si cibano delle carni dei loro nemici. Montaigne li giudica superiori ai fanatici europei, protagonisti delle guerre di religione, che uccidono i nemici e li tagliano a pezzi non per mangiarne la carne, ma per gettarla in pasto ai maiali.

[84] Giudicava Rousseau profetico per la moderna linguistica strutturale, in quanto aveva capito che la principale condizione per identificarsi con gli altri è la *compassione* (*pitié*), il solo mezzo affettivo e intellettuale insieme. Intellettuale perché, se possiamo identificarci con chi è diverso da noi, allora possiamo anche distinguerci.

questa tesi. Gli indigeni hanno semplicemente un pensiero "concreto", "sensibile", che nell'uomo occidentale è stato subissato da quello logico-razionale. Sono due modi diversi di vedere la realtà, ma non si possono mettere delle gerarchie di valore, come facevano p.es. J. G. Frazer o L. Lévy-Bruhl.

Secondo Lévi-Strauss il linguaggio, nella sua essenza, nella sua capacità d'essere simbolico-evocativo, nella sua logica di fondo, non può aver subìto alcuna vera evoluzione, ma deve essere venuto alla luce tutto in una volta. Semmai è stata la conoscenza a mettersi in moto lentamente. Gli animali sono enti di natura privi di cultura. Non possono sapere che l'universo è "significativo".[85] L'essere umano è l'intelligenza delle cose, ma queste sono già intelligenti per conto loro, indipendentemente dalla volontà o dalla percezione umana. Tutto ciò l'animale può solo viverlo in maniera istintiva, senza possibilità di violare alcuna legge, come invece può fare l'essere umano a proprio rischio e pericolo. Il quale però è l'unico essere in grado di decifrare l'essenza della natura.

In tal senso i primitivi hanno lo stesso pensiero logico dei moderni, proprio perché la capacità d'essere razionali appartiene all'essere umano in quanto tale. Essi non stanno in via di mezzo tra natura e civiltà o tra animali e umani. Non sono esseri pre-civilizzati o pre-logici. Semplicemente vivono una forma di civiltà diversa da quella moderna.

Tuttavia, a partire da questo momento, invece di arrivare a dire che i moderni sono i veri "barbari", almeno da quando hanno originato formazioni sociali antagonistiche, invece di dire che la logica occidentale basata sul sillogismo è del tutto formale e astratta[86], invece di approfon-

---

[85] L'intero universo – semplificando al massimo la sua "significatività" – sembra essere sostenuto da poche forze fondamentali: gravitazionale, elettromagnetica e nucleare (forte e debole). La legge basica è la *sinergia*, nel senso che ogni singola cosa è connessa a un tutto, il quale, proprio per questa ragione, rivela una certa razionalità. Materia ed energia sembrano essere due facce di una stessa medaglia, essendo tra loro perfettamente complementari. Spazio e tempo sono del tutto relativi, contestuali all'osservatore.

[86] Infatti in una comunità autogestita l'identità si confonde continuamente con l'alterità e l'io è inconcepibile senza il noi. Né ha senso dire, alla maniera hegeliana, che la tesi "produce" la propria antitesi, da mediarsi in una sintesi superiore. E tanto meno ha senso pensare a un'antitesi del tutto irriducibile alla tesi che le sta di fronte, in grado di mettere in discussione i fondamenti del suo esistere. L'uomo primitivo, vivendo a stretto contatto con la natura, ha bisogno di affidarsi con sicurezza alla "Madre Terra". Non può esserci un'antitesi alla natura, nei cui confronti la comunità ha un atteggiamento di riconoscenza. L'unica antitesi possibile è soltanto una prova da superare per passare da una condizione esistenziale a un'altra. Quando c'erano rivalità tra tribù limitrofe, non si arrivava mai alla guerra di sterminio, anche perché in tutte le tribù vigeva l'esogamia, ed era

dire storicamente il mondo primitivo, al fine di capire quanto il loro stile di vita dipenda davvero da strutture mentali predefinite o anche da condizionamenti sociali (dovuti p.es. al colonialismo europeo), Lévi-Strauss inizia a dedicarsi allo studio della mitologia primitiva, nella speranza di poter approfondire l'idea di "strutture psichiche e mentali inconsce", strutturalmente predefinite. Un tema, questo, che sul versante psichico si ritrova in Freud[87] e Jung, mentre su quello cognitivo è tipico della prima *Critica* kantiana.

Il presupposto da cui parte è del tutto formale, checché lui stesso abbia più volte affermato che lo strutturalismo non era un formalismo[88]: ogni esperienza è caratterizzata da una struttura logica, condizione della sua conoscibilità, anche se questa si forma in maniera per lo più inconscia. Tale struttura è formata da coppie di opposti che interagiscono tra loro, creando un equilibrio. L'opposizione binaria è rappresentabile algebricamente e, nella sua struttura, resta invariabile nel tempo e nello spazio.

Gli studi sul mito sono enormi: i quattro volumi di *Mitologica* I

---

sempre possibile lo scambio dei doni e il baratto del surplus.

[87] In *Psicologia delle masse e analisi dell'Io* Freud fa capire che il "mentale" è fin dal principio già "sociale", per cui i costrutti culturali si sviluppano secondo regole universali insite nel funzionamento della mente e condizionano il rapporto di questa con la realtà.

[88] Secondo lui la differenza principale tra le due correnti di pensiero stava unicamente nel fatto che lo strutturalismo non opponeva il concreto all'astratto, assegnando a quest'ultimo una posizione di privilegio. Una precisazione insufficiente, con cui non poté certo evitare l'accusa d'essere un formalista solo per aver indirizzato l'oggetto dell'analisi strutturale dalla grammatica e dai testi letterari ai miti e alle relazioni parentali dei primitivi. Di fatto tra il formalismo di V. Propp (applicato alle fiabe) e lo strutturalismo di Lévi-Strauss (applicato ai miti) le differenze sono minime: il che non vuol dire che Propp abbia influenzato Lévi-Strauss, anche se la pretesa, dell'uno e dell'altro, di aver individuato un archetipo di tutte le fiabe e un archetipo di tutti i miti era la stessa. Propp, peraltro, si era messo a studiare le fiabe perché per interpretare i miti, giudicati più importanti, riteneva indispensabile un'analisi storica della popolazione che li aveva prodotti: cosa che, per sua stessa ammissione, andava oltre le sue competenze. Persino nell'analisi delle fiabe popolari diceva d'essersi limitato a un approccio morfologico proprio perché non aveva elementi sufficienti per collegarle alle tradizioni contadine. Per Lévi-Strauss invece le fiabe non erano altro che miti in miniatura, con opposizioni binarie più deboli e con contenuti più etici che metafisici. In questa maniera saltava a piè pari l'esigenza di un'analisi storica, che ha sempre ritenuto irrilevante, in quanto si accontentava di un approccio diretto con le comunità indigene ancora viventi. Il che lo portava a dire, in maniera illusoria, che nei miti forma e contenuto coincidono.

(*Il crudo e il cotto*, 1964), II (*Dal miele alle ceneri*, 1966), III (*L'origine delle buone maniere a tavola*, 1968) e IV (*L'uomo nudo*, 1971), detti "grandi Mitologiche", cui seguiranno altri tre volumi, detti "piccole Mitologiche" (1976, 1985, 1991), rappresentano la più grande valorizzazione, mai tentata prima, del patrimonio culturale delle piccole e minacciate società di cacciatori e raccoglitori dell'Amazzonia. Prima di questi lavori non veniva riconosciuta ai miti primitivi una struttura logica; anzi, venendo giudicati per lo più incomprensibili, a causa delle loro astruserie, generalmente venivano trascurati dagli antropologi.[89]

Lévi-Strauss fa capire chiaramente che l'analisi del mito può procedere come quella del linguaggio, nel senso che le unità semantiche separate a base ricorrente (mitemi) acquistano una super-significazione solo quando vengono combinate alla fine dell'analisi. Ciò che più importa è capire le regole di trasformazione e combinazione dei vari mitemi. Il modello usato per riunificare le suddette unità è diverso da quello per selezionarle: questo perché ogni mito possiede più significati (linguistici e meta-linguistici), anzi, possono esistere più versioni dello stesso mito, da considerarsi tutte valide, proprio perché il mito non è collegato alla storia (semmai il mito di una tribù può essere collegato a un mito di una tribù limitrofa).

La struttura del mito ha una dialettica simile a quella hegeliana di tesi-antitesi-sintesi, al punto che non sono i singoli termini che contano, ma le relazioni tra loro. Bisogna solo cercare di capire quali sono gli elementi di opposizione e di mediazione. Il mito ha lo scopo di rendere accettabile una realtà contraddittoria. "I miti – afferma Lévi-Strauss – non ci dicono nulla che ci informi sull'ordinamento dell'universo, sulla natura del reale, sull'origine dell'uomo o del suo destino. Non possiamo sperare da essi nessuna concessione metafisica [...]. Per contro, i miti ci insegnano tante cose sulle società da cui provengono, ci aiutano a evidenziare il meccanismo più profondo del loro funzionamento, chiariscono l'esistenza di credenze, costumi, istituzioni di cui non riuscivamo in un primo momento a comprendere la connessione; infine, ed è la cosa più importante, ci permettono di cogliere certe modalità operative dello spirito, così stabili nel corso dei secoli e così generalmente diffuse per vastissime zone da potersi considerare basilari" (*L'uomo nudo*, ed. Il Saggiatore, Milano 1974).

Lévi-Strauss era in grado di stabilire, analizzando varie centinaia di miti, la logica delle loro *qualità sensibili* (crudo/cotto, fresco/putrido ecc.), la logica delle loro *forme* (vuoto/pieno, contenente/contenuto), la

---

[89] I primi studi sulla mitologia indoeuropea sono invece del 1929 (Georges Dumézell).

logica delle loro *relazioni* (congiunzione/disgiunzione), nonché il principio di *trasformazione*, che permette di collegare il mito a tutta una serie di versioni antecedenti o a un insieme di versioni estranee, attraverso una serie di operazioni formali (omologia, simmetria, inversione, correlazione, isomorfismo). Un lavoro assolutamente incredibile, non meno faticoso di quello che fece Kant nella prima *Critica*, quando andò a cercare le regole formali del pensiero logico, indipendenti dalle circostanze di spazio-tempo. Lévi-Strauss diceva che l'attività mentale è determinata da costrizioni indipendenti da qualunque infrastruttura materiale, anche se quest'ultima può decidere il contenuto specifico da comunicare. In effetti nella sua antropologia si ha sempre l'impressione che egli usi determinate categorie alla maniera kantiana ma mettendole in relazione tra loro alla maniera hegeliana.

A detta di Lévi-Strauss, la struttura di un mito non è molto diversa da quella delle fiabe analizzate da Propp.[90] Vi è una situazione di partenza abbastanza statica, che in un passaggio successivo si complica, fino a creare una crisi che rischia di bloccare il processo, essendo gli elementi opposti apparentemente inconciliabili. Ma poi avviene il colpo di scena finale, in cui tutto si ricompone. La struttura formale è qualcosa di oggettivo: 1) sta nella classificazione della tipologia degli elementi opposti, 2) rimane inalterata a dispetto di tutte le traduzioni che si possono fare; 3) non può essere interpretata in chiave psicologica, cioè soggettiva, né in chiave meramente sociologica, poiché la compatibilità tra le strutture è un presupposto di partenza, non qualcosa che potrebbe anche non verificarsi. La raffigurazione plastica ch'egli fornisce per spiegare il mito è quella della struttura a sfoglie, che viene in superficie a mo' di spirale, attraverso un processo di ripetizione in cui gli elementi fondanti possono cambiare, ma sempre in maniera concatenata. Cosa poi un mito dica, sul piano del contenuto, interessa poco a Lévi-Strauss, anche perché gli argomenti trattati tendono a ripetersi: per es. il divieto dell'incesto, la necessità umana di uccidere l'animale, la presenza di elementi opposti nel mondo, la fine delle persone morte, il ruolo della foresta, l'origine dell'universo, come si diventa adulti (prove da superare, riti di iniziazione, circoncisione...).

Non mancarono tuttavia le critiche, e proprio in relazione al metodo usato.[91] Anzitutto gli si fece notare che gli elementi contraddittori

---

[90] In realtà il semiologo lituano A. J. Greimas, che aveva lavorato sui miti dei Bororo, dirà che Lévi-Strauss aveva dato di Propp una lettura molto parziale.

[91] Per capire i limiti dell'approccio ermeneutico di Lévi-Strauss nei confronti dei miti è sufficiente leggersi il libro a più voci curato da E. Leach, *Lévi-Strauss. Strutturalismo del mito e del totemismo*, ed. Newton Compton, Roma 1975.

che egli aveva pensato di individuare nei miti, in realtà, essendo scontata, nella sua analisi, la loro ricomposizione, apparivano come dei semplici "contrari". Cioè dall'analisi di Lévi-Strauss non si riesce a capire quando il mito esprime una contraddizione reale, irriducibile; questo perché il mito, secondo l'antropologo, doveva servire per escluderla o rimuoverla. Sicché "contrario" e "contraddizione" sono mescolati in modo arbitrario, e in definitiva prevale sempre il primo termine. Se lo scopo del mito è quello di fornire un modello logico in grado di superare una contraddizione reale, bisogna però aggiungere che tale contraddizione, nell'analisi di Lévi-Strauss, non è possibile individuarla, resta indecifrabile, poiché egli dà per scontato che la funzione del mito sia semplicemente quella di proporre un superamento dell'antitesi reale in chiave linguistico-formale (*coincidentia oppositorum*).

Il rischio, nella sua analisi, è quello di rinchiudersi in un atteggiamento "autospiegante e autogiustificante", come è stato detto da K. Burridge nel libro citato di E. Leach. "Il metodo di Lévi-Strauss sembra imporre un'uniformità falsa al materiale, poiché l'ordine non scaturisce dall'incontro fra ricercatore e dati, ma dalle categorie di un sistema chiuso, che non può ammettere ulteriori possibilità" (p. 149).

D'altra parte Lévi-Strauss non si chiede mai quando un mito possa essere nato, in quale condizione storico-sociale (se comunistica, schiavistica, feudale o borghese-coloniale), né che cosa possa averlo generato, e neppure se in esso siano presenti degli sviluppi che riflettono il passaggio da una formazione sociale a un'altra. Al massimo arriva a sostenere che gli elementi inspiegabili di un mito si possono chiarire nell'analisi di altri miti, appartenenti alla stessa tribù o a una limitrofa. Quanti più miti si possono esaminare, tante più possibilità vi sono di comprendere gli elementi apparentemente inspiegabili. Il contenuto di un mito (il suo messaggio) può essere sviscerato solo dopo aver chiarito la sua ossatura (gli elementi costanti) e il suo codice (l'interrelazione tra gli elementi costanti). Le cose si trasformano sulla base delle opposizioni di vita (o di nascita) e morte, fuoco e acqua, Sole e Luna, luce e buio, maschio e femmina, alto e basso, e così via, sempre alla ricerca di una mediazione soddisfacente.

Tali limiti storiografici rendono arbitraria la ricostruzione logica della struttura di un mito. E diventa tanto più arbitraria quanto più un determinato mito viene analizzato nel suo passaggio da una popolazione a un'altra. È assai dubbio che in tali passaggi non venga snaturata l'essenza originaria di un mito, cioè che si sia in presenza di una semplice espressione di una medesima essenza in forme diverse.

Lévi-Strauss ha la pretesa di rendere intellegibile un mito spezzandolo in unità semantiche, basate sull'opposizione di elementi contrari, oggettivamente riconoscibili e definite con precisione, salvo poi dire, non avendo interesse per alcuna analisi storica, che i miti hanno significati molteplici, dovuti al fatto che delle loro origini ancestrali non hanno piena consapevolezza neppure gli stessi indigeni, i quali li accettano così come sono, eventualmente aggiungendo delle varianti. Il che è sicuramente vero, ma proprio per questo un antropologo dovrebbe sapere che se un mito si esprime in una forma linguistica, non è riducibile a una mera analisi di questo tipo, anche perché non è possibile capire con sicurezza quale delle singole unità che lo compongono debba essere considerata prioritaria sulle altre.

Decostruirlo in tante unità semantiche, come se fosse un componimento poetico o prosastico o la struttura di un brano musicale, significa perdere buona parte del suo significato complessivo: il tutto, in un mito, resta sempre di molto superiore alla somma delle singole parti. Dire che le strutture di un mito sono composte da opposizioni e mediazioni non è dire *cosa* sono le strutture, quale sia la loro origine sociale e culturale. È dire soltanto che ci sono delle "strutture", ma questo è normale nel linguaggio umano. Anche un folle si esprime in maniera "logica". Non si può restare stregati di fronte alle infinite possibilità del linguaggio, tanto più che nelle comunità primitive esisteva soltanto la comunicazione orale dell'esperienza.

Ecco perché non ha alcun senso cercare nei miti degli elementi costanti o comuni, per poi mescolarli in uno shaker, finalizzato a produrre un cocktail sufficientemente logico. Così facendo, si finisce con l'essere intrappolati in un gioco a specchi, in cui un'immagine rimanda a molte altre, senza che si sia in grado di dire quale sia quella autentica. Dopodiché è vano sostenere che la propria antropologia non ha nulla a che fare con il tema degli "archetipi universali" dello psicanalista C. Jung, temendo di non potersi sottrarre all'accusa di aver voluto rendere universali delle categorie inconsce che in realtà appartengono alla cultura occidentale.

Un mito può avere qualunque significato per l'antropologo contemporaneo, non potendolo conoscere direttamente da chi l'ha formulato e avendo informazioni limitate da parte di chi l'ha conservato e divulgato (peraltro oralmente, nel caso degli indigeni). Ricordiamo tutti quando, da bambini, giocavamo al "telefono senza fili", quale stranissima frase l'ultimo componente della cordata diceva ad alta voce, dopo che il primo l'aveva sussurrata all'orecchio del secondo, questi al terzo e così via. Non solo, ma è difficile pensare che un occidentale, così "avanzato" nella sua cultura scientifica, possa comprendere il significato di un mito nato in un ambiente tribale. Per quanto tempo la Chiesa cristiana ha ritenuto che Adamo ed Eva fossero dei personaggi reali? O che fosse veridica la descrizione della nascita dell'universo riportata nella Genesi? Ancora oggi non ha dubbi nel sostenere che tutti i miracoli attribuiti a Gesù Cristo siano autentici.

Che le religioni facciano parte di una visione mitologica della realtà è ben visibile nell'idea favolistica che hanno dell'eroe, preposto a sacrificarsi romanticamente per il bene del suo popolo, nella convinzione che per risolvere i problemi dei conflitti sociali non vi sia altro modo che l'autoimmolazione. Un'idea basata sulla convinzione, del tutto moralistica e illusoria, che vedendo morire in questa maniera un'eroe positivo, innocente, intelligente, i protagonisti del "male" diventeranno migliori, si pentiranno del male compiuto.

Tuttavia, più che affrontare problemi del genere un antropologo dovrebbe cercare di comprendere lo *sfondo storico-sociale-culturale* in cui un mito tribale si è formato (sempre che la comunità indigena glielo permetta). Di sicuro non si può risalire alla comprensione della vita di una tribù analizzandone i miti: semmai si dovrebbe fare il contrario. Non c'è sincronia autentica senza adeguata diacronia. I miti non possono essere analizzati come strutture a-temporali solo perché contengono elementi formali o funzionali che si ripetono in decine o anche centinaia di miti. Se si prendono tre palline di colore diverso e le si mettono in file in cui le combinazioni di colore sono diverse, ad un certo punto le combinazioni finiscono. Ma questo non vuol dire che il significato del mito stia in una di quelle combinazioni, e neppure nel loro elenco complessivo. E non è che le probabilità di una corretta ermeneutica aumentino, aumentando il numero di palline di colore diverso. Questo, poi, senza considerare che resta alquanto dubbio che Lévi-Strauss abbia davvero fatto un favore ai primitivi dicendo che il loro pensiero assomiglia, più o meno, a quello dei popoli "civilizzati".

Esistono motivazioni altamente drammatiche sottese alla elaborazione dei miti, i quali hanno proprio lo scopo di ridurne la gravità. I miti sono operazioni intellettualistiche che in genere vengono compiute quando il peso delle contraddizioni sociali si fa eccessivo e non si sa come risolverlo praticamente. I miti servono appunto per illudersi che si possano risolvere gli antagonismi non socialmente, bensì intellettualmente: in tal senso rappresentano una soluzione mistificata di un problema reale, di natura piuttosto seria. È difficile comprenderli se non vengono contestualizzati nelle loro coordinate storico-culturali.

Anche i bambini possono dare delle spiegazioni consolatorie di tipo fantastico ai loro problemi irrisolti. Ma per poter capire che le spiegazioni non hanno alcunché di reale, non basta avere un atteggiamento logico-razionale. Bisogna anche capire tutta la natura dei problemi irrisolti. Un mito non è come un puzzle di cui abbiamo tutte le tessere per poterlo ricostruire. Ci rimane in mano sempre qualche tessera che non si incastra da nessuna parte, e non è detto che queste tessere in più abbiano meno importanza di quelle che abbiamo già diligentemente collocato.

Nell'interpretare alcuni miti del mondo greco ho dovuto assumere, per poterci capire qualcosa che non fosse di una banalità sconcertante, un atteggiamento che considerasse in maniera rovesciata il significato ch'essi volevano trasmettere. I protagonisti che vincono in una determinata contesa ho finito col considerarli gli elementi eticamente peggiori del racconto, anche se nella mente dell'autore di quei testi dovevano apparire quelli più eticamente convincenti. I miti servono per falsificare la realtà, edulcorandola, stravolgendola, mistificandola in qualche sua parte. Che lo si faccia inventandosi le cose di sana pianta o manipolando degli eventi reali, non cambia molto la sostanza delle cose.

Un mito non esprime mai la vera o l'intera cultura di una popolazione, ma soltanto la presenza di una cultura che si dà spiegazioni parziali a problemi di natura complessa e altamente drammatica. Altrimenti non sarebbero tali, ma fiabe, favole, massime filosofiche, aneddoti o proverbi popolari, parabole ecc. Sono come una valvola di sfogo, usata nella speranza che la pentola a pressione non scoppi.

Semmai si potrebbe dire che anche nelle culture tribali, pur non conoscendo esse il regime schiavistico, si è vissuto, con un certo pathos, il momento del distacco dal regime delle foreste, dal primordiale comunismo egualitario. Si è percepita questa transizione con una certa sofferenza e si è cercato di renderla meno dolorosa possibile. Si potrebbe in sostanza sostenere che là dove sono presenti dei miti formalizzati, istituzionalizzati, come facenti parte di una cultura condivisa, lì è presente anche una comunità che ha vissuto con drammaticità le proprie contraddizioni sociali, nei confronti delle quali non è stato possibile trovare soluzioni soddisfacenti, se non appunto a livello mitologico, che però è puramente fittizio. In ogni caso, per capire davvero qualcosa dei miti di una tribù, bisognerebbe, come minimo, appartenervi per alcuni anni, spogliandosi di tutto il proprio background culturale, ivi inclusa la mania di "scrivere" le esperienze che si vivono.

Tuttavia, a Lévi-Strauss affascinava proprio l'aspetto "astratto" dei miti, il loro livello metafisico, espresso in maniera simbolico-metaforica, che giudicava sofisticato, più che poetico, molto evocativo e niente affatto "primitivo". Non pochi critici però sottolinearono che egli sapeva pochissimo delle tribù di cui prendeva in esame i miti: stava con loro solo pochi mesi, avendo però cura di scrivere copiosi libri. I più maliziosi arrivarono a dire ch'egli preferì esaminare i miti ancestrali dei mondi extraeuropei nella speranza di non essere contraddetto nelle sue interpretazioni forzose, unilaterali. Da notare che una volta disse (lui che proveni-

172

va da un'agiata borghesia ebraica di origine belga) di non aver voluto prendere in esame i miti della cultura cui apparteneva (nonostante il professato ateismo) proprio perché della storia degli Israeliti, secondo lui, non si sapeva abbastanza!

C'è da dire che in questo atteggiamento intellettualistico egli rifletteva un trend comune a tutti gli antropologi del suo tempo. Si presentavano a una determinata tribù come degli estranei, dei ricercatori isolati, pagati da qualche istituzione prestigiosa, latori di esigenze personali, di cui la comunità non avrebbe saputo cosa fare, ma a cui non avrebbe potuto opporre la benché minima resistenza, essendo oppressa da un regime coloniale da parte di qualche madrepatria europea.

Si dice che Lévi-Strauss abbia contribuito a relativizzare l'importanza della cultura occidentale, a valorizzare le culture primitive, a mostrare che i meccanismi che fanno funzionare tutte le culture umane, di ogni tempo e luogo, sono fondamentalmente gli stessi, in quanto appartenenti inconsciamente all'homo sapiens. Tutto ciò è senz'altro vero, ma è anche vero che, nonostante i suoi studi e quelli di tanti altri antropologi, l'occidente ha continuato a sterminare le comunità indigene, cioè non ha mai smesso di comportarsi in maniera colonialistica. Alla fin fine questi ricercatori hanno usato le tradizioni primitive solo per la loro carriera professionale.

Con questo ovviamente non si chiede agli antropologi di diventare dei "politici", di mettersi quotidianamente alla ribalta per difendere la causa delle ultime comunità indigene rimaste (soprattutto di quelle incontattate), mostrando che il loro stile di vita è l'unico davvero eco-compatibile. Magari lo facessero! Sarebbe in realtà sufficiente che riuscissero a scoprire, nelle società borghesi in cui vivono, quando nella cultura di queste società si assumono atteggiamenti "mitologici" nei confronti delle soluzioni di certi gravi problemi. Per es. affidare a un "duce" la soluzione degli antagonismi sociali riflette forse una posizione "razionale"? Non sarebbe forse sufficiente far capire che non si può assumere una posizione "mitologica" nei confronti degli stessi miti?

Lo strutturalismo in antropologia è stato importante in quanto ha fatto capire che nell'analisi delle comunità primitive bisognava partire dalle funzioni condivise dal collettivo locale, e che i ruoli soggettivi, presenti anche nei miti, hanno un ruolo del tutto secondario. Ha fatto anche capire, analogamente al marxismo, che dopo Hegel parlare ancora di filosofia dal punto di vista filosofico non ha alcun senso. Tuttavia a questa scienza è mancato l'aspetto politico e l'analisi storica. Le comunità primitive andavano in realtà difese contro il colonialismo e persino considerate come dei modelli praticabili da chi vuole uscire dal concetto di "civiltà": questo lo strutturalismo non l'ha mai fatto. Anzi, Lévi-Strauss ha sempre

173

dato per scontato che le comunità indigene sarebbero, prima o poi, scomparse dalla faccia della Terra, facendo così assomigliare le sue lacrime, in *Tristi Tropici*, a quelle di un coccodrillo.

Testi di C. Lévi-Strauss

Il crudo e il cotto, ed. Il Saggiatore, Milano 2016.

Mito e significato. Cinque conversazioni, ed. Il Saggiatore, Milano 2016.

La linguistica e la scienza dell'uomo. Mito e significato (con R. Jakobson), ed. Il Saggiatore, Milano 2011.

La via delle maschere, ed. Il Saggiatore, Milano 2016.

Antropologia strutturale, ed. Il Saggiatore, Milano 2015.

Il pensiero selvaggio, ed. Il Saggiatore, Milano 2015.

Tristi Tropici, ed. Il Saggiatore, Milano 2015.

L'uomo nudo, ed. Il Saggiatore, Milano 2008.

Le strutture elementari della parentela, ed. Feltrinelli, Milano 2003.

Razza e storia-Razza e cultura, ed. Einaudi, Torino 2002.

Strutturalismo del mito e del totemismo, ed. Newton Compton, Roma 1975.

Il totemismo oggi, ed. Feltrinelli, Milano 1991 (ed. Et al., Milano 2010).

La vita familiare degli indiani Nambikwara, ed. Einaudi, Torino 1982.

Primitivi e civilizzati. Conversazioni con Georges Charbonnier, ed. Rusconi, Milano 1997.

Dal miele alle ceneri, ed. Il Saggiatore, Milano 2008.

Le origini delle buone maniere a tavola, ed. Il Saggiatore, Milano 2010.

Lo sguardo da lontano, ed. Il Saggiatore, Milano 2010.

Da vicino e da lontano (con Didier Eribon), ed. Rizzoli, Milano 1988.

Parole date. Le lezioni al College de France e all'Ecole pratique des hautes etudes, 1951-1982, ed. Einaudi, Torino 1992.

La vasaia gelosa. Il pensiero mitico nelle due Americhe, ed. Einaudi, Torino 1987.

Storia di Lince. Il mito dei gemelli e le radici etiche del dualismo amerindiano, ed. Einaudi, Torino 1993.

Guardare ascoltare leggere, ed. Il Saggiatore, Milano 2001.

Babbo Natale giustiziato, ed. Sellerio, Palermo 1995.

Tropici più tristi. Conversazione con Veronique Mortaigne, ed.

Nottetempo, Roma 2005.

L'identità. Seminario diretto da Claude Lévi-Strauss, ed. Sellerio, Palermo 1980.

Da vicino e da lontano. Discutendo con Claude Lévi-Strauss, ed. Rizzoli, Milano 1988.

Lezioni giapponesi. Tre riflessioni su antropologia e modernità, ed. Rubbettino Editore, Soveria Mannelli (CZ) 2010.

L'altra faccia della luna. Scritti sul Giappone, ed. Bompiani, Milano 2015.

Siamo tutti cannibali, ed. Il Mulino, Bologna 2015.

La sociologia francese, Mimesis Edizioni, Milano 2014.

Dentro il pensiero selvaggio. L'antropologo e i filosofi (con M. Hénaff), Medusa Edizioni, Milano 2013.

L'antropologia di fronte ai problemi del mondo moderno, Bompiani, Milano 2017.

Lettere ai genitori (1931-1942), ed. Il Saggiatore, Milano 2018.

L'antropologia religiosa di Lévy-Bruhl

Di Lucien Lévy-Bruhl (1857-1939), un filosofo, anzi un sociologo prestato all'antropologia[92], l'unico libro, scritto nel 1931, che ho preso in esame è *Sovrannaturale e natura nella mentalità primitiva* (ed. Newton Compton, Roma 1973).[93] Devo dire che è più che sufficiente per comprendere la sua antropologia religiosa, che non riesce a sottrarsi ai condizionamenti positivistici della sua epoca, se non in un aspetto di tipo *etico*: i primitivi – secondo l'autore – possono svilupparsi come gli occidentali solo se muta il contesto sociale in cui vivono; in attesa che ciò avvenga è del tutto sbagliato utilizzare le rappresentazioni collettive dell'uomo occidentale per interpretare sistemi logico-culturali così diversi dai propri. Le polemiche antimagiche di matrice evoluzionistica non aiutano a comprendere il mondo primitivo.

Egli ha l'impressione che il pensiero primitivo, da lui paragonato a quello dei bambini, sia basato interamente sulla religione e che quindi tutta la realtà non venga collegata a cause reali (o "seconde"), di origine fisica chimica biologica, ma pensata come l'insieme degli effetti di una causa divina o magica, intesa come "causa prima", che rende irrilevante l'idea di distinguere il possibile dall'impossibile. Insomma, per pigrizia intellettuale o a causa delle scarse motivazioni offerte dall'ambiente, gli indigeni sono privi di "logica". Il loro pensiero è "prelogico" (mistico), in quanto ignora i princìpi aristotelici basati sull'identità, la non-contraddizione e la causalità; inoltre non sa distinguere chiaramente la parte dal

---

[92] I suoi iniziali interessi filosofici lo portarono dapprima verso Kant (*L'idea di responsabilità*, del 1884), in seguito verso Jacobi, nella ricerca del valore delle facoltà extra-razionali dell'uomo, e verso il positivismo di Comte per cercare una connessione tra filosofia e scienza, che poi riuscì a trovare nella spiegazione sociologica di Durkheim, anch'egli di origine ebraica, come lo sarà poi un altro grande etnologo francese, Lévi-Strauss. Tuttavia a livello autobiografico egli ammise il proprio debito nei confronti di Spinoza e Hume, dei quali apprezzava l'esigenza di trovare un punto d'incontro tra ragione e passioni. Egli non vide mai una tribù primitiva coi propri occhi, ma si limitò a leggere le relazioni di vari etnologi: M. C. Schadee, J. H. Hutton, K. Rasmussen, E. Best, J. P. Mills...

[93] Di lui si possono leggere anche *La mentalità primitiva*, CDE, Milano 1991; *L'anima primitiva*, ed. Bollati Boringhieri, Torino 1990; *La mitologia primitiva*, ed. Newton Compton, Roma 1973; *Psiche e società primitive*, ed. Newton Compton, Roma 1970; *I quaderni*, ed. Einaudi, Torino 1952. *L'esperienza mistica e i simboli presso i primitivi*, *Le funzioni mentali delle società inferiori*, *La morale e la scienza dei costumi* non sono stati ancora tradotti in italiano.

tutto, in quanto la parte può assumere la funzione dell'intero. Essi non hanno un'idea precisa neppure dell'individualità, poiché si sentono parte del gruppo in cui vivono.

Detto altrimenti: le rappresentazioni collettive dei primitivi sono dominate da una sorta di "fluidità", e hanno alla base quella che Lévy-Bruhl definisce "legge di partecipazione". Secondo tale legge, lo stato mentale dei primitivi è caratterizzato da un'estrema intensità emozionale che induce a una costante partecipazione mistica con l'universo. Il primitivo "sente" ciò che lo circonda come attraversato da una forza numinosa fluida, fisica e psichica. I confini che nel nostro mondo isolano nettamente l'uomo dall'ambiente esterno, la natura dalle forze soprannaturali, lo stato di veglia dallo stato di sogno, nel mondo primitivo sono estremamente labili o inesistenti. Dunque la mentalità primitiva, più che rappresentare l'oggetto, lo vive e ne è posseduta. Anche la personalità è rappresentata come "energia", qualitativamente identica a quella che promana dagli animali, dalle piante e dalle cose, e i suoi limiti sono considerati evanescenti, tanto che l'identità personale non è incompatibile con la dualità o la pluralità delle persone: si può essere qui e altrove, se stessi e qualcos'altro. I concetti di tempo e spazio sono assolutamente relativi. Anche nel modo di calcolare sono approssimativi: non usando i numeri come gli occidentali, preferiscono affidarsi a espressioni generiche, come "molti, un sacco, parecchi", oppure usano immagini concrete, come "i capelli della testa", "le stelle del cielo", "i granelli di sabbia". D'altra parte in un mondo dove la matematica non serve per dominare, a che pro contare?[94]

Queste tesi, cui resterà fedele per quasi tutta la sua vita, erano già stata elaborate verso il 1910, in polemica con E. Burnett Tylor e J. Frazer, che gli apparivano troppo psicologisti, incapaci di vedere che il carattere prelogico della mentalità primitiva era qualcosa di organico a tutte le comunità indigene, vissuto in maniera collettiva, senza mai essere messo in discussione. L'antropologia borghese, soprattutto con Émile Durkheim, Marcel Mauss e Bronisław Malinowski, contestò le teorie di Lévy-Bruhl, sostenendo l'unità dello spirito umano e la sua omogeneità in tutte le epoche, e mostrando come nella vita quotidiana i primitivi applichino una razionalità pratica simile a quella che governa le azioni di tutti gli uomini della Terra. La forza di tali argomentazioni (che lo accu-

---

[94] Inutile dire che questo modo d'impostare la conoscenza del mondo primitivo venne sfruttato, al tempo dell'autore, da una sfilza di psicologi, psicanalisti e psichiatri per sostenere una certa concordanza tra le forme elementari del pensiero magico e i comportamenti dei pazienti nevrotici e psicotici in cura da loro. Cfr U. Fabietti, *Storia dell'antropologia*, ed. Zanichelli, Bologna 1996, e E. De Martino, *Magia e civiltà*, ed. Garzanti, Milano 1962.

savano di razzismo, lui ch'era di origine ebraica[95]) indusse col tempo Lévy-Bruhl a rivedere in parte le sue posizioni più estreme. Infatti, come si constatò in una serie di quaderni stesi nell'ultimo periodo della sua vita, i *Carnets*, pubblicati postumi nel 1949, egli arrivò a dire che la mentalità mistica è presente in tutti gli esseri umani, persino nelle società occidentali, là dove si crede nei miracoli o negli oroscopi.

In realtà c'era di peggio nelle sue analisi e solo col tempo lo si capì. A Lévy-Bruhl infatti non venne mai in mente né che la religione fosse un aspetto del tutto secondario nella vita dei primitivi (tant'è che l'animismo e il totemismo si limitano a "divinizzare" la natura e non a crearsi della entità astratte ultraterrene, per cui si può tranquillamente dire che i primitivi fossero in realtà "atei"), né che le manifestazioni mistiche potessero essere un riflesso condizionato dal colonialismo europeo, nei cui confronti quelle comunità si sentivano impotenti[96], né che la stessa cultura occidentale non fosse affatto esente da una forma laicizzata del medesimo misticismo, in forza dei successi della scienza e della tecnologia, considerati indiscutibili e venerati come una forza umana divinizzata, né che le rappresentazioni collettive distorte (p.es. razzistiche) sono una caratteristica soprattutto delle società occidentali e non di quelle primitive.

L'autore sostiene che il primitivo, con la sua mentalità mistica, è in grado di spiegarsi ogni fenomeno naturale, per cui, a modo suo, potrebbe anche essere considerato "razionale". Come se il fatto di dare un senso a ogni fenomeno naturale non possa essere un atteggiamento appartenente anche a una persona folle! O, al contrario: come se il fatto di poter capire scientificamente i fenomeni naturali implicasse l'impossibilità ad assumere atteggiamenti irrazionali! L'autore rimase impressionato dal fatto che con una partecipazione emotiva alla cognizione delle cose, il primitivo fosse in grado di conciliare ogni contraddizione. Come se un atteggiamento del genere non caratterizzi tutti i soggetti più discriminati

---

[95] Se c'era del razzismo nelle idee positivistiche di Lévy-Bruhl, era del tutto involontario. Egli infatti simpatizzava per il socialismo riformistico, e lo dimostrò finanziando, nel 1904, la nascita del giornale "L'Humanité", diretto dall'amico Jean Jaurès, e sempre con Jaurès prese pubblicamente le difese di Alfred Dreyfus, accusato di tradimento, e non solo perché era suo parente.

[96] Lévy-Bruhl non fu mai contrario al colonialismo, anzi i suoi testi, scritti in un linguaggio non specialistico, sembrano essere indirizzati proprio agli amministratori coloniali, invitandoli a comprendere le caratteristiche della mentalità primitiva e a non usare le maniere forti per indurre gli indigeni a superarla. Riteneva che la Francia fosse la nazione culturalmente più avanzata del mondo, anche sul piano linguistico, in grado di portare il meglio di sé alle popolazioni colonizzate.

delle civiltà basate sull'antagonismo sociale, i quali s'illudono di poter risolvere tutti i loro problemi senza compiere alcuna rivoluzione politica!

A volte si ha addirittura l'impressione che quando l'autore mostra che al primitivo, nell'ambito dell'approccio magico alla realtà, nulla è impossibile, è come se volesse dire all'uomo civilizzato che, nell'ambito dell'approccio scientifico alla realtà, le speranze di risolvere le contraddizioni sociali sono infinitamente superiori. Dunque se gli uomini primitivi sono felici nella loro ignorante ingenuità, perché mai gli occidentali sono sempre tribolati nella loro sapienza? Per quale ragione la scienza, in occidente, non riesce a risolvere i problemi vitali di tutte le categorie sociali? Forse l'unica risposta ch'egli riuscì a dare a questa domanda si trova nel suo primo libro, *L'idea di responsabilità*, del 1884, che non a caso fu dedicato al Kant più moralista e sentimentale.

Una risposta che ribadì, in chiave sociologica, in un libro successivo, *La morale e la scienza dei costumi*, del 1903. La sociologia deve limitarsi a individuare quali regole di comportamento sono necessarie tanto quanto le leggi di natura. Nel mondo primitivo queste regole sono basate sulla "partecipazione emotiva", che nella cultura occidentale vengono subissate dalla razionalità. L'occidente sembra soffrire di una mancanza di empatia, così ben presente tra le comunità primitive, che però la vivono senza avere cognizione di causa dei fenomeni naturali.

Interessante, sotto questo aspetto, è il fatto che nella sua analisi lo studio dei primitivi viene considerato utile per comprendere l'uomo nelle sue varie sfaccettature culturali, evitando, nel fare ciò, di mettere delle graduatorie di merito, che potrebbero risultare fastidiose a chi non appartiene alla civiltà occidentale. Per lui i primitivi non sono "inferiori", ma "diversi", ugualmente dotati di spirito umanitario. Bisogna solo individuare i meccanismi che tengono in piedi le loro comunità autosufficienti. Tali meccanismi riflettono bisogni collettivi di tipo emotivo. Analisi sui comportamenti individuali non sono pertinenti. "Emotivo" vuol dire che bisogna prendere in esame i miti, i riti, le pratiche magiche, le feste, le credenze mistiche, ecc.

Naturalmente Lévy-Bruhl non può astenersi dal giudicare negativamente il fatto che il primitivo pensa che la credenza in forze "sovrannaturali" possa avere delle ripercussioni reali, fisiche, sulla sua vita quotidiana. Invece di chiedersi che senso abbia credere in un sovrannaturale religioso quando dovrebbe bastare credere nella natura, si meraviglia che i primitivi non riescano a fare differenza tra i due aspetti, e pensa che questa confusione sia determinata dal fatto che sono affetti da "misticismo religioso" e non dal fatto che considerano la Terra come una "Grande Madre". Senza poi considerare che questo atteggiamento "mistico", in forma laicizzata, è possibile, anzi inevitabile, anche nell'ambito del capitalismo, quando si fa dell'imparzialità dello Stato e del diritto, dell'autoregolazione del Mercato, dell'infallibilità della Tecnoscienza, della democrazia parlamentare, delle news dei Media (quando supportate da immagini), della superpotenza distruttiva delle armi nucleari... una rappresentazione di entità "sovrumane", da cui non è possibile prescindere! Non è forse meglio confondere, come fanno i primitivi, ciò che si vede con ciò che non si vede, avendo però cura di non arrivare mai a forme di vita disumane o innaturali? Perché meravigliarsi del fatto che per i primitivi non esiste una linea di demarcazione tra il possibile e l'impossibile, quando con la stessa pretesa noi occidentali abbiamo fatto la rivoluzione tecnico-scientifica devastando l'intero pianeta? Non era meglio credere che quel limite si può superare solo nei sogni (quando è bello volare) o nelle danze estatiche (quando è bello stordirsi)? Che danni avremmo fatto alla natura o alla collettività?

Vi sono dei passi nel suo libro in cui sembra che il primitivo gli piaccia proprio perché, vedendo come coincidenti il reale e l'immaginario, assomiglia a un bambino innocente, puro, con gli occhi aperti sul mondo, tutto da scoprire, un mondo che insieme lo affascina o gli incute paura. L'idea che la mentalità primitiva non si preoccupi affatto di evitare la contraddizione, ma la sussuma in maniera emotiva, considerandola come un dato di fatto, lo intriga. In questa maniera non è affatto indispensabile ch'essa si logicizzi, come nella cultura occidentale. Perché dunque osteggiare la percezione di chi di non sa separare in maniera radicale il naturale dal sovrannaturale? In fondo si tratta soltanto di un modo diverso di guardare la realtà, che certo non può avere la raffinatezza del pensare europeo, anche perché non possiede gli strumenti scientifici adeguati per interpretare i nessi tra i fenomeni, ma che non per questo va ridicolizzato, osteggiato, come invece fanno gli agenti del colonialismo francese.

E pensare che qualunque credente del mondo occidentale, per quanto capace sia di distinguere nettamente la ragione dalla fede, è comunque disposto ad ammettere, nell'ambito della fede (soprattutto se cattolica o ortodossa), qualunque misticismo. Dunque dove sta la differenza nel modo di credere? A ciò si potrebbe aggiungere che nei Paesi protestanti, sebbene la ragione tendenzialmente prevalga sul misticismo, la figura del premier politico è spesso vista con un atteggiamento "mistico" da parte degli elettori, i quali si aspettano che sia in grado di risolvere i problemi più gravi della nazione.

Più interessante però di questi discorsi, il cui moralismo rischia di non portare da nessuna parte, è il fatto che, al dire di Lévy-Bruhl, ciò che i primitivi intendono per "sovrannaturale" non è qualcosa di affine a un "dio" onnipotente e onnisciente, ma a varie entità di forma umana o

180

animale. Un atteggiamento, questo, ch'egli considera inferiore alle teologie razionalistiche sviluppatesi in Europa. In realtà andava considerato superiore, poiché, mentre tutte le teologie, di qualunque confessione, hanno sempre riflettuto gli interessi delle caste o delle classi dominanti, le religioni primitive, invece, generalmente totemico-animistiche, erano espressione di comunità egualitarie, quelle tipiche dei cacciatori-raccoglitori. Non erano animisti perché avevano scarse conoscenze scientifiche della natura, ma proprio perché le loro conoscenze erano il prodotto di sperimentazioni, di "prove ed errori" che si perdevano nella notte dei tempi.

Si può forse dire che le teologie europee, con tutta la loro razionalità, hanno, seppur involontariamente, favorito lo sviluppo delle conoscenze scientifiche della natura? Sì, è possibile dirlo, ma non hanno certamente favorito il recupero delle conoscenze ancestrali della natura che avevano i primitivi. I primitivi non erano privi di teologie perché non avevano "l'idea di un ordine della natura intelligibile" (p. 42), ma perché non avevano conflitti di casta o di classe da giustificare.

Se fosse arrivato a queste convinzioni, l'autore non si sarebbe limitato a dire che la mentalità mistica può caratterizzare, sotto vari aspetti, anche lo stile di vita occidentale, ma sarebbe addirittura arrivato a dire che una formazione culturale che si presume "razionale", come quella europea, non è detto che abbia in sé elementi sufficienti per scongiurare atteggiamenti assolutamente irrazionalistici, come p.es. quelli accaduti durante le due guerre mondiali, di cui la prima vide lo stesso Lévy-Bruhl seguace dell'interventismo.

*

Nell'Introduzione del suddetto libro l'autore afferma che i primitivi "per proteggersi e difendersi posseggono tradizioni trasmesse dagli antenati... in cui hanno fiducia inattaccabile... Non viene loro in mente che una conoscenza più completa o più esatta delle condizioni in cui si esercita l'azione delle potenze invisibili suggerirebbe forse loro metodi di difesa più efficienti" (p. 34).

Che frase sciocca! E per quanti motivi! Che senso ha ritenere "inefficiente" il credere in tradizioni millenarie? Dire che i primitivi, che con tali tradizioni vivono da migliaia di anni (e hanno vissuto in tutta tranquillità fino alla colonizzazione europea), sarebbero molto limitati rispetto agli occidentali, giunti alla scienza più evoluta sin dai tempi della rivoluzione astronomica, non è forse un modo vergognoso, seppure indiretto, di giustificare il colonialismo europeo?

E poi perché dire che i primitivi non sanno cosa si perdono a non avere una scienza come quella occidentale, in grado di dimostrare tecnicamente i propri assunti teorici? Davvero avrebbero potuto vivere migliaia di anni solo in virtù del loro presunto "misticismo"? Non è forse questa, da parte dell'autore, una professione di malcelato razzismo? Il fatto che i primitivi non abbiano dei "dogmi" va considerato una conseguenza della loro natura "emozionale"? La natura, per loro, non va forse rispettata in maniera "dogmatica"? È stato forse un bene per la scienza occidentale assumere atteggiamenti "dogmatici" sulle proprie acquisizioni, mostrando così di non essere molto diversa dalle religioni che combatteva? Ma anche nel caso in cui si volesse fare dell'"emotività" qualcosa di prioritario nel proprio stile di vita (come spesso succede negli artisti), non si rischierebbe, così facendo, di finire nel campo dei dogmatici? E che dire del fatto che proprio l'emotività sia considerata, nelle società opulente, lo strumento principale in campo pubblicitario e per fare della stessa politica una forma di pubblicità?

E poi perché dire che la scienza aiuterebbe i primitivi a capire meglio da dove proviene "l'azione delle potenze invisibili"? Ha forse aiutato la moderna scienza a far diventare "atei" i credenti europei, i quali, non meno dei primitivi, credono nell'azione occulta delle "potenze invisibili" (poche o tante che queste siano)? Il Mercato, lo Stato, il Capitale... non sono forse dei Leviatani invisibili, delle astrazioni intellettualoidi, non meno coercitive di quelle teologiche? La scienza ci ha forse indotti a comportarci in maniera sempre razionale? È davvero giusto sostenere che un qualunque atteggiamento religioso è per sua natura tendente all'irrazionalità più di quanto possa esserlo un qualunque atteggiamento scientifico? Quando gli occidentali han preso a fare i colonialisti, non avevano forse obbligato i primitivi a sostituire il loro misticismo col misticismo delle religioni europee? Che cos'è che rende più "razionale" il misticismo delle confessioni religiose europee rispetto a quelle primitive? In che cosa sono "razionali" due confessioni, come quella cattolica e protestante, che son quasi sempre state in guerra tra loro?

L'autore riporta una descrizione della religione dei Papuani della Nuova Guinea redatta dall'antropologo finlandese G. Landtman nel primo decennio del Novecento, al fine di confermare la tesi che tra i primitivi non esistono idee sistematiche circa il mondo sovrannaturale. "Niente preti. Niente culto pubblico né preghiere o sacrifici. La concezione delle cose spirituali differisce alquanto persino da un individuo a un altro. Ciascuno è sacerdote di se stesso... L'idea di somma totale delle cose e dei fenomeni è assente. La natura, per loro, si compone di unità indipendenti le une dalle altre" (p. 43).

Mentre le prime frasi avrebbero potuto essere applicate a una qualunque corrente dell'evangelismo riformato, l'ultima invece ha qualcosa di ridicolo. Si tende ad applicare ai primitivi lo stesso modo che gli occidentali hanno di approcciarsi alla realtà sociale e naturale, che è sempre quello di giungere al tutto passando per le sue singole parti. I primitivi, essendo olistici di necessità, han sempre ragionato in maniera inversa: per loro il tutto esiste già, è la *natura*, che è un dato incontrovertibile; all'uomo non resta che farne esperienza nelle sue singole parti, che vanno salvaguardate nel loro insieme, essendo profondamente intrecciate. Di ogni singola cosa la natura garantisce l'integrità nel rapporto interdipendente con le altre cose. L'interezza è di molto superiore alla somma delle singole parti, anche perché viene vissuta in maniera istintiva, fidando in ciò che il passato ha da trasmettere. Se non fosse così, il dubbio tenderebbe a insinuarsi sull'evidenza dei fatti.

Ciò va considerato vero anche in riferimento alla vita della comunità di villaggio, la cui identità non è certamente data dall'insieme delle singole identità dei suoi componenti. Il concetto di "persona", indipendentemente dal contesto sociale di riferimento, è una pura astrazione. Sentirsi "unici e irripetibili" verrebbe considerato un limite non un pregio: infatti alla morte di un soggetto del genere la comunità non saprebbe come sostituirlo, soprattutto se egli avesse posizioni di comando (che comunque, per fortuna, nelle società di cacciatori-raccoglitori difficilmente poteva avere).

Viceversa, gli occidentali hanno un approccio del tutto individualistico e intellettualistico alla realtà. Per comprenderla adeguatamente hanno bisogno di affidarsi ad analisi di tipo scientifico, che si avvalgono di strumenti d'indagine logico-matematici, chimico-fisici, ecc. Inoltre vivono costantemente nel dubbio che qualcuno li voglia ingannare. Purtroppo questa capacità di raggirare il prossimo, loro stessi l'hanno usata quando hanno cominciato a fare i colonialisti. L'incontro con gli indigeni è stato l'incontro tra una cultura abituata a mentire e un'altra abituata a credere, e si è svolto tra una cultura che si è approfittata della buona fede di chi le ha creduto, e un'altra che, per continuare a credere in se stessa, doveva imparare a mentire.

Semmai si sarebbe dovuto fare indagini su un altro filone di ricerca. Per es. quando i moderni europei, con la loro pratica colonialistica, hanno incontrato gli indigeni, questi ultimi, in genere, stavano vivendo la transizione dall'ateismo naturalistico primitivo a quelle forme di religione chiamate animistico-totemiche. Ebbene, da che cosa era determinata una transizione del genere? Come mai quando la comunità primitiva ammetteva l'esistenza di un "essere supremo", spesso si era in presenza di rapporti schiavili (vedi ad es. le grandi civiltà pre-colombiane)?

Su questo però Lévy-Bruhl non è in grado di dire nulla di significativo. Infatti, invece di mettere il pensiero dei primitivi in rapporto a delle fasi storiche precedenti, lo paragona a quello dei credenti o degli scienziati occidentali a lui coevi. Vede le tribù primitive come se fossero sempre state uguali a se stesse. E, quel che è peggio, considera il pensiero primitivo sulla religione troppo scoordinato per non dover sottostare all'insegnamento "razionale" dei missionari europei. Vede però questo pensiero frammentario come un limite che i teologi, al seguito dei colonialisti affaristi e militarizzati, fanno fatica a far evolvere pacificamente, democraticamente, verso la vera "scienza", non avendo sufficienti capacità pedagogico-persuasive.

Da un lato si meraviglia del "sentire comune" che avevano i primitivi, cioè del fatto che la loro rappresentazione della realtà fosse caratterizzata da categorie "affettive", invece che logiche; dall'altro però non vede questo atteggiamento in rapporto a una forma d'esistenza molto più democratica di quella occidentale. È forse un caso che nel nostro linguaggio razionale abbiamo continuamente bisogno di definire il significato delle parole che usiamo, proprio perché pensiamo sempre al rischio d'essere fraintesi? Ed è forse un caso che nelle società basate sull'antagonismo sociale, quando non si riesce a far valere il proprio punto di vista, si accusi la controparte dicendo di non essere stato capito o di essere stato volutamente frainteso? Non è forse una caratteristica dello stile di vita borghese dire una cosa e farne un'altra, dando per scontato che ad ogni affermazione si possono dare mille interpretazioni diverse, nella consapevolezza che alla fine chi decide quale debba essere l'interpretazione più giusta non è la logica o il diritto ma la forza?

Neanche per un momento l'autore si sogna di dire che i colonialisti, pur con tutta la loro scienza, non erano riusciti a risolvere neppure uno dei problemi che avevano i primitivi. Gli interessa soltanto far notare che i primitivi, con la loro esistenza emotiva o prelogica, avrebbero qualcosa da insegnare allo stile di vita così irreggimentato degli europei.

*

L'autore, inoltre, si meraviglia che i primitivi siano molto dettagliati in ciò che concerne il *culto dei morti* (credenze, riti, cerimonie, offerte, sacrifici, suppliche...), ma si lamenta ch'essi non dicano nulla sulla "vera condizione" che i morti vivono "al di fuori delle loro relazioni coi vivi" (p. 35). Sembra che come parametro letterario di quali forme congruenti di premi e punizioni il cristianesimo riservi nelle sfere dell'aldilà, egli abbia in mente la *Divina Commedia*. Si può essere più ingenui? Si meraviglia che sull'esistenza ultraterrena i primitivi mostrino d'aver idee parziali e confuse, e che per questa ragione essi avrebbero delle credenze immotivate! Come se una motivazione logica potesse rendere più convincente una credenza religiosa!

Nel cercare di spiegare le credenze religiose dei primitivi l'autore non fa mai riferimento al colonialismo ch'essi erano costretti a subire. È forse un caso? Non mette mai in relazione la natura di quelle credenze, il modo di viverle alle forme di condizionamento sociale imposte dall'esterno. Egli non fa alcuna analisi storica o economica. Dalle sue pagine non si riesce neppure a capire se le tribù primitive di cui parla fossero state oppresse anche da popolazioni diverse da quelle europee. Sarebbe stato infatti importante sapere se le loro credenze erano davvero ancestrali o storicamente determinate.

Il suo è un atteggiamento nettamente kantiano, per il quale la conoscenza delle leggi della natura ci aiuta a difenderci dalle "diverse forze psichiche che agiscono su di noi". E quali sarebbero queste "forze"? Vi è forse qui un riferimento alle teorie di Freud o di Schopenhauer? Ma non era lui che prima accusava i primitivi d'essere imprecisi nel descrivere le condizioni ultraterrene dei morti? Che cos'è preferibile dire: che "i morti sono i vivi per eccellenza" (p. 19), o – come dicono gli occidentali, credenti o atei che siano – che bisogna vivere il più a lungo possibile, anche in condizioni terribili, del tutto debilitanti, perché la vita è una sola o perché la vita ci è stata data da Dio e non possiamo togliercela?

L'autore si stupisce che uno stregone, mentre dorme tranquillamente sulla stuoia, creda di poter assumere nello spirito (o nel sogno) le fattezze di un animale feroce in grado di aggredire qualcuno. Perché in occidente cosa fanno tutti i giorni, possibilmente in tutte le ore, i politici, gli avvocati, i commercialisti, i giornalisti, i bancari, le forze dell'ordine e militari e altri "professionisti" del genere che, mentre parlano di democrazia, di diritti umani, di benessere, di sicurezza, di progresso e di sviluppo non hanno scrupoli nel mandare in rovina chi sbarra loro la strada o chi non li segue con convinzione?

Nella nostra civiltà materiale il culto degli antenati è una pura formalità. Ci ricordiamo di loro quando mostriamo le fotografie che li ritraggono o quando facciamo visita ai cimiteri. Noi occidentali non abbiamo un vero culto degli antenati, ma solo di noi stessi. Chi ha il coraggio di dire che li percepisce in maniera costante, viene considerato una persona disturbata. Eppure se c'è una cosa non contraria allo sviluppo degli umani sentimenti e del tutto contraria all'esigenza di accumulare beni per poter vivere una vita tranquilla, non è forse questo tipo di culto? Tutto quanto ci appartiene non viene forse preso o ereditato da qualcuno, il quale, il più delle volte, non avendo fatto alcun sacrificio per ottenerlo, tenderà probabilmente a fare la fine del "figliol prodigo"? E tutti noi non dovremo forse presentarci al cospetto dei nostri antenati, mostrando come siamo riusciti a conservare o a realizzare una società umana e naturale?

L'autore è lontanissimo dal capire che l'unica religione che conta è quella che predica il culto della natura e degli antenati. Una comunità deve sentirsi in armonia con ciò che la circonda, cioè con la Terra, che è "madre", in quanto la nutre, e con l'Universo, da cui la Terra proviene e a cui dovrà tornare. Il culto degli antenati non è una forma di superstizione del mondo primitivo, ma un'esigenza di equilibrio, di armonia, tipica di una visione olistica, integrata, della realtà.

Il fatto che gli indigeni rifiutino di attribuire agli antenati e ai morti in generale delle caratteristiche sovrumane, è indice di maturità. I cristiani, col loro culto dei santi e della Vergine Maria, sono sicuramente più infantili, più superstiziosi. Anzi, il fatto di attribuire a delle figure estranee, che in vita non si sono mai viste né conosciute, dei poteri miracolosi, in virtù dei quali si pensa di poter risolvere i tipici problemi dell'antagonismo sociale, significa credere in una magia della peggior specie, usata proprio per negare la necessità di lottare contro le ingiustizie.

Non si può avere nei confronti degli antenati un atteggiamento di soggezione né di superiorità. Tutti dovranno rendere conto di ciò che hanno fatto per mantenere il pianeta nella sua integrità originaria. Tutti dovranno mostrare gli sforzi compiuti per assicurare una gestione egualitaria dei bisogni umani. La Terra è solo un banco di prova: il destino del genere umano va ben oltre quello del nostro pianeta. Non si può popolare l'intero universo senza aver chiari i limiti naturali, le condizioni umane in cui è possibile farlo. Ciò che è stato distrutto, dovrà essere ricostruito, se risulterà conforme all'essenza originaria delle cose.

*

Non è strano che l'autore non abbia trovato, nelle relazioni etnografiche prese in esame, alcun accenno alle conoscenze, molto precise, dei primitivi circa le caratteristiche alimentari e curative delle centinaia di piante che dovevano per forza conoscere per poter sopravvivere nella foresta? I resoconti che leggeva avevano tutti lo scopo di giustificare il colonialismo europeo? Possibile che neanche per un momento gli sia venuto in mente che l'atteggiamento di vaghezza, di reticenza, di indeterminazione, da parte dei primitivi, potesse essere un'arma con cui difendersi dalle ingerenze dei colonizzatori, dalle loro pretese ideologiche?

Dipinge i primitivi come se fossero dei bambini impauriti di tutto a causa della loro ignoranza, della loro scarsa propensione a farsi una cultura scientifica. Con ciò è come se volesse dire ai colonizzatori: il primitivo non può essere perseguitato, ma va compatito, poiché vive costantemente nella paura di tutto quanto non conosce; per poterlo "occidentalizzare" occorre un atteggiamento "pedagogico", cioè pazienza, persuasione ragionata, anche perché non si tratta di atteggiamenti individuali, ma collettivi, difficili da superare, in quanto dipendono da culture ancestrali, che l'Europa ha superato da tempo.

Poi alle pp. 36-7 riporta la dichiarazione che uno sciamano eskimo, Aua, fa all'etnologo danese K. Rasmussen circa la mentalità mistica della propria tribù; e la considera come una prova convincente della fondatezza delle sue tesi antropologiche. "Noi non crediamo, abbiamo paura!". Cioè i primitivi "credono" in maniera mistica perché hanno "paura" delle forze negative della natura, quelle che impediscono loro di vivere in tranquillità. Queste forze non vengono "spiegate", ma prese così come sono. La natura, mostrandosi come una potenza nettamente superiore alla forza umana, va sommamente rispettata. Essa non è gestita da un'unica divinità, ma da tanti spiriti, che a volte sono buoni e a volte cattivi.

L'autore considera questo atteggiamento del tutto comprensibile, visto che è privo di conoscenze scientifiche, e però non può fare a meno di considerarlo nettamente inferiore a quello occidentale, che, in forza della scienza, non ha paura di nulla. Tant'è che quando lo sciamano prosegue il suo pensiero con un'ulteriore affermazione, questa non lo induce a pensare che anche l'atteggiamento occidentale di voler sottomettere la natura in tutte le maniere sia non meno sbagliato di quello di chi ne accetta, con rassegnazione, tutte le sue manifestazioni.

Dice quindi lo sciamano, lasciando intuire una grande saggezza, che però l'autore non coglie: "È per questo che i nostri padri hanno ereditato dai loro padri tutte le antiche regole di vita che sono fondate sull'esperienza e la saggezza di generazioni. Non sappiamo dire come, non sappiamo dire perché, ma osserviamo queste regole per vivere lontano dalla sventura" (p. 37).

Lo sciamano considerava le tradizioni ancestrali come la "scienza" più sicura per la propria popolazione. Aveva nei confronti delle tradizioni quel profondo rispetto che in Europa occidentale è sempre mancato; quel rispetto che noi europei ci siamo sentiti in dovere di rifiutare proprio in nome della scienza che, col telescopio e col microscopio, tutto vuole conoscere e in profondità, poiché la borghesia, che gestisce questi strumenti, vuole "dominare" (non "conservare") la natura.

Ancora una frase dello sciamano: "Abbiamo timore delle forze della natura, per questo ci affidiamo alla tradizione, alla sapienza dei padri". Questa la filosofia di vita che ha permesso ai popoli primitivi di vivere per migliaia e migliaia di anni, così diversa dalla nostra, che, grazie alla scienza e soprattutto alla tecnica, ci permette di non avere paura di nulla.

Conclude infine lo sciamano, mostrando un grande senso dei pericoli insiti nel colonialismo europeo; quel senso che Lévy-Bruhl non possiede, pur mostrando una scienza avvolta nell'aureola moralistica del kantismo: "È per questo che abbiamo le nostre tradizioni, che non sono le stesse dei bianchi. I bianchi vivono in un altro paese, e occorrono loro altre regole di vita".

Lo sciamano non stava dicendo che le loro tradizioni erano "superiori" alla scienza degli europei, ma semplicemente che si trattava di due conoscenze differenti, incompatibili quando gli ambienti vitali sono opposti. Stava invitando gli europei a non essere colonialisti, a restarsene a casa propria, a non imporre per forza le loro convinzioni a chi è abituato a vivere diversamente.

Che cosa potremmo dire oggi a un primitivo che la pensasse ancora così? Anzitutto dovremmo dirgli che, non avendo i bianchi rinunciato al proprio colonialismo, tutte le tradizioni degli indigeni, anche le più ancestrali, sono assolutamente a rischio di estinzione.[97] In secondo luogo che su questo pianeta non c'è alcun modo d'impedire che la scienza dei bianchi non abbia conseguenze deleterie su tutte le popolazioni del pianeta. Cioè non esiste alcuna possibilità, da parte di alcuna popolazione, di sottrarsi a questa perniciosa influenza del cosiddetto "progresso". In terzo luogo gli diremmo che per vincere questa gigantesca disgrazia dell'umanità bisogna unire le forze, nel senso che le comunità indigene devono uscire dal loro isolamento, devono cercare di superare le loro frustrazioni tribali e sentirsi parte di un unico progetto mondiale di emancipazione. Unire le forze nella diversità delle tradizioni per abbattere un nemico comune, per tutelare insieme la natura e riportare l'umanità alla condizione originaria, in cui l'uguaglianza sociale regnava sovrana e la libertà di tutti era garanzia per la libertà di ciascuno.

Accettando queste proposte, gli ultimi primitivi rimasti scopriranno di avere tanti atteggiamenti comuni, di essere imparentati tra loro così strettamente, pur nelle profonde diversità dovute agli ambienti, da far invidia alle tendenze massificanti dell'odierno globalismo capitalistico. L'unico modo che hanno di poter uscire dalla paura è quello di unirsi per combattere ciò che li opprime da almeno mezzo millennio (ma, considerando la nascita dello schiavismo, da ben seimila anni). Non è quello

---

[97] P.es. a Porto Rico, una semicolonia degli Stati Uniti dal 1898, il popolo dei Taino è scomparso a causa del genocidio commesso dai colonialisti spagnoli, soprattutto a causa delle malattie infettive (nel 1492 erano in 230.000 ma nel 1548 si erano ridotti ad appena 500). Il DNA di questo popolo (il primo degli amerindi a trasferirsi nei Caraibi) si trovò mescolato con quello dei colonizzatori e degli schiavi africani al loro seguito. Oggi Porto Rico ha lo status di Commonwealth, ma potrebbe diventare il 51° stato federato dell'Unione. Più della metà della sua popolazione (4,3 milioni) si è trasferita negli Stati Uniti.

di acquisire la scienza e la tecnologia dei colonizzatori.

Bisogna far capire alla scienza borghese che la paura di non riuscire a sopravvivere proviene da questa stessa scienza, postasi al servizio delle esigenze del capitale. Scienza e Capitale, Mercati mondiali e Stati nazionali sono le principali minacce alla sopravvivenza del genere umano e della natura. Bisogna fare in modo che siano loro ad aver paura di loro stessi, di ciò che hanno creato a partire dalla nascita dei Comuni italiani, che sono all'origine della mentalità e dello stile di vita borghese.

Bibliografia

M. Finiani, *L'arcaico e l'attuale. Lévy-Bruhl, Mauss, Foucault*, ed. Boringhieri, Torino 2000.

S. Mancini, *Da Lévy-Bruhl all'antropologia cognitiva. Lineamenti di una teoria della mentalità primitiva*, ed. Dedalo, Bari 1989.

C. Prandi, *Lucien Levy-Bruhl: una introduzione*, ed. Armando, Roma 1989; *Lucien Lévy-Bruhl: pensiero primitivo e mentalità moderna*, ed. UNICOPLI, Milano 2006.

P. Di Palma, *Lucien Lèvy-Bruhl: dalla scienza dei costumi all'antropologia*, ed. M. Pacini Fazzi, Lucca 1983.

F. S. Nisio, *Lucien Lévy-Bruhl: filosofia, scienze sociali, giustizia*, ed. Giuffrè Francis Lefebvre, Milano 2019.

G. Bertolini, *La ricerca di Levy-Bruhl*, "Rivista di Sociologia", n. 14/1967.

A. Bixio – T. Marci (a cura di), *Società moderna e pensiero primitivo*, ed. Rubbettino, Roma 2008.

Freud antropologo occasionale della religione

Il Freud di *Totem e tabù* (1913), *L'avvenire di un'illusione* (1929) e *Mosè e il monoteismo* (1938) aveva accettato l'idea, sulla scia di Darwin, che vi fosse una certa relazione tra le fasi dello sviluppo del singolo individuo e quelle dell'umanità. Cioè aveva ritenuto possibile che l'umanità, alle origini, si comportasse come un bambino. In particolare è in *Totem e Tabù* che Freud prende le mosse dalla teoria darwiniana sull'orda primordiale. Al pari di altri primati, i nostri più remoti progenitori sarebbero vissuti in branchi, dominati da un capo-maschio, un padre-padrone tirannico e geloso, che possedeva le donne del clan e le teneva gelosamente lontane dagli altri maschi. La lotta per sostituirsi al capo era crudele e poteva concludersi con la sua uccisione.

Freud cercò di convalidare questa teoria darwiniana aggiungendo elementi di tipo psicanalitico. E la prima cosa che fece fu quella di ritenere che il complesso di Edipo fosse una caratteristica del bambino in generale e non un condizionamento tipico della società borghese. Il fatto che il bambino si senta più attaccato alla madre e veda il padre come un rivale, lo interpretò non nel senso che nella società borghese la figura del padre, in ambito familiare, è del tutto marginale sul piano dei sentimenti, proprio perché è abituato a negarli o a trascurarli, mentre fa affari in ambito civile, ma lo interpretò come un atteggiamento del tutto naturale, che ha origini ancestrali.[98]

Nella famiglia borghese – come ha ben dimostrato la Scuola di Francoforte – il padre si comporta in maniera autoritaria perché è questo l'atteggiamento che deve tenere là dove domina l'antagonismo sociale tra i produttori e tra questi e i consumatori. L'autoritarismo, ad un certo punto, gli diventa istintivo. Non tener conto di questo specifico condizionamento sociale è stato un grave errore da parte di Freud, che lo ha poi indotto a generalizzare immotivatamente, rendendolo di tipo "naturale", un fenomeno che invece ha radici storiche ben definite.

Nella società borghese (dei tempi di Freud) la figura della madre rappresentava ancora la sopravvivenza dei valori cristiani o pre-borghesi,

---

[98] Fu lo stesso errore di Marx quando disse che lo sviluppo del capitalismo inglese avrebbe segnato la via da percorrere a ogni nazione del mondo. La rivoluzione tecnologica gli pareva un fenomeno troppo grande perché non venisse acquisita da tutti. Per lui si trattava soltanto di realizzare la socializzazione dei mezzi produttivi al fine di evitare le sofferenze che quella tecnologia, insieme alla proprietà *privata* di tali mezzi, avrebbe potuto arrecare al mondo intero.

lontani dalla conflittualità sociale e pertanto caratterizzati da maggiore emotività, nonché da una certa premura per la crescita affettiva dei figli, per lo sviluppo dei loro sentimenti. Tutte cose che dovevano poi essere ridimensionate in età adulta, quando il figlio smetteva di vedere il padre come un rivale e iniziava a vederlo come una guida fondamentale per l'ingresso nella società pubblica, nello Stato e nel mondo degli affari.

Sotto questo aspetto è assurdo pensare – come fa Freud – di poter superare il complesso di Edipo cercando, da parte del figlio, di diventare come il padre, cioè come colui che fino a poco tempo prima era stato considerato un rivale. Se si vuole parlare di superamento, bisogna aggiungere ch'esso, nell'analisi freudiana, si pone solo *al negativo*, e che l'unica vera persona sconfitta nell'ambito dei rapporti familiari è stata la *donna*, i cui valori pre-borghesi tendono ad essere sempre più fagocitati da quelli che si devono vivere per far funzionare il capitalismo; tant'è che, dai tempi di Freud ad oggi, il ruolo della donna è venuto assumendo una veste sempre meno religiosa, sempre meno etica, e sempre più simile al ruolo cinico, impersonale e amorale dell'uomo, che è convinto di poter raggiungere più facilmente il benessere quanto meno affidamento fa ai valori etici.

Parlare di complesso di Edipo, al giorno d'oggi, ha davvero poco senso, in quanto il ruolo dei genitori è diventato equivalente o intercambiabile. Oggi i figli si sentono frustrati proprio perché vivono in famiglie emotivamente o affettivamente disastrate, dove spesso le coppie sono separate, dove giocano un ruolo rilevante i nonni paterni e materni e dove le esperienze più significative vengono vissute in ambiti extra-familiari. Una situazione, questa, del tutto inesistente nelle comunità primitive cui Freud faceva riferimento, dove il ruolo dei genitori era svolto dall'insieme della comunità, per cui parlare di "complesso di Edipo", riferito ad esse, era, come minimo, una forzatura.[99]

L'analisi che Freud dà delle popolazioni primitive risente dei pregiudizi degli etno-antropologi borghesi (in particolare di W. Robertson Smith, di J. F. McLennan e J. Frazer), che lui usa sia per dare una veste di universalità al suo concetto di "complesso edipico", che per fare una critica alla religione, del suo tempo e in generale. Egli infatti vede la religione non solo come uno strumento impotente a risolvere le nevrosi, le ossessioni presenti nella società borghese, soprattutto negli ambiti fami-

---

[99] Si noti che Malinowski criticò Freud proprio su questo punto, mostrando che per i Trobriandesi, da lui esaminati, il padre biologico era una figura piuttosto marginale, almeno rispetto al fratello della madre che aveva partorito un figlio. Questo perché il potere dello zio materno derivava dalla sua posizione come membro più anziano del gruppo di parentela, matrilineare, del bambino.

liari e dei rapporti interpersonali, ma anche come la principale fonte di queste nevrosi. La religione è vista come un ostacolo molto arduo da superare quando è in gioco la pulsione istintuale dell'Es a vivere una vita nel piacere, benché Freud non possa non chiedersi con che cosa si sostituirà la religione, visto che di solo Es non si può vivere.[100]

A suo parere la funzione del padre autoritario che determina il complesso edipico viene esercitata, nelle società primitive, dai *totem*, che rappresentano, progressivamente, oggetti o animali sacri, poi identificati col capo fondatore della tribù, quindi col padre celeste. La funzione di questi totem, nell'analisi distorta di Freud, è quella di porre fine a un periodo dominato dall'istintività aggressiva e promiscua, un periodo in cui – a suo parere – la paura nei confronti del "sociale" era un tutt'uno con quella nei confronti del "naturale".

Freud notò che tutte le società primitive sono accomunate dalla cerimonia del banchetto totemico, in cui i membri della tribù uccidono e mangiano un animale sacro a un dio o simbolo del dio stesso. Questo rituale, che rappresenta l'unitarietà sacra del clan, può essere letto – secondo lui – come metabolizzazione della drammatica ribellione al padre-padrone dell'orda, motivata dalle spinte libidiche dei figli, continuamente represse anche con la punizione (reale o minacciata che fosse) dell'evirazione. Freud arriva alla conclusione che i rituali del banchetto totemico evocassero l'uccisione del padre-capo dell'orda da parte dei figli ribelli, che ne avrebbero mangiato il corpo, nella credenza tipica delle comunità antropofaghe di assimilarne la potenza. Ucciso il padre, il branco si sarebbe trovato però senza protezione e in preda a lotte fratricide per la conquista del potere. In questo contesto sarebbe maturato un senso di colpa collettivo, che avrebbe portato il gruppo a darsi regole basilari. Si sarebbe così imposta una sorta di "ubbidienza postuma" alla legge del padre. Di qui i due tabù delle società primitive: divieto di profanare il capo (padre-totem) e divieto d'incesto.

Ci sarebbe dunque un legame tra i primi desideri del bambino e quelli delle società primitive, perché "i fondamentali comandamenti del totemismo, le due prescrizioni che ne costituiscono il nocciolo, cioè la proibizione di uccidere il totem e quella di sposare una donna dello stes-

---

[100] Il che però non impedì a Freud di riconoscere che il pastore protestante Oskar Pfister, attraverso la sublimazione religiosa, otteneva il successo terapeutico più facilmente dei colleghi laici. Questo perché l'autosuggestione o l'autoconvincimento indotto da fattori magici o irreali può sortire effetti significativi, almeno nel breve periodo. D'altra parte per Freud la religione era vista come "illusione" (l'assimilava ai deliri dei paranoici o alle nevrosi ossessive), e un'illusione era per lui una credenza nelle cui motivazioni prevaleva l'"appagamento di desiderio".

so totem, coincidono, nel contenuto, con i due crimini di Edipo, che ha ucciso il padre e sposato la madre. [...] il sistema totemico è sorto dalle condizioni del complesso di Edipo" (*Totem e tabù*).

Freud notò che le tracce mnestiche di quel banchetto sopravvivono anche nel sacramento eucaristico. Qui avverrebbe però una singolare inversione dei ruoli: è il figlio Cristo a essere sacrificato al padre per rimediare alla colpa originaria: "sacrificando la propria vita, egli redense tutti i suoi fratelli dal peccato originale. [...] Viene rimesso in vita l'antico banchetto totemico in forma di comunione, in cui i fratelli riuniti si cibano della carne e del sangue del figlio, e non del padre, per santificarsi e identificarsi con lui" (ib.). E non è di secondaria importanza che il figlio sia casto. Solo così può provare al padre il superamento del complesso di Edipo: "La riconciliazione col padre è tanto più completa in quanto, contemporaneamente al sacrificio, si proclama la rinuncia alla donna, che è stata la causa della ribellione contro il padre" (ib.).

Senonché nel mito cristiano Gesù stesso è dio, incarnatosi per volontà del dio-padre. È dunque a tutti gli effetti dio: accanto al padre, ma identico al padre. Così, pur nella riproposizione del dio unico, ritorna l'incontenibile psicologica aspirazione del figlio a prendere il posto del padre. Sicché "la comunione cristiana è, in fondo, una nuova soppressione del padre, una ripetizione dell'atto che richiede espiazione" (ib.). L'eucaristia ricorda la vittoria dei figli sul padre. Il mito di Cristo sostituisce all'orda paterna l'alleanza del clan fraterno. La religione del padre, sviluppatasi col monoteismo ebraico, è trasformata dal cristianesimo in quella del figlio, perché la morte del figlio, "volta apparentemente alla riconciliazione col dio padre, finì col detronizzarlo e sopprimerlo. Il giudaismo era stato la religione del padre, il cristianesimo diventò una religione del figlio. L'antico padre divino si ritirò dietro Cristo, e al suo posto venne Cristo, il figlio, proprio come ogni figlio aveva sperato in èra remota" (*L'uomo Mosè e la religione monoteistica*).

Tuttavia non è annullato il senso di colpa per la disobbedienza al padre primigenio. Anzi, questa colpa è divenuta genetica: "Paolo, un ebreo romano di Tarso, ricuperò questo senso di colpa [...]. Lo chiamò 'peccato originale' [...]. Col peccato originale la morte venne nel mondo. [...] Ma non veniva ricordato l'assassinio, si fantasticava piuttosto la sua espiazione, e perciò questo fantasma poteva essere salutato come messaggio di redenzione (vangelo)" (ib.). Tuttavia nel fantasma della genetica colpa originale, che ha preteso la morte del dio-figlio e che suppone l'espiazione eterna di ogni altro figlio-creatura di dio, permangono tutte le irrisolte conflittualità connesse al "complesso del padre". La psicanalisi ha rivelato come il mistero della religione sia questo complesso.

Qui gli errori sono davvero tanti. Anzitutto il totem (ma andrebbe usato al plurale) era un simbolo per l'intera tribù (suddivisa in clan), proprio perché espressione del culto degli antenati (maschili e femminili) e, più generalmente, del legame dell'uomo con la natura e con ciò che lo circonda (altri totem, quelli di tipo animale, rappresentavano invece le caratteristiche specifiche del singolo individuo). In secondo luogo il totem aveva una funzione positiva, di riconciliazione con l'intero universo, non perché la sua presenza fosse connessa a quella dei tabù. Queste sono due cose molto diverse. I tabù dovevano servire per far funzionare al meglio il collettivo, favorendo i collegamenti pratici, concreti, con l'esterno. Il totem invece serviva per favorire i collegamenti della comunità col mondo esterno in maniera semplicemente simbolica e spirituale (rituale), sempre per farla funzionare al meglio. Collegare il complesso edipico all'istituzione dei totem o dei tabù non ha alcun senso, se non appunto stravolgendo il significato originario di quelle due istituzioni.[101] In terzo luogo va detto che i totem, in genere, non erano oggetti di culto, diversamente da come credevano i missionari cristiani. E, quando lo erano, la comunità era già caratterizzata in senso patriarcale.

Ma l'abbaglio più grande Freud l'ebbe quando associò i tabù relativi ai rapporti sessuali tra consanguinei al complesso edipico. Quest'ultimo è qualcosa di patologico, che caratterizza una personalità infantile; il divieto dell'incesto è invece cosa del tutto naturale, poiché là dove veniva praticato, le conseguenze erano sotto gli occhi di tutti: l'estinzione del casato, dovuta a morti premature, malattie congenite, deformazioni fisiche... L'incesto, o comunque il matrimonio tra parenti, lo si trova in società già caratterizzate da rapporti sociali anomali, in cui domina la divisione in ceti contrapposti. E non è un caso che, ad un certo punto, lo si abbini alla pratica della poligamia o delle relazioni extra-coniugali, come valvola di sicurezza.

Non ha alcun senso pensare che la religione sia nata per proibire l'incesto. Laddove esiste incesto esiste già la religione, la quale nasce per legittimare le divisioni sociali. La religione non nasce tanto per proibire i piaceri (di natura sessuale o meno), quanto piuttosto per assicurare una posizione di privilegio a determinati personaggi. Anzi, si può anche pensare che in origine la religione non avesse alcun rapporto con la sessualità, e che solo in un secondo momento essa abbia tentato d'intromettersi

---

[101] Nella cultura occidentale esiste "totemismo" nello scautismo, nel satanismo di stampo black metal, nel movimento New Age, nell'uso di mascotte, nella venerazione degli angeli custodi, dei santi patroni di comunità e dei santi protettori di categorie sociali, ma anche nei simboli di unità nazionale quali le bandiere, gli stemmi ecc.

nelle questioni sessuali per controllare meglio, sul piano etico (e quindi indirettamente politico), le popolazioni sottomesse.

All'inizio può essere addirittura accaduto il contrario, e cioè che i poteri dominanti si siano serviti della religione come arma per soddisfare dei piaceri particolari, inerenti alla loro condizione privilegiata. Ancora oggi vi è chi si serve della religione come strumento di manipolazione della mente, al fine d'indurre il soggetto plagiato a compiere azioni, anche di tipo sessuale, che, in condizioni normali, non farebbe mai (vedi p.es. l'autoimmolazione).

La religione non è qualcosa di "primitivo", poiché nella preistoria le comunità basate sull'autoconsumo non la conoscevano neppure. La religione nasce con la nascita delle civiltà. E non è necessariamente qualcosa di "infantile", se non nella civiltà borghese, dove viene relegata nella sfera privata e facilmente tollerata nella fase adolescenziale dello sviluppo di un individuo o negli elementi adulti considerati più "deboli", come le donne, gli anziani e i malati. In molte altre civiltà (da quelle indo-buddiste a quelle ebraico-islamiche) la religione è un fenomeno sociale del mondo degli adulti, che non viene affatto avvertita in forma alienata, essendo parte di una cultura molto antica, accettata come un dato di fatto.

Non è possibile interpretare la storia o la cultura in generale (e quindi il fenomeno religioso), usando gli strumenti della psicologia e tanto meno quelli della psicanalisi. E questo non perché non sia possibile ridurre la religione a patologia, quanto perché, se è vero che nelle società borghesi la religione può essere fonte di nevrosi, è anche vero ch'essa lo diventa proprio perché i disvalori vissuti nella sfera pubblica (quella mercantile) sono troppo diversi da quelli ereditati dalla tradizione pre-borghese. Oggi Freud avrebbe con molta difficoltà potuto sostenere l'origine religiosa di certe nevrosi, proprio perché in occidente la fede è diventata un fenomeno del tutto marginale.[102]

E, in ogni caso, pensare di poter superare l'alienazione religiosa confidando nella scienza, nella tecnica, nelle leggi civili, nell'organizzazione razionale della società, senza metterne in discussione i presupposti economici che sanciscono il conflitto tra capitale e lavoro, è non meno illusorio. Oggi, molto semplicemente, si tende a trasformare la consolazione, che viene ricercata a causa delle proprie frustrazioni sociali, da mistica a materialistica, in maniera conforme al grande sviluppo del consumi-

---

[102] In genere la psicanalisi freudiana viene contestata là dove nega un ruolo attivo da parte della coscienza e dove nega il condizionamento dell'ambiente storico-sociale, ovvero dove afferma che la condotta dell'essere umano è condizionata, in maniera fatalistica, dall'inconscio e, in particolare, dalle pulsioni sessuali.

smo di massa. Oggi siamo in presenza di altre forme di feticismo, e la principale – come diceva Marx – è quella delle *merci*.

Quale insegnamento dal mito ebraico della caduta?

Abbiamo già analizzato il racconto del Genesi relativo al cosiddetto "peccato originale" nel testo *La colpa originaria. Analisi della caduta* (ed. Amazon). Qui vogliamo riprendere l'argomento perché, leggendo il testo di Enrico Manicardi, *Liberi dalla civiltà: spunti per una critica radicale ai fondamenti della civilizzazione: dominio, cultura, paura, economia, tecnologia* (ed. Mimesis, Milano 2010), vi sono affermazioni che riteniamo inesatte.

Scrive l'autore: "con l'avvento della deificazione monoteista (la religione giudaica e poi giudaico-cristiana) venne ratificato il principio secondo cui la natura non è della natura ma dell'umanità, alla quale viene consegnata direttamente da Dio" (p. 26).

Per contestare questa affermazione sarebbe sufficiente rimandare al nostro suddetto libro, di cui possiamo ridurre a poche righe la tesi principale. Il racconto della caduta indica la transizione da una vita arboricola, in cui ci si limitava a raccogliere i frutti selvatici della foresta, a una vita venatoria e agricola, al di fuori della foresta. La tentazione, cui si cedette, fu quella di ottenere di più con più facilità. Quindi – siccome il racconto non può essere stato scritto oltre il X sec. a.C. – si può tranquillamente presumere che l'autore sapesse benissimo che tale transizione fosse avvenuta molto tempo prima, di cui nessuno poteva avere memoria. Il serpente stava appunto a significare che al di fuori della foresta s'era già imposta la civiltà schiavistica.

Oltre a ciò possiamo aggiungere altre puntualizzazioni. 1) La cultura ebraica più antica rappresentò il rifiuto dello schiavismo (egizio e babilonese), che trovava nel politeismo la propria legittimazione, e là dove non c'è schiavismo non c'è sfruttamento della natura. 2) Il popolo d'Israele, diviso in dodici tribù, scelse di vivere liberamente, per un certo tempo, nel deserto, piuttosto che stare sottomesso nelle città egizie, facenti parte di un regno assolutistico. 3) Quando, nel XVIII sec. a.C., Abramo lasciò la terra di Ur (Bassa Mesopotamia, dominata dai Sumeri) apparteneva a un'importante tribù di allevatori, guidata dal padre Terah. È quindi probabile che la sua dipartita rappresenti un conflitto tra allevatori e agricoltori, all'interno del quale sono gli agricoltori a considerare la terra come una loro proprietà privata. 4) Rispetto al politeismo dominante all'epoca dell'ebraismo antico, il monoteismo di Mosè, Abramo ecc. appariva in realtà come una forma di "ateismo", cioè – diremmo oggi – come una forma superiore di consapevolezza dell'identità umana. 5) Nel racconto del Genesi è scritto che i progenitori dovevano semplicemente "custodire" o "gestire" la foresta (il bosco, l'eden), non "dominarla". Non si parla affatto di "lavoro produttivo" come l'intendiamo oggi. 6) Il rapporto dei progenitori con gli animali è amichevole, di compagnia, non di addomesticamento e di sfruttamento. Adamo "parla" con gli animali, anche se si rende conto che non hanno la proprietà d'essere "umani"; soltanto quando esce dalla foresta, inizia l'attività venatoria.

Qui però vogliamo parlare d'altro, anche perché ci troviamo in un contesto antropologico. Il mito ebraico della caduta ci insegna qualcosa di fondamentale importanza: la differenza tra uomo e natura sta proprio nella *libertà di coscienza*, che la natura non può possedere, essendo determinata da leggi necessarie e inviolabili. La colpa originaria non è opera di qualche animale: tutti gli animali sono costretti a vivere in maniera istintiva, seguendo la loro natura, salvo adattarsi, per quanto possibile, al mutare degli ambienti esterni. E non può essere neppure considerata un fatto casuale, determinato da eventi imponderabili, essendo invece frutto di una *scelta di volontà*, non condizionata da fattori esterni. Il motivo per cui sia stata presa una decisione del genere ci resta ignoto. Sappiamo solo che l'uscita dalle foreste ha cambiato completamente l'atteggiamento degli esseri umani nei confronti della natura, che da amichevole è diventato sempre più aggressivo. L'anarco-primitivismo contrappone la figura del cacciatore-raccoglitore a quella dell'agricoltore-allevatore, ma anche il cacciatore ha un atteggiamento aggressivo nei confronti degli animali.

L'uomo non può essere ridotto a "ente di natura" *stricto sensu*. Non è un animale incapace di produrre "cultura". Non è vero che la "cultura" è un di più rispetto alla sua essenza naturale, di cui, volendo, potrebbe anche fare a meno. Natura e Cultura s'influenzano a vicenda: ridurre una a vantaggio dell'altra, porta a impoverire entrambe. Non è possibile circoscrivere il comportamento umano a qualcosa di istintuale solo perché, concedendo la libertà di pensare, si corre il rischio di danneggiare la natura. È assurdo pensare che la natura possa dettare all'uomo qualunque tipo di comportamento. L'essere umano conosce un *libero arbitrio*, una *facoltà di scelta*, una *libertà di decisione* che la natura non conosce. Il rapporto uomo-natura non è meccanico, basato su leggi oggettive e adeguamenti automatici, ma è *dialettico*, come è giusto che sia tra due partner che si devono rispettare nella reciproca diversità. L'influenza reciproca dovrebbe essere paritetica.

Bisogna quindi fare attenzione alla seguente dicotomia, evitando di dare risposte unilaterali: la natura ha un significato in sé, indipendente dalla volontà umana, oppure il suo significato è soltanto quello che le dà l'uomo? Ovvero, se la natura ha un significato indipendente dalla volontà umana, può l'uomo modificarlo? Dalla risposta che si dà a queste domande, si può capire se si dà più importanza alla natura o all'uomo, o se i due soggetti hanno pari importanza.

Ora, che la natura abbia un significato oggettivo, indipendente dalla volontà umana, è determinato dal semplice fatto ch'essa, su questo pianeta, precede, e di molto, la comparsa del genere umano. Al momento sembra più essere l'uomo ad aver bisogno della natura che non il contrario. La natura è il contesto preliminare in cui noi possiamo dare un significato alle cose. È il contenitore dei nostri contenuti: non possono essercene altri su questo pianeta. Probabilmente sarà così anche quando popoleremo l'intero universo: cambierà soltanto la percezione del tempo e forse la tipologia e l'uso dei mezzi, che dovrà adeguarsi a una nuova condizione vitale, meno legata a bisogni di ordine fisico e più a bisogni di ordine energetico.

Non ha alcun senso pensare di popolare l'universo costruendo pianeti del tutto artificiali, in cui la presenza della natura è irrilevante. Noi abbiamo bisogno di pensare che nell'universo, in maniera oggettiva, esiste qualcosa che non dipende da noi, anche se su questa cosa possiamo intervenire attivamente, producendo appunto "cultura". L'essere umano è un ente di natura che si distingue dall'animale solo per il fatto che è dotato di *libertà di coscienza*, che è una delle leggi fondamentali dell'universo, quella che appunto lo rende "umano". L'uomo e la donna sono gli unici "animali" in grado di prendere decisioni che vanno al di là degli istinti.

Dunque, le leggi della natura possono essere modificate? Sì, ma fino a un certo punto. Oltre un limite prefissato le conseguenze ricadono negativamente sulla stessa vita umana. Il vero problema è: come si può stabilire qual è questo limite? È il contesto della natura che lo stabilisce: non esiste un criterio astratto. La natura ha soltanto bisogno di riprodursi agevolmente, di rigenerarsi autonomamente, secondo i propri ritmi e tempi (che coincidono, in generale, con le sue stagioni climatiche). L'uomo ha facoltà di agire all'interno di queste precise esigenze. Può fare tutto ciò che vuole, ma non fino al punto da far perdere alla natura la propria autonomia, la propria identità.

La natura ci è data in forma spontanea, poiché ci precede nel tempo. Possiamo modificarla secondo le nostre esigenze, secondo la nostra coscienza, ma solo in riferimento a ciò che ci è permesso di fare. È proprio la consapevolezza dei limiti che ci garantisce la libertà. Per esempio, sul nostro pianeta, dove l'esistenza umana, salvo pochissime eccezioni, non supera il secolo di vita, non ha alcun senso che l'uomo produca delle cose che vanno oltre la propria esistenza. Siccome tutte le cose sono destinate ad avere una fine, sarebbe bene limitarsi a usare o quelle che la natura mette a disposizione, le quali possono andare anche oltre la nostra esistenza, oppure quelle che non superano il tempo della nostra esistenza.

Noi possiamo usare la pietra delle montagne, l'acqua degli oceani, i frutti e la legna delle foreste, ma non dovremmo creare centrali nucleari la cui durata va ben oltre l'esistenza di chi le crea. Questo perché chi crea qualcosa ha la responsabilità di non lasciare, a chi verrà dopo, dei rifiuti non riciclabili, in tempi ragionevoli, dalla natura. Il tempo necessario perché il 50% degli atomi di un elemento radioattivo si sia disintegrato, è enorme: per il plutonio si parla di oltre 24.000 anni; per l'uranio-238 di circa 4,5 miliardi di anni! Peraltro le centrali nucleari hanno un limite di vita operativa prefissato, al termine del quale devono essere smantellate. Le loro scorie invece saranno indistruttibili. Quando si va in vacanza alloggiando in un albergo, ci viene chiesto di lasciare la stanza così come ci era stata consegnata, salvo pagare un supplemento per la sua pulizia, che verrà fatta in giornata.

Se abbiamo prodotto cose che superano la durata media dell'esistenza di un essere umano, esse andrebbero sepolte con noi, in maniera tale che la natura si incaricherà di riciclarle secondo i suoi tempi. Se pensiamo di poter derogare a questo principio, la desertificazione è assicurata. Noi possiamo lasciare in eredità ai nostri figli talune cose che loro possono continuare a utilizzare, ma devono esser loro a deciderlo, visto che avranno il compito di smaltirle. La trasmissione di oggetti di generazione in generazione ha senso solo se le condizioni di vita e di lavoro restano uguali. Ma questo come può essere deciso a priori?

Per poterlo decidere a priori non dovrebbe esistere alcun progresso tecnologico, almeno non così grande da stravolgere completamente lo stile di vita. Sotto questo aspetto dovremmo porci una domanda fondamentale: qual è la tecnologia che possiamo lasciare in eredità ai nostri figli? Anche qui la risposta è una sola: è quella che la natura è in grado di riciclare in un tempo ragionevole, tale per cui non venga compromessa la sua necessità riproduttiva. Quindi è solo *la decisione comune di un collettivo locale* che può decidere quale tecnologia usare in maniera tale che l'ambiente circostante non abbia da soffrire.

Infatti, per prendere una decisione la più possibile oculata, occorre che la comunità viva in un territorio circoscritto, in cui tutti sono responsabili, dai più piccoli ai più anziani. Se la comunità sa che, dopo aver inquinato un ambiente, può tranquillamente trasferirsi in un altro, non potrà mai assumere un atteggiamento responsabile nei confronti della natura. Quindi solo la *comunità locale* può decidere quale tecnologia usare, e come usarla, in un contesto geograficamente limitato. Tutto quello che va oltre queste esigenze locali o territoriali, va guardato con sospetto.

In via del tutto generale dovremmo dire che l'unica tecnologia che possiamo usare è quella che noi stessi siamo in grado di creare e di riparare quando si danneggia, o di riciclare quando si logora in maniera tale da non essere più riparabile. Questa è la vera scienza.

Piste di ricerca

I) **Wangari Muta Maathai**

Tutti i programmi di sviluppo decisi dall'occidente, al fine di indurre le popolazioni del Terzo Mondo[103] a ripercorrere, con l'aiuto delle organizzazioni internazionali, le tappe che hanno portato l'Europa occidentale e gli Stati Uniti al benessere diffuso, si sono rivelati piuttosto fallimentari. Quando sembra che non lo siano, come p.es. in Cina, l'occidente insorge a difendere in tutte le maniere la propria produzione. La regola è "svilupparsi sì, ma fino a un certo punto".

Di fatto il 10% della popolazione mondiale continua a vivere con meno di due dollari al giorno, secondo le stime della Banca Mondiale (i cui presidenti sono quasi sempre stati nordamericani), la quale è specializzata nel sottovalutare la gravità dei problemi, salvo non abbia bisogno di fare il contrario per venire incontro agli interessi dei grandi potentati che la finanziano.

L'obiettivo, sommamente utopistico, dell'ONU, di eliminare la povertà estrema entro il 2030, si avvale di questi strumenti: 1) vaccini, farmaci e antiparassitari (tutte cose chimiche); 2) internet e telefonia mobile (tutte cose che richiedono una certa competenza intellettuale e una certa disponibilità di risorse economiche ed energetiche); 3) liberalizzazione dei commerci (favorevole soprattutto alle multinazionali)!

Da tempo gli antropologi più intelligenti han capito che la parola "sviluppo", essendo connessa a indici meramente quantitativi, non può che danneggiare le comunità indigene.

Una prima, significativa, inversione di tendenza sembra provenire dal Kenya. L'attivista politica, ambientalista e biologa. Wangari Muta Maathai (1940-2011)[104], prima donna africana ad aver ricevuto il premio

---

[103] Può apparire vetusta la definizione di "Terzo Mondo" dopo il crollo del cosiddetto "socialismo reale", che, agli occhi degli intellettuali occidentali, appariva come "secondo" rispetto al capitalismo. Se si preferiscono definizioni come "Paesi in via di sviluppo" o "Paesi emergenti" va bene lo stesso, non ci formalizziamo. Difficile però pensare che per questi Paesi, presi nella loro interezza, sia davvero migliorata la loro situazione di "sottosviluppo", di cui si è parlato sino alla fine degli anni Settanta.

[104] Apparteneva all'etnia kikuyu, le cui ragazze contadine, quando il Kenya era una colonia inglese, non potevano neppure andare a scuola. Ma nel 1971 sarà la prima keniota a ricevere un dottorato e nel 1974 la prima a diventare professore assistente. Il suo cognome aveva una doppia "a" perché il marito, che aveva di-

Nobel per la pace, fondò nel 1977 il Green Belt Movement, noto soprattutto per le sue campagne di riforestazione condotte tra gli agricoltori kenioti, che per il 70% sono donne. Grazie a lei sono stati piantati oltre 51 milioni di alberi in Kenya per combattere l'erosione del terreno, causata dal fatto che il governo distribuiva terre statali ai propri protetti, i quali le disboscavano per far posto a grandi piantagioni di tè e caffè.

Il programma si è esteso ad altri 20 paesi africani. Alberi da frutta e da legna venivano piantati attorno alle scuole, alle chiese, ai campi coltivati, fino al punto in cui nacque il Pan African Green Belt Network, che in quindici paesi ha realizzato una cinta verde di quasi 30 milioni di alberi lungo l'Africa subsahariana.

Il movimento combatteva in Kenya anche la corruzione del partito unico anticomunista di Daniel Toroitich arap Moi, presidente dal 1978 al 2002, molto abile nello sfruttare le sempre presenti paure delle piccole tribù dominate dalle grandi. Chiedeva anche la cancellazione del debito estero dei paesi più poveri. Occupò terre pubbliche cedute spesso illegalmente a società straniere, campi da golf costruiti per gli amici del presidente e persino il parco al centro di Nairobi, dove il presidente intendeva costruire un grattacielo e farne la sede del proprio partito. Le campagne di diffamazione, gli arresti e i processi si moltiplicarono. Le donne del movimento cominciarono a preoccupare seriamente il governo, che iniziò una repressione molto forte, suscitando proteste a livello internazionale. La Maathai però diventò vice ministro dell'ambiente e delle risorse naturali. Nel 2004 rilasciò un'intervista-choc in cui sosteneva che il virus dell'AIDS era stato creato da scienziati occidentali per decimare la popolazione africana.

La Maathai ha scritto tre libri:
Solo il vento mi piegherà, Sperling & Kupfer, Milano 2007.
La sfida dell'Africa, Nuovi Mondi, Modena 2010.
La religione della terra, Sperling & Kupfer, Milano 2011.

II) **Vandana Shiva**

Un altro progetto da prendere in considerazione è quello dell'ambientalista indiana Vandana Shiva (1952), fondatrice nel 1982 dell'istituto *Research Foundation for Science, Technology and Natural Resource Policy*. È stata tra i principali leader dell'*International Forum on Globalization*, ed è vicepresidente di *Slow Food*. Ha fondato il movimento Navdanya per poter raccogliere, conservare e coltivare quante più varietà possibili di semi, contro la politica delle multinazionali, che fanno pro-

---

vorziato da lei, le aveva vietato di usare il cognome acquisito da sposata.

durre solo i semi più redditizi, oppure quelli modificati geneticamente.

Shiva correla nettamente la povertà del Terzo Mondo agli effetti della globalizzazione. È nettamente contraria alle monocolture delle multinazionali, che incoraggiano i contadini a coltivare raccolti a cosiddetto "alto rendimento", poiché esse alterano gli equilibri del territorio, minacciano la biodiversità e costringono a usare dosi elevate di insetticidi, fitofarmaci, fertilizzanti chimici (il che avvelena la terra, la insterilisce, provoca la scomparsa di insetti indispensabili per l'impollinazione delle piante). Denuncia l'utilizzo delle riserve di acqua per piante idrovore quali la canna da zucchero e l'eucalipto. Ritiene che gli OGM utilizzati durante la rivoluzione verde indiana, forniti dagli Stati Uniti, abbiano causato una forte perdita di fertilità del suolo e anche un forte indebitamento da parte dei contadini, poiché i costosi semi non si adattano facilmente alle condizioni locali, per cui richiedono più investimenti in sostanze chimiche e irrigazione. Non solo, ma i brevetti di varietà agricole ibride ha consentito alle multinazionali del settore agricolo di appropriarsi di saperi millenari, espropriandone i contadini.

Queste e molte altre sue tesi sono state contestate persino da molti ecologisti, i quali, esattamente come gli economisti borghesi, ritengono che, senza un aumento delle rese basato sull'innovazione agricola e un uso più efficiente della terra, non è possibile rispondere ai problemi di nutrizione del pianeta né, tanto meno, proteggere l'ambiente. Costoro hanno il terrore che si riporti il sistema agricolo (indiano o di altri paesi terzomondiali) a livelli pre-industriali, quelli in cui ci si basava sull'autoconsumo.

Le sue principali pubblicazioni reperibili in lingua italiana:

Terra Madre. Sopravvivere allo Sviluppo, ed. UTET, Torino 2002.

(con Kartikey Shiva), *Il pianeta di tutti. Come il capitalismo ha colonizzato la Terra*, ed. Feltrinelli, Milano 2019.

Fare la pace con la terra, ed. Feltrinelli, Milano 2011.

(con Lionel Astruc), *La terra ha i suoi diritti. La mia lotta di donna per un mondo più giusto*, ed. EMI, Bologna 2016.

Il bene comune della terra, ed. Feltrinelli, Milano 2015.

Ritorno alla Terra. La fine dell'ecoimperialismo, ed. Fazi, Roma 2009.

Brevettare la natura, Consorzio Festivalfilosofia, Modena 2012.

Le nuove guerre della globalizzazione. Sementi, acqua e forme di vita, ed. UTET, Torino 2006.

Storia dei semi, ed. Feltrinelli, Milano 2013.

Semi del suicidio. I costi umani dell'ingegneria genetica in agricoltura, ed. Odradek, Roma 2009.

Chi nutrirà il mondo? Manifesto per il cibo del terzo millennio, ed. Feltrinelli, Milano 2015.

Le guerre dell'acqua, ed. Feltrinelli, Milano 2019.

Semi di libertà, ed. Castelvecchi, Roma 2019.

(con Bhushan Patwardhan, Mira Shiva), *Cibo e salute. Manuale di resistenza alimentare*, ed. Terra Nuova Edizioni, Firenze 2018.

Il mondo del cibo sotto brevetto. Controllare le sementi per governare i popoli, ed. Feltrinelli, Milano 2015.

Il mondo sotto brevetto, ed. Feltrinelli, Milano 2003.

Monoculture della mente. Biodiversità, biotecnologia e agricoltura "scientifica", ed. Bollati Boringhieri, Torino 1995.

Vacche sacre e mucche pazze. Il furto delle riserve alimentari globali, ed. DeriveApprodi, Roma 2004.

Campi di battaglia. Biodiversità e agricoltura industriale, Edizioni Ambiente, Milano 2009.

India spezzata. Diversità e democrazia sotto attacco, ed. Il Saggiatore, Milano 2011.

Dalla parte degli ultimi. Una via per i diritti dei contadini, ed. Slow Food, Bra (CN) 2009.

Biopirateria. Il saccheggio della natura e dei saperi indigeni, ed. CUEN, 1999.

Campi di battaglia, Edizioni Ambiente, Milano 2009.

III) **Yacouba Sawadogo**

Un contadino ottantenne del Burkina Faso, Yacouba Sawadogo, che ha diffuso un'antica tecnica agricola per invertire la desertificazione, è stato tra i vincitori, nel 2018, del Premio Nobel Alternativo, istituito in Svezia dalla "Right Livelihood Award Foundation" per omaggiare "persone coraggiose che trovano soluzioni ai problemi globali".[105] Il premio

---

[105] La Fondazione è nata nel 1980, grazie all'iniziativa di Jakob von Uexküll, un tedesco-svedese di origine nobile, parlamentare europeo dei Verdi, che la finanziò con un milione di dollari, vendendo la sua enorme e preziosa collezione di francobolli. Questo perché l'Accademia svedese si era rifiutata di creare una nuova categoria su "Ambiente e Sviluppo". Oggi però il premio ha assunto una dignità tale da essere attribuito nella stessa sede del Nobel tradizionale, cioè presso il Parlamento svedese, il giorno prima dell'altro, il 9 dicembre di ogni anno. Non sono previste categorie vere e proprie da premiare, come chimica, medicina ecc, ma vengono valutate iniziative in diverse aree: ambiente, conservazione ecologica, tecnologia ed economia alternativa, iniziative a favore delle popolazioni svantaggiate. Il nonno del parlamentare fu il famoso Jakob Johann von Uexküll (1864-1944), biologo, zoologo e filosofo estone, pioniere dell'etologia e uno dei fondatori dell'ecologia, la cui importanza si fece sentire persino sulla fenomenologia, l'ermeneutica e la semiotica.

prevede un contributo di 290.000 euro ed è stato riconosciuto a un uomo che aveva lavorato 40 anni a Yatenga, un'arida provincia del nord del Burkina Faso, per fermare il deserto.

Sawadogo, che aveva già vinto il "Farmers Friend" nel 2013, è riuscito a trasformare la terra sterile in foresta, in grado di concentrare acqua e sostanze nutritive, consentendo così alle colture di resistere alla siccità. Si tratta di una tecnica non convenzionale, chiamata "fosse zaï", basata su un metodo antico che era caduto in disuso, rivalutato a partire dagli anni Ottanta grazie all'insegnamento di Sawadogo e utilizzato per ripristinare migliaia di ettari di terra asciutta e ridurre la fame in Burkina Faso e Niger.

Il Burkina Faso è una zona semi-arida del Sahel al di sotto del deserto del Sahara, dove i cambiamenti climatici e l'uso eccessivo della terra stanno rendendo sempre più difficile coltivare. Nel 2017 piogge irregolari hanno lasciato quasi un milione di persone bisognose di aiuti alimentari in tutto il Paese. Furono questi problemi a indurre Sawadogo a cercare delle soluzioni praticabili.

Più precisamente la tecnica, oggi adottata dalle agenzie di soccorso che lavorano per prevenire la fame nella regione, consiste nelle seguenti operazioni: scavare delle buche, riempirle di foglie, di escrementi animali e di altri concimi che favoriscono non solo la nascita di piante ma anche il riprodursi delle termiti; sono queste ultime che, a loro volta, scavando piccole gallerie, rendono poroso il terreno e aiutano a trattenere l'acqua durante la stagione delle piogge. Infine costruire dei muretti in pietra per trattenere l'acqua. Tutto ciò consente al seme degli alberi piantati di germogliare.

Assistito da un altro agricoltore, Mathieu Ouédraogo, e da 17 figli e 40 nipoti, riuscì a creare a Gourga, suo villaggio natale, una vera e propria foresta di 30 ettari, visibile dal satellite. Lì coltivava mais, sorgo e miglio. Il governo gli espropriò una parte della foresta, tagliando gli alberi e costruendo delle case. Però Yacouba non si è arreso. Ha intentato una battaglia legale, ma soprattutto non ha mai smesso di far crescere nuove piante.

La sua storia è raccontata in un film-documentario del 2010, intitolato *The man who stopped the desert* (*L'uomo che fermò il deserto*), vincitore di sette premi cinematografici.

IV) **Venanzio Vallerani**

Venanzio Vallerani (1924-2012) è stato un agronomo e zootecnico italiano. Ha messo a punto una strategia d'intervento contro la desertificazione denominata "Vallerani System" per rinverdire con boschi, pascoli, culture agricole e industriali le terre aride e semi-aride del pianeta. Con il "Vallerani System" sono stati lavorati oltre 116.000 ettari fino al 2013 in 13 paesi dell'Africa e dell'Asia.

A Capo Verde, tra il 1984 e il 1987, ebbe modo di osservare le tecniche di rimboschimento attuate nella zona per fermare l'erosione del suolo e garantire alle piante una più elevata possibilità di sopravvivenza grazie alla raccolta e conservazione dell'acqua piovana.

Nel 1987 Vallerani si trovava in Niger per conto della Cooperazione Italiana. Qui, dopo aver osservato le tecniche di coltivazione locali, che prevedevano lo scavo manuale del terreno e il trapianto di piante da vivaio, Vallerani effettuò le prime prove di lavorazione del terreno con un aratro, ottenendo i risultati da lui previsti, ovvero il trattenimento dell'acqua piovana nei solchi realizzati e la germinazione sul posto dei semi arborei. Da questa prima coltivazione sperimentale iniziò a prendere forma l'idea di un nuovo sistema di lavorazione delle terre aride e semiaride.

Nel 1988 ideò il prototipo dei primi aratri pensati per la restaurazione delle terre aride: il Treno e il Delfino.

L'aratro Treno, il primo realizzato da Vallerani nel 1988, era adatto per i terreni pianeggianti e per migliorare le produzioni agricole, riforestare e costruire linee frangivento. Scavava un solco continuo mediamente largo 60 cm, suddiviso da diaframmi, costituiti dal terreno superficiale raschiato da un apposito meccanismo, per evitare lo scorrimento dell'acqua nel solco e favorirne invece l'infiltrazione.

Il Delfino era invece un aratro pensato per scavare semilune nei terreni declivi. Scavava 10/20 semilune o micro-bacini al minuto, unite l'una all'altra dalla traccia di un ripper lunga 2 metri e profonda 50 cm. Le semilune avevano la larghezza media di 60 cm e erano lunghe 5 metri. Anche in presenza di pluviometrie molto basse di 200–500 mm/anno, ogni semiluna era in grado di raccogliere fino a 1.000 litri d'acqua, compresa quella di ruscellamento. I micro-bacini raccolgono la pioggia che cade nelle semilune e il 50% di quella che scorre tra le linee di lavorazione. L'acqua penetra facilmente nelle sacche sotterranee di raccolta dell'acqua e fluisce nelle falde freatiche senza rischi di evaporazione, moltiplicando da 2 a 4 volte l'acqua disponibile per le colture, i pascoli e le piante.

Sempre nel 1988 i due aratri vennero inviati in Niger nell'ambito del progetto della Cooperazione Italiana. In venti giorni di lavorazione, prima delle piogge, furono arati 187 ettari con il Treno e 128 con il Delfino. Le produzioni di sorgo, ch'erano in media 450 kg per ettaro, passarono a 1.800-2.000 kg, la massa foraggiera aumentò notevolmente, le radici delle piante superavano i 120 cm e i costi di lavorazione furono 4-5 volte minori dei costi di progetti analoghi.

L'anno dopo il "Vallerani System" venne presentato alla Fiera Internazionale di Verona, in virtù della quale nacquero varie collaborazioni con organismi internazionali di ricerca e di aiuto allo sviluppo, realizzando progetti di lotta alla desertificazione in numerosi paesi del Medio Oriente, dell'Africa e dell'Asia, quali Niger, Burkina Faso, Senegal, Kenya, Sudan, Ciad, Madagascar, Marocco, Tunisia, Siria, Giordania, Egitto e Cina.

Nel 2001 il "Vallerani System" è stato presentato alla Conferenza "Lotta contro la desertificazione" a Ginevra. Nel 2002 la delegazione del governo cinese, che aveva assistito alla presentazione di Ginevra, invitò Vallerani a visitare la Mongolia Interna e le provincie del Gansu, Hebei e Qinghai per studiare la possibilità d'introdurre il suo sistema in quelle zone. A seguito della visita, il governo cinese richiese cinque progetti nelle regioni nord-orientali del Paese.

Nel 2005, all'interno del quadro di cooperazione diretta tra il Ministero dell'ambiente italiano e il Ministero delle foreste cinese, è stato firmato il Progetto per la riforestazione di un'area pilota con l'applicazione del sistema nella Regione Autonoma della Mongolia Interna. I lavori sono iniziati nella contea di Balinzuo, per poi proseguire nel 2006 nella contea di Aqi. Il progetto prevedeva la lavorazione di 1000 ettari, ma, a seguito degli ottimi risultati conseguiti, sono stati aumentati a 3200.

Grazie a questi successi, Venanzio Vallerani è stato nominato Professore Honoris Causa per la prevenzione e la lotta alla desertificazione all'Accademia forestale dell'Inner Mongolia e all'Università di Ulun Beir, consulente speciale dell'Academy for forestry inventory and planning of state forestry administration del Ministero delle foreste cinese ed insignito dal presidente Hu Jintao del "Certificate of Friendship", la più alta onorificenza conferita dal governo cinese a uno straniero.

Nel corso degli anni gli aratri sono stati modificati per ottimizzarne le prestazioni nei diversi tipi di terreno e nel 2011 è nato il nuovo aratro Delfino, che ha sostituito i precedenti aratri Treno e Delfino, migliorando le qualità tecniche. Peraltro, grazie all'elevata velocità di lavorazione, tra 4 e 8 km/h, l'aratro è in grado di lavorare 1,5-3 ettari/h.

Il Sistema ha ricevuto numerosissimi riconoscimenti e certificazioni da parte di diversi dicasteri esteri, organizzazioni internazionali e manifestazioni agricolo-cooperativistiche come FAO, CILLS, ICARDA, IFAD, UNESCO, ENEA, MAE, ACACIA...

Capisaldi del sistema di Vallerani erano l'idea di meccanizzare il sistema tradizionale di lavorazione del terreno con buche scavate per la raccolta dell'acqua (zaï) e quella d'introdurre la semina diretta di piante autoctone, sostituendo la pratica del trapianto di piantine da vivaio. Così facendo si permetteva all'apparato radicale delle piante autoctone di mantenere la sua più importante funzione, quella del fittone, con cui raggiungere l'acqua in profondità. L'elevata germinazione e la capacità delle piante di autopropagarsi venivano consentite dall'acqua raccolta nei micro-bacini scavati dall'aratro.

Questo sistema è volto non solo alla preservazione della biodiversità, nel rispetto delle coltivazioni autoctone, ma anche alla coltivazione di piante che, crescendo secondo i naturali tempi di sviluppo e adattandosi subito al terreno e alle condizioni climatiche in cui cresceranno, saranno più vigorose e resistenti, aumentandone così la possibilità di sopravvivenza. Il sistema della semina diretta garantisce nelle piante una elevata capacità di resistenza alle malattie, agli attacchi dei parassiti e di adattamento ai cambiamenti climatici (resilienza): questo grazie alla maggiore profondità che le radici delle piante a semina diretta sono in grado di raggiungere rispetto a quelle coltivate in vivaio.

La scelta dei terreni per le lavorazioni deve tenere conto di vari fattori (p.es. la pluviometria), per poter calcolare le distanze tra le linee di lavorazione e così raccogliere tutta la pioggia. Maggiore è l'intensità delle precipitazioni, più vicine devono essere le linee di lavorazione. Data la velocità di avanzamento del trattore è conveniente che l'area di lavorazione sia di dimensioni ampie. È importante considerare la compattezza e porosità dei terreni per avere indizi sulla velocità di scorrimento e assorbimento della pioggia. È fondamentale che il terreno non sia eccessivamente pietroso, per evitare danni ai trattori e agli aratri.

Ovviamente vanno coinvolte le popolazioni locali, per renderle partecipi a tutte le fasi della lavorazione e gestire al meglio i risultati ottenuti. A seconda del tipo d'intervento che si desidera fare, la raccolta dei semi e la semina potranno essere fatti direttamente dalle popolazioni locali (eventualmente integrando i semi di piante non più sufficientemente presenti nella zona). I semi devono essere raccolti dalle piante più vigorose al momento della loro maturazione e conservati in modo adeguato. Ideale è lo sterco delle capre e delle pecore: i pastori al momento opportuno faranno mangiare agli animali i semi scrollandoli direttamente dalle piante. Lo sterco raccolto nei recinti dove gli animali passano la notte, contiene i semi e dovrà essere distribuito a spaglio sul bordo dei micro-bacini in modo che, se nella stagione le piogge saranno scarse, nasceranno i semi nel fondo dei micro-bacini; se invece abbondanti, anche quelli nei lati. L'esperienza ha dimostrato che, così facendo, si ha un attecchimento medio di piante nel 95% dei micro-bacini: ciò significa che si avrà una media di 270 buche con dentro almeno una pianta per ettaro lavorato. I semi, elaborati nel processo metabolico degli animali, germogliano più facilmente, favorendo il rapido sviluppo delle piantine, restano protetti dagli animali fino all'arrivo delle piogge e lo sterco che le avvolge apporta importanti sostanze nutritive al terreno.

È necessaria la formazione di una squadra tecnica locale formata da trattoristi, meccanici, responsabile dei lavori agronomici e forestali, personale amministrativo, e di una squadra sociale formata da soggetti locali per stimolare la conoscenza, la motivazione e la partecipazione delle popolazioni dei villaggi alla realizzazione dell'intervento.

Costo medio per ettaro lavorato e seminato: 80-100 € a seconda delle caratteristiche del terreno, delle dimensioni, del prezzo del carburante, del costo della manodopera, del tipo di intervento e delle spese d'importazione e trasporto dell'attrezzatura.

I benefici economici offerti dal "Vallerani System" sono innumerevoli. Tra i principali:

- moltiplicazione da 2 a 4 volte dell'acqua disponibile per le colture, i pascoli e le piante;

- riutilizzo delle terre abbandonate perché dure, compatte e quindi impossibili da lavorare manualmente;

- impiego di manodopera locale e formazione di manodopera specializzata;

- velocità dell'intervento con costi ridotti. Confrontando i costi dei metodi tradizionali di riforestazione basati sul trapianto e il "Vallerani System" fondato sulla semina diretta, si dimostra che quest'ultimo costa mediamente 5 volte di meno e i risultati sono più veloci, validi e duraturi;

Accanto a questi si hanno anche benefici ecologici, tra cui soprattutto la riduzione dell'evaporazione dell'acqua piovana, la ricarica delle falde freatiche e il calo dell'erosione dei terreni.

V) **Julius Kambarage Nyerere**

Julius Kambarage Nyerere (1922-99), padre fondatore della Tanzania (ex Tanganika), figlio di una famiglia di contadini, ebbe un ruolo politico centrale in questo Paese dal 1964 fino al 1985. È considerato una delle maggiori figure storiche del Novecento e una delle due personalità più importanti dell'Africa moderna, anche perché fu uno dei pochi teorici del socialismo africano. Insomma uno dei 'Padri' dell'Africa moderna.[106]

[106]Altri teorici del socialismo africano furono Amílcar Cabral (Guinea-Bissau e Capo Verde), Kenneth Kaunda (Zambia), Modibo Keïta (Mali), Samora Machel (Mozambico), Nelson Mandela (Sudafrica), Thabo Mbeki (Sudafrica), Albert Luthuli (Sudafrica), Michel Micombero (Burundi), Eduardo Mondlane (Mozambico), Robert Mugabe (Zimbabwe), Sam Nujoma (Namibia), Oginga Odinga (Kenya), Didier Ratsiraka (Madagascar), Jerry Rawlings (Ghana), Thomas Sankara (Burkina Faso), Léopold Sédar Senghor (Senegal), Ahmed Sékou Touré

Già colonia tedesca, il Tanganika divenne inglese nel 1918, come bottino della prima guerra mondiale, e tale rimase fino al 1961. Una volta al potere, Nyerere istituzionalizzò un sistema di democrazia parlamentare sul modello inglese, mantenendo un atteggiamento collaborativo con la Gran Bretagna e la popolazione bianca residente nel territorio. Il suo governo supportò infatti l'entrata della Tanzania nel Commonwealth, cercò di attirare capitali stranieri siglando accordi bilaterali con numerosi paesi europei, offrì agli investitori privati delle clausole sugli indennizzi in caso di nazionalizzazioni, il diritto di rimpatriare i profitti e una serie di sgravi fiscali. L'agricoltura tradizionale di sussistenza praticata dagli agricoltori africani era ritenuta arretrata e antiscientifica: i modelli produttivi tradizionali – caratterizzati dalla rotazione dei terreni, la policoltura e l'utilizzo di bassi livelli di input – avrebbero dovuti essere migliorati attraverso l'introduzione delle pratiche moderne della coltivazione, soprattutto per sostenere lo sviluppo agroindustriale delle principali risorse del Paese: caffè, tè, cotone, tabacco e anacardi.

La crescita delle cooperative fu enorme: da 172 nel 1952 a 1649 nel 1967 con 3 milioni di aderenti. Ciò permise agli agricoltori africani di emanciparsi dalla dipendenza dagli intermediari asiatici che, fino al momento dell'indipendenza politica, controllavano il commercio interno dei prodotti agricoli.

Tuttavia nel 1967 vi fu una svolta significativa. Constatato che solo le élite locali (gli agrari capitalisti africani nati verso la fine degli anni Cinquanta) avevano tratto beneficio dagli investimenti governativi a favore dell'agricoltura, e che le disparità sociali invece di diminuire erano aumentate, e che si erano verificati numerosi episodi di corruzione e di spreco di fondi pubblici all'interno delle stesse cooperative, tanto da pregiudicare il loro funzionamento più efficiente, Nyerere intraprese un progetto di sviluppo di stampo etico-socialista, annunciato con la *Dichiarazione di Arusha* del 5 febbraio 1967. A questa svolta contribuirono anche alcuni membri del partito, sempre più in rottura con la linea morbida del suo governo verso gli europei e gli asiatici.

Tre erano i princìpi guida enunciati da Nyerere, cui resterà fedele sino alla fine del suo mandato: 1) il rispetto per la persona umana, da cui il rifiuto di ogni discriminazione, soprattutto razziale; 2) la promozione dell'uguaglianza tra uomini, gruppi e nazioni; 3) il riconoscimento a tutta la popolazione dell'accesso alla terra. Il nuovo Stato (che si dichiarava "non allineato") era molto eterogeneo nella sua popolazione (ben 128 le etnie) e ovviamente nelle sue lingue, nonché molto squilibrato nella distribuzione delle risorse sul territorio. Il sistema scolastico nel 1961 era

---

(Guinea).

quasi inesistente: su 10 milioni di abitanti c'era un solo ingegnere, nove veterinari, 16 medici, nessun magistrato, nessun architetto.

Le cooperative furono poste sotto controllo governativo e i loro leader vennero sostituti con membri del partito. La politica economica del governo iniziò a prendere sempre più la strada del socialismo e i poteri dello Stato furono concentrati nelle mani del premier e dei massimi esponenti del partito. Le nuove politiche economiche si sarebbero concentrate su uno sviluppo rurale utilizzando le risorse nazionali disponibili, in opposizione ai beni importati.

Elemento caratterizzante della suddetta *Dichiarazione*, che rappresenta il fondamento del "Socialismo Africano", fu il processo di collettivizzazione del sistema agricolo del paese, cosiddetto "Ujamaa".[107] *Ujamaa* è una parola in lingua swahili che significa "famiglia estesa". Una delle caratteristiche di questo concetto è che una persona diviene ciò che è attraverso la comunità locale, fondata su quei valori tradizionali già presenti nei villaggi originari esistenti prima della colonizzazione imperialista. Il ritorno ai costumi e ai metodi di vita e di economia preesistenti all'ingresso del capitalismo nel paese avrebbe condotto, secondo Nyerere, allo Stato ideale.

Per Nyerere "famiglia estesa" significava che ogni individuo è al servizio della comunità. Quindi l'*Ujamaa* è un concetto che indica una comunità in cui la cooperazione e l'avanzamento collettivo fanno parte del modus vivendi di ogni individuo. Tale ideologia è stata anche descritta come "socialismo rurale". Nell'*Ujamaa* l'acquisizione personale non era proibita, ma veniva privilegiato il possesso comune delle risorse primarie – la terra anzitutto – dei mezzi di produzione, e una distribuzione più egualitaria della ricchezza prodotta fra i membri della comunità. Nyerere usò questo concetto come base di un progetto di sviluppo nazionale. Insieme al concetto di *Uhuru* si può capire tutta la politica di Nyerere. *Uhuru* vuol dire indipendenza, ma anche libertà e le due accezioni verranno usate tanto in politica estera che in politica interna: di qui l'impegno contro il colonialismo e l'apartheid.

La fermezza della politica estera di Nyerere portò la Tanzania a ritirare il proprio ambasciatore da Washington (1964) e a rompere i rap-

---

[107]Alcuni esempi di socialismo africano sono anche l'umanesimo zambiano di Kenneth Kaunda, e il coscienzismo del ghanese Kwame Nkrumah. Sebbene l'interpretazione africana del socialismo fosse piuttosto diversa da quella sovietica, durante la guerra fredda i Paesi africani con governi socialisti furono in genere apertamente schierati con URSS, Cina e Cuba. Solo in rari casi, tuttavia, si ebbero effimeri tentativi di strutturare lo Stato secondo il modello sovietico (alcuni esempi sono quelli dei leader Agostinho Neto, Marien Ngouabi, Kwame Nkrumah e Siad Barre).

porti diplomatici con Londra, facendo uscire il Paese dal Commonwealth, quando il parlamento inglese accettò il governo minoritario bianco della Rhodesia dopo l'indipendenza (1965). Problemi sorsero anche con la Repubblica federale tedesca, che ostacolava l'unione del Tanganika con Zanzibar (1964), che invece risulterà decisiva per la formazione di un'unica federazione con più di 25 milioni di abitanti e un esercito comune.

Il modello di gestione politica ed economica si può sintetizzare nei seguenti punti:

- La creazione di un sistema monopartitico, con al vertice il Chama Cha Mapinduzi (CCM, ex TANU), allo scopo di rendere coesa la Tanzania (da notare che pur essendo Nyerere cattolico dichiarato, gestiva un partito a maggioranza musulmana). Già con la Costituzione del 1965 il socialismo venne ufficialmente sancito come ideologia fondante del Paese.

- L'istituzionalizzazione dell'uguaglianza sociale, economica e politica tramite la creazione di una democrazia centrale, l'abolizione della discriminazione basata sullo status di nascita e la nazionalizzazione dei settori-chiave dell'economia. In particolare Nyerere cercò di eliminare l'identità etnica dal dibattito politico interno al fine di creare un'identità nazionale nel Paese. Nel 1961 vennero vietate le associazioni basate su interessi tribali o etnici. Anche le associazioni di ispirazione etnica che avevano partecipato alla lotta per l'indipendenza, come la Meru Citizens Union e il Chagga Demcratic Party, furono sciolte. Nel 1963 venne istituito il servizio militare obbligatorio, nel tentativo di forgiare un'identità nazionale basata sulla cittadinanza in opposizione all'etnia.

- Si nazionalizzarono le banche, quasi tutte le industrie, le compagnie di assicurazione, le imprese agricole e il commercio estero gestiti dagli stranieri, centinaia dei quali (soprattutto europei e asiatici) abbandonarono il Paese.

- La villaggizzazione della produzione, ovvero la collettivizzazione di tutte le produzioni locali attraverso l'aggregazione delle popolazioni in villaggi di dimensioni sufficienti per funzionare da poli produttivi autonomi, affrancati dalla dipendenza degli aiuti esterni. Vi era naturalmente il divieto di utilizzare lavoratori salariati nei villaggi, i quali disponevano anche di una scuola elementare e di un centro sanitario gratuiti.

- Per quel che riguarda la cultura e l'istruzione si realizzò una profonda riforma dell'insegnamento, cercando di superare i valori che insistono sulle ineguaglianze e che disprezzano il lavoro manuale. La scuola elementare, gratuita e obbligatoria per tutti, svolgerà un ruolo primario nell'intero ciclo degli studi. Pienamente integrata nella comunità, sarà dotata di un campo di applicazione agricola, che servirà tanto alla formazione che alla sussistenza della scuola stessa. Lo swahili diventa la lingua ufficiale della Tanzania, nella quale Nyerere pronuncerà tutti i suoi discorsi e che sarà un forte strumento di coesione per la popolazione. Attualmente la Tanzania è probabilmente la nazione africana maggiormente autoctona; infatti se oggi si chiede a un giovane l'origine etnica, la risposta è: "Sono tanzaniano". Nei 25 anni di presidenza Nyerere l'iscrizione alla scuola primaria passò da circa il 30% nel 1970 al 93% del 1983, mentre l'aspettativa di vita aumentò da 44 anni nel 1961 a 51 nel 1985.

Il sistema *Ujamaa* fallì per vari motivi: il crollo del prezzo di esportazione di alcuni beni (in particolare caffè e canapa), la crisi petrolifera degli anni Settanta (le importazioni di petrolio assorbivano il 60% del valore totale delle importazioni), la mancanza di investimenti dall'estero (il FMI e la Banca Mondiale subordinarono la ripresa degli aiuti alla realizzazione di misure economiche liberiste, volte, cioè, alla riduzione della spesa pubblica), e lo scoppio della guerra con l'Uganda nel 1978, che privò la giovane nazione tanzaniana di molte risorse. Nel 1976 la Tanzania, ch'era stata il maggior esportatore di prodotti agricoli del continente, si trovò ad esserne il principale importatore. La nazionalizzazione venne fatta senza avere personale idoneo a rimpiazzare i manager in fuga. La stessa espulsione dei missionari dalle scuole secondarie avvenne senza avere immediatamente a disposizione insegnanti tanzaniani per sostituirli.

Bisogna inoltre considerare lo sviluppo in senso autoritario e burocratico che ebbero la formazione dei villaggi *ujamaa*, tanto che le cooperative spontanee vennero chiuse. L'inasprimento dell'ideologia della pianificazione ebbe un impatto molto negativo sulla produzione e, di conseguenza, sulla disponibilità di alimenti. D'altra parte la simbiosi tra partito e Stato porta sempre a una concentrazione di poteri che si traducono nella fusione tra funzioni amministrative e politiche: diventa inevitabile l'instaurarsi di un forte dirigismo che mette in pericolo le basi della democrazia.

Non fu sufficiente obbligare i dirigenti politici e amministrativi a dissociarsi da qualsiasi iniziativa di carattere capitalistico o feudale. Il codice di comportamento prevedeva, infatti, il divieto di ricevere più di uno stipendio, di possedere azioni o essere amministratori di società private, e ovviamente la proprietà di immobili (esclusi quelli di abitazione). Né bastò lanciare una grande campagna di educazione politica in cui si spingeva la popolazione a non restare passiva davanti alla tirannia dei dirigenti, a scrollarsi di dosso l'eredità coloniale e la sottomissione all'autoritarismo. La corruzione dei funzionari pubblici fu una delle cause del fallimento delle riforme economiche.

Inoltre alla fine del 1973 si contavano soltanto 5.628 villaggi con una popolazione complessiva di circa due milioni di individui, cioè il 15% del totale nazionale. A motivo di questo la politica della collettivizzazione delle terre e della produzione – anche per la resistenza degli agricoltori – fu abbandonata in favore della piccola coltivazione, su base individuale, all'interno di un unico grande appezzamento (ma nel 1985 il 93% dei piccoli produttori operava ancora su terreni al di sotto di due ettari). Il governo insistette sul reinsediamento forzato, portando circa 13 milioni di persone, alla fine del 1976, a vivere in quasi 8.000 villaggi. Nello stesso anno le cooperative agricole vennero formalmente abolite, i loro beni confiscati e loro funzioni trasferite ai nuovi villaggi e alle nuove aziende statali. I prezzi delle derrate agricole venivano stabiliti dal governo: il che non fece altro che favorire l'espansione di mercati paralleli e l'aumento dell'inflazione.

Va detto, per essere il più possibile obiettivi, che Nyerere scontò il limite di fondo della cosiddetta "Teoria della dipendenza", sviluppatasi negli anni Settanta nel Terzo Mondo, in concomitanza con la decolonizzazione e con la convinzione che la civiltà industriale in occidente era cresciuta economicamente grazie al basso costo dell'energia, la quale, non a caso, era presente soprattutto nelle colonie. La comparsa della suddetta teoria avvenne indipendentemente in più zone del pianeta: fu importante nei Caraibi e in Africa, ma generalmente modesta in Asia. Sul piano nazionale essa fornì un'ideologia di sviluppo per un certo numero di regimi: p.es. il Cile di Allende, la Giamaica di Manley e appunto la Tanzania di Nyerere. Senonché è difficile parlare di risultati concreti, quando tale teoria in realtà non ha mai prodotto una propria specifica strategia di sviluppo. Si è andati da una adozione meccanica di modelli sovietici o cinesi, quando lo statalismo industriale e rurale dei Paesi del cosiddetto "socialismo reale" faceva già acqua da tutte le parti, fino a una pedissequa critica degli ostacoli frapposti dai Paesi capitalisti dell'occidente, i quali, pur avendo dovuto rinunciare al colonialismo politico non avevano alcuna intenzione di rinunciare anche a quello economico e finanziario.

Nyerere comunque decise di ritirarsi spontaneamente in occasione delle elezioni presidenziali del 1985, lasciando che il Paese si aprisse al libero mercato sotto la guida di Ali Hassan Mwinyi. Rimase comunque presidente del partito unico fino al 1990. È ancora riconosciuto come il Padre della Nazione. Questo perché dopo di lui il Paese affrontò la successione in condizioni di relativa democrazia: dal 2000 il partito non è più unico.

A motivo del suo "socialismo agrario" le relazioni della Tanzania con i suoi vicini africani (in particolare quelli del nord, Uganda e Kenya) si deteriorarono parecchio nel corso degli anni. Il confine del Kenya, vicino ai paesi occidentali, fu chiuso dal 1977 al 1983. In Uganda, Idi Amin Dada (protetto dagli inglesi, da Israele e dal Sudafrica), che aveva ambizioni di espansione territoriale, incolpò proprio Nyerere per aver ospitato gli oppositori del suo regime. Dopo il colpo di stato con cui Idi Amin Dada rovesciò il governo di Milton Obote, diventando presidente dell'Uganda (1971), Obote e molti suoi sostenitori (che avevano impresso al loro Paese una svolta politica verso sinistra, avendo annunciato l'intenzione di nazionalizzare le proprietà straniere nel paese) trovarono rifugio in Tanzania. L'appoggio tanzaniano a Obote contribuì a inasprire i rapporti politici fra Uganda e Tanzania, già difficili in precedenza. Nel 1972, quando i sostenitori di Obote cercarono di riprendere il potere in Uganda, Amin accusò il presidente tanzaniano Julius Nyerere di essere fra gli organizzatori del tentato colpo di Stato.

L'Uganda attaccò la Tanzania alla fine del 1978 e invase l'area intorno al lago Vittoria. I tanzaniani entrarono in Uganda nel febbraio del 1979. Sapendo di avere di fronte uno degli eserciti meglio preparati dell'intera Africa, i tanzaniani cercarono di evitare lo scontro frontale con le forze nemiche, colpendo invece una serie di obiettivi isolati. La città ugandese di Kampala fu uno di questi obiettivi, e subì la distruzione quasi totale delle sue infrastrutture.

Invece di opporre resistenza, l'esercito ugandese iniziò a ritirarsi piuttosto disordinatamente verso nord, saccheggiando i centri abitati per procurarsi rifornimenti. In sostegno di Amin giunsero le truppe libiche inviate dal colonnello Gheddafi, che si scontrarono con la prima linea tanzaniana a Lukaya, poco a nord della capitale. Dopo aver sbaragliato i libici, l'esercito tanzaniano procedette nella propria avanzata; particolarmente lunghi furono i combattimenti per la conquista di Entebbe, l'aeroporto ugandese costruito su una penisola del lago Vittoria, a circa 40 km dalla capitale Kampala. I tanzaniani, sostenuti anche dai ribelli dell'UNLA (Esercito di liberazione nazionale dell'Uganda), presero nel 1979 la capitale, deponendo Amin, che riparò in Libia. L'ammontare delle vittime causate dal regime di Amin (1971-79) non è mai stato quantificato in maniera precisa. Una stima effettuata dalle organizzazione degli esuli con l'aiuto di Amnesty International, pone il numero a circa mezzo milione.

All'inizio degli anni Sessanta Nyerere fu anche un convinto assertore del Movimento panafricano e collaborò alla fondazione dell'Organizzazione dell'Africa Unita (OUA), insieme ad altri luminari africani, quali Gamal Abdel Nasser dell'Egitto, Sekou Toure della Guinea, Nkame Nkruma del Ghana e Jomo Kenyatta del Kenya.

Fornì la base logistica per numerosi movimenti africani di liberazione, come l'African National Congress (ANC) e il Congresso Pan-Africano (PAC) del Sudafrica, il FRELIMO del Mozambico, il MPLA dell'Angola, lo ZANLA dello Zimbabwe e la SWAPO della Namibia. Dalla metà degli anni Settanta fu leader, insieme al Presidente dello Zambia, Kenneth Kaunda, del "Front Line States", che supportava la campagna per il governo della maggioranza nera in Sudafrica. Sotto la sua influenza si formarono i nuovi dirigenti del continente africano: l'etiope Melles Zenawi, l'eritreo Isayas Afeworki, l'ugandese Yoweri Museveni, il ruandese Paul Kagame, quindi Samora Machel (Mozambico), Robert Mugabe (Zimbabwe), Sam Nujoma (Namibia), Agostino Neto (Angola) e Laurent Kabila (Congo).

Gli sono stati attribuiti alcuni importanti errori politici: p.es. il suo sostegno al colonnello Chukwuemeka Ojukwu durante la guerra civile in Nigeria. Ojukwu era a capo della comunità Igbo, che voleva separarsi dalla Nigeria. Nyerere lo fece perché, durante la guerra in Biafra, credeva che in quel momento i diritti umani della gente Igbo venissero calpestati dal governo nigeriano dell'epoca, e gli sembrava che l'unico modo per risolvere il problema fosse attraverso la secessione del Biafra. Giungere a questa conclusione fu particolarmente difficile per lui, visto il suo dichiarato impegno sulla strada verso l'unità africana.

Lo stesso vale per la seconda repubblica ugandese di Obote. Non è stato per semplice amicizia e cieca lealtà nei confronti di Obote che Nyerere gli concesse il suo tacito sostegno, al di là dei dubbi e delle accuse di sfruttamento da parte di molti ugandiani che conoscevano personalmente la corruzione della prima repubblica di Obote. Il fatto è che dopo le atrocità di Idi Amin e il totale fallimento del governo di Joseph Lule e Godfrey Binaisa, Nyerere credeva sinceramente che Obote fosse la migliore possibilità per la pace e il rispetto dei diritti umani per le persone dell'Uganda. Questo si è poi rivelato un errore. Quando se ne è reso conto, Nyerere non ha obiettato al passaggio del governo nelle mani di Yoweri Museveni.

Nel 1999 i presidenti di Kenya, Uganda e Tanzania si sono incontrati per fondare una comunità economica dell'Africa dell'Est. Gli obiettivi dichiarati di questa e di altre organizzazioni simili includono la creazione di aree di libero scambio, di unioni doganali, di un mercato unico, di una banca centrale e di una valuta comune.

Bisogna tuttavia ammettere che l'agricoltura in Africa (soprattutto nella regione sub-sahariana), entrata in una profonda crisi negli anni Ottanta e Novanta, sembra non essersi più ripresa. Con la *Dichiarazione di Maputo* (2003), i governi africani si sono impegnati a devolvere il 10% della spesa pubblica al settore agricolo, ponendosi in forte rottura rispetto alle politiche del decennio precedente, ma a tutt'oggi non si sono verificati significativi miglioramenti, e i continui e massicci flussi migratori verso l'Europa attestano i gravi problemi di questo continente. Le grandi produzioni intensive, le politiche agroindustriali a favore dell'esportazione, le politiche di concessione di vaste aree di terra alle imprese estere per la produzione di biocarburante (e non solo) rappresentano un fenomeno estremamente negativo, che minaccia l'accesso alla terra da parte delle popolazioni rurali e rischia di trasformare i piccoli contadini africani in produttori sottopagati di materie prime o in braccianti agricoli senza terra. A tutt'oggi il 41% della popolazione in Africa sub-sahariana vive con meno di due dollari al giorno.

La Tanzania è uno dei numerosi paesi africani nei quali, nonostante la rapida crescita economica, la grande maggioranza della popolazione (circa il 65%) dipende ancora dalle attività agricole per la sopravvivenza; i livelli di povertà e insicurezza alimentare rimangono sensibilmente elevati. Il ventennio di politiche socialiste (1967-1986) ha portato a significativi miglioramenti nell'accesso della popolazione rurale ai servizi sociali, ma non è riuscito a ridurre la povertà.[108] D'altra parte molte popolazioni rurali africane vogliono continuare a resistere ai controlli statali di tipo socialistico e ai mercati di tipo capitalistico. Sembrano essere tenacemente attaccate a modelli sociali ed economici precapitalistici e precoloniali, caratterizzati da princìpi solidaristici e cooperativistici che frenano la crescita delle disuguaglianze e la creazione di classi sociali. Questo atteggiamento non favorisce certamente lo "sviluppo" come lo si intende nelle società industriali (capitalistiche o socialistiche che siano), ma non sta forse in questo la loro originalità?

VI) **Hosea Jaffe**

Hosea Jaffe (1921-2014) era uno di quegli economisti di sinistra che diceva pane al pane e vino al vino. Non so quanti suoi colleghi contemporanei sostengano che va recuperata la società primitiva, quella preschiavistica, al fine di ritrovare l'uguaglianza e la democrazia "moderne". Di sicuro non v'è nessuno tra quelli borghesi e si farà fatica a trovarne persino qualcuno tra quelli marxisti.

Lui p.es. negava una cosa che per il marxismo (e forse questa è una delle tante ragioni che ha indotto la Jaca Book a pubblicare molti

---

[108] Per saperne di più cfr J. Nyerere, *Socialismo in Tanzania*, ed. Il Mulino, Bologna 1970. *La scelta socialista in Etiopia, Somalia e Tanzania* (a cura di M. Guadagni), ed. CLUET, Trieste 1979. A. M. Gentili, *Il leone e il cacciatore. Storia dell'Africa sub-sahariana*. ed. Carocci, Roma 1995. www.wikiwand.com/it/Comunit%C3%A0_economica_africana

suoi libri) è sempre stata considerata un dogma: la *necessità* di una qualsivoglia transizione a un livello superiore di civiltà, sia quella dal comunismo primitivo allo schiavismo, che quella dal feudalesimo al capitalismo. È proprio sul concetto di "necessità" che non voleva sentir ragioni.

Di tutta la civiltà europea, a partire dalla nascita dello schiavismo come stile di vita, Jaffe non salvava nulla. Per lui la più grande disgrazia dell'umanità è stata la distruzione del comunismo primitivo. Non solo, ma, pur dichiarandosi marxista (che oggi in occidente è come dire "alieno"), egli aveva sottoposto a dura critica i classici del marxismo, soprattutto là dove ritenevano "arretrati" i popoli non-europei, giustificando così il colonialismo occidentale, al fine appunto di poter parlare di "necessaria transizione al socialismo".

Secondo lui con la nascita dell'imperialismo (verso la fine dell'Ottocento) è andato irrimediabilmente distrutto il comunismo primitivo a livello planetario. *En passant* potremmo aggiungere a questa tesi incontrovertibile la seguente considerazione: l'imperialismo (oggi chiamato *globalismo*) riproduce la stessa percezione unitaria del pianeta che avevano gli uomini primitivi, che si sentivano liberi di esplorarlo e di popolarlo come volevano, ma con la fondamentale diversità che oggi, per avere questa consapevolezza, bisogna essere proprietari di capitali. Ci siamo emancipati dallo schiavismo solo nel senso che abbiamo acquisito una libertà personale di tipo *giuridico*, cioè formale, mentre in quella *economica* siamo sempre rimasti "schiavi" di qualcuno.

Al tempo di Marx – scrive Jaffe nel suo *Era necessario il capitalismo?* (Jaca Book, Milano 2010) – l'ultima esperienza di comunismo primitivo era quella della *obščina russa* (che poi, in realtà, era una forma edulcorata di feudalesimo, in quanto il vero comunismo primitivo poteva al massimo trovarsi in qualche tribù misconosciuta, ridotta di numero e dispersa in quelle zone non appetibili o non ancora debitamente sfruttate dal grande capitale, cioè dell'Africa, dell'Asia, del Sudamerica o dell'Oceania).

Hosea Jaffe è uno di quegli economisti radicali che sostiene che senza lo sfruttamento di questo comunismo primitivo non sarebbe mai nato il capitalismo. In tal senso fa le pulci allo stesso Marx, il quale non affermò mai espressamente che l'accumulazione originaria del capitalismo fu una conseguenza diretta del colonialismo. Nel *Capitale* infatti il colonialismo è indubbiamente visto come elemento che favorì la nascita del capitalismo, ma non è visto come fattore determinante in prima istanza.

Jaffe invece, per sostenere la sua tesi, anticipa il colonialismo all'epoca delle crociate, cioè lo fa risalire ad almeno mezzo millennio prima della nascita della rivoluzione industriale, sicché questa poté avvenire proprio perché le "casse per gli investimenti" erano già piene di uno sfruttamento intensivo e plurisecolare.

Gli si può dar torto? Sì, ma a condizione di dargli ragione quando equipara le crociate a una forma di colonialismo. Tuttavia per far nascere il capitalismo non basta il colonialismo. Se fosse così facile, non si spiega perché il "capitale" (nell'accezione borghese) abbia dovuto impiegare mezzo millennio prima di nascere; e meno ancora si spiega perché, passato questo mezzo millennio, le prime due grandi nazioni colonialiste europee, il Portogallo e soprattutto la Spagna, non siano mai diventate capitalistiche (in senso industriale o finanziario), se non dopo un altro mezzo millennio, con molta fatica e, per giunta, quando i loro imperi coloniali non esistevano più.

Per diventare capitalisti ci vuole una *mentalità*, una *cultura* molto particolare, che non avevano neanche i Romani, che pur avevano creato una società mercantile e coloniale molto più evoluta, molto più centralizzata e organizzata di quella europea esistente al tempo delle crociate.

Ci vuole una mentalità che faccia della *libertà formale* (*giuridica*) il criterio dei rapporti umani, che anzitutto vogliono essere "produttivi", basati sulla "quantità" delle merci. Questa non è una cosa semplice, poiché viene più istintivo trattare il perdente, il nullatenente o l'insolvente alla stregua di uno schiavo. Per ritenere necessaria una mediazione giuridica tra oppresso e oppressore, occorre compiere un salto di qualità.

Certo anche i Romani avevano il *diritto*, ma da esso erano totalmente esclusi gli schiavi. Il concetto di "persona" non lo si applicava allo schiavo, e anche quando la legislazione chiedeva agli schiavisti di non eccedere nelle punizioni, al massimo imponeva una sanzione amministrativa.

C'è voluto il cristianesimo e la cultura "barbara" per umanizzare il rapporto di schiavitù, trasformandolo in *rapporto servile*. Ma questo a Jaffe non interessa, e neppure al marxismo è mai interessato. È vano chiedergli di fare un'analisi di questa cultura: il suo discorso è meramente strutturale, ponendosi, in questo, sulla falsariga di quello vetero-marxista. L'unica "cultura" che vede è quella ideologica che ha favorito l'abolizione formale della schiavitù per trasformare il colonialismo in un imperialismo, modernizzando, per così dire, il razzismo.

A suo dire l'Europa occidentale ha conosciuto solo esperienze di schiavismo e di razzismo (almeno a partire dai Greci), fatto salvo il periodo altomedievale, dominato da popolazioni extraeuropee, che al massimo conoscevano un "dispotismo comunitario". L'Europa cioè sarebbe passata da una forma di schiavismo all'altra, diffondendolo come un virus in tutto il pianeta. I due principali eredi di questo schiavismo sono stati gli Usa e il Giappone.

Trattare o discutere con questi tre poli dell'imperialismo è fatica sprecata. Il loro obiettivo è quello di dominare il mondo. Semmai – scrive Jaffe che, in questo, la pensa come Samir Amin – ci si deve chiedere quale sia il modo migliore per difendersi da questi sistemi neoschiavistici. Jaffe infatti contesta sia Marx che Engels là dove ritengono che il capitalismo, pur con tutte le sue aberrazioni, costituisce un prodotto "necessario" della storia, propedeutico alla nascita del socialismo.

Jaffe sostiene che per realizzare il socialismo non c'era affatto bisogno del capitalismo, anche perché, là dove questo s'è imposto, non s'è mai verificata alcuna transizione socialista, come invece è accaduto in alcuni paesi poveri e colonizzati, ovvero negli anelli più deboli del sistema mondiale borghese.

Pensare dunque che il capitalismo possa aiutare a realizzare il socialismo è pura follia. Infatti – scriveva Jaffe – persino il proletariato industriale dell'occidente è co-responsabile dello sfruttamento del Terzo Mondo, e se dovesse scoppiare una guerra contro qualche paese colonizzato o addirittura un conflitto mondiale, assai difficilmente esso la trasformerebbe – come già chiedeva Lenin nel corso del primo conflitto mondiale – in una guerra civile contro i propri governi nazionali.

Più che cercare rapporti di collaborazione con l'occidente, il Terzo Mondo dovrebbe organizzarsi in maniera autonoma, riducendo al massimo i propri rapporti di dipendenza neocoloniale.

Per Hosea Jaffe il vizio di fondo dell'economia mondiale sta nel voler vivere sulle spalle altrui, cioè sta nel *colonialismo*, che India e Cina, p.es., non hanno mai praticato, pur conoscendo lo schiavismo. In tal senso la fine del capitalismo e del colonialismo non necessariamente dovrà comportare la fine dell'industrializzazione, ma solo un diverso modo di gestirla.

Se avesse però fatto un discorso "culturale" e avesse ripensato i rapporti tra uomo e natura, Jaffe avrebbe dovuto ammettere che anche "l'industrializzazione della produzione" è un concetto che va superato. E si sarebbe forse risparmiato l'ingenuità di credere che un paese come la Cina, una volta appreso l'uso della libertà giuridica nella maniera fittizia dell'occidente, non sia destinata a diventare una potenza imperialistica. Per il governo pseudo-comunista di questo Paese la gestione dei capitali deve essere *strategica* e non individualistica, e per poterlo essere efficacemente, occorre l'intervento dirigistico dello Stato e del partito unico. Lo Stato non può essere al servizio dei capitali più di quanto questi non debbano esserlo nei confronti dello stesso Stato.

VII) **John Zerzan**

Se John Zerzan avesse ragione, dovremmo dire che della vita non abbiamo capito niente. Per fortuna però che è un anarchico e che, come tutti gli anarchici, presenta dei lati estremistici che lo rendono poco credibile. Ciò senza nulla togliere al fatto che molte delle sue idee "primitiviste" siano tutt'altro che assurde. Ci riferiamo qui al 1° capitolo del libro *Primitivo attuale*, ed. Stampa Alternativa, Viterbo 2015 (prima edizione del 2004). Il titolo originale è *Elements of Refusal*. Il suo discepolo più significativo in Italia è Enrico Manicardi, il cui libro, prefato dallo stesso Zerzan, è un'autentica bibbia dell'anarco-primitivismo: *Liberi dalla civiltà: spunti per una critica radicale ai fondamenti della civilizzazione: dominio, cultura, paura, economia, tecnologia*, ed. Mimesis, Milano 2010. Ma di loro bisogna anche leggersi *Nostra nemica civiltà: frammenti di resistenza anarchica alla civilizzazione*, ed. Mimesis, Milano 2018.

L'estremismo di Zerzan, d'altra parte, è comprensibile. Come può non esserlo un uomo nato negli Stati Uniti del XX sec.? Questa nazione è una costola dell'Europa borghese sorta nel XVI sec., quel secolo in cui Marx fa decollare il moderno capitalismo. Ed è una costola puritana, cioè calvinista, quel ramo del protestantesimo che meglio s'è adattato e che, nel contempo, meglio ha favorito lo sviluppo del capitalismo manifatturiero.

Il cittadino medio americano risente profondamente di questa cultura, soprattutto se è di origine europea. Ne sono stati condizionati anche i neri provenienti dall'Africa, in quanto, dopo la loro liberazione giuridica dalla schiavitù, non sono mai riusciti a creare un'alternativa al capitalismo, neppure teorica. E ne sono condizionati oggi gli immigrati provenienti dal Sudamerica o dalla Cina o da qualunque altro paese, che sono convinti di trovare negli Usa una sicura possibilità di riscatto. Chi mette in discussione il valore del *free market* rischia di porsi appunto come un estremista, uno che non accetta l'idea di vivere nel paese più "democratico" del mondo, l'unico autorizzato a esportare ovunque, anche con la forza delle armi, la propria idea di "libertà".

Le uniche in grado di contestare il capitalismo in maniera "naturale" avrebbero potuto essere le 500 tribù o nazioni indiane, anteriori alla colonizzazione europea, ma oggi i sopravvissuti vivono relegati nelle riserve, in procinto di scomparire definitivamente. Soltanto con quei nativi si può parlare, a buon diritto, in quel continente, di una tradizione pacifica, ambientalistica, priva di conflitti di classe o di irriducibili antagonismi sociali (cosa che non si può certo fare con gli Inca, i Maya e gli Aztechi). Una qualunque opposizione al capitalismo che non tenesse conto della loro plurimillenaria tradizione, non potrebbe non cadere in atteggiamenti estremistici.

Ecco perché John Zerzan è inevitabilmente un estremista. Non può sapere, per esperienza, che cosa sia "naturale" e che cosa no: lo deve imparare, facendo inevitabilmente degli errori, come tutti noi europei. A suo merito va il fatto che comunque ci sta provando, prendendo le cose seriamente. Un americano, che presume d'avere la consapevolezza della necessità inderogabile di superare i limiti strutturali del capitalismo, non può far leva su una memoria perduta (neppure quando osanna il paleolitico superiore), ma soltanto su un desiderio represso. Zerzan vuole essere se stesso in una società che fa di tutto per impedirglielo, in maniera diretta o indiretta.

Ora però vediamo quali sono gli aspetti ch'egli, nel primo capitolo del testo in oggetto, sottopone a una critica così radicale che un qualunque compromesso con le sue idee risulta impossibile. Generalmente egli si sforza di trovare una risposta a questa domanda fondamentale: "esiste un criterio oggettivo per stabilire quando un'azione umana può essere considerata naturale?". La risposta ch'egli dà è sempre la stessa: "è la natura che deve deciderlo". Sulla base di questa risposta egli avvicina l'uomo al mondo animale. Ciò significa che il meglio di sé l'uomo lo dà quando si affida all'istinto, ai sensi, al rapporto diretto, personale, con le cose, con l'ambiente, senza mediazioni artificiose di alcun genere. Di qui il rifiuto dei linguaggi simbolici, delle astrazioni, delle misurazioni matematiche e persino delle rappresentazioni artistiche.

Zerzan non rifiuta soltanto – come tutti gli anarchici – l'organizzazione statuale (che implica gerarchia e burocrazia) e le concezioni religiose o metafisiche dell'esistenza, ma anche tutto quanto ha caratterizzato il sorgere della civiltà, ivi inclusa l'agricoltura e la domesticazione degli animali. In questo sembra essere particolarmente radicale, salvo poi contraddirsi quando decide di scrivere libri su libri, nei quali, peraltro, esprime sempre gli stessi concetti.

L'errore di fondo, nella sua impostazione generale dell'alternativa che propone, sta proprio nel non rendersi conto che l'essere umano non è esattamente un "ente di natura". L'essere umano rappresenta la natura che ha preso *consapevolezza di sé*. Sotto questo aspetto è impossibile paragonarlo strettamente agli animali. Nell'essere umano vi è qualcosa che in nessun animale si può riscontrare: è la *libertà di coscienza*. Per tutto il resto si può parlare di differenze di forme, di grado, d'intensità, soprattutto in relazione all'uso dei sensi, dell'intelligenza, del linguaggio, dell'affettività, ecc.

Tuttavia, quando l'uomo esercita la libertà di coscienza, tutte le differenze di tipo quantitativo si trasformano immediatamente in differenze di tipo *qualitativo* e diventano abissali. Se si accetta l'idea che, in nome della libertà di coscienza, le differenze tra mondo umano e mondo naturale possono diventare incolmabili, non è più possibile affidare alla sola natura il compito esclusivo di decidere quale sia il criterio oggettivo per stabilire quando un'azione umana è naturale. L'unico criterio possibile può essere stabilito, in ultima istanza, soltanto dallo stesso essere umano. Al massimo si può aggiungere: *in maniera conforme alle esigenze riproduttive della natura.*

Detto altrimenti: la capacità autonoma che l'uomo ha di gestire l'ambiente non può porsi in un'insanabile contrasto con le esigenze della natura, ma non può neppure lasciarsi determinare completamente da queste esigenze. La natura infatti è un ambiente dal quale noi non possiamo prescindere, e non tanto perché ci precede nel tempo, quanto perché essa è parte *organica* dell'essere umano. Ci è strutturale fin nel più profondo di noi stessi. Ma questo non significa che si sia costretti a fare ciò che è stato da essa prestabilito. In maniera aprioristica (cioè indipendentemente da qualunque considerazione), all'uomo non si può rifiutare alcuna esperienza. Non esistono cose che *in sé* non si possono fare. Semplicemente l'uomo deve chiedersi, nel mentre decide di farle, se esse sono compatibili con le esigenze o le leggi della natura.

La natura può offrire un criterio oggettivo con cui stabilire se un'azione sia giusta o sbagliata, ma, in ultima istanza, è l'uomo che deve deciderlo, appunto perché è dotato di *libertà di coscienza*. L'uomo è tenuto a prendere delle *decisioni*, mentre negli animali si tratta semplicemente di adattarsi alla mutevolezza delle circostanze. La loro intelligenza si basa unicamente sugli istinti e sull'uso delle percezioni sensibili. Non si pongono mai il problema di come *modificare* l'ambiente.

Negli esseri umani l'adattamento è sicuramente una componente fondamentale della loro personalità, ma in loro è presente anche il desiderio di *modificare la realtà*. L'essere umano sa di poterlo fare, quindi, in ultima istanza, egli deve rendere conto solo a se stesso di ciò che fa. Infatti è una sua specifica responsabilità (che non può appartenere a nessun altro) se dalle sue azioni si ricavano conseguenze dannose per l'ambiente.

Tutto questo per dire che porre la nascita delle civiltà, cioè l'inizio dell'*involuzione* dell'umanità, in un periodo in cui l'essere umano scopriva l'agricoltura e l'allevamento, è sbagliato. Opporre i cacciatori-raccoglitori agli agricoltori e allevatori non ha alcun senso se l'opposizione viene presa in sé e per sé. Anche perché gli stessi cacciatori potrebbero essere visti in opposizione ai raccoglitori: chi ha dato all'uomo il diritto di uccidere gli animali?

L'atto della "produzione" è connaturato all'uomo e, se vogliamo, alla stessa natura. Non si può demonizzarlo solo perché, ad un certo punto della storia umana, esso ha comportato la devastazione dell'ambiente e la creazione di rapporti sociali innaturali. L'uomo deve semplicemente capire quando la sua "produzione" entra in conflitto con se stesso e con le esigenze riproduttive della natura.

Negare all'uomo il diritto alla "produzione" significa ridurlo automaticamente al livello dell'animale. La genuinità o autenticità della natura umana non sta tanto nel mantenersi integra, così com'era ai primordi dell'umanità, secondo le leggi di natura, che pur hanno indubbiamente un carattere di universalità e di necessità, ma sta nello *svilupparsi* rispettando le condizioni della propria umanità, che non possono certo essere contraddittorie con le leggi della natura. La coscienza umana ha l'obbligo di conformarsi alle leggi di natura, ma ha pure il privilegio di sentirsi superiore a queste stesse leggi, in quanto appunto ne rappresenta il livello di *autoconsapevolezza.*

Là dove c'è sviluppo o progresso nella consapevolezza di sé, non può mancare la *memoria*, altra fondamentale facoltà umana, la cui utilità è però recisamente negata da Zerzan. Egli infatti, come se vivesse in un mondo animale, accetta solo il *presente*, senza rendersi conto che, se esistesse solo il presente, il pensiero sarebbe poverissimo, avendo una memoria molto corta. Tutto sarebbe funzionale alla soddisfazione di bisogni immediati, irriflessi. Di nuovo ricadremmo nell'istintività animalesca, la cui memoria assomiglia alla RAM dei computer, la quale serve, in maniera provvisoria, per far funzionare al meglio il sistema operativo e i vari programmi, e di cui noi ci lamentiamo sempre, perché sembra non bastare mai, soprattutto quando si vogliono usare più programmi contemporaneamente.

La memoria degli animali è in funzione delle percezioni sensoriali che si attivano in un dato momento. Non è una memoria su cui si possono fare dei ragionamenti in assenza di un determinato contesto spazio-temporale. Argo, il cane di Ulisse, che lo riconobbe dopo vent'anni di assenza e che, al rivederlo, per l'emozione morì, aveva conservato, in un angolo remoto della sua memoria, il ricordo percettivo del suo padrone, ma per vent'anni questo ricordo non l'aveva affatto usato, semplicemente perché non ne avvertiva il bisogno. Ecco perché la differenza tra essere umano e animale è abissale. Anche Penelope non vedeva Ulisse da un ventennio, ma la sua ansia, la sua angoscia, il suo struggimento interiore erano di ben altra natura. Semmai si potrebbe discutere se Ulisse provasse gli stessi sentimenti della moglie, preso com'era ad affermare il proprio egocentrismo guerrafondaio, nemico mortale dei Troiani e sprezzante di tutte le tradizioni pre-schiavistiche.

L'analisi di Zerzan è superficiale anche per questo motivo: tutto quello che nega (agricoltura, allevamento, linguaggio, simboli, tempo, arte, religione, numero, proprietà privata, divisione del lavoro, ecc.) non viene da lui differenziato nel suo sviluppo storico. Tutto viene infilato in un unico sacco, come se ogni singola cosa si fosse sviluppata contemporaneamente alle altre. E inevitabilmente le rende intercambiabili, sovrapponibili, come se un elemento potesse essere causa immediata dell'altro e viceversa. Contrappone il paleolitico al neolitico senza rendersi conto che la civiltà schiavistica è nata soltanto con la scoperta dei metalli, cioè alla fine del neolitico.

Si legga ora questa frase, per rendersi conto di quanto sia difficoltosa l'analisi storica di Zerzan: "solo con l'emergere della ricchezza sotto forma di granaglie immagazzinabili presero forma le divisioni in gradi della manodopera e delle classi sociali" (p. 25). In realtà non sarebbe stata possibile una produzione urbana finalizzata, in maniera precipua, all'accumulo di eccedenze in assenza di una determinata stratificazione sociale. In ambito urbano la raccolta delle eccedenze non apparteneva mai ai produttori, bensì alle autorità, siano esse religiose o civili.

La civiltà non nasce con l'eccedenza, poiché è del tutto naturale pensare a una scorta di viveri da utilizzare nei momenti di magra, altrimenti dovremmo dire che la cicala è più saggia della formica. La civiltà nasce quando questa scorta viene gestita da chi non l'ha prodotta, soprattutto con intenzioni minacciose o ricattatorie nei confronti dei produttori, al fine di aumentare il proprio potere; il tutto avvolto in giustificazioni ideologiche (per lo più mistiche) di cui il potere si serve per autolegittimarsi. Atteggiamenti di questo genere si riscontrano all'interno di contesti urbanizzati, cioè là dove è possibile costruire i palazzi o i templi del potere.

La cultura cattolica ha portato Zerzan a credere che l'unico momento felice dell'uomo sia stato quello edenico, cioè quando viveva come raccoglitore (non certo però come cacciatore!) all'interno delle foreste, senza conoscere ancora la fatica del lavoro. Ora, indubbiamente la fuoriuscita dalle foreste e l'accesso alle savane deve aver reso la vita più difficile (non foss'altro perché – questa volta sì! – il raccoglitore doveva diventare anche cacciatore), ma non si può far coincidere l'inizio della proprietà privata o quello dell'agricoltura con la rinuncia (forzata o voluta) alla vita arboricola. Prima che il cacciatore si trasformasse in allevatore e il raccoglitore in orticoltore e poi in agricoltore; prima che allevatori e agricoltori cominciassero a odiarsi spassionatamente per motivi di proprietà, devono essere passate varie migliaia di anni.

Non si può demonizzare l'agricoltura *in sé*, altrimenti dovremmo farlo anche con l'orticoltura, che prevede il tagliare e bruciare una porzione di foresta per uno sfruttamento temporaneo. Per essere veramente "perfetto" sul piano umano e naturale, l'uomo e la donna dovrebbero limitarsi a raccogliere i frutti spontanei della Terra, cosa che oggi forse non è possibile fare da nessuna parte. Anzi, se anche fosse possibile, ciò di per sé non scongiurerebbe il rischio che si formi una "proprietà priva-ta". È ingenuo pensare che tale rischio non può sussistere quando si dipende interamente dai frutti della natura o quando tali frutti sono appena sufficienti per sopravvivere. L'idea o l'istinto di privatizzare qualcosa (così ben visibile nei bambini più piccoli) può nascere proprio dal fatto che in natura gli esseri umani sono molto diversi tra loro (e sanno di esserlo), per cui occorre una "intelligenza collettiva" per impedire che tale idea possa concretizzarsi praticamente.

Se per questo non si può neppure considerare la caccia meno "violenta" dell'agricoltura. Finché si cacciano insetti o animali acquatici, il cui cervello non è particolarmente sviluppato, si può anche pensare di non compiere alcuna violenza, ma quando si cominciano a cacciare dei mammiferi, l'uomo non può non chiedersi se non sarebbe il caso di cercare delle alternative. Gli indiani del Nord America quando cacciavano i bisonti provavano sensi di colpa, certamente superiori alle tribù che praticavano l'agricoltura, anche se non avrebbero mai accettato l'idea di ferire madre natura, cioè la terra, con un aratro.

La vita in sé del cacciatore non è più "naturale" di quella dell'agricoltore. L'unica vita davvero naturale è stata quella del raccoglitore di frutti selvatici prodotti dalla natura. L'uomo infatti può servirsi degli animali per il proprio nutrimento, senza bisogno di ucciderli (p. es. il latte dei bovini, il miele delle api, le uova degli uccelli, ecc.), ma quando arriva al punto da ritenere necessario, per la propria sopravvivenza, uccidere taluni animali, non può non arrivare a chiedersi se non sarebbe meglio diventare agricoltori. A meno che non si voglia sostenere il diritto di cibarsi di un animale soltanto quando esso è alla fine naturale dei suoi giorni.

La caccia, come sistema di vita, può essere nata solo per necessità, vivendo in ambienti dove la raccolta dei frutti spontanei della terra era particolarmente difficile; ed è nata osservando che taluni animali si cibavano di altri animali. È difficile comunque pensare che, a parità di condizioni, potendo scegliere tranquillamente tra caccia e agricoltura, l'uomo avrebbe preferito uccidere. È evidente che se per migliaia di anni egli è stato cacciatore, significa che per lui quella era l'unica vera *chance* che aveva per sopravvivere con relativa sicurezza. Nelle civiltà schiavistiche l'uccisione di taluni animali, a scopi religiosi, era così importante che veniva considerata obbligatoria, a testimonianza che questo rito era il massimo possibile da poter offrire a una divinità, cioè si esercitava una violenza sull'animale sperando di non riceverla da parte dei propri simili, sperando cioè di essere protetti da parte di qualche dio.

Il fatto che l'agricoltura non sia nata in concomitanza con la caccia probabilmente dipese da circostanze contingenti e involontarie. L'agricoltura presuppone una certa abilità, una buona dose di conoscenze della natura, di osservazione diretta e costante di taluni fenomeni e quindi di una permanenza sufficientemente stabile in un determinato territorio. È facile pensare che l'agricoltura sia emersa per venire incontro alle difficoltà della caccia. In ogni caso la nascita dell'agricoltura non può *di per sé* coincidere con la nascita della proprietà privata. Quando le due cose marciano insieme si è già in presenza delle prime *civiltà fluviali*, sorte là dove i territori erano impervi a causa delle periodiche esondazioni dei fiumi, le cui acque, per renderle produttive sul piano agricolo, dovevano essere incanalate e bonificate, altrimenti restavano soltanto paludi infestate da insetti.[109]

La civiltà schiavistica non è emersa intorno al villaggio anatolico di Çatal Hüyük o alla città di Gerico, di 9-10.000 anni fa: quelle sono state eccezioni che non hanno fatto testo. Le civiltà schiavistiche vere e proprie sono nate nei luoghi più impervi del pianeta, com'era naturale che fosse, e quindi circa 6.000 anni fa. Inizialmente l'agricoltura, previa bonifica delle paludi e canalizzazione delle acque per l'irrigazione, non ha affatto devastato l'ambiente, ma anzi l'ha migliorato. Le devastazioni sono venute successivamente, quando il potere istituzionale e le classi proprietarie non si accontentavano più di eccedenze minime. Caino non uccide il pastore Abele perché era agricoltore, ma perché si era imposta la proprietà privata; e il mito di Romolo e Remo va spiegato nello stesso modo.

Se si sostiene che "l'agricoltura emerse simultaneamente ai concetti di tempo, linguaggio, numero e arte", senza precisare a quale *contesto agricolo* ci si riferisce, si esprime soltanto un pensiero astratto, che storicamente non vuol dir nulla. Una simultaneità del genere è infatti tipica delle civiltà fluviali di 6.000 anni fa. Zerzan parla continuamente di un'agricoltura di 10.000 anni fa, ma a quel tempo non esisteva ancora la proprietà privata, e quindi non poteva esistere, p. es., il *numero*.

Qui non si vuole contestare il fatto che l'agricoltura delle civiltà fluviali, fondamentalmente basate sulla proprietà privata o statalizzata, comportasse necessariamente un modo diverso, alienato o illusorio, di vivere il tempo, l'arte, il numero, ecc. Qui si vuole semplicemente precisare che tali modi alienati o illusori di vivere certe espressioni dell'intelligenza umana erano determinati non tanto dall'agricoltura *in sé* quanto piuttosto dalla presenza della proprietà privata. Cioè a partire dal momento in

---

[109] In controtendenza rispetto alle città mesopotamiche ed egizie fu la siriana Ebla, che non si arricchì grazie a un fiume. Pur vivendo in un territorio arido e inospitale, ebbe la fortuna di trovarsi in una posizione strategica tra importanti regni dell'antichità, collocati in Mesopotamia, Anatolia, Egitto e Palestina. Cosa che non le impedì d'essere completamente distrutta per ben tre volte.

cui si era soltanto raccoglitori di frutti spontanei della foresta sino al momento in cui si è diventati agricoltori coatti, deve essere trascorso un periodo abbastanza lungo, in cui qualunque attività produttiva, in assenza di proprietà privata, veniva tranquillamente tollerata.

Dire che l'agricoltura, *in sé*, è "l'atto di nascita della produzione", senza specificare a quale tipo di agricoltura ci si riferisce, è dire cosa senza senso. Tutte le attività umane sono "produttive", anche quando si raccolgono frutti spontanei della foresta: infatti si devono costruire dei rifugi, ci si deve proteggere da taluni animali, si è in competizione con loro per la raccolta del cibo, ci si deve chiedere quanto tempo occorra perché un determinato cibo si riproduca, se sia davvero commestibile, se possa essere associato ad altri cibi, quanto sia nutriente, e cose del genere.

Anche la caccia è una forma di "produzione di cibo". Il raccoglitore "produce" cibo sfruttando la riproduzione vegetale della natura, mentre il cacciatore sfrutta quella sessuale degli animali. Entrambi "producono" cibo nel senso che lo "trasformano". Tutte le cose, in natura, vanno trattate, manipolate, per essere facilmente consumate, digerite, metabolizzate. Si pensi solo all'importanza che ha avuto, ai fini dell'alimentazione, il fuoco. Persino alcuni animali devono preoccuparsi di questa lavorazione (p. es. le api). Se noi mangiassimo come mangia la stragrande maggioranza degli animali, cioè senza rielaborare il cibo che trova, probabilmente avremmo una vita molto più breve.

Quando il raccoglitore si trasforma in agricoltore e il cacciatore in allevatore si assiste soltanto a un'*evoluzione* nel modo di produrre: non si è ancora in presenza di un *dramma*, quello appunto della proprietà privata. L'agricoltore non fa che imitare la natura in maniera sistematica, secondo un certo ordine, una certa razionalità. Sono intelligenze diverse, quelle dell'agricoltore e del cacciatore, che non è possibile vedere in alternativa. Quanto meno Zerzan avrebbe dovuto porre una distinzione tra un'agricoltura finalizzata all'autoconsumo e una invece interessata a produrre eccedenze da vendere sul mercato. Anche un'agricoltura intensiva e una estensiva non sono la stessa cosa. Una terra fertilizzata col concime organico e una invece col concime chimico sono completamente diverse. Inoltre non è affatto da escludere che il passaggio epocale non sia stato tanto quello da raccoglitore ad agricoltore quanto piuttosto quello da raccoglitore a cacciatore e, successivamente, quello da cacciatore ad agricoltore e allevatore. Lo stesso raccoglitore può essere diventato cacciatore stando dentro la foresta, anch'egli per necessità, e potrebbe avere iniziato la domesticazione di taluni animali continuando a restare nella foresta. Le transizioni da uno stile di vita a un altro sono state sicuramente molteplici.

L'allevatore è forse un cacciatore sedentario? No, perché le mandrie di bovini e ovini hanno bisogno di pascoli, per cui si deve per forza essere nomadi, perlomeno in momenti particolari dell'anno. L'allevatore è abituato a uccidere animali esattamente come il cacciatore: la differenza sta nel fatto che l'uno si affida alla riproduzione spontanea degli animali; l'altro invece la vuole controllare. Zerzan è assolutamente contrario alla domesticazione degli animali, ma non si rende conto che una vita da raccoglitore è possibile soltanto in una foresta ben fornita, mentre quella del cacciatore presuppone una selvaggina abbondante, che non è certo possibile senza foreste. Peraltro sia dentro che fuori dalle foreste si ha bisogno di un collettivo che faccia da supporto: non sono mai esistiti raccoglitori o cacciatori individuali e tanto meno agricoltori o allevatori individuali.

Quando scrive i suoi libri sembra che Zerzan non abbia nessuno dietro di sé, parla con entusiasmo di cose che non può aver mai visto, usa spesso i racconti degli antropologi, i quali però descrivono esperienze primitive lontanissime dalla sua, anche in senso geografico o temporale. Nel profilo biografico delineato dal curatore del libro è scritto che nella sua vita Zerzan ha fatto i lavori più svariati, per un certo periodo è stato un alcolista, prendeva il sussidio di disoccupazione, vendeva il proprio sangue per campare, e oggi vive in una casa occupata, fa il baby-sitter e talvolta il giardiniere, naturalmente leggendo e scrivendo molto. Una vita del genere cos'ha a che fare con quella dei cacciatori o dei raccoglitori? Non vuole essere "produttivo", né schiavo di nessuno, ma per vivere ha bisogno della "produzione" altrui. È questo il modo migliore di opporsi al capitalismo? È forse questo l'esempio migliore che ha da offrire l'anarco-primitivismo?

La mentalità anarchica è superficiale proprio per questa ragione: temendo l'abuso della libertà di coscienza, ne vorrebbe ridurre al minimo l'uso. Paradossalmente la mentalità anarchica viene a configurarsi, seppur in forma rovesciata, come quella autoritaria, che pur dice di voler combattere. Probabilmente Zerzan non ha le idee chiare proprio perché fa coincidere "civiltà" con "divisione del lavoro" e non anzitutto e soprattutto con "proprietà privata". Quest'ultima, per lui, è solo un fenomeno correlato all'altro, quando, in realtà la divisione del lavoro, *di per sé*, non implica affatto la presenza della proprietà privata. Infatti è la natura stessa che, per ottenere maggiore efficienza, s'incarica di suddividere ruoli e funzioni.

Può forse essere considerato un caso che la riproduzione della specie umana sia un compito più femminile che maschile? Perché tale funzione non è stata resa intercambiabile? Evidentemente la natura voleva attribuire al maschio compiti diversi, più legati alla forza muscolare, alla difesa del territorio, alla protezione della famiglia, alla caccia di animali pericolosi o di una certa stazza e cose del genere. Le donne non andavano a cacciare forse perché erano meno intelligenti o meno astute degli uomini? Non era certo per questo motivo. A parte il fatto che anche le donne cacciavano animali di piccole dimensioni e che, molto probabilmente, sono state proprio loro a "inventare" agricoltura e allevamento (per non parlare della tessitura, della fitoterapia, ecc.), chiediamoci: non è forse vero che se in una battuta di caccia morissero delle donne, il danno sarebbe di molto superiore per la riproduzione fisica della comunità? Comunque sia, è evidente che mentre gli uomini andavano a caccia, qualcuno doveva tenere sotto controllo il villaggio e la prole.

La divisione del lavoro è un fatto del tutto naturale; semmai è innaturale che, in nome di essa, si rivendichino dei diritti ingiustificati, cioè dei privilegi. Cosa, appunto, che gli uomini iniziarono a fare a partire dall'introduzione, nel collettivo di appartenenza, della *proprietà privata*. La divisione del lavoro esiste anche tra gli animali e nessuno la mette in discussione: basta vedere, ad es., come generalmente sono le leonesse in gruppo, e non i leoni, a cacciare.

L'analisi di Zerzan sull'agricoltura comincia a diventare interessante soltanto quando appare riferita espressamente alle civiltà schiavistiche. È vero che lui fa di tutta l'erba un fascio, paragonando, nell'essenza, le prime civiltà fluviali schiavistiche alle società neolitiche, ma è anche vero che se le sue osservazioni vengono applicate alle *sole* civiltà schiavistiche, acquistano molta della loro fondatezza, benché fino a un certo punto. Zerzan infatti a partire dal momento in cui è nata l'agricoltura ad oggi vede solo un continuo *regresso*, peraltro sempre più grave, in ragione della maggiore potenza distruttiva dei mezzi produttivi.

Egli è un estremista e, come tutti gli estremisti, non vede alcuna *dialettica* nel processo storico. Cioè non vede che dal tempo dello schiavismo ad oggi vi sono state anche delle lotte per ottenere una libertà sempre più significativa. Siccome per lui queste lotte non hanno conseguito un risultato definitivo, vanno considerate, in ultima istanza, del tutto inutili. Così ragiona l'estremista: o tutto o niente. Un ragionamento che si trova anche nel nichilista e in tutti gli individualisti irrazionalistici: non a caso egli apprezza molto Freud e Nietzsche.

Qual è invece il criterio per poter parlare di un'agricoltura ecologicamente sostenibile? Ne esistono almeno quattro.

1. Si deve produrre anzitutto per l'*autoconsumo* e non per il mercato. Le eccedenze che si ricavano non devono essere accumulate per essere vendute sul mercato. Naturalmente non si può impedire il baratto delle eccedenze.

2. La terra va concimata in maniera *organica* (p.es. col letame o i rifiuti domestici), non chimica. Non è indispensabile ro-

vesciare in profondità le zolle, in quanto anche le erbacce tagliate (o soffocate dalla neve) costituiscono un concime.

3. La *lotta integrata* contro gli insetti nocivi (erbivori) va fatta con altri insetti (carnivori) o con l'uso di sostanze non chimiche.

4. Bisogna praticare la *rotazione delle colture*, diversificandole periodicamente.

5. Bisogna non adibire il terreno a una specifica monocultura ma a *più colture contemporaneamente* (permagricoltura), in grado di stare tra loro in un rapporto sinergico (di difesa reciproca), in quanto fisicamente prossime.

Forse l'agricoltura può non essere sufficiente per la sopravvivenza di una comunità; forse può aiutare anche la raccolta di frutti selvatici in boschi e foreste (se ancora ve ne sono); forse può risultare indispensabile praticare anche l'allevamento (all'aperto, non in capannoni industriali) o la caccia (regolamentata): di sicuro sappiamo che senza agricoltura oggi la vita è impossibile. Dobbiamo semplicemente porre l'agricoltura al servizio di una comunità locale che non preveda la proprietà privata dei mezzi produttivi. In questa maniera si toglierà all'agricoltore l'ansia di non poter ricavare abbastanza reddito dallo sfruttamento capitalistico dei suoi terreni; gli passerà la paura di non avere abbastanza terra, di non avere macchinari avanzati, di non avere sufficiente potere di contrattazione sul prezzo dei suoi prodotti, di non saper fronteggiare la concorrenza e di dover cercare continuamente quale prodotto agricolo sia più conveniente sul mercato. Dobbiamo indurlo a lavorare la terra in maniera biologica, senza preoccuparsi di nulla che riguardi il mercato, neppure della bellezza estetica dei suoi prodotti.[110] Dobbiamo assicurargli che il suo lavoro permetterà un'esistenza dignitosa non solo alla sua famiglia ma anche a quella dell'intera comunità. Questo perché il significato del suo lavoro non starà nel successo mercantile, ma nel fatto che farà parte di un contesto comunitario locale, in cui il lavoro di ciascuno è condizione del benessere di tutti. Sarà appunto questa comunità locale a fargli capire che i suoi prodotti saranno acquistati prima ancora che li coltivi e che non subirà danni colossali se il raccolto, per qualche motivo imponderabile, andrà perduto. La sua produzione sarà pianificata (nella quantità dei beni e

---

[110] Lavorare in maniera biologica oggi sostanzialmente vuol dire: praticare la rotazione delle colture; eliminare pesticidi e fertilizzanti chimici o sintetici (e anche gli antibiotici); vietare gli organismi geneticamente modificati; utilizzare il letame e il compost, nonché le specie animali e vegetali resistenti alle malattie e adattate nei secoli all'ambiente; allevare il bestiame all'aria aperta e nutrirlo con foraggio biologico. Oggi peraltro non sono poche le tecniche di lotta integrata contro i parassiti, che riducono drasticamente l'uso dei fitofarmaci.

nella loro tipologia) dalla stessa comunità che li consumerà.

VIII) **Autori vari**

Per verificare la portata anticapitalistica dell'approccio etnografico in sociologia, nello studio delle realtà marginali urbanizzate, cfr i testi della Scuola di Chicago: Robert Park (1864-1944), Ernest Burgess (1886-1966), Nels Anderson, *The Hobo* (1923), Frederic Thrasher, *The Gang* (1927), Louis Wirth, *The Ghetto* (1928).

Fuori da questa Scuola e sempre negli Stati Uniti sono da vedere i testi dei coniugi Robert e Helen Lynd, *Middletown* (1929) e *Middletown in Transition* (1937), quest'ultimo dedicato all'analisi delle trasformazioni sociali conseguenti alla crisi del 1929.

In Europa cfr i testi di Marc Augé: *Genio del paganesimo*, ed. Bollati Boringhieri, 1982 Torino; *Simbolo, funzione, storia: gli interrogativi dell'antropologia*, ed. Liguori, 1982 Napoli; *Un etnologo nel metrò*, ed. Elèuthera, 2005 Milano; *Il senso del male: antropologia, storia e sociologia della malattia*, ed. Il Saggiatore, 1986 Milano; *Ville e tenute. Etnologia della casa di campagna*, ed. Eleuthera, 1994 Milano; *Non-luoghi. Introduzione a una antropologia della surmodernità*, ed. Elèuthera, 1996 Milano; *Il senso degli altri*, ed. Bollati Boringhieri, 2000 Torino; *Poteri di vita, poteri di morte: introduzione a un'antropologia della repressione*, Raffaello Cortina Editore, 2003 Milano; *L'antropologia del mondo contemporaneo* (con Jean-Paul Colleyn), ed. Eleuthera, Milano 2006; *Dialogo di fine millennio: tra antropologia e modernità* (con A. Torrenzano), ed. L'Harmattan Italia, 1997 Torino; *L'antropologo e il mondo globale*, Raffaello Cortina Editore, 2013 Milano; *Finzioni di fine secolo. Che cosa succede*, ed. Bollati Boringhieri, 2000 Torino; *Le forme dell'oblio*, ed. Il Saggiatore, 2000 Milano; *Il dio oggetto*, ed. Meltemi, 2002 Roma; *Rovine e macerie. Il senso del tempo*, ed. Bollati Boringhieri, 2003 Torino; *Perché viviamo?*, ed. Meltemi, 2003 Roma; *Il mestiere dell'antropologo*, ed. Bollati Boringhieri, 2007 Torino; *Tra i confini: città, luoghi, integrazioni*, ed. Bruno Mondadori, 2007 Milano; *Un altro mondo è possibile*, Codice edizioni, 2017 Torino; *Un etnologo al Bistrot*, Raffaello Cortina Editore, 2015 Milano; *Il tempo senza età: la vecchiaia non esiste*, Raffaello Cortina Editore, 2014 Milano; *Futuro*, ed. Bollati Boringhieri, 2012 Torino; *Per un'antropologia della mobilità*, ed. Jaca Book, 2010 Milano; *La guerra dei sogni*, ed. Eléuthera, Milano 1998; *Storie del presente. Per un'antropologia dei mondi contemporanei*, ed. Il Saggiatore, Milano 1997.

Augé ha svolto numerose ricerche etnografiche in Africa, soprattutto in Costa d'Avorio e Togo. Dopo la metà degli anni Ottanta ha diversificato i suoi campi di osservazione, effettuando numerosi soggiorni in America Latina e osservando la realtà del mondo contemporaneo nel contesto a lui più vicino: Francia, Italia e Spagna. Nel testo sui *Non-luoghi* ha focalizzato l'attenzione su alcuni aspetti tipici della società contemporanea metropolitana, quali p.es. il paradossale incremento della solitudine e dell'estraneità nonostante la grande evoluzione dei mass-media e l'incredibile afflusso di persone verso i luoghi più frequentati della società consumistica: aeroporti, alberghi, autostrade, grandi magazzini, ecc.

Naturalmente bisogna fare attenzione a questi miscugli di antropologia, psicologia e sociologia, poiché il fatto di parlare di cose molto concrete, come in genere si fa in queste discipline, non significa che gli studiosi non ritengano la cultura dominante come imprescindibile o che le situazioni di degrado, emarginazione... del sistema non vengano considerate come inevitabili, per le cui soluzioni non si può andare oltre ai meri palliativi. Generalmente anzi gli antropologi hanno comportamenti più risibili dei sociologi e degli psicologi, poiché, mentre questi si pongono chiaramente al servizio del sistema, quelli invece fanno mostra d'essere contrari allo sfruttamento del Terzo e Quarto Mondo, salvo poi trovare dei compromessi che, invece di fare totalmente gli interessi delle comunità indigene, le quali hanno mille volte più ragioni delle migliori intenzioni che gli occidentali possano avere nei loro confronti, le mettono in condizioni ancora più gravi delle precedenti.

Un pianeta troppo piccolo

Stiamo avvertendo il nostro pianeta troppo piccolo per continuare ad abitarlo. Ma il genere umano percepisce questa cosa in maniere molto diverse tra loro. Negli ultimi decenni del Novecento abbiamo sostituito all'immagine di un mondo abitato da una pluralità di culture separate, facilmente distinguibili le une dalle altre, la percezione di una specie di "villaggio globale" (così definito dal sociologo canadese Marshall McLuhan), in cui tutto appare interconnesso e interdipendente, e dove, più che di "culture" (diverse tra loro, impermeabili), occorre parlare di "gruppi di persone", le cui culture si influenzano reciprocamente.

Era sbagliata l'idea di prima, ed è sbagliata quella di adesso. Prima del colonialismo infatti le culture del pianeta non erano affatto separate le une dalle altre, ma si influenzavano a vicenda, in tutta tranquillità. Persino durante l'epoca dello schiavismo lo facevano, seppur con meno tranquillità (per es. la filosofia greca presenta tracce ben visibili di culture africane e assiro-babilonesi). A partire dal moderno colonialismo, invece, la cultura occidentale, che ha preteso di egemonizzare l'intero pianeta, ha indotto le culture più deboli a isolarsi, a rinchiudersi in se stesse, nella speranza di potersi difendere meglio. I deboli, sul piano tecnologico, hanno avvertito gli altri come estranei e hanno cominciato ad averne paura. Parlare di "villaggio globale", in una condizione di tale sudditanza, è ridicolo, a meno che non s'intenda che tale villaggio è pervaso da un'unica cultura, quella del *capitale*.

Oggi il capitalismo è così mondiale che non ha neppure bisogno di esercitare il colonialismo con l'uso della forza militare. Il mondo intero sembra aver accettato l'idea che gli stili di vita possono essere soltanto due: o di tipo "borghese" o di tipo "proletario". Entrambi con mille sfumature diverse. Tutti si sforzano di vivere lo stile di vita borghese, perché appare più comodo, più facile, più appagante. Sono forse stili di vita reciprocamente dipendenti, come nel celebre apologo di Menenio Agrippa? Diciamo che non si potrebbe condurre una vita borghese se non ci fosse un proletariato da sfruttare. Diciamo anche che il proletariato non avvertirebbe di vivere una condizione precaria se non ci fosse uno stile di vita borghese.

Per queste ragioni, e non avendo consapevolezza della possibilità di un'alternativa radicale, il soggetto proletario fa di tutto per diventare "borghese", cioè per emanciparsi dalla propria condizione. I grandi flussi migratori, che avvengono in tutto il mondo, in direzione dei paesi più benestanti, lo dimostrano. I poveri del mondo vogliono trasferirsi nei luoghi ove è più facile diventare "borghesi". In questa maniera non fanno che perpetuare il regime di sfruttamento mondiale dal quale sono fuggiti. Essi avvertono i loro luoghi d'origine troppo angusti, troppo miseri per poterci vivere bene. Hanno bisogno di avvertire il mondo come un "villaggio globale", in cui ci si può spostare con relativa facilità in cerca di fortuna.

Tuttavia anche i borghesi avvertono il luogo in cui vivono troppo stretto. Proprio a causa di queste imponenti migrazioni, sentono minacciata la loro ricchezza e non vogliono condividerla oltre un certo limite. D'altra parte se tutti vogliono diventare "borghesi", chi farà la parte del "proletario"? Per la borghesia il mondo sta diventando piccolo proprio perché la grande massa dei proletari vuole imborghesirsi.

Anche i grandi affaristi avvertono il mondo sempre più piccolo, soprattutto quando entrano in scena nuovi competitori su scala internazionale, oppure quando si accorgono che talune fondamentali risorse, che permettono grandi profitti, vanno esaurendosi. La grande borghesia teme i flussi migratori proprio perché sa di non poter sfruttare i proletari con la stessa facilità di un tempo, quando sulla scena internazionale vi erano pochi competitori. Anzi, sta addirittura pensando di dirigere tali flussi verso alcuni paesi capitalistici da destabilizzare, al fine di poterli depredare delle loro ricchezze o di renderli più docili ai ricatti finanziari.

D'altra parte non è possibile ripristinare la schiavitù fisica di un tempo: si andrebbe incontro a obiezioni di tipo *etico*. Oggi, in tutto il mondo, si dà per scontato che chiunque ha diritto almeno alla libertà giuridica, quella formale, la quale, anche se non garantisce alcun benessere economico, permette comunque di cercarlo. Lo schiavo, oggi, può essere solo una persona che accetta "liberamente", cioè "formalmente", un contratto salariale. Il salario, anche quando irrisorio, salva le apparenze di una certa libertà di scelta: sostituisce la frusta di un tempo.

Dunque, alla borghesia il mondo appare piccolo anche perché questa imponente massa di proletari non può essere schiavizzata nella maniera classica. La borghesia non ha più il diritto di vita e di morte sugli schiavi. Almeno non può più averlo formalmente, proprio perché nel passato ci si è opposti a questo trattamento inumano. Non esiste nemmeno più la dipendenza personale del servo della gleba. Persino la stessa borghesia ha combattuto questo stile di vita. I contadini lottavano per liberarsi dalle prepotenze e dalla soggezione nei confronti dei feudatari, che volevano vivere di rendita. Ma la stessa borghesia aveva bisogno che i contadini si liberassero della loro servitù per poterli avere come operai nelle proprie fabbriche. Tutti gli operai erano stati, un tempo, contadini.

Oggi non è facile neppure fare l'operaio in occidente. I dirigenti d'azienda sanno di avere a che fare con molti concorrenti nel "villaggio globale". I migranti vengono a cercare un lavoro ben retribuito nelle aree più ricche del pianeta, ma da queste aree le aziende vengono trasferite nelle aree geografiche dove il costo del lavoro o delle materie prime o delle tasse da pagare è minimo. Oppure, se questi processi di trasferimento delle imprese da un luogo all'altro appaiono troppo onerosi, i grandi imprenditori si trasformano in grandi finanziatori. Non costruiscono ricchezza effettiva, basata sulla produzione, ma fittizia, basata sul credito.

Dunque, a che serve emigrare in società che sono ormai "post-industriali"? dove la ricchezza sta nei servizi che si offrono? Molti servizi sono complessi, richiedono una buona dose di competenza, per la cui acquisizione ci vuole un certo tempo, una istruzione superiore. Per un immigrato, che voglia svolgere un lavoro legale, ben remunerato, non è facile "imborghesirsi". Forse ce la faranno i suoi figli, se potranno accedere a un'istruzione di qualità.

Una volta si svolgevano lavori semplici in fabbrica, dove era la macchina a "dettar legge". Ma oggi le macchine sono gestite da computer sofisticati, oppure vengono dismesse o delocalizzate in luoghi più convenienti, anche perché inquinano terribilmente, e nessun imprenditore vuol pagare multe salate, o spendere una fortuna negli impianti di tutela ambientale. Il macchinismo, qualunque esso sia, devasta l'ambiente, e l'occidente preferisce farlo il più possibile nel Terzo Mondo, là dove i poveri non sono capaci di protestare e dove, pur di sopravvivere, sono disposti ad accettare qualunque condizione.

Insomma, il mondo, per una ragione o per l'altra, è diventato piccolo per tutti. Viviamo in un villaggio globale in cui gli interessi in gioco sono opposti, in perenne conflitto tra loro. Quanto potrà durare questa situazione? E soprattutto, dopo che il bubbone sarà scoppiato, si sarà capaci di trovare delle alternative praticabili? delle soluzioni che non facciano rinascere degli antagonismi irriducibili, quelli che ci hanno portato a queste assurdità?

Siamo diventati così ingestibili che, oggi, quando si usa il termine "indigenizzazione" (come fanno p.es. Marshall Sahlins e Arjun Appadurai), non s'intende tanto una resistenza locale (tribale) ai processi di omologazione del capitalismo mondiale, ma si intende una certa capacità di assimilazione "personalizzata" o di traduzione "locale" di processi che avvengono all'esterno e nei cui confronti non ci si può opporre in maniera significativa. L'unica cosa che si può fare è quella di recepirli nella maniera meno dolorosa possibile, meno traumatica. In questa maniera si pensa che sia possibile tutelare ciò che resta della propria identità locale (tribale).

Ma ha senso una resistenza del genere, quando il "locale" viene sempre più fagocitato dal "globale"? Se "indigenizzazione" vuol dire "acculturazione", per le comunità primitive è finita. Non ci sarà alcuna rivincita del "locale" sul "globale". Qualunque modificazione operata da parte delle culture indigene, relativamente a un proprio comportamento o prodotto culturale, porterà alla perdita della propria identità, poiché le differenze, tra "noi" e "loro", nell'uso della natura e nel modo di vivere le relazioni sociali sono abissali. "Integrarsi", nell'accezione "borghese", vuol dire acquisire una nuova identità, completamente diversa dalla precedente: è bene che le comunità indigene sappiano che non potranno conservare quasi *nulla* del loro passato. Atteggiamenti come quello di Paulinho Payakan, tanto per fare un esempio, non potranno essere tollerati.[111]

Se chi, da posizioni socialiste, contesta l'attuale sistema capitalistico, prospettando un suo superamento qualitativo, ha il dovere di rispettare integralmente lo stile di vita delle comunità indigene, o comunque di permettere loro di ripristinarlo nei suoi valori più autentici, se nel passato non avevano potuto farlo a causa del colonialismo. Se tale rispetto verrà considerato positivamente da tali comunità, ciò significherà che il superamento del capitalismo sarà avvenuto in maniera pienamente democratica. Il rispetto integrale della libertà degli indigeni deve diventare la cartina di tornasole della credibilità di tutte le posizioni politiche anticapitalistiche. In tal senso qualunque forma di socialismo che non metta in discussione l'esistenza dello Stato, del mercato e della tecnologia basata sull'industrializzazione, va guardata con sospetto.

I fallimenti di tutte le esperienze socialiste del passato, utopistiche o scientifiche, riformistiche o rivoluzionarie, mercantili o statalistiche, vanno addebitati alla totale incomprensione dello stile di vita delle comunità primitive. Queste, in attesa del crollo del capitalismo, devono isolarsi il più possibile dai processi attuali di globalizzazione, limitandosi a utilizzare, se vogliono, i mezzi di comunicazione di massa per contrastarli. Per esempio possono denunciare con forza il fatto che il capitalismo non conosce alcun rispetto per la natura e che la sua sopravvivenza dipende soltanto dalla possibilità di ampliarsi continuamente a danno dei più deboli, aumentando in intensità o in estensione la propria capacità distruttiva o predatoria.

---

[111] Il capo dei Kayapó, Paulinho Payakan, fece nascere un movimento di resistenza in Amazzonia contro la costruzione della diga idroelettica ad Altamira nel Parà sul fiume Xingu (detta anche Diga di Belo Monte). Ebbero la meglio sul governo brasiliano, anche perché la Banca Mondiale rinunciò a concedere il prestito.

Fare appelli "ecologici" alle imprese che basano la loro esistenza sui profitti economici, non ha alcun senso; come non ne ha farli ai governi politici che tutelano gli interessi di quelle aziende. Possono però acquistare un senso se la denuncia viene utilizzata per dimostrare che le imprese vanno espropriate e rese pubbliche, o che i governi che non fanno nulla per impedire le devastazioni ambientali, vanno rovesciati. La tutela dell'ambiente garantisce la sopravvivenza del genere umano. Chi non la rispetta, andrebbe messo in condizioni di non nuocere.

Che l'attuale globalizzazione non abbia alcunché di democratico è dimostrato anche dal fatto che il capitalismo, pur avendo fagocitato le comunità indigene, considerandole una forma di diversità estranea, obsoleta, rozza e primitiva, non è riuscito all'interno delle proprie nazioni a creare un benessere diffuso per tutta la popolazione. Infatti tendono a formarsi continuamente delle realtà emarginate, che soffrono enormemente uno stile di vita basato sull'antagonismo sociale e sullo sfruttamento della natura. La diversità distrutta all'esterno, in mezzo millennio di colonialismo, continua a riproporsi all'interno, come risultato di un individualismo esasperato, di una disintegrazione dei valori umani.

Se l'antropologia vuole aiutare le comunità primitive ad esistere, deve mettersi a studiare le realtà marginali del mondo capitalistico, quelle esistenti nei centri urbanizzati, e quelle esistenti nei centri periferici soggetti a tutte le forme neo-colonialistiche. Deve mostrare e, con dati alla mano, dimostrare che quanto più cresce la globalizzazione tanto più aumentano le forme di marginalizzazione. In particolare la classe operaia dei paesi occidentali deve smettere di rendersi complice dello sfruttamento del Terzo Mondo perpetrato dalle aziende capitalistiche presso cui lavora. Gli operai devono insorgere non solo per abolire la proprietà *privata* dei fondamentali mezzi produttivi, quelli che garantiscono l'esistenza delle società capitalistiche, ma anche per mettere in discussione la *legittimità* di tali mezzi produttivi, il cui impatto sui processi naturali si sta rivelando sempre più devastante.

Salvare il salvabile

Oggi, in tutto il mondo, gli indigeni rappresentano circa il 6% della popolazione mondiale, cioè circa 370 milioni di persone appartenenti a 5.000 etnie diverse, di cui 150 milioni appartenenti a popoli tribali, distribuiti in 70 Paesi su 5 continenti. I popoli più numerosi sono: i Quechua, 10 milioni di persone che vivono tra il Perù, la Bolivia, l'Ecuador; i Nahuati, 5 milioni di persone che vivono in Messico; gli Aymara, 2 milioni di persone che vivono tra il Perù e la Bolivia. Gli ultimi cacciatori e raccoglitori vivono nelle aree marginali del pianeta, quelle meno sfruttate dal capitale, come i deserti, le foreste pluviali, le regioni circumpolari. Basta però che qualche multinazionale si accorga dell'esistenza di risorse molto richieste sui mercati, come p.es. gli idrocarburi, i diamanti e l'oro, ed ecco che inizia la progressiva spoliazione anche di quei territori estremi. Diventa pericoloso persino il turismo esotico, quello esclusivo delle battute di caccia.

In tutto il mondo i cacciatori-raccoglitori sopravvivono in ambienti che presentano gli ostacoli maggiori alla produzione alimentare: questa è stata la loro fortuna, altrimenti da tempo il progresso tecnologico della borghesia li avrebbe spazzati via. Si sono letteralmente "rifugiati" in queste aree remote del pianeta, cercando di sottrarsi il più possibile al "progresso", come se sapessero molto bene che i vantaggi di tale sviluppo riguardano solo un'infima minoranza di persone e che non esiste alcun "effetto a cascata" nel promuovere il benessere di pochi a vantaggio di molti (che è l'idea prevalente sostenuta dal liberismo di sempre). Lo svizzero Gilbert Rist ha definito il concetto neoliberista di "sviluppo" una specie di credenza religiosa, in quanto si crede in ciò che non si vede.[112]

Tra i principali nemici delle comunità indigene non vi sono soltanto le multinazionali straniere ma anche gli stessi governi dello Stato in cui risiedono. Facciamo alcuni esempi. Ad Haiti negli anni Ottanta l'Agenzia per lo sviluppo internazionale degli Stati Uniti (USAID) inviò milioni di piantine d'albero per rimediare alla drammatica deforestazione in corso: 50 milioni di alberi ogni anno venivano abbattuti per ricavare legname con cui soddisfare le esigenze urbane; inoltre i contadini, nei terreni disboscati, avevano preso a coltivare alcuni prodotti da vendere al

---

[112] Cfr G. Rist, *Lo sviluppo. Storia di una credenza occidentale*, ed. Bollati Boringhieri, Torino 1997. Ma vedi anche *I fantasmi dell'economia*, ed. Jaca Book, Milano 2012.

mercato o a far pascolare capre e pecore. Ebbene, quando arrivarono le piantine, il governo chiese ai contadini di interrarle, ma loro, sapendo ch'erano destinate a durare molto tempo, le diedero da mangiare ai loro ovini. Solo quando, tramite alcuni antropologi, si capì che i contadini sarebbero stati disposti ad accettare delle piante di breve durata, come per es. gli eucalipti, che crescono velocemente e che dopo quattro anni possono essere tagliati per la vendita del legno sul mercato, il progetto andò in porto. Ma si trattò ovviamente di un rimboschimento molto relativo. Questo per dire che se non si ascoltano le esigenze delle popolazioni locali, i progetti di sviluppo, pensati dagli esperti occidentali conseguono sempre risultati opposti a quelli preventivati.[113]

Nella media valle del fiume Senegal è stata costruita una grande diga che ha tolto agli abitanti della vallata la possibilità di praticare, grazie alle periodiche esondazioni, l'agricoltura, la pesca, la silvicoltura e la pastorizia. Per venire incontro alle loro esigenze, i gestori della diga rilasciavano grandi quantità di acqua che provocavano ulteriori danni alle ultime coltivazioni rimaste. La conseguenza più eclatante di ciò fu l'emigrazione in massa verso le grandi città. Chi invece ha avuto il coraggio di restare, si è ammalato di schistosomiasi, una patologia causata da alcuni parassiti presenti nelle pozze di acqua stagnante che si formano a valle della diga.

Altro esempio. Da molto tempo i governi thailandese e laotiano cercano di convincere gli orticoltori degli altipiani a rimpiazzare la coltura illegale dell'oppio con un'altra o a trasferirsi in pianura, ma non vi sono mai riusciti sia perché la domanda occidentale di eroina è ancora molto forte, per cui la coltivazione resta molto redditizia, sia perché i terreni rimasti liberi a valle hanno una scarsa resa produttiva: infatti chi ha deciso di trasferirsi lì ha peggiorato il proprio tenore di vita. Peraltro le imprese di legname che hanno potuto accedere alle colline, hanno danneggiato le foreste molto di più di quanto hanno fatto gli orticoltori locali.

In America Latina succede la stessa cosa. L'occidente si lamenta della grande produzione di foglie di coca. Ma le società minerarie, i grandi allevatori, le imprese del legname, i cercatori di metalli pregiati (che inquinano i fiumi col mercurio) non offrono molte possibilità di sussistenza alle popolazioni indigene: o si emigra verso le grandi città, o si coltivano merci vietate, o si entra nel mondo della criminalità organizzata, oppure, nel migliore dei casi, si finisce col diventare guerriglieri.

---

[113] A onor del vero va detto che coltivare eucalipti per venderne il legno quando le loro proprietà principali sono quelle antinfiammatorie, antidolorifiche, balsamiche e decongestionanti, può apparire abbastanza ridicolo.

Il destino delle ultime popolazioni indigene presenti nel pianeta pare segnato, a meno che non siano loro stesse a rivendicare con forza i loro diritti. A dispetto di tutte le teorie integrazionistiche del mondo occidentale, i partecipanti al Primo Simposio sulle Popolazioni Indigene Isolate dell'Amazzonia, del 2005, hanno rivendicato il diritto a restare "isolate", cioè a non avere contatti di alcun genere con gli estranei, con coloro che vogliono entrare nei loro territori per sfruttarli. L'Alleanza Internazionale per la Protezione delle Popolazioni Indigene Isolate, nonché l'Alleanza Internazionale dei Popoli delle foreste (2008) dovrebbero ricevere la massima attenzione da parte di chi dice di voler combattere il capitalismo. Se il socialismo vuole evitare il rischio di porsi come una mera variante del liberismo, non può fare altro che porre all'ordine del giorno le medesime rivendicazioni delle popolazioni indigene, poiché sono le uniche che mettono in discussione non solo l'uso privatistico della tecnologia, ma anche la tecnologia in se stessa, a prescindere dall'uso che se ne fa. Non è forse sintomatico che nei Congressi internazionali dedicati ai mutamenti climatici queste popolazioni non siano mai invitate?

*

I **Nuer**, che vivono prevalentemente di allevamento di bestiame, sono sempre stati in conflitto col governo sudanese, che vorrebbe sfruttare i loro territori ricchi di acqua e di petrolio. In Sudan esistono almeno 600 gruppi diversi, ma il potere coloniale decise che Khartoum era il centro del paese e tutto doveva dipendere da lì. Il governo ha cercato d'imporre un'unica identità a queste tribù, quella arabo-islamica, misconoscendo le specificità tribali. L'etnicità è lo strumento più efficace usato dal governo per spingere le popolazioni a scontrarsi tra loro. Le compagnie petrolifere straniere non si sono mai opposte alla politica governativa. Tuttavia nel 2011 è nato il Sud Sudan, la cui indipendenza dalla Repubblica del Sudan è stata sponsorizzata dagli Stati Uniti. Oggi il Sud Sudan ha 12 milioni di abitanti, in gran parte di popoli nilotici (il Dinka è il gruppo più grande, poi vi è il Nuer, l'Azande e il Bari). Possiede il 75% di tutte le riserve petrolifere dell'ex-Sudan, la cui estrazione (che costituisce il 98% delle entrate nel bilancio statale) ha già procurato un devastante inquinamento. Tutto il nuovo Paese è travagliato dalla guerra civile.

I **Boscimani**, detti anche San, Khwe, Basarwa, sono un popolo di cacciatori-raccoglitori che vive nel Kalahari, che si estende principalmente in Botswana, nella fascia orientale della Namibia e nel nord-ovest del Sudafrica. Con una superficie di circa 930 000 kmq, è il sesto deserto più grande del mondo. Ha una serie di riserve naturali in cui la caccia è proibita. Vi sono numerosi giacimenti di carbone, rame e nichel, e una delle più grandi miniere di diamanti del mondo. I circa 90.000 Boscimani, che ci vivono come cacciatori-raccoglitori da almeno 20.000 anni (come i Pigmei dell'Africa centrale), sono imparentati coi Khoikhoi, coi quali formano il gruppo Khoisan. Sono stati considerati la possibile fonte della linea di discendenza del DNA mitocondriale della Eva vissuta in Africa fra i 99.000 e i 200.000 anni fa.

Il governo del Botswana sta tentando di distruggere la loro cultura attraverso la sedentarizzazione forzata nelle città. Per es. col pretesto di trasformare in una riserva naturale, ottenendo finanziamenti internazionali, la riserva di caccia del Kalahari centrale, il governo, tra il 1997 e il 2002, ha trasferito altrove 3.000 boscimani (Basarwa San), che pur vi vivevano da tempi immemorabili. Li convinse assicurando loro la gratuità di servizi scolastici, sanitari e di formazione professionale: tutte cose di cui nella foresta non avevano alcun bisogno. Il risultato ottenuto fu la trasformazione di una comunità di efficienti cacciatori-raccoglitori in famiglie totalmente dipendenti dallo Stato. Nel 2006 l'Alta Corte del Botswana si rese conto dell'errore madornale e impose al governo di restituire la riserva di caccia. Tuttavia il governo aggirò l'ostacolo giuridico, permettendo solo ai 189 querelanti la possibilità di ritornarvi e solo a condizione di costruire abitazioni temporanee, di usare pochissima acqua (nel 2002 il governo aveva già chiuso il pozzo principale) e di praticare la caccia solo dopo aver ottenuto regolare permesso. Insomma dopo l'inganno la beffa.

Ancora oggi diversi gruppi San sono stati costretti a unirsi per rivendicare il diritto di ricevere una quota dei profitti nella commercializzazione dell'hoodia gordonii, una sostanza che si estrae da piante simili ai cactus, diffuse nella regione del Kalahari, che le multinazionali usano come rimedio per perdere peso, e che gli indigeni invece usano nei periodi di carestia per alleviare i morsi della fame.

"**Pigmei**" è un nome collettivo indicante molti sottogruppi poco numerosi, ognuno dei quali costituisce un popolo a sé (p.es. i Twa, gli Aka, i Baka, i Mbuti, gli Efe). Vivono prevalentemente come cacciatori-raccoglitori nel bacino del Congo e in altre regioni dell'Africa equatoriale. Il numero totale dei Pigmei africani si stima inferiore a 250.000. La tribù pigmea degli Efe (cacciatori-raccoglitori seminomadi) commercia coi Lese (contadini stanziali in piccoli villaggi). Ebbene, pur esistendo uno scambio equivalente tra prodotti forestali e agricoli, gli uomini Lese possono sposare donne Efe (e i loro figli vengono considerati dei Lese), ma gli uomini Efe non possono sposare donne Lese, proprio perché gli agricoltori si considerano superiori ai cacciatori. A parte questa eccezione, per i matrimoni, che sono di natura esogamica, è previsto che il gruppo che riceve una sposa è tenuto a concedere una donna a quello da cui la sposa proviene.

Pigmei (così come i Boscimani) vivono da migliaia di anni senza aver sviluppato alcuna forma di produzione alimentare, ivi inclusa l'orticoltura. Essi conoscono l'uso del denaro, ma preferiscono praticare il baratto coi vicini agricoltori Bantu, evitando il surplus da vendere sul mercato urbano. Cacciano con arco e frecce avvelenate. Lavorano l'osso e il legno. Le donne si dedicano alla raccolta. Conoscono molto bene le piante velenose, commestibili e curative. Ogni tribù, composta di poche famiglie, si sposta periodicamente da un accampamento all'altro, restando sempre entro un'area circoscritta. I loro diritti territoriali non vengono riconosciuti da alcuno Stato.

I **Nativi nordamericani**, compresi i "mezzosangue", sono poco più di 5 milioni. Le tribù riconosciute sono 567. Molti nativi vivono nelle riserve, ma circa il 30% ora abita in città. La più grande concentrazione di indiani urbani (circa 60 mila persone) si trova nell'area di Los Angeles. La riserva più grande è quella dei Navajo (oltre 180 mila abitanti). In Canada vivono circa 300 mila indiani e 25 mila eschimesi. Al momento si parlano ancora più di 100 lingue indiane diverse. In tutto il continente americano ci sono ancora circa 43 milioni di nativi. In Messico gli indios sono approssimativamente il 15% della popolazione totale: sono discendenti diretti di aztechi, maya e altre civiltà antiche.

Negli Stati Uniti non si è mai smesso di lottare contro i Nativi americani. P.es. negli anni 1953-59 il governo federale pose fine a qualunque forma di finanziamento delle riserve indiane, allo scopo di obbligare i Nativi a urbanizzarsi. Il risultato fu spaventoso: si crearono dei "ghetti rossi" dove la vita era peggiore che in quelli "neri". Ancora oggi le esigenze del capitale non guardano in faccia a nessuno. Si pensi solo alla costruzione di nuovi oleodotti (access pipeline) nel Dakota, che servono a trasportare il petrolio negli stati centrali degli Usa e a collegare lo stato del Montana al Canada, devastando un ambiente ricoperto di boschi e foreste; ma anche all'estrazione dell'uranio da alcune miniere vicino al maestoso Grand Canyon. Nonostante i loro alti tassi di alcolismo e di suicidio, gli indigeni continuano a protestare. Lo fa anche Leonard Peltier, che da oltre 43 anni è rinchiuso in carcere per prove chiaramente falsificate. Il presidente Obama (figlio di un padre keniano e di una madre antropologa, nonché premio Nobel per la Pace "preventivo") gli negò la libertà con la motivazione che, siccome si era dichiarato innocente dei reati per i quali fu condannato, non si poteva concedergli la grazia.

I primi **Papua** arrivarono in Nuova Guinea almeno 60.000 anni fa, probabilmente dall'Asia sudoccidentale. Gli europei vi giunsero all'inizio del XVI sec., sfruttando l'olio di palma. Il Paese è politicamente indipendente dal 1973-75. L'84% della popolazione è autoctona, il 13% di origine europea, l'1% di origine indonesiana, il 2% di altra origine. Vi sono centinaia di gruppi etnici indigeni, il più numeroso dei quali è rappresentato dai papuani. La metà occidentale dell'isola (Papua Occidentale), è territorio indonesiano, teatro di decennali scontri tra le autorità e i separatisti che combattono per l'indipendenza. Proprio la repressione del governo indonesiano e le limitazioni imposte alla libera circolazione hanno prodotto la creazione di migliaia di sfollati, abitanti in fuga dalla Papua Occidentale verso la Papua Nuova Guinea, ammassati lungo il fiume Fly e colpiti dalle inondazioni favorite da una scriteriata attività mineraria.

In Australia vi sono circa 500 diversi popoli **Aborigeni**, ciascuno con la propria identità linguistica e territoriale, e generalmente organizzati in clan distinti. I primi gruppi risalgono a ben 50.000 anni fa. La loro terra è stata invasa dagli europei (soprattutto inglesi) a partire dalla fine del XVIII secolo, con conseguenze disastrose (le epidemie ne sterminarono decine di migliaia, mentre molti altri furono massacrati per mano dei coloni). Nell'arco di un solo secolo dall'arrivo dei colonizzatori, la popolazione si ridusse da un numero presunto di almeno un milione di persone a soli 60.000 individui.

Prima della colonizzazione, la maggior parte degli Aborigeni abitava in comunità semi-stanziali lungo le coste, sostentandosi di agricoltura e dell'allevamento di pesci e animali. Gli Aborigeni che popolavano invece il deserto dell'entroterra vivevano di caccia e di raccolta. Bruciavano le sterpaglie per favorire la crescita delle piante preferite dalle loro prede ed erano molto esperti nella ricerca dell'acqua.

Il principio giuridico che ha permesso agli inglesi di requisire le loro terre era quello della "terra nullius": le terre venivano giudicate libere da qualunque proprietà quando non erano usate secondo i canoni standard del mondo occidentale. Uno di questi canoni è la presenza dell'agricoltura (o comunque di insediamenti stanziali), come volevano Cicerone, Seneca, Ovidio, Virgilio..., ma anche Locke e Adam Smith. Se la terra viene usata da popolazioni nomadi, dedite a caccia e raccolta, giuridicamente è di nessuno. Fu così che si conquistò l'intero continente. In Australia il governo imperiale britannico, nel 1835, riconobbe per la prima volta la proprietà della terra agli aborigeni, ma la dottrina della *terra nullius* fu ufficialmente abolita solo nel 1992, in occasione di un ricorso, durato dieci anni, che gli abitanti di Mer delle isole dello Stretto di Torres (Murray Island) fecero all'Alta Corte. Oggi gli Aborigeni stanno ancora aspettando la restituzione della maggior parte delle loro terre.

Più della metà di loro risiede nelle città, spesso in condizioni terribili nelle periferie più degradate. Molti lavorano come braccianti in quelle stesse fattorie che hanno occupato le loro terre ancestrali, ma altri, soprattutto nella parte settentrionale del continente, rimangono radicati nelle loro terre e vivono ancora di caccia e raccolta.

Nel corso del Ventesimo secolo, allo sterminio diretto si è sostituita una politica brutale, volta a togliere i bambini aborigeni ai loro genitori, per affidarli alle famiglie dei bianchi o ai collegi dei missionari, con l'obiettivo di sradicare ogni traccia della loro cultura e della loro lingua. Non è certamente un caso che questa popolazione soffra di un elevato tasso di suicidi e di mortalità infantile e che abbia un'aspettativa di vita molto bassa, senza considerare che il numero degli Aborigeni in carcere è altissimo. I giovani aborigeni compaiono in misura sproporzionata a ogni livello del sistema della giustizia minorile: dalla fase dell'arresto alle procedure che precedono il processo, fino all'ultimo grado della sentenza, e alla condanna. Tendono molto più facilmente dei loro coetanei bianchi a ricadere nella categoria degli "inaffidabili".

Nel 1984, nel Deserto di Gibson (Australia occidentale), è stato individuato un gruppo di Pintupi, considerati gli ultimi aborigeni australiani a non essere mai venuti in contatto con gli occidentali.

Anche la sorte della tribù degli ultimi 35.000 **Yanomami** è seriamente in pericolo. Vivono nelle foreste pluviali e sulle montagne tra Brasile e Venezuela. I loro villaggi sparsi (patrilineari ed esogami) contano ciascuno da 40 a 250 abitanti. Il capo del villaggio, che pur rappresenta la comunità con gli estranei, non ha diritto a dare ordini: può usare solo l'esempio e la persuasione. Nei conflitti interni può solo dare consigli. Se coltiva un campo più grande, deve essere più generoso degli altri.

Le loro donne sono raccoglitrici e coltivatrici (coltivano circa 60 tipi di piante diverse, che forniscono quasi l'80% del cibo). Gli uomini sono cacciatori di selvaggina come pecari, tapiri, cervi e scimmie, e spesso utilizzano il curaro (estratto da una pianta) per avvelenare la loro preda (alla pesca partecipano anche i bambini). Conoscono 500 tipi diversi di piante selvatiche (solo di miele sanno distinguere 15 tipi differenti), con cui si nutrono, si curano e costruiscono capanne e altri utensili. Si spostano ogni due o tre anni per evitare che il terreno diventi infertile. La gran parte di loro è stata falciata dalle malattie portate dagli europei, soprattutto dai cercatori d'oro brasiliani (garimpeiros), che diffondono la malaria nei loro territori e inquinano i fiumi col mercurio. La corsa all'oro sta devastando gli Yanomami da almeno trent'anni.[114]

---

[114] L'antropologo fisico americano Napoleon Chagnon diffuse di loro, negli anni Sessanta, l'immagine di un popolo molto violento, anche nei confronti delle proprie donne, al punto che non rinunciavano all'infanticidio femminile, salvo poi praticare la razzia delle donne presso altre tribù. Sarebbero insomma particolar-

Le autorità venezuelane e brasiliane non sono interessate a salvaguardare queste comunità. Anzi, i governi liberisti non si fanno scrupoli a concedere licenze per la deforestazione dell'Amazzonia; quello brasiliano è persino arrivato a regalare, posizionandoli lungo alcuni sentieri della foresta, vari oggetti che le tribù avrebbero potuto utilizzare, come pentole di metallo, asce e maceti, amache di stoffa, sale, fiammiferi, ecc. Quando i nativi si convincono a usare questi nuovi oggetti e accettano quindi un contatto, si spiega loro che le offerte non si ripeteranno e che dovranno lavorare, producendo manufatti da vendere, al fine di guadagnare denaro sufficiente per comprare oggetti d'uso domestico. Li si vuole rendere dipendenti da un mercato, stravolgendo i loro ritmi vitali e portandoli ad ammalarsi molto più facilmente. Se prima, p.es., ottenevano lo zucchero dalla frutta selvatica, ora invece, diventati dipendenti dal saccarosio, cominciano a soffrire di carie dentarie, obesità e diabete.

I **Beduini** sono "nomadi" dediti alla caccia e soprattutto all'allevamento transumante nelle regioni steppose del nord Africa, della Penisola arabica e della Siria. La popolazione è divisa in tribù. La tribù è sud divisa a sua volta in clan composti da grandi famiglie nelle quali vige il patriarcato. Il capo del clan o della tribù è sempre uno sceicco, cioè l'elemento più abile, saggio o ricco del gruppo. Le donne godono di maggior libertà che non quelle di altri popoli nomadi: possono muoversi a piacere, allontanarsi, mangiare con gli uomini e tenere il volto scoperto. Sono loro che raccolgono radici, erbe, bacche e locuste, che vengono essiccate e conservate per i periodi di magra. Nella tradizione islamica i beduini non sono annoverati fra i migliori credenti.

Quelle più discriminate sono le comunità che abitano i territori palestinesi della Cisgiordania, della striscia di Gaza e del deserto del Negev. Rappresentano il 30% della popolazione del Negev, ma hanno diritto a solo il 5,4% del territorio. Circa 90.000 beduini, su un totale di 200.000, vivono in 45 villaggi, dieci dei quali sono in procinto di venire riconosciuti dallo Stato di Israele. Agli altri 35 viene negato l'accesso a

---

mente inclini alla guerra, in quanto le alleanze tra villaggi sono molto fragili. Tuttavia Marvin Harris e Richard Brian Ferguson hanno spiegato che la loro bellicosità è in aumento proprio a causa del fatto che vengono costantemente sottratte porzioni di foresta alla loro sopravvivenza. Inoltre – come scoprì il giornalista Paul Tierney – lo stesso Chagnon li aveva indotti ad assumere comportamenti aggressivi per rendere i suoi film più avvincenti, e aveva loro regalato machete, asce e fucili a gruppi selezionati per sollecitare la loro cooperazione, suscitando gelosie tra le varie tribù. Quando nel 2012 fu eletto alla National Academy of Sciences, Marshall Sahlins per protesta si dimise, in quanto era convinto che le idee di Chagnon avevano contribuito ad atteggiamenti razzistici contro gli Yanomami.

servizi quali strade asfaltate, acqua, fognature, elettricità e raccolta rifiuti. I villaggi "non riconosciuti " hanno i tassi più elevati di povertà in Israele, con oltre il 71,5% di famiglie beduine che, nel 2007, vivevano al di sotto della soglia di povertà, rapportato al 54,5% delle famiglie arabe non beduine e il 16,2% delle famiglie ebree. Solo il 28% dei bambini beduini completa la scuola superiore.

Mentre è impegnato a rimuovere i Beduini, il governo israeliano fornisce incentivi ai cittadini ebrei perché si trasferiscano nel Negev, al fine di spostare in modo rilevante tale popolazione a scapito dei residenti beduini del posto. Nel 2010 il governo ha riconosciuto retroattivamente decine di singole aziende ebraiche, costruite illegalmente senz'alcuna autorizzazione, nel mentre rifiuta di riconoscere i beduini sulle terre delle quali sono legittimi proprietari.

Nel 2017 vari Beduini disarmati e pacifici sono stati espulsi con la forza delle armi israeliane da Umm al-Hiran nel deserto del Negev (il villaggio era stato fondato nel 1956, ma è rimasto uno dei 46 villaggi beduini non riconosciuti da Israele). Due anni prima il villaggio di Al-Araqib nel deserto del Naqab era stato demolito per la 119esima volta in sette anni e ai suoi abitanti erano stati addebitati dal governo i costi della demolizione! La prima distruzione da parte dei bulldozer israeliani risale al luglio 2010: da allora si sono susseguite con frequenza regolare e senza sosta.

A partire dal 2007, cioè da quando Israele ha imposto il blocco economico alla confinante Striscia di Gaza dopo che Hamas aveva preso il potere, le 12 tribù beduine che popolano il Sinai sono state costrette a fare affidamento sul contrabbando di ogni merce possibile come mezzo di sopravvivenza, muovendosi su piste e vecchie rotte carovaniere solo a loro conosciute. D'altra parte dopo la caduta del premier egiziano Mubarak, il Sinai è diventato terra di nessuno.

L'Amministrazione civile israeliana in Cisgiordania da tempo è intenzionata a espellere migliaia di Beduini dalle terre ad est di Gerusalemme e con forza trasferirli in una nuova città nella Valle del Giordano. La città è prevista per circa 12.500 beduini delle tribù Jahalin, Kaabneh e Rashaida. Concentrare i beduini in alcune città permanenti rappresenta il culmine di un processo di 40 anni di limitazione del pascolo, delle loro migrazioni, del rifiuto di far loro costruire case permanenti nei luoghi in cui hanno vissuto per decenni. Questo processo è stato accelerato dopo che gli accordi di Oslo sono stati firmati nel 1993.

Gli **Inuit** sono uno dei due gruppi principali in cui sono divisi gli Eschimesi. Attualmente vivono per lo più in Alaska (16.500 ab.), in Groenlandia (oltre 51.000) e in Canada (oltre 50.000). Sono monagamici, non possiedono il concetto di proprietà privata (se non quella degli strumenti con cui cacciano foche, trichechi e balene) e non riescono a conce-pire l'idea di una struttura politica che regoli la loro vita dall'alto. Sono minacciati non solo dai mutamenti climatici causati dalle potenze indu-strializzate, ma anche dal fatto che tali potenze vogliono sfruttare le ri-sorse dei loro territori. Il progressivo snaturamento della loro cultura e delle abitudini di vita li sta portando al suicidio o all'alcoolismo. Anche la campagna di Greenpeace sul divieto della caccia alle foche, ha tolto loro uno dei principali mezzi di sostentamento.

Conclusione

In un libro del genere la conclusione non può che ribadire le questioni preliminari da utilizzare per produrre un'antropologia culturale un minimo critica. Un antropologo o un etnologo non dovrebbe soltanto cercare di capire la diversità che gli sta di fronte, ma anche in che misura quella diversità può servire per modificare la propria identità e la società da cui proviene, poiché il suo stesso ruolo di "ricercatore intellettuale" e il fatto stesso di considerare la comunità primitiva un "oggetto" della propria ricerca sul campo, lasciano pensare ch'egli provenga da una società basata sull'antagonismo sociale, sulle differenze di ceto o di classe, sulla discriminazione di genere e molto probabilmente anche sull'oppressione delle etnie e nazionalità minoritarie.

Mondher Kilani, in *L'invenzione dell'altro*, afferma che quando si viene a contatto con popolazioni molto diverse dalla propria, si riversano su di loro delle precomprensioni, dei pregiudizi che non servono affatto a conoscere il diverso, ma solo a classificarlo, a etichettarlo. A partire dai viaggi di Colombo non è mai avvenuto un vero dialogo alla pari coi popoli extraeuropei, proprio perché questi venivano percepiti come nettamente inferiori. Tuttavia dimentica di aggiungere che questo atteggiamento è tipico degli intellettuali che vivono in società classiste, abituate a vedere il prossimo come un nemico o una persona da sfruttare, da raggirare e a cui mentire sempre. Si costruisce l'"altro", pur conoscendolo appena, proprio perché si odia il prossimo con cui si vive quotidianamente.

In ogni caso l'antropologo dovrebbe partire dal presupposto che la propria identità è falsa o è comunque basata su presupposti pregiudizievoli, che risultano dannosi per le identità altrui; è un'identità viziata da una qualche forma di alienazione o di ipocrisia, che nel passato è stata utilizzata da qualcuno per alterare lo stile di vita di quelle stesse comunità primitive che un tempo erano oggetto della sua indagine scientifica e che ora lo sono sempre meno, in quanto tendono a scomparire.

Questo è un presupposto irrinunciabile, poiché solo così un antropologo può capire quali sono le condizioni per permettere a quelle comunità di non subire ulteriormente le influenze esterne che impediscono loro d'essere se stesse (ammesso e non concesso che esistano ancora comunità indigene in grado di capire, in mezzo a questo imperante globalismo del capitale, chi davvero "sono"). Il che non vuol dire che un antropologo capace di una simile autocritica sia in grado d'impedire quelle influenze esterne (queste sono diventate del tutto indipendenti dalla sua volontà); ma vuol dire che, usando un atteggiamento del genere nei confronti delle ultime comunità rimaste, egli capirà meglio quali sono le domande utili da rivolgere loro, al fine di poter dare delle risposte ancora più utili alla stessa società da cui egli proviene.

L'antropologo non deve essere inviato sul campo da parte di qualche istituzione del paese in cui vive o che finanzia la sua ricerca, poiché solo questo semplice fatto gli procurerà degli enormi conflitti d'interesse, e quindi gli falsificherà tutta la sua indagine. Egli deve sapere in anticipo che il modo migliore per aiutare la comunità primitiva a sopravvivere con sicurezza è quello di eliminare il colonialismo o neo-colonialismo di cui soffre. Solo così può ottenere fiducia e quindi dichiarazioni veritiere da parte della comunità indigena. È infatti passato troppo tempo colonialistico perché l'antropologo possa sperare che la suddetta comunità sia sincera nei confronti di chi inevitabilmente viene considerato uno "straniero indesiderato". La comunità sa benissimo di essere arrivata a un punto in cui, se non mente, rischia di non sopravvivere. Dopo mezzo millennio di colonialismo mentire è diventata la prima regola per difendersi dalla violenza. Se l'antropologo non si rende conto di questa necessità, il primo ingenuo è lui. E se finirà con l'essere "mangiato", la responsabilità sarà soltanto sua...

Quindi la prima cosa da fare è denunciare le forme e i modi in cui il colonialismo (oggi chiamato, eufemisticamente, "globalismo") influenza in maniera evidente lo stile di vita delle comunità primitive. Se non si parte da questa denuncia preliminare (che è in fondo un'autodenuncia), qualsiasi pretesa di conoscere la diversità non servirà a nulla, essendo viziata in partenza. Senza tale atteggiamento preliminare, quanto più la conoscenza della comunità primitiva sarà dettagliata, tanto meglio aiuterà il sistema colonialistico a inglobare nel sistema quella stessa comunità. Se l'antropologo non è anche un *politico* che contesta il sistema da cui proviene, se non è anche un ecologista purosangue, è meglio che resti a casa propria, poiché, in caso contrario, potrà solo far danni.

L'antropologia non può più essere la "scienza" di persone curiose, amanti dell'esotismo, che quando incontrano delle comunità primitive, invece di difenderle in tutte le maniere, si limitano a descriverle, illudendosi che, in un regime neo-colonialistico come quello attuale, esse non abbiano alcun problema a mostrarsi per ciò che sono, quando proprio il fatto di mostrarsi per quel che si è, contribuisce a lasciarsi integrare meglio nel sistema dominante.

La comunità primitiva non ha bisogno di un approccio intellettualistico nei confronti dei propri problemi: ha solo bisogno di essere lasciata in pace. Non può ricevere lezioni di vita da parte di chi nega la vita agli altri. E non si lascerà convincere a dire tutto di se stessa solo perché un ricercatore decide di vivere al suo interno per un certo tempo. Per mostrarsi integralmente nella propria nudità, vuol prima vedere nudo anche chi la frequenta.

*

Secondo l'organizzazione "Survival International" sarebbero almeno un centinaio le tribù che vivono isolate o che non hanno avuto contatti significativi con la civiltà borghese e che non vorrebbero averli. Alcune tribù potrebbero essersi ritirate in luoghi remoti per sfuggire alle violenze subite dalle passate società colonialistiche. Si tratta di gruppi piccoli che vivono in luoghi difficilmente accessibili, in cui lo sfruttamento industriale delle risorse richiederebbe ingenti capitali: isole sperdute negli oceani o nel cuore delle ultime foreste. La maggior parte sono concentrati in Perù, Brasile[115], Colombia, Bolivia, Ecuador, Paraguay, India[116] e Papua[117].

Queste comunità vivono generalmente di caccia, pesca e dei vegetali che offre la natura, usati anche per produrre oggetti, medicinali e per dipingersi e profumare il corpo (sono capaci di conoscere più di 450 specie animali e di distinguere oltre 1500 tipi di piante). Sono popoli privi di difese immunitarie verso le malattie trasmesse dall'esterno. Molti vivono costantemente in fuga, per salvarsi dall'invasione delle loro terre da parte di coloni, taglialegna, esploratori petroliferi e allevatori di bestiame.

Bisognerebbe creare un'organizzazione internazionale, autofinanziata, che aiuti queste popolazioni a sentirsi parte di un progetto politico

---

[115] Il Brasile è ritenuto lo Stato in cui vive il maggior numero di gruppi indigeni mai contattati: circa 77.

[116] In India lo Stato indiano dell'Orissa possiede il 35% della popolazione costituito da antiche tribù già presenti al tempo della penetrazione dell'uomo bianco nel subcontinente indiano. Tra queste i Dongria Kondh (8.000 persone circa), sono tra i più isolati dell'India. Vivono in piccoli villaggi sparsi sulle colline di Niyamgiri, coperte di dense foreste popolate da una grande varietà di animali, tra cui tigri, elefanti e leopardi. L'habitat di questa comunità è minacciato dal progetto di una compagnia britannica che vuole estrarre bauxite dalla loro montagna sacra, il Niyam Dongar.

[117] Si stima siano 44 i gruppi indigeni mai contattati che vivono nella Papua Nuova Guinea e nelle province indonesiane di Papua e West Papua. Nella regione montuosa vivono i popoli degli altipiani, che allevano maiali e coltivano patate dolci. Nelle zone costiere vivono invece i popoli delle pianure; qui la vita è resa difficile dalla malaria e dalle paludi, e le attività di sostentamento sono la caccia e la raccolta. Questi indigeni sono minacciati dall'occupazione dei loro territori da parte dell'esercito indonesiano.

di recupero del "comunismo primordiale". Se vogliamo davvero uscire dal concetto di "civiltà", dobbiamo fare di queste popolazioni l'unico esempio da seguire. Le attuali organizzazioni nazionali di antropologia (statunitense, italiana, ecc.) non hanno alcunché di politico, anzi si guardano bene dal fare critiche al sistema capitalistico. Quella italiana non prevede neppure dei gruppi di lavoro dedicati all'economia e alla politica.

Abbiamo bisogno di antropologi che non abbiano paura di dire la verità delle cose sulla attuale situazione degli indigeni. Non devono sentirsi indotti a tacere le contraddizioni più scomode o a tenere artificiosamente separate le piccole realtà locali che prendono in esame dal contesto colonialistico in atto, per timore di perdere il titolo di credito che il Paese ospitante ha concesso loro provvisoriamente.[118]

In fondo cosa rappresenta l'essere umano se non la consapevolezza che la natura possiede delle leggi che non possono essere violate? Ciò che l'animale vive in forma istintiva, nell'uomo dovrebbe far parte della sua intelligenza. Il problema è che la consapevolezza di questa intelligenza può portare l'uomo ad azioni scriteriate, soprattutto quando assume atteggiamenti di superiorità nei confronti della stessa natura. Il che fa pensare che per indurlo a non comportarsi in tale maniera, sia forse necessario abituarlo ad avvertire la propria esistenza in maniera difficoltosa e precaria, come se di fronte a sé avesse costantemente dei problemi da risolvere, e come se, per risolverli, avesse costantemente bisogno d'essere aiutato dai propri simili. L'uomo naturale dovrebbe vivere in maniera essenziale e partecipata, cioè non dovrebbe far nulla per impedire alla natura di "condizionarlo"; e in ogni caso dovrebbe evitare che qualcosa possa compromettere la superiorità del collettivo sul singolo.

Se si vive un rapporto idilliaco con la natura, si sarà indotti a pre-

---

[118] P.es. Stuart Kirsch (docente di antropologia nell'Università del Michigan) sostenne la battaglia del popolo Yonggom, in Papua Nuova Guinea, per chiudere le miniere di rame (Ok Tedi) attive dal 1984. Secondo alcune ONG ambientaliste le miniere scaricherebbero ogni anno circa 90 milioni di tonnellate di rifiuti nel fiume Fly, sollevandone il letto e contaminandone l'acqua, che avrebbe già ucciso fino a 3 mila kmq di vegetazione, per non parlare delle estese deforestazioni (entro il 2021 il 40% della superficie forestale presente nel 1975 non esisterà più). Quando le acque del Fly inondano le zone circostanti durante le frequenti alluvioni, i sedimenti inquinati si depositano in spessi strati nelle aree limitrofe coltivate. Nel 2012 le miniere (tra le maggiori del pianeta) contribuivano per circa il 18% del PIL annuale. Il problema è rimasto irrisolto. È bene aggiungere che in Papua Nuova Guinea esiste circa il 5% della flora e della fauna mondiali: 20.000 specie di piante e 3.000 specie di orchidee; 300 specie di mammiferi, 700 specie di uccelli, 650 specie di pesci e 800 di coralli. E così via. Nessun testo di Kirsch è stato tradotto in lingua italiana.

tendere di più del necessario. Invece dobbiamo capire che il benessere dipende da un certo sacrificio, soggetto a continuo rinnovo. La contraddizione fa parte delle leggi di natura, essendo caratterizzata da opposti che che si attraggono e si respingono. L'essere umano deve semplicemente capire che, nell'ambito locale dove vive, non può sprecare nulla, deve stare attento a riciclare tutto, poiché le cose che assicurano la sopravvivenza non sono così facili da reperire, né è possibile pensare di potersele procurare facendo un torto alle esigenze riproduttive della natura. D'altra parte è solo quando si fa fatica a ottenere qualcosa, che la si apprezza veramente. Il gusto della libertà sta nel superare, ogni volta, le difficoltà della vita. L'importante è poter disporre di mezzi adeguati per poterlo fare.

Dunque, per poter misurare le nostre forze, fisiche, intellettuali e morali, abbiamo bisogno di una relativa precarietà e di mezzi sufficientemente idonei per affrontarla. Ciò che più importa, infatti, non è non avere problemi da risolvere, ma che le contraddizioni non siano caratterizzate dall'antagonismo sociale, cioè da quella sofferenza che gli esseri umani si procurano da soli, pur potendone tranquillamente fare a meno. Poter risolvere insieme dei problemi comuni è la soddisfazione più grande che possa avere un essere umano.

Noi non sappiamo se il percorso cognitivo che ha sperimentato l'umanità in questi ultimi secoli, sarebbe potuto avvenire anche senza la nascita del capitalismo industriale. Forse sì, ma di sicuro avrebbe avuto bisogno di tempi molto più lunghi, di riflessioni molto più ponderate. Una cosa infatti è usare il progresso per opprimere i più deboli, per sfruttare le risorse altrui, per dominare la natura; un'altra è limitarsi a piccoli miglioramenti che non pregiudicano la qualità della vita.

Bibliografia in lingua italiana
In ordine decrescente sulla base delle ristampe

P. E. Lovejoy, *Storia della schiavitù in Africa*, ed. Bompiani Milano 2019.

L. van der Post, *Il cuore del cacciatore*, ed. Adelphi, Milano 2019.

F. Mangiameli, E. Fabiano (a cura di), *Dialoghi con i non umani*, ed. Mimesis, Sesto San Giovanni (MI) 2019.

J. G. Frazer, *Matrimonio e parentela*, ed. Il Saggiatore, Milano 2019.

S. Latouche, *I nostri figli ci accuseranno?*, ed. Castelvecchi, Roma 2019.

P. S. Wells, *La parola ai barbari: come i popoli conquistati hanno disegnato l'Europa romana*, ed. Il Saggiatore, Milano 2019.

I. Bargna (a cura di), *Mediascapes. Pratiche dell'immagine e antropologia culturale*, ed. Meltemi, Roma 2018.

S. Latouche, *Decrescita o barbarie*, ed. Castelvecchi, Roma 2018.

J. Zerzan – E. Manicardi, *Nostra nemica civiltà: frammenti di resistenza anarchica alla civilizzazione*, ed. Mimesis, Milano 2018.

M. Fusaschi, *Corpo non si nasce, si diventa. Antropologiche di genere nella globalizzazione*, ed. CISU, Roma 2018.

É. Lot-Falck, *I riti di caccia dei popoli siberiani*, ed. Adelphi, Milano 2018.

S. Botta, *Dagli sciamani allo sciamanesimo. Discorsi, credenze, pratiche*, ed. Carocci, Roma 2018.

V. Lusa – A. Franza, *Criminogenesi evolutiva. La violenza come adattamento umano dalle savane allo spazio*, ed. Lo Scarabeo, Milano 2018.

S. Allovio, L. Ciabarri, G. Mangiameli (a cura di), *Antropologia culturale. I temi fondamentali*, ed. Cortina Raffaello, Milano 2018.

M. Bellini, *Dialettica del diverso. Marxismo e antropologia in Luciano Parinetto*, ed. Mimesis, Sesto San Giovanni (MI) 2018.

A. Casella Paltrinieri, *L'esperienza umana. Introduzione all'antropologia culturale*, ed. CISU, Roma 2017.

M. Simmons, *La cattiva medicina. Magia nera nel sudovest americano*, ed. Xenia, Pavia 2017.

J. G. Frazer, *Totemismo*, ed. Pgreco, Roma 2017.

S. Latouche, D. Harpagès, *Il tempo della decrescita*, ed. Elèuthera, Milano 2017.

E. Viveiros de Castro, *Metafisiche cannibali. Elementi di antropologia post-strutturale*, ed. Ombre Corte, Verona 2017.

S. Latouche, *Invertire la rotta!: ecologia e decrescita contro le politiche autoritarie: una conversazione con Franco La Cecla*, ed. Meltemi, Milano 2017.

C. Pasquinelli, M. Mellino, *Cultura: introduzione all'antropologia*, ed. Carocci, Roma 2017.

B. Latour, *Il culto moderno dei fatticci*, ed. Meltemi, Roma 2017.

Il tempo e la complessità: teorie e metodi dell'antropologia culturale (a cura di F. Giacalone), ed. Angeli, Milano 2017.

V. Y. Mudimbe, *L'invenzione dell'Africa*, ed. Meltemi, Milano 2017.

Dell'Orto Alessandro, Zhao Hongtao (a cura di), *Storia, filosofia e antropologia della Cina*, ed. Urbaniana University Press, Roma 2017.

F. Dei, *Antropologia culturale*, ed. Il Mulino, Bologna 2016.

J. G. Frazer, *La paura dei morti nelle religioni primitive*, ed. Il Saggiatore, Milano 2016.

R. Malighetti – A. Molinari, *Il metodo e l'antropologia. Il contributo di una scienza inquieta*, ed. Cortina Raffaello, Milano 2016.

M. Mead, *Maschio e femmina*, ed. Il Saggiatore, Milano 2016.

C. Lévi-Strauss, *Il crudo e il cotto*, ed. Il Saggiatore, Milano 2016.

C. Lévi-Strauss, *Mito e significato. Cinque conversazioni*, ed. Il Saggiatore, Milano 2016.

C. Lévi-Strauss, *La via delle maschere*, ed. Il Saggiatore, Milano 2016.

AA. VV., *L'origine dell'umanità. La preistoria dell'uomo: L'oriente mediterraneo. Dalla Preistoria alla storia*, ed. RCS, Milano 2016.

S. Latouche, *La decrescita prima della decrescita: precursori e compagni di strada*, ed. Bollati-Boringhieri, Torino 2016.

J. J. Bachofen, *Il matriarcato*, ed. Einaudi, Torino 2016.

M. Sahlins, *Isole di storia: società e mito nei mari del Sud*, ed. Raffaello Cortina, Milano 2016.

Larry Korn, *Masanobu Fukuoka: l'agricoltura del non fare*, ed. Terra nuova, Firenze 2016.

G. Chakravorty Spivak, *Critica della ragione postcoloniale. Verso una storia del presente in dissolvenza*, ed. Meltemi, Roma 2016.

G. Sgrena, *Dio odia le donne*, ed. Il Saggiatore, Milano 2016.

F. Pompeo, *Elementi di antropologia critica*, Meti Edizioni, Torino 2016.

A. Caillé, *Anti-utilitarismo e paradigma del dono. Le scienze sociali in questione*, Diogene Edizioni, Napoli 2016.

G. Chakravorty Spivak, *Critica della ragione postcoloniale*, ed. Meltemi, Milano 2016.

E. Giulianelli, *Maledetta Eva. 30 secoli di misoginia religiosa*, Tempesta Editore, Roma 2016.

E. A. Schultz – R. H. Lavenda, *Antropologia culturale*, ed. Zanichelli, Bologna 2015.

M. Kilani, *L'invenzione dell'altro*, ed. Dedalo, Bari 2015.

U. Fabietti, *Elementi di antropologia culturale*, ed. Mondadori Università, Milano 2015.

H. D. Thoreau, *Walden, ovvero Vita nei boschi*, ed. Einaudi, Torino 2015.

S. Allovio, *Riti di iniziazione. Antropologi, stoici e finti immortali*, ed. Cortina Raffaello, Milano 2015.

E. Comba, D. Ormezzano, *Uomini e orsi. Morfologia del selvaggio*, ed. Accademia University Press, Torino 2015.

E. De Martino, *La terra del rimorso. Contributo a una storia religiosa del Sud*, ed. Il Saggiatore, Milano 2015.

C. Lévi-Strauss, *Antropologia strutturale*, ed. Il Saggiatore, Milano 2015.

C. Lévi-Strauss, *Il pensiero selvaggio*, ed. Il Saggiatore, Milano 2015.

C. Lévi-Strauss, *Tristi Tropici*, ed. Il Saggiatore, Milano 2015.

J. Zerzan, *Primitivo attuale: 5 saggi sul rifiuto della civiltà*, ed. Stampa alternativa, Viterbo 2015.

G. Bataille, *La parte maledetta*, ed. Bollati-Boringhieri, Torino 2015.

F. Boas, G. Bateson, *La funzione sociale della danza. Una lettura antropologica*, ed. Ghibli, Milano 2015.

B. Latour, *Non siamo mai stati moderni: saggio di antropologia simmetrica*, ed. Elèuthera, Milano 2015.

L. Capasso, *Trattato di antropologia*, Società Editrice Universo, Roma 2015.

V. Domenici, *Uomini nelle gabbie. Dagli zoo umani delle Expo al razzismo della vacanza etnica*, ed. Il Saggiatore, Milano 2015.

M. Godelier, *Antropologia e marxismo*, ed. Pgreco, Roma 2015.

B. Riccio (a cura di), *Antropologia e migrazioni*, ed. CISU, Roma 2014.

B. Mollison – R. M. Slay, *Introduzione alla permacultura*, ed. Aam Terra Nuova, Firenze 2014.

F. Bonaglia – L. Wegner, *Africa. Un continente in movimento*, ed. Il Mulino, Bologna 2014.

D. Miller, *Cose che parlano di noi. Un antropologo a casa nostra*, Il Mulino, Bologna 2014.

E. Hazelip, *Agricoltura sinergica: le origini, l'esperienza, la pratica*, ed. Terra nuova, Firenze 2014.

S. Boni, *Homo comfort: il superamento tecnologico della fatica e le sue conseguenze*, ed. Elèuthera, Milano 2014.

A. Barnard, *Antropologia sociale delle origini umane*, ed. Il Mulino, Bologna 2014.

R. Cioeta, *Antropologia criminale e devianza sociale*, ed. Laurus Robuffo, Roma 2014.

S. Latouche, *L'economia è una menzogna: come mi sono accorto che il mondo si stava scavando la fossa: conversazioni con Thierry Paquot, Daniele Pepino e Didier Harpagès sul significato e la genesi di un pensiero alternativo*, ed. Bollati-Boringhieri, Torino 2014.

S. Latouche, *Cornelius Castoriadis: l'autonomia radicale*, ed. Jaca Book, Milano 2014.

M. Aime, *Etnografia del quotidiano*, ed. Elèuthera, Milano 2014.

M. Sahlins, *La parentela: cos'è e cosa non è*, ed. Elèuthera, Milano 2014.

A. Césaire, *Discorso sul colonialismo*, ed. Ombre corte, Verona 2014.

P. Descola, *Oltre natura e cultura*, ed. Seid, Firenze 2014.

G. Reichel-Dolmatoff, *Il cosmo amazzonico. Simbolismo degli indigeni tukano del Vaupés*, ed. Adelphi, Milano 2014.

J. G. Frazer, *Matriarcato e dee-madri*, ed. Mimesis, Sesto San Giovanni (MI) 2014.

N. A. Chagnon, *Tribù pericolose: la mia vita tra gli Yanomamö e gli antropologi*, ed. Il Saggiatore, Milano 2014.

S. Latouche, *Decolonizzare l'immaginario: il pensiero creativo contro l'economia dell'assurdo*, ed. EMI, Bologna 2014.

F. Boas, *L'antropologia*, rivista Kainós Edizioni, 2014.

R. Malighetti, *Antropologie dalla Cina*, ed. SEID, Firenze 2014.

J. Diamond, *Il mondo fino a ieri. Che cosa possiamo imparare dalle società tradizionali*, ed. Einaudi, Torino 2013.

S. Latouche, *Fine corsa: intervista su crisi e decrescita*, ed. Gruppo Abele, Torino 2013.

E. W. Said, *Orientalismo. L'immagine europea dell'Oriente*, ed. Feltrinelli, Milano 2013.

R. Beneduce, *Frontiere dell'identità e della memoria. Etnopsichiatria e migrazioni in un mondo creolo*, ed. Franco Angeli, Milano 2013.

Storie di questo mondo: percorsi di etnografia delle migrazioni (a cura di F. Bachis e A. M. Pusceddu), ed. CISU, Roma 2013.

B. Malinowski, *Sesso e repressione sessuale tra i selvaggi*, ed. Bollati Boringhieri, Torino 2013.

B. Malinowski, *Teoria scientifica della cultura e altri saggi*, ed. Pgreco, Roma 2013.

S. Latouche, *Usa e getta: le follie dell'obsolescenza programmata*, ed. Bollati-Boringhieri, Torino 2013.

M. Bonaiuti, *La grande transizione: dal declino alla società della decrescita*, ed. Bollati-Boringhieri, Torino 2013.

E. De Martino, *Furore Simbolo Valore*, ed. Il Saggiatore, Milano 2013.

É. Durkheim, *Le forme elementari della vita religiosa. Il sistema totemico in Australia*, ed. Mimesis, ed. Mimesis, Sesto San Giovanni (MI) 2013.

La Cina (a cura di M. Scarpari), ed. Einaudi, Torino 2009-2013.

S. Fusi (a cura di), *Custodire la Terra. Il messaggio dei popoli nativi delle Americhe*, Area 51 Publishing, Bologna 2013.

P. Descola, *L'ecologia degli altri: l'antropologia e la questione della natura*. Conferenza-dibattito organizzato dal gruppo Sciences en questions, Parigi e Digione, Inra (2007, 2008), ed. Linaria, Roma 2013.

D. Miller, *Per un'antropologia delle cose*, Ledizioni, Milano 2013.

H. Hongbao, W. Jianmin, Z. Haiyang, *Storia dell'antropologia cinese*, ed. Seid, Firenze 2013.

Fanon postcoloniale: i dannati della terra oggi (a cura di M. Mellino), ed. Ombre Corte, Verona 2013.

L. Viola, *Al di là del genere. Modellare i corpi nel Sud Africa urbano*, ed. Mimesis, Milano-Udine 2013.

J.-M. Ela, *L'Africa a testa alta di Cheikh Anta Diop*, ed. EMI, Bologna 2012.

E. Comba, *La danza del sole: miti e cosmologia tra gli Indiani delle pianure*, ed. Novalogos, Aprilia 2012.

R. Siebert, *Voci e silenzi postcoloniali: Frantz Fanon, Assia Djebar e noi*, ed. Carocci, Roma 2012.

Antropologia e scienze sociali a Napoli in età moderna (a cura di R. Mazzola), ed. Aracne editrice, Roma 2012.

T. Marci, *Il circolo della gratuità. Il paradosso del dono e la reciprocità sociale*, ed. Tangram, Trento 2012.

M. Mellino, *Cittadinanze postcoloniali: appartenenze, razza e razzismo in Europa e in Italia*, ed. Carocci, Roma 2012.

S. Morace - D. Renzi, *L'origine femminile dell'umanità: dialo-*

ghi, lezioni, articoli, ed. Prospettiva, Roma 2012.

S. Latouche, *Per un'abbondanza frugale: malintesi e controversie sulla decrescita*, ed. Bollati-Boringhieri, Torino 2012.

S. Latouche, *Limite*, ed. Bollati-Boringhieri, Torino 2012.

F. Giusti – V. Sommella, *Continenti a confronto. Antropologia e storia*, ed. Donzelli, Roma 2012.

G. Frazer, *Il ramo d'oro. Studio della magia e della religione*, ed. Bollati Boringhieri, Torino 2012

A. Van Gennep, *I riti di passaggio*, ed. Bollati-Boringhieri, Torino 2012.

A. Appadurai, *Modernità in polvere. Dimensioni culturali della globalizzazione*, ed. Raffaello Cortina, Milano 2012 (già in ed. Meltemi, Roma 2001).

C. Hann – K. Hart, *Antropologia economica. Storia, etnografia, critica*, ed. Einaudi, Torino 2011.

Saperi antropologici, media e società civile nell'Italia contemporanea. Atti del 1° Convegno nazionale dell'A.N.U.A.C. Matera, 29-31 maggio 2008 (a cura di L. Faldini e E. Pili), ed. CISU, Roma 2011.

Dalla nascita alla morte: antropologia e archeologia a confronto. Atti dell'incontro internazionale di studi in onore di Claude Lévi-Strauss. Roma, Museo preistorico etnografico Luigi Pigorini, 21 maggio 2010 (a cura di V. Nizzo), ESS Editorial Service System, Roma 2011.

Razza, razzismo e antirazzismo: modelli rappresentazioni e ideologie (a cura di Z. Franceschi), I libri di Emil, Bologna 2011.

F. Remotti, *Cultura: dalla complessità all'impoverimento*, ed. Laterza, Roma-Bari 2011.

P. Descola, *Diversità di natura, diversità di cultura*, Book Time, 2011.

E. LaPointe, *Toro seduto: la vera storia*, ed. Il punto d'Incontro, Vicenza 2011.

S. Boni, *Culture e poteri. Un approccio antropologico*, ed. Elèuthera, Milano 2011.

M. Foucault, *L'archeologia del sapere: una metodologia per la storia della cultura*, ed. BUR, Milano 2011.

E. V. Alliegro, *Antropologia italiana: storia e storiografia 1869-1975*, ed. SEID, Firenze 2011.

S. Latouche, *Come si esce dalla società dei consumi: corsi e percorsi della decrescita*, ed. Bollati-Boringhieri, Torino 2011.

Saperi antropologici, media e società civile nell'Italia contemporanea. Atti del 1° Convegno nazionale dell'A.N.U.A.C. Matera, 29-31 maggio 2008 (a cura di L. Faldini e E. Pili), ed. CISU, Roma 2011.

E. R. Leach, *Sistemi politici birmani. La struttura sociale dei*

Kachin, ed. Cortina Raffaello, Milano 2011.

B. Malinowski, *Argonauti del Pacifico occidentale. Rigi magici e vita quotidiana nella società primitiva*, ed. Bollati Boringhieri, Torino 2011.

G. Angioni, *Fare dire sentire. L'identico e il diverso nelle culture*, ed. Il Maestrale, Nuoro 2011.

P. G. Solinas, *La famiglia: un'antropologia delle relazioni primarie*, ed. Carocci, Roma 2010.

La cura e il potere: salute globale, saperi antropologici, azioni di cooperazione sanitaria transnazionale (a cura di U. Pellecchia e F. Zanotelli), ed. Ed.it, Firenze-Catania 2010.

A. Caillé, *Critica dell'uomo economico. Per una teoria anti-utilitarista dell'azione*, ed. Il melangolo, Genova 2010.

Diritti umani degli immigrati: tutela della famiglia e dei minori (a cura di R. Pisillo Mazzeschi, P. Pustorino, A. Viviani), Editoriale scientifica, Napoli 2010.

E. Manicardi, *Liberi dalla civiltà: spunti per una critica radicale ai fondamenti della civilizzazione: dominio, cultura, paura, economia, tecnologia*, ed. Mimesis, Milano 2010.

S. Latouche, *L'invenzione dell'economia*, ed. Bollati-Boringhieri, Torino 2010.

J. Zerzan, *Pensare primitivo: elementi di una catastrofe*, ed. Bepress, Lecce 2010.

F. Grillini Lenzi, *I confini delle Terre Indigene in Brasile. L'antropologia di fronte alla sfida delle consulenze e delle perizie tecniche*, ed. CISU, Roma 2010.

E. C. Banfield, *Le basi morali di una società arretrata*, ed. Il Mulino, Bologna 2010.

M. Sahlins, *Un grosso sbaglio: l'idea occidentale di natura umana*, ed. Elèuthera, Milano 2010.

F. Cappelletto (a cura di), *Vivere l'etnografia*, ed. SEID, Firenze 2009.

Elementi di antropologia economica (a cura di L. Rami Ceci), ed. Armando, Roma 2009.

F. Remotti, *Noi primitivi. Lo specchio dell'antropologia*, ed. Bollati Boringhieri, Torino 2009.

M. Pavanello, *Fare antropologia. Metodi per la ricerca etnografica*, ed. Zanichelli, Bologna 2009.

M. Godelier, *Al fondamento delle società umane. Ciò che ci insegna l'antropologia*, ed. Jaca Book, Milano 2009.

AA. VV., *Trattato di antropologia del sacro*, ed. Jaca Book, Milano 1989-2009.

S. Latouche, *La scommessa della decrescita*, ed. Feltrinelli, Milano 2009.

F. Giusti, V. Sommella, S. Cigliano, *Storia dell'Oceania. L'ultimo continente*, Donzelli Editore, Roma 2009.

G. Di Maida, *La nascita dell'agricoltura*, Il Primitivo Editore, Palermo 2009.

L. Giraudo, *La questione indigena in America Latina*, ed. Carocci, Roma 2009.

Osvaldo Bayer, *Patagonia rebelde: una storia di gauchos, bandoleros, anarchici, latifondisti e militari nell'Argentina degli anni Venti*, ed. Elèuthera, Milano 2009.

G. V. Brandolini, *Medicine etniche e tradizionali. Erbe e rimedi dei popoli indigeni*, Macro Edizioni, Cesena (FC) 2009.

M. Gandini, *Cinquant'anni di studi su Raffaele Pettazzoni 1959-2009*, in "Storia, Antropologia e Scienze del Linguaggio", A. XXIV, fasc. 3 (2009, settembre-dicembre), pp. 47–94.

M. Aria – F. Dei, *Culture del dono*, ed. Meltemi, Roma 2008.

A. Colajanni, *Un futuro incerto: processi di sviluppo e popoli indigeni in America Latina*, ed. CISU, Roma 2008.

L'invenzione dell'etnia (a cura di J.-L. Amselle, E. M'Bokolo), ed. Meltemi, Roma 2008.

C. Lévi-Strauss, *L'uomo nudo*, ed. Il Saggiatore, Milano 2008.

J.-P. Olivier de Sardan, *Antropologia e sviluppo. Saggio sul cambiamento sociale*, ed. R. Cortina, Milano 2008.

AA. VV., *La civiltà nuragica: nuove acquisizioni*. Atti del Congresso, Senorbì, 14-16 dicembre 2000, Soprintendenza per i Beni Archeologici della Sardegna, Cagliari 2008.

R. Marchionatti, *Gli economisti e i selvaggi: l'imperialismo della scienza economica e i suoi limiti*, ed. B. Mondadori, Milano 2008.

R. Deliège, *Storia dell'antropologia*, ed. Il Mulino, Bologna, 2008.

J. G. Frazer, *L'avvocato del diavolo. Il ruolo della superstizione nelle società umane*, ed. Donzelli, Roma 2008.

T. Casadei (a cura di), *Lessico delle discriminazioni tra società, diritto e istituzioni*, ed. Diabasis, Reggio Emilia 2008.

G. Pizza, *Antropologia medica: saperi, pratiche e politiche del corpo*, ed. Carocci, Roma 2008.

P. S. Wells, *Barbari: l'alba del nuovo mondo*, ed. Lindau, Torino 2008.

M. Aime, *Il primo libro di antropologia*, ed. Einaudi, Torino 2008.

S. Latouche, *Breve trattato sulla decrescita serena*, ed. Bollati-

Boringhieri, Torino 2008.

E. Comba, *Antropologia delle religioni. Un'introduzione*, ed. Laterza, Roma-Bari 2008.

V., Stanley, *Toro Seduto: campione dei Sioux*, ed. Mursia, Milano 2008.

E. De Martino, *Morte e pianto rituale nel mondo antico. Dal lamento funebre antico al pianto di Maria*, ed. Bollati Boringhieri, Torino 2008.

D. Albera, A. Blok, C. Bromberger (a cura di), *Antropologia del Mediterraneo*, ed. Guerini scientifica, Milano 2007.

S. Latouche, *La scommessa della decrescita*, ed. Feltrinelli, Milano 2007.

M. Mead, *L'adolescenza in Samoa*, ed. Giunti, Firenze 2007.

R. Beneduce, *Etnopsichiatria. Sofferenza mentale e alterità fra storia, dominio e cultura*, ed. Carocci, Roma 2007.

F. Giusti, V. Sommella, *Storia dell'Africa. Un continente fra antropologia, narrazione e memoria*, Donzelli Editore, Roma 2007.

E. De Martino, *Il mondo magico. Prolegomeni ad una storia del magismo*, ed. Bollati Boringhieri, Torino 2007.

R. J. C. Young, *Mitologie bianche: la scrittura della storia e l'Occidente*, ed. Meltemi, Roma 2007.

P. Descola, *Umano, più che umano*, Fondazione Collegio San Carlo per festivalfilosofia, Modena 2007.

B. Latour, *La fabbrica del diritto: etnografia del Consiglio di stato*, ed. Citta aperta, Troina 2007.

B. Latour, *L'umanità dei non-umani*, Fondazione Collegio San Carlo di Modena per festivalfilosofia, Modena 2007.

F. Fanon, *I dannati della terra*, ed. Einaudi, Torino 2007.

M. Pavanello, *Breve introduzione allo studio antropologico della parentela*, ed. Nuova Cultura, Roma 2007.

M. Pavanello, *Il segreto degli antenati. Un etnografo nel cuore del Ghana*, ed. Altravista, Broni (PV) 2007.

J. Zerzan, *Senza via di scampo? Riflessioni sulla fine del mondo*, ed. Arcana, Roma 2007.

E. Cantarella, *Secondo natura. La bisessualità nel mondo antico*, ed. BUR, Milano 2007.

R. R. Wilks, *Economie e culture. Introduzione all'antropologia economica*, ed. Mondadori, Milano 2007.

A. Broglio, *Introduzione al Paleolitico*, ed. Laterza, Roma-Bari 2007.

Storia delle donne in occidente (a cura di G. Duby e M. Perrot), ed. Laterza, Roma-Bari 1994-2007.

Immagini in opera: nuove vie in antropologia dell'arte (a cura di M. L. Ciminelli), ed. Liguori, Napoli 2007.

V. Haziel, *E Dio negò la donna. Come la legge dei padri perseguita da sempre l'universo femminile*, Sperling & Kupfer, Milano 2007.

J. Zerzan, *Ammazzare il tempo*, ed. Nautilus, Torino 2006.

P. Bonte – M. Izard, *Dizionario di antropologia e etnologia*, ed. Einaudi, Torino 2006.

G. M. G. Scoditti, *La flagellazione del primitivo: il problema della forma dall'arte tribale a Picasso*, ed. Boringhieri, Torino 2006.

R. Grillo – J. Pratt (a cura di), *Le politiche del riconoscimento delle differenze: multiculturalismo all'italiana*, ed. Guaraldi, Rimini 2006.

M. Losano, *I Territori degli indios in Brasile fra diritti storici e diritto vigente*, in "Sociologia del diritto", n. 1/2006.

I. Quaranta (a cura di), *Antropologia medica: i testi fondamentali*, ed. R. Cortina, Milano 2006.

Ibn Baṭṭūta, *I viaggi* (a cura di C. M. Tresso), ed. Einaudi, Torino 2006.

Antropologia, genere, riproduzione. La costruzione culturale della femminilità (a cura di S. Forni, C. Pennacini, C. Pussetti), ed. Carocci, Roma 2006.

S. Taliani – F. Vacchiano, *Altri corpi. Antropologia ed etnopsicologia della migrazione*, ed. Unicopli, Milano 2006.

S. Boni, *Vivere senza padroni. Antropologia della sovversione quotidiana*, ed. Elèuthera, Milano 2006.

Dislocare l'antropologia: connessioni disciplinari e nuovi spazi epistemologici (a cura di M. Benadusi), ed. Guaraldi, Rimini 2006.

D. Snow, *Gli indiani d'America: origini e storia di un grande popolo*, ed. Newton & Compton, Roma 2006.

AA. VV., *Sviluppo locale partecipato e sostenibile,* ed. Cleup. Padova 2006.

I. Chambers, *Esercizi di Potere, Gramsci, Said e il postcolonialismo*, ed. Meltemi, Roma 2006.

F. Ronzon, *Antropologia dell'arte: dalla pittura italiana del Quattrocento all'arte etnica contemporanea*, ed. Meltemi, Roma 2006.

V. Franchini, *Mali. Viaggio tra i Dogon: il popolo delle stelle*, ed. Polaris, Faenza (RA) 2006.

C. Moffa, *L'Africa alla periferia della storia*, Aracne editrice, Roma 2006.

F. Héritier, *Maschile e femminile*, ed. Laterza, Roma-Bari 2006.

L'islam in Asia meridionale: identità, interazioni e contaminazioni (a cura di D. Abenante e E. Giunchi), ed. F. Angeli, Milano 2006.

A. Bellingreri, *Il superficiale, il profondo. Saggi di antropologia pedagogica*, ed. V&P, Milano 2006.

A. Zhok, *Lo spirito del denaro e la liquidazione del mondo. Antropologia filosofica delle transazioni*, ed. Jaca Book, Milano 2006.

A. Duranti, *Antropologia del linguaggio*, ed. Meltemi, Roma 2005.

S. Latouche, *Come sopravvivere allo sviluppo: dalla decolonizzazione dell'immaginario economico alla costruzione di una società alternativa*, ed. Bollati Boringhieri, Torino 2005.

H. De Varine, *Le radici del futuro. Il patrimonio culturale al servizio dello sviluppo locale*, ed. CLUEB, Bologna 2005.

R. J. C. Young, *Introduzione al Post-Colonialismo*, ed. Meltemi, Roma 2005.

G. Angioni, *Sa laurera: il lavoro contadino in Sardegna*, ed. Il Maestrale, Nuoro 2005.

P. I. Bourgois, *Cercando rispetto: drug economy e cultura di strada*, ed. Deriveapprodi, Roma 2005.

K. Sale, *Ribelli al futuro: i luddisti e la loro guerra alla rivoluzione industriale*, ed. Arianna, Casalecchio di Reno, 2005.

Il colore rosso dei jacaranda: a 30 anni dalle indipendenze delle ex colonie portoghesi (a cura di L. Apa e M. Zamponi), ed. AIEP, San Marino 2005.

P. de Oliveira, *Storia, politica e religione tra i Ticuna. Un popolo indigeno nell'Amazzonia brasiliana*, ed. Bulzoni, Roma 2005.

M. Galli Callari (a cura di), *Nomadismi contemporanei: rapporti tra comunità locali, stati-nazione e "flussi culturali globali"*, ed. Guaraldi, Rimini 2005.

R. Malighetti (a cura di), *Oltre lo sviluppo: le prospettive dell'antropologia*, ed. Meltemi, Roma 2005.

G. Mantovani, *L'elefante invisibile. Alla scoperta delle differenze culturali*, ed. Giunti, Firenze 2005.

L. Piasere, *Popoli delle discariche: saggi di antropologia zingara*, ed. CISU, Roma 2005.

A. Casella Paltrinieri, *Mercati del Mozambico. Persone, beni e cultura nei mercati rurali di Sofala e Cabo Delgado*, ed. Vita e Pensiero, Milano 2005.

R. Beneduce – E. Roudinesco, *Antropologia della cura*, ed. Bollati Boringhieri, Torino 2005.

A. Mbembe, *Postcolonialismo*, ed. Meltemi, Roma 2005.

F. Engels, *L'origine della famiglia, della proprietà privata e dello Stato: in rapporto alle indagini di Lewis H. Morgan*, Editori Riuniti, Roma 2005.

B. Malinowski, *La vita sessuale dei selvaggi nella Melanesia nord-occidentale*, ed. R. Cortina, Milano 2005.

M. Callari Galli, *Antropologia senza confini. Percorsi nella contemporaneità*, ed. Sellerio, Palermo 2005.

M. Mellino, *La critica postcoloniale: decolonizzazione, capitalismo e cosmopolitismo nei postcolonial studies*, ed. Meltemi, Roma 2005.

F. J. Broswimmer, *Ecocidio: come e perché l'uomo sta distruggendo la natura*, ed. Carocci, Roma 2005.

A. Parrot, *Sumeri: l'alba della civiltà del Vicino Oriente*, Corriere della sera, Milano 2005.

Green Anarchy, *Introduzione al pensiero e alla pratica anarchica di anticivilizzazione*, ed. Nautilus, Torino 2005.

M. Callari Galli, *Culture a confronto*, ed. Guaraldi, Rimini 2005.

M. Callari Galli, *Il meticciato culturale*, ed. Cleub, Bologna 2005.

M. Callari Galli, *Cultura e contemporaneità. Nuovi scenari per un concetto "compromesso"*, in "Rassegna Italiana di Sociologia", 2004, XLV, 1, pp. 14-36.

J. Zerzan, *Dizionario primitivista*, ed. Nautilus, Torino 2004.

J. Zerzan, *Apocalittici o liberati? Che cos'è il primitivismo?*, ed. Stampa Alternativa, Viterbo 2004.

Dizionario dello sviluppo (a cura di W. Sachs), ed. Ega, Torino 2004.

A. M. Gomes, L. Piasere (a cura di), *"Scuola" numero 4 di "Antropologia"*, ed. Meltemi, Roma 2004.

S. Latouche, *Altri mondi, altre menti, altrimenti: oikonomia vernacolare e società conviviale*, ed. Rubbettino, Soveria Mannelli 2004.

M. Fini, *Il vizio oscuro dell'occidente*, ed. Marsilio, Venezia 2004.

F. Benadusi, *Etnografia di un istituto scolastico*, ed. Guaraldi, Rimini 2004.

R. Melillo, *Tutuch: (Uccello tuono). A colloquio con gli aborigeni del Canada*, ed. Mephite, Atripalda 2004.

A. Savelli (a cura di), *Turismo, territorio, identità*, ed. Angeli, Milano 2004.

C. Lévi-Strauss, *Le strutture elementari della parentela*, ed. Feltrinelli, Milano 2003.

P. Gilroy, *The Black Atlantic. L'identità nera tra modernità e doppia coscienza*, ed. Meltemi, Roma 2003.

I. Chambers, *Paesaggi migratori. Cultura e identità nell'epoca post-coloniale*, ed. Booklet, Milano 2003.

G. Mariani, *La penna e il tamburo: gli Indiani d'America e la *letteratura degli Stati Uniti*, ed. Ombre corte, Verona 2003.

D. Cuche, *La nozione di cultura nelle scienze sociali*, ed. Il Mulino, Bologna 2003.

S. Piloto di Castri, *La memoria negata: gli indios australi, 1535-1885*, ed. Angolo Manzoni, Torino 2003.

Il ritorno dell'etnocentrismo: purificazione etnica versus universalismo cannibale (a cura di S. Latouche), ed. Bollati-Boringhieri, Torino 2003.

S. Boni, *Le strutture della disuguaglianza: capi, appartenenze e gerarchie nel mondo akan dell'Africa occidentale*, ed. F. Angeli, Milano 2003.

J. Wilson, *La Terra piangerà*, ed. Fazi, Roma 2003.

J. Rifkin, *Economia all'idrogeno*, ed. Mondadori, Milano 2003.

P. Clastres, *La società contro lo Stato*, ed. Ombre Corte, Verona 2003.

M. Callari Galli, *Formare alla complessità: prospettive dell'educazione nelle società globali*, ed. Carocci, Roma 2003.

U. Beck, *Un mondo a rischio*, ed. Einaudi, Torino 2003.

Z. Bauman, *La società sotto assedio*, ed. Laterza, Roma-Bari 2003.

P. Palmeri, *Introduzione all'antropologia culturale*, ed. Cleup, Padova 2003.

N. Postman, *Come sopravvivere al futuro: dalla tecnologia al progresso, dalla democrazia all'informazione, l'avvincente opera di uno dei più brillanti pensatori americani*, ed. Orme, Milano 2003.

S. Latouche, *Giustizia senza limiti: la sfida dell'etica in una economia mondializzata*, ed. Bollati Boringhieri, Torino 2003.

Gli immigrati in Europa: diseguaglianze, razzismo, lotte (a cura di P. Basso e F. Perocco), ed. F. Angeli, Milano 2003.

M. Fusaschi, *I segni sul corpo. Per un'antropologia delle modificazioni genitali femminili*, ed. Bollati- Boringhieri, Torino 2003.

A. Casella Paltrinieri, *Lineamenti essenziali di storia dell'antropologia culturale*, ed. EDUCatt Università Cattolica, Milano 2002.

R. Lewis, *Il più grande uomo scimmia del Pleistocene*, ed. Adelphi, Milano 2002.

Forme di umanità (a cura di F. Remotti), ed. B. Mondadori, Milano 2002.

A. Barnard, *Storia del pensiero antropologico*, ed. Il Mulino, Bologna 2002.

AA. VV., *Colonialismo*, ed. Meltemi, Roma 2002.

F. Boas, *Antropologia e vita moderna*, Ei Editori, Roma 2002.

A. Casella Paltrinieri, *Oltre le frontiere. Antropologia per avvi-*

cinare i popoli, Gabrielli Editori, San Pietro in Cariano (Verona) 2002.

P. Orvieto, *Misoginie. L'inferiorità della donna nel pensiero moderno*, Salerno Editrice, Roma 2002.

M. Fukuoka, *La rivoluzione del filo di paglia: un'introduzione all'agricoltura naturale*, Libreria Editrice Fiorentina, Firenze 2002.

E. E. Evans Pritchard, *Stregoneria, oracoli e magia tra gli Azande*, ed. Cortina Raffaello, Milano 2002.

E. E. Evans Pritchard, *I Nuer: un'anarchia ordinata*, ed. Franco Angeli, Milano 2002.

J. Tebbel, K. Jennison, *Le guerre degli indiani d'America*, ed. Newton & Compton, Roma 2002.

C. Lévi-Strauss, *Razza e storia-Razza e cultura*, ed. Einaudi, Torino 2002.

M. Griaule, *Dio d'acqua. Incontri con Ogotemmêli*, ed. Bollati Boringhieri, Torino 2002.

M. Callari Galli, B. Riccio (a cura di), *Sguardi antropologici sul turismo*, in "Africa e Orienti", n. 3-4/2002.

S. Latouche, *La fine del sogno occidentale: saggio sull'americanizzazione del mondo*, ed. Elèuthera, Milano 2002.

U. Fabietti, *Culture in bilico. Antropologia del Medio Oriente*, ed. Mondadori, Milano 2002.

M. Vignodelli, *Signori della Terra?*, ed. Anima Mundi, Cesena 2002.

P. Shipton, *Denaro Amaro*, ed. Cleup, Padova 2002.

F. Giusti, *I primi Stati. La nascita dei sistemi politici centralizzati tra antropologia e archeologia*, ed. Donzelli, Roma 2002.

B. Rizzi, *La burocratizzazione del mondo*, ed. Colibrì, Paderno Dugnano 2002.

L. Mumford, *La città nella storia*, ed. Bompiani, Milano 2002.

R. Maughetti, *Antropologia applicata. Dal nativo che cambia al mondo ibrido*, ed. Unicopli, Milano 2001.

H. K. Bhabha, *I luoghi della cultura*, ed. Meltemi, Roma 2001.

G. Mandel, *Arte Etnica*, ed. Mondadori, Milano, 2001.

V. Padiglione, *Ma chi mai aveva visto niente. Il Novecento, una comunità, molti racconti*, ed. Kappa, Roma 2001.

F. Boas, *L'organizzazione sociale e le società segrete degli indiani kwakiutl*, ed. CISU, Roma 2001.

J. Rifkin, *Ecocidio: ascesa e caduta della cultura della carne*, ed. Mondadori, Milano 2001.

R. Malighetti, *Antropologia Applicata. Dal nativo che cambia al mondo ibrido*, ed. Unicopli, Milano 2001.

G. Harrison, *Fondamenti antropologici dei diritti umani*, ed.

Meltemi, Roma 2001.

J. L. Amselle, *Connessioni. Antropologia dell'universalità delle culture*, ed. Bollati Borignhieri, Torino 2001.

J. L. Amselle, *Logiche meticce*, ed. Boringhieri, Torino 2001.

A. Hirschfelder, *Gli indiani d'America*, ed. Mondadori, Milano 2001.

B. Malinowski, *Antropologia applicata*, in "Reale Accademia d'Italia" vol. 18, 880-901, ed. Unicopli, Milano 2001.

V. Turner, *La foresta dei simboli: aspetti del rituale ndembu*, ed. Morcelliana, Brescia 2001.

U. Fabietti, *Storia dell'antropologia*, ed. Zanichelli, Bologna 2001.

Culture della complessità: l'antropologia nel mondo contemporaneo (a cura di A. M. Sobrero), ed. CISU, Roma 2001.

J. Clifford, *Strade*, ed. Bollati Boringhieri, Torino 2001.

F. C. Lockwood, *Gli Apache: storia di un popolo di guerrieri*, ed. Bompiani overlook, Milano 2001.

A. Cavarero, *Il locale assoluto*, in "Micromega", n. 5/2001.

J.-P. Vernant, *L'universo, gli dèi, gli uomini. Il racconto del mito*, ed. Einaudi, Torino 2001.

M. Busoni, *Genere, sesso, cultura. Uno sguardo antropologico*, ed. Carocci, Roma 2000.

G. Bateson, *Verso un'ecologia della mente*, ed. Adelphi, Milano 2000.

S. Latouche, *La sfida di Minerva: razionalità occidentale e ragione mediterranea*, ed. Bollati Boringhieri, Torino 2000.

M. Pavanello, *Forme di vita economica. Il punto di vista dell'antropologia*, ed. Carocci, Roma 2000.

B. Latour, *Politiche della natura: per una democrazia delle scienze*, ed. R. Cortina, Milano 2000.

M. Aime, *Diario Dogon*, ed. Bollati Boringhieri, Torino 2000.

M. Wieviorka, *Il razzismo*, ed. Laterza, Roma 2000.

A. Loomba, *Colonialismo/postcolonialismo*, ed. Meltemi, Roma 2000.

A. Giddens, *Il mondo che cambia*, ed. Il Mulino, Bologna 2000.

A. Casella Paltrinieri, *Dalla città immaginata alla vita urbana. Il processo di inurbamento a Miranda do norte*, ed. Franco Angeli, Milano 2000.

M. Callari Galli, *Antropologia per insegnare: teorie e pratiche dell'analisi culturale*, B. Mondadori, Milano 2000.

A. Bellagamba, P. Di Cori, M. Pustianaz (a cura di), *Generi di traverso*, ed. Mercurio, Vercelli 2000.

L. Nasi, *Tunibamba: l'utopia di uno sviluppo alternativo in un progetto di cooperazione allo sviluppo*, Dipartimento di scienze storiche, giuridiche, politiche e sociali, Siena 2000.

La neolitizzazione tra Oriente e Occidente. Atti del Convegno di studi, Udine, 23-24 aprile 1999 (a cura di A. Pessina e G. Muscio), Edizioni del Museo friulano di storia naturale, Udine 2000.

P. Wingate - S. Reid, *Gli indiani d'America*, ed. Usborne, Londra 2000.

W. E. Washburn, *Gli Indiani d'America*, Editori Riuniti, Roma 2000.

N. Eldredge, *La vita in bilico: il pianeta Terra sull'orlo dell'estinzione*, ed. Einaudi, Torino 2000.

Sesso e genere. L'identità maschile e femminile (a cura di S. B. Ortner, H. Whitehead), ed. Sellerio, Palermo 2000.

S. Latouche, A. Torrenzano, *Immaginare il nuovo: mutamenti sociali, globalizzazione, interdipendenza Nord-Sud*, ed. L'Harmattan Italia, Torino 2000.

L'antropologia culturale oggi (a cura di R. Borofsky), ed. Meltemi, Milano 2000.

P. Palmeri, *Etiopia l'ultimo socialismo africano: il trasferimento forzato delle popolazioni sotto il regime di Menghistu. Una ricerca antropologica*, ed. Guerini studio, Milano 2000.

M. Callari Galli, *La rappresentazione della città contemporanea*, in A. Del Piano - M. Pizzoli (a cura di), *Utopia della città moderna e realtà della città contemporanea*, Urbanistica Dossier, INU, 2000.

S. Augustin, *Tutti gli indiani*, ed. Piemme, Casale Monferrato 2000.

B. Louart, *Il nemico è l'uomo*, ed. Quattrocentoquindici, Torino 1999.

R. Robertson, *Globalizzazione*, ed. Asterios, Trieste 1999.

C. Fohlen, *Gli indiani d'America: la questione indiana negli Usa e in Canada*, ed. Datanews, Roma 1999.

Contesto e identità: gli oggetti fuori e dentro i musei (a cura di F. Di Valerio), ed. CLUEB, Bologna 1999.

E. Santoro, *Autonomia individuale, libertà e diritti: una critica dell'antropologia liberale*, ed. ETS, Pisa 1999.

M. Callari Galli, G. Harrison (a cura di), *Se i bambini stanno a guardare. Trasmissioni televisive, modelli culturali, immaginario infantile*, ed. CLUEB, Bologna 1999.

G. Feuerstein, S. Kak, D. Frawley, *Antica India la culla della civiltà*, ed. Sperling & Kupfer, Milano 1999.

A. Ciattini, *Antropologia delle religioni*, ed. Carocci, Roma

1998.

U. Fabietti, *L'identità etnica: storia e critica di un concetto equivoco*, ed. Carocci, Roma 1998.

U. Hannerz, *La complessità culturale*, ed. Il Mulino, Bologna 1998.

M. L. Ciminelli, *Follia del sapere e saperi della follia: percorsi etnopsichiatrici tra i bamanan del Mali*, ed. F. Angeli, Milano 1998.

F. Viti, *Il potere debole: antropologia politica dell'Aitu Nvle* (Baule, Costa d'Avorio), ed. F. Angeli, Milano 1998.

A. Colajanni (a cura di), *Le piume di cristallo, indigeni, nazioni e stato in America Latina*, ed. Meltemi, Roma 1998.

M. Callari Galli, M. Ceruti, T. Pievani, *Pensare la diversità*, ed. Meltemi, Roma 1998.

M. Foucault, *Le parole e le cose: un'archeologia delle scienze umane*, ed. RCS libri, Milano 1998.

Le culture costruttive: valorizzazione delle tecnologie e dei materiali locali. Convegno internazionale, Nuoro 6-7 ottobre 1995 (a cura di F. Storelli), ed. Gangemi, Roma 1998.

N. G. Canclini, *Culture ibride. Strategie per entrare e uscire dalla modernità*, ed. Guerini e Associati, Milano 1998.

A. Caillé, *Il terzo paradigma. Antropologia filosofica del dono*, ed. Bollati Boringhieri, Torino 1998.

C. Pennacini, *Kubandwa. La possessione spiritica nell'Africa dei Grandi Laghi*, ed. Il segnalibro, Torino 1998.

P. Clastres, *Archeologia della violenza*, ed. Meltemi, Roma 1998.

S. Latouche, *Il mondo ridotto a mercato*, ed. Edizioni lavoro, Roma 1998.

J. T. Godbout, *Il linguaggio del dono*, ed. Bollati Boringhieri, Torino 1998.

V. Matera, *Antropologia culturale e linguistica: lo studio del linguaggio nel contesto antropologico*, ed. Unicopli, Milano 1998.

R. C. Ember – M. Ember, *Antropologia culturale*, ed. Il Mulino, Bologna 1998.

E. Glissant, *Poetica del diverso*, ed. Meltemi, Roma 1998.

B. Barber, *Guerra santa contro Mc mondo*, Nuova Pratiche Editrice, Milano 1998.

G. E. Marcus, M. M. J. Fischer, *Antropologia come critica culturale*, ed. Meltemi, Roma 1998.

A. M. Cirese, *Dislivelli di cultura e altri discorsi inattuali*, ed. Meltemi, Roma 1997.

H. K. Bhabha (a cura di), *Nazione e narrazione*, ed. Meltemi,

Roma 1997.

M. Polia, *Gli indios dell'Amazzonia*, ed. Xenia, Milano 1997.

V. Lanternari, *Antropologia religiosa. Etnologia, storia, folklore*, ed. Dedalo, Bari 1997.

A. Salza, *Atlante delle popolazioni*, ed. UTET, Torino 1997.

J. Clifford – E. G. Marcus (a cura di), *Scrivere le culture. Poetiche e politiche dell'etnografia*, ed. Meltemi, Roma 1997.

M. Sahlins, Marshall, *Capitan Cook, per esempio: le Hawaii, gli antropologi, i nativi*, ed. Donzelli, Roma 1997.

J. Assman, *La memoria culturale*, ed. Einaudi, Torino 1997.

U. Fabietti – F. Remotti (a cura di), *Dizionario di antropologia*, ed. Zanichelli, Bologna 1997.

G. Harrison, M. Callari Galli, *Né leggere né scrivere*, ed. Meltemi, Roma 1997.

S. Latouche, *Il pianeta uniforme: significato, portata e limiti dell'occidentalizzazione del mondo*, ed. Paravia scriptorium, Torino 1997.

G. Rist, *Lo sviluppo. Storia di una credenza occidentale*, ed. Bollati Boringhieri, Torino 1997.

T. Belmonte, *La fontana rotta. Vite napoletane: 1974, 1983*, ed. Meltemi, Roma 1997.

W. V. Turner – E. Turner, *Il pellegrinaggio*, ed. Argo, Lecce 1997.

Gli Indiani d'America e l'Italia (a cura di F. Giordano), Edizioni dell'Orso, Alessandria 1997.

S. Fischer-Fabian, *I Germani*, ed. Garzanti, Milano 1997.

S. Latouche, *L'altra Africa: tra dono e mercato*, ed. Bollati-Boringhieri, Torino 1997.

M. Mezzini, C. Rossi, *Gli specchi rubati: percorsi interculturali per la scuola elementare*, ed. Meltemi, Roma 1997.

F. Remotti, *Contro l'identità*, ed. Laterza, Roma-Bari 1996.

R. Lewin, *Le origini dell'uomo moderno: dai primi ominidi a Homo Sapiens*, ed. Zanichelli, Bologna 1996.

G. Kepel, *Ad ovest di Allah*, ed. Sellerio, Palermo 1996.

A. Signorelli, *Antropologia urbana*, ed. Guerini, Milano 1996.

M. Callari Galli, *Lo spazio dell'incontro*, Meltemi, Roma 1996.

L. L. Cavalli Sforza, *Geni, popoli, lingue*, ed. Adelphi, Milano 1996.

É. Durkheim, *La divisione del lavoro sociale*, Edizioni di Comunità, Torino 1996.

N. Chevillard, S. Leconte, *Lavoro delle donne, potere degli uomini: alle origini dell'oppressione femminile*, ed. Erre Emme, Roma 1996.

B. Anderson, *Comunità immaginate: origini e diffusione dei nazionalismi*, ed. Manifestolibri, Roma 1996.

V. Cole Trenholm, *Gli Arapaho: il popolo del sentiero dei bisonti*, ed. Rusconi, Milano 1996.

Le fucine rituali. Temi di antropo-poiesi (a cura di S. Allovio e A. Favole), ed. Il Segnalibro, Torino 1996.

I. Eibl-Eibesfeldt, *Amore e odio. Per una storia naturale dei comportamenti elementari*, ed. Adelphi, Milano 1996.

A. Simonicca, *Antropologia del turismo*, ed. NIS, Roma 1996.

F. Giusti, *La nascita dell'agricoltura: aree, tipologie e modelli*, ed. Donzelli, Roma 1996.

M. Frangipane, *La nascita dello Stato nel Vicino Oriente: dai lignaggi alla burocrazia nella grande Mesopotamia*, ed. Laterza, Roma-Bari 1996.

P. Lévy, *L'intelligenza collettiva: per un'antropologia del cyberspazio*, ed. Feltrinelli, Milano 1996.

P. Sibilla, *Introduzione all'antropologia economica*, ed. UTET, Torino 1996.

L. L. Cavalli-Sforza, *Geni, popoli e lingue*, ed. Adelphi, Milano 1996.

M. Arioti, *Introduzione all'antropologia della parentela*, ed. Unicopli, Milano 1995.

Pluralismo culturale in Europa (a cura di R. Gallissot e A. Rivera), ed. Dedalo, Bari 1995.

C. Rivière, *Introduzione all'antropologia*, ed. Il Mulino, Bologna 1995.

G. Caliceti, *Rachid. Un bambino arabo in Italia*, ed. Einaudi, Torino 1995.

S. Latouche, *I profeti sconfessati: lo sviluppo e la deculturazione*, ed. La meridiana, Molfetta 1995.

S. Latouche, *La megamacchina: ragione tecnoscientifica, ragione economica e mito del progresso: saggi in memoria di Jacques Ellul*, ed. Bollati-Boringhieri, Torino 1995.

L. Coltelli, *Parole fatte d'alba: gli scrittori indiani d'America parlano*, ed. Castelvecchi, Roma 1995.

F. Boas, *L'uomo primitivo*, ed. Laterza, Roma-Bari 1995.

M. Bernal, *Atena nera: le radici afroasiatiche della civiltà classica*, Pratiche editrice, Parma 1994.

D. Buffarini, *Il popolo degli uomini: gli indiani del Nordamerica*, ed. Amrita, Torino 1994.

M. Mead, *Sesso e temperamento in tre società primitive*, ed. Il Saggiatore, Milano 1994.

M. Kilani, *Antropologia. Un'introduzione*, ed. Dedalo, Bari 1994.

S. Gruzinski, *La colonizzazione dell'immaginario. Società indigene e occidentalizzazione del Messico spagnolo*, ed. Einaudi, Torino 1994.

K. Recheis - G. Bydlinski, *Sai che gli alberi parlano? La saggezza degli indiani d'America*, ed. Il punto d'incontro, Vicenza 1994.

J. Gernet, *La Cina antica: dalle origini all'impero*, ed. Luni, Milano 1994.

F. Boas, *La storia dell'antropologia*, ed. Ei, Roma 1994.

A. Colajanni, *Problemi di antropologia dei processi di sviluppo*, I.S.S.C.O., Varese 1994.

AA. VV., *Gli argonauti: l'antropologia e la società italiana*, ed. Armando, Roma 1994.

F. Giusti, *La scimmia e il cacciatore: interpretazioni, modelli sociali e complessità*, ed. Donzelli, Roma 1994.

F. Sabelli, *Ricerca antropologica e sviluppo*, ed. Gruppo Abele, Torino 1994.

J. Schobinger, *Gli Uomini del centro del mondo: da Tiahuanaco all'Inca*, ed. Jaca Book, Milano 1994.

M. Colin Turnbull, *L'africano solitario*, ed. Dedalo, Bari 1994.

M. French, *La guerra contro le donne*, ed. Rizzoli, Milano 1993.

L. Li Causi, *Uomo e potere: un'introduzione all'antropologia politica*, ed. NIS, Roma 1993.

Sguardi e modelli: saggi italiani di antropologia (a cura di P. Apolito), ed. F. Angeli, Milano 1993.

A. Ghosh, *Lo schiavo del manoscritto*, ed. Einaudi, Torino 1993 (vedi anche ed. Neri Pozza, Vicenza 2009).

M. Callari Galli, *Antropologia culturale e processi educativi*, ed. La Nuova Italia, Firenze 1993.

R. E. Benedict, *Il crisantemo e la spada. Modelli di cultura giapponese*, ed. Dedalo, Bari 1993.

R. Leakey - R. Lewin, *Le origini dell'uomo: lo stato attuale delle ricerche e dell'interpretazione*, ed. Bompiani, Milano 1993.

M. Pavanello, *Le società acquisitive e i fondamenti razionali dello scambio*, ed. Franco Angeli, Milano 1993.

A. Versluis, *Gli indiani d'America*, ed. Xenia, Milano 1993.

S. Latouche, *Il pianeta dei naufraghi: saggio sul doposviluppo*, ed. Bollati Boringhieri, Torino 1993.

R. H. Lowie, *Gli indiani delle pianure*, ed. A. Mondadori, Milano 1993.

G. Sorel, *Le illusioni del progresso*, ed. Bollati Boringhieri, Torino 1993.

W. H. Mcneill, *Uomini e parassiti: una storia ecologica*, ed. Il Saggiatore, Milano 1993.

N. Postman, *Technopoly: la resa della cultura alla tecnologia*, ed. Bollati Boringhieri, Torino 1993.

E. Fiorani, *Selvaggio e domestico*, ed. Franco Muzzio, Padova 1993.

J. Godbout, *Lo spirito del dono*, ed. Bollati-Boringhieri, Torino 1993.

N. Galantino, *Dire uomo oggi: le nuove vie dell'antropologia filosofica*, Edizioni Paoline, Cinisello Balsamo 1993.

S. Mancini, *Da Lévy-Bruhl all'antropologia cognitiva. Lineamenti di una teoria della mentalità primitiva*, ed. Dedalo, Bari 1993.

S. Morace, *Origine donna: dal matrismo al patriarcato*, ed. PE, Roma 1993.

J. Weatherford, *Gli indiani ci hanno dato: gli apporti del Nuovo mondo alla civiltà europea*, ed. Mursia, Milano 1993.

La più antica storia dell'uomo, il paleolitico (a cura di L. Ponzoni), Centro stampa del Comune, Modena 1993.

A. Leroi-Gourhan, *Le religioni della preistoria: paleolitico*, ed. Adelphi, Milano 1993.

C. T. Lewellen, *Antropologia politica*, ed. Il Mulino, Bologna 1992.

C. Ponting, *Storia verde del mondo*, ed. SEI, Torino 1992.

I. Eibl- Eibesfeldt, *L'uomo a rischio*, ed. Bollati Boringhieri, Torino 1992.

B. Mollison – D. Holmgren, *Perma-coltura: un'agricoltura perenne per gli insediamenti umani*, ed. La Fieruncola, Fiesole 1992.

A. Ciattini, U. Fabietti, M. Pavanello, *I modi della cultura. Manuale di etnologia*, ed. Carocci, Roma 1992.

R. Kaiser, *Dio dorme nella pietra: uomo, natura, spirito divino: la concezione del mondo secondo gli indiani d'America*, ed. Red, Como 1992.

S. Latouche, *L'occidentalizzazione del mondo: saggio sul significato, la portata e i limiti dell'uniformazione planetaria*, ed. Bollati-Boringhieri, Torino 1992.

E. Goldsmith, *La grande inversione: la de-industrializzazione della società*, ed. F. Muzzio, Padova 1992.

M. Ehrenberg, *La donna nella preistoria*, ed. A. Mondadori, Milano 1992.

M. Harris, *Buono da mangiare. Enigmi del gusto e consuetudini alimentari*, ed. Einaudi, Torino 1992.

M. Meillassoux, *Antropologia della schiavitù*, ed. Mursia, Milano 1992.

I modi della cultura: manuale di etnologia (a cura di I. Signorini), ed. NIS, Roma 1992.

F. Affergan, *Esotismo e alterità. Saggio sui fondamenti di una critica dell'antropologia*, ed. Mursia, Milano 1991.

Il dibattito sul dispotismo orientale: Cina, Russia e società arcaiche (a cura di W. Minella), ed. Armando, Roma 1991.

K. Sale, *Le regioni della natura: la proposta bioregionalista*, ed. Elèuthera, Milano 1991.

P. Palmeri, *La civiltà tra i primitivi*, ed. Unicopli, Milano 1991.

É. Durkheim, H. Hubert, M. Mauss, *Le origini dei poteri magici*, ed. Bollati Boringhieri, Torino 1991.

M. Harris, *La nostra specie*, ed. Rizzoli, Milano 1991.

A. Borioni, M. Pieri, *Maledetta Isabella, maledetto Colombo: gli ebrei, gli indiani, l'evangelizzazione come sterminio*, ed. Marsilio, Venezia 1991.

Il dibattito sul dispotismo orientale: Cina, Russia e società arcaiche (a cura di W. Minella), ed. Armando, Roma 1991.

A. Ammassari, *L'identità cinese: note sulla preistoria della Cina secondo le iscrizioni oracolari della dinastia Shang*, ed. Jaca Book, Milano 1991.

A. Caillé, *Critica della ragione utilitaria*, ed. Bollati Boringhieri, Torino 1991.

E. Harth, *Alle soglie del terzo millennio: una mente tecnologica in un cervello paleolitico: il gap evoluzionistico*, ed. Giunti, Firenze 1991.

Gruppo nazionale di antropologia culturale (a cura di P. Falteri e M. G. Lazzarin), *Storia di segni, storia di immagini: proposte per la formazione storica di base*, ed. La Nuova Italia, Scandicci 1990.

G. Bonfil, *Dall'indigenismo della rivoluzione all'antropologia critica*, in "Latinoamerica", anno XI, n. 37-38/1990.

C. Geertz, *Opere e vite. L'antropologo come autore*, ed. Il Mulino, Bologna 1990.

R. L. Binford, *Preistoria dell'uomo: la nuova archeologia*, ed. Rusconi, Milano 1990.

H. Kureishi, *Il Budda delle periferie*, ed. Mondadori, Milano 1990.

P. Palmeri, *Ritorno al villaggio: cronaca di una ricerca antropologica del Sénégal*, ed. CLEUP, Padova 1990.

T. Tentori (a cura di), *Antropologia delle società complesse*, ed. Armando, Roma 1990.

M. Ilardi (a cura di), *La città senza luoghi. Individuo, conflitto, consumo nella metropoli*, ed. Costa&Nolan, Genova 1990.

M. Harris, *Antropologia culturale*, ed. Zanichelli, Bologna 1990.

R. Caillois, *I giochi e gli uomini: la maschera e la vertigine*, ed. Bompiani, Milano 1989.

I. Signorini, A. Lupo, *I tre cardini della vita: anime, corpo, infermità tra i Nahua della Sierra di Puebla*, ed. Sellerio, Palermo 1989.

T. Tentori, *Antropologia culturale*, ed. Studium, Roma 1989.

F. Remotti, P. Scarduelli, U. Fabietti, *Centri, ritualità, potere*, ed. Il Mulino, Bologna 1989.

P. G. Solinas (a cura di), *Gli oggetti esemplari. I documenti di cultura materiale in antropologia*, ed. del Grifo, Montepulciano 1989.

D. Kertzer, *Riti e simboli del potere*, ed. Laterza, Roma-Bari 1989.

G. Angioni, *I pascoli erranti. Antropologia del pastore in Sardegna*, ed. Liguori, Napoli 1989.

G. Clark, *La preistoria del mondo: una nuova prospettiva*, ed. Garzanti, Milano 1989.

M. Callari Galli, C. Colliva, I. Pazzagli, *Il rumore silenzioso*, ed. La Nuova Italia, Firenze 1989.

C. Geertz, *Antropologia interpretativa*, ed. Il Mulino, Bologna 1988.

P. Ventura, *Per una antropologia fenomenologico-esistenziale del diritto*, ed. A. Giuffrè, Milano 1988.

G. Clark, *L'uomo oltre la natura*, ed. Laterza, Roma-Bari 1988.

R. Guidieri, *Il cammino dei morti*, ed. Adelphi, Milano 1988.

P. Clemente (a cura di), *Il mondo a metà. Sondaggi antropologici sulla mezzadria classica*, ed. Il Mulino, Bologna 1988.

C. Bianco, *Dall'evento al documento. Orientamenti etnografici*, ed. CISU, Roma 1988.

G. Harrison, *Antropologia psicologica*, ed. Cleup, Padova 1988.

G. F. Cuturi, *I fratelli inseparabili. Conflitti tra natolocalità e matrimonio*, ed. Bagatto, Roma 1988.

E. Tylor, *Alle origini della cultura*, Edizioni dell'Ateneo, Roma 1985-88.

G. Battista Ramusio, *Navigazioni e viaggi*, ed. G. Einaudi, Torino 1978-88.

C. Geertz, *Interpretazione di culture*, ed. Il Mulino, Bologna 1987.

J. M. Lewis, *Prospettive di antropologia*, ed. Bulzoni, Roma 1987.

K. Polanyi – A. Rotstein, *Il Dahomey e la tratta degli schiavi:*

analisi di un'economia arcaica, ed. Einaudi, Torino 1987.

V. W. Turner, *Dal rito al teatro*, ed. Il Mulino, Bologna 1989.

W. Ong, *Oralità e scrittura. Tecnologie della parola*, ed. Il Mulino, Bologna 1986.

T. C. Lewellen, *Antropologia politica*, ed. Il Mulino, Bologna 1986.

C. Grimberg, *L'alba della civiltà: Asia, Africa, Mediterraneo: (4000-500 a. C.)*, CDE, Milano 1986.

G. Angioni, *Il sapere della mano: saggi di antropologia del lavoro*, ed. Sellerio, Palermo 1986.

Potere senza stato (a cura di C. Pasquinelli), Editori Riuniti, Roma 1986.

M. Leiris, *L'Africa fantasma*, ed. Rizzoli, Milano 1986.

Gruppo nazionale di antropologia culturale (a cura di P. Falteri e M. G. Lazzarin), *Tempo, memoria, identità: orientamenti per la formazione storica di base*, ed. La nuova Italia, Scandicci 1986.

R. G. Cardona, *Introduzione all'etnolinguistica*, ed. Il Mulino, Bologna 1985.

G. Salvioli, *Il capitalismo antico: storia dell'economia romana*, ed. Laterza, Roma-Bari 1985.

M. Douglas, *Antropologia e simbolismo*, ed. Il Mulino, Bologna 1985.

Gli uomini, le società, le civiltà (a cura di R. di Donato), ETS Editrice, Pisa 1985.

G. De Santillana, *Fato antico e moderno*, ed. Adelphi, Milano 1985.

P. Palmeri, *La civiltà tra i primitivi: le radici del discorso antropologico nelle sue problematiche essenziali*, ed. UNICOPLI, Milano 1985.

P. Palmeri, *Uomini e società del Sahel: osservazioni e riflessioni antropologiche su alcuni casi significativi*, ed. CLEUP, Padova 1985.

D. Sperber, *Il sapere degli antropologi*, ed. Feltrinelli, Milano 1984.

I. Signorini, C. M. Rita, *America australe*, Istituto geografico De Agostini, Novara 1984.

R. C. Hallpike, *I fondamenti del pensiero primitivo*, Editori Riuniti, Roma 1984.

P. Feyerabend e altri, *Critica e crescita della conoscenza* (a cura di I. Lakatos e A. Musgrave), ed. Feltrinelli, Milano 1984.

J. Baudrillard, *Le strategie fatali*, ed. Feltrinelli, Milano 1984.

J. Goody, *Famiglia e matrimonio in Europa*, ed. Mondadori, Milano 1984.

R. Layton, *Antropologia dell'arte*, ed. Feltrinelli, Milano 1983.

A. L. Kroeber – C. Kluckhohn, *Il concetto di cultura*, ed. Il Mulino, Bologna 1983.

J. M. Lewis, *Una democrazia pastorale: modo di produzione pastorale e relazioni politiche tra i somali settentrionali del Corno d'Africa*, ed. Angeli, Milano 1983.

E. Gellner, *Nazioni e nazionalismi*, Editori Riuniti, Roma 1983.

A. Tutuola, *La mia vita nel bosco degli spiriti*, ed. Adelphi, Milano 1983.

L. Lombardi Satriani, M. Meligrana, *Il Ponte di S. Giacomo*, Rizzoli, Milano 1982.

C. Meillassoux, *Gli ultimi bianchi: il modello sudafricano*, . Liguori, Napoli 1982.

R. Micela, *Antropologia e psicoanalisi: produzione simbolica, immaginario, soggettività*, ed. La Nuova Italia, Firenze 1982.

R. E. Service, *Introduzione alla etnologia*, ed. Loescher, Torino 1982.

N. Elias, *La civiltà delle buone maniere*, ed. Il Mulino, Bologna 1982.

I. Magli, *Introduzione all'antropologia culturale*, ed. Laterza, Roma-Bari 1981.

J. Le Goff – P. Nora, *Fare storia. Temi e metodi della nuova storiografia*, ed. Einaudi, Torino 1981 (contiene saggi di impostazione metodologica).

J. Goody, *L'addomesticamento del pensiero selvaggio*, ed. Angeli, Milano 1981.

A. R. Leone, *Il serpente arcobaleno*, ed. Minerva Italica, Bergamo 1981.

A. Metraux, *Itinerari: Sudamerica, Haiti, Dahomey*, ed. Boringhieri, Torino 1981.

M. Monti, *Passarono di qui: duecento anni della vita e delle guerre degli indiani del Nord America con i capi Toro Seduto, Cavallo Pazzo, Capo Giuseppe e tutti gli altri*, ed. Bompiani, Milano 1981.

M. Sahlins, *Una critica antropologica della sociobiologia*, ed. Loescher, Torino 1981.

E. S. Curtis, *Gli Indiani del Nordamerica*, ed. Rusconi, Milano 1981.

F. Boas, *Arte primitiva*, ed. Boringhieri, Torino 1981.

J. Grelier, *Gli indiani dell'Orinoco*, ed. Rusconi, Milano 1981.

N. Bancroft-Hunt, W. Forman, *Gli indiani delle grandi pianure*, Istituto geografico De Agostini, Novara 1981.

I. Signorini, *Padrini e compadri: un'analisi antropologica della parentela spirituale*, ed. Loescher, Torino 1981.

Festa: antropologia e semiotica. Convegno di studi *Forme e pratiche della festa*: Montecatini Terme, 27-29 ottobre 1978 (a cura di C. Bianco e M. Del Ninno), ed. Nuova Guaraldi, Firenze 1981.

E. R. Leach, *Natura/Cultura*, in *Enciclopedia*, IX, ed. Einaudi, Torino 1980.

P. Bertaux, *Africa: dalla preistoria agli Stati attuali*, ed. Feltrinelli, Milano 1980.

M. Harris, *Cannibali e re: le origini delle culture*, ed. Feltrinelli, Milano 1980.

F. Héritier, *"Parentela"*, in *Enciclopedia*, ed. Einaudi, Torino 1980, X voll.

M. Sahlins, *L'economia dell'età della pietra: scarsità e abbondanza nelle società primitive*, ed. Bompiani, Milano 1980.

K. Polanyi, *Economie primitive, arcaiche e moderne*, ed. Einaudi, Torino 1980.

R. Girard, *La violenza e il sacro*, ed. Adelphi, Milano 1980.

K. A. Wittfogel, *Il dispotismo orientale*, ed. SugarCo, Milano 1980.

Antropologia urbana: programmi, ricerche e strategie (a cura di C. Pitto), ed. Feltrinelli, Milano 1980.

M. Arioti, *Produzione e riproduzione nelle società di caccia-raccolta*, ed. Loescher, Torino 1980.

O. Villas-Boas, C. Villas-Boas, *Gli indios dello Xingu*, ed. A. Mondadori, Milano 1980.

La stregoneria: confessioni e accuse, nell'analisi di storici e antropologi (a cura di M. Douglas), ed. Einaudi, Torino 1980.

E. Guidoni, *Architettura primitiva*, ed. Electa, Milano 1979.

M. Colin Turnbull, *I pigmei: il popolo della foresta*, ed. Rusconi, Milano 1979.

D. Snow, *Gli Indiani d'America: archeologia e civiltà*, ed. Newton Compton, Roma 1979.

AA. VV., *Gente di laguna: ideologia e istituzioni sociali dei Huave di San Mateo del Mar*, ed. Angeli, Milano 1979.

G. Childe, *Il progresso nel mondo antico. L'evoluzione della società umana dalla preistoria agli inizi del mondo classico*, ed. Einaudi Torino 1979.

F. Boas, *Introduzione alle lingue indiane d'America*, ed. Boringhieri, Torino 1979.

N. Bancroft-Hunt, *Popoli dei totem: gli indiani della costa americana nordoccidentale*, Istituto geografico De Agostini, Novara 1979.

Oppressione della donna e ricerca antropologica: immaginario e realtà nella subordinazione femminile (a cura di R. Micela), ed. Savelli, Roma 1979.

F. M. Heichelheim, *Storia economica del mondo antico*, ed. Laterza, Roma-Bari 1979.

F. M. Heichelheim, *La preistoria*, ed. Laterza, Roma-Bari 1979.

J. Baudrillard, *Lo specchio della produzione*, ed. Multhipla, Milano 1979.

J. Baudrillard, *Lo scambio simbolico e la morte*, ed. Feltrinelli, Milano 1979.

M. Callari Galli, *La re-invenzione dell'antropologia*, Prefazione a D. Hymes (a cura di), *Antropologia radicale*, Bompiani, Milano 1979.

C. A. Pinelli, *La Grande Madre*, ed. Minerva Italica, Bergamo 1978.

C. Lévi-Strauss, *Jean-Jacques Rousseau, fondatore delle scienze dell'uomo*, in *Antropologia strutturale due*, ed. Il Saggiatore, Milano 1978.

Gruppo Nazionale Antropologia, *I Boscimani. Una popolazione di cacciatori che sfida il deserto*, Emme edizioni, Milano 1978.

L. A. White, *La scienza della cultura*, ed. Sansoni, Firenze 1978.

Gruppo Nazionale Antropologia, *I Tasaday. Una tribù che vive ancora come nell'età della pietra*, Emme edizioni, Milano 1978.

Traffici e mercati negli antichi imperi: le economie nella storia e nella teoria (a cura di K. Polanyi, C. M. Arensberg e H. W. Pearson), ed. Einaudi, Torino 1978.

R. W. Firth, *Economia primitiva polinesiana*, ed. F. Angeli, Milano 1978.

A. Heller, *Istinto e aggressività: introduzione a un'antropologia sociale marxista*, ed. Feltrinelli, Milano 1978.

C. Meillassoux, *Donne, granai e capitali. Uno studio antropologico dell'imperialismo contemporaneo*, ed. Zanichelli, Bologna 1978.

Vine Deloria jr., *Custer è morto per i vostri peccati*, ed. Jaca Book, Milano 1977.

C. Coquery-Vidrovitch, H. Moniot, *L'Africa Nera dal 1800 ai giorni nostri*, ed. Mursia, Milano 1977.

R. W. Firth, *I simboli e le mode*, ed. Laterza, Roma-Bari 1977.

A. Leroi-Gourhan, *Il gesto e la parola*, ed. Einaudi, Torino 1977.

J. R. Llobera, *Le società primitive*, ed. Istituto Geografico De Agostini, Novara 1977.

U. Fabietti (a cura di), *L'ideologia del primitivo nell'antropologia contemporanea*, ed. Zanichelli, Bologna 1977.

J. Haynes Steward, *Teoria del mutamento culturale: la metodologia dell'evoluzione multilineare*, ed. P. Boringhieri, Torino 1977.

M. Colin Turnbull, *Il popolo della montagna*, ed. Rizzoli, Milano 1977.

M. Guidetti – P. H. Stahl, *Il sangue e la terra*, ed. Jaca Book, Milano 1977.

Etnia, lingua, cultura: un dibattito aperto in Sardegna (a cura di G. Murru Corriga), ed. EDES, Cagliari 1977.

N. Schmitz Sipos, *I nipoti di Toro Seduto*, ed. Rusconi, Milano 1977.

M. Mauss, *L'origine dei poteri magici*, ed. Newton Compton, Roma 1977.

V. Lanternari, *Movimenti religiosi di libertà e di salvezza dei popoli oppressi*, ed. Feltrinelli, Milano 1977.

M. Gluckman, *Potere, diritto e rituale nelle società tribali*, ed. Boringhieri, Torino 1977.

V. Lanternari, *La grande festa. Vita rituale e sistemi di produzione nelle società tradizionali*, ed. Dedalo, Bari 1976.

R. W. Firth, *Noi, Tikopia. Economia e società nella Polinesia primitiva*, ed. Laterza, Roma-Bari 1976.

V. Padiglione (a cura di), *L'Amicizia. Storia antologica di un bisogno estraniato*, ed. Savelli, Roma 1976.

Marx, Engels, Lenin sulle società precapitalistiche (a cura di M. Godelier), ed. Feltrinelli, Milano 1976.

A. M. Di Nola, *Gli aspetti magico-religiosi di una cultura subalterna italiana*, ed. Boringhieri, Torino 1976.

A. M. Di Nola (a cura di), *Enciclopedia delle religioni*, 6 voll., ed. Vallecchi, Firenze 1970-76.

A. M. Cirese, *Intellettuali, folklore, istinto di classe*, ed. Einaudi, Torino 1976.

M. Godelier, *Rapporti di produzione, miti, società*, ed. Feltrinelli, Milano 1976.

AA. VV., *L'Alba della Civiltà: Società, Economia e Pensiero nel Vicino Oriente antico*: Volume Primo. *La Società*; Volume Secondo. *L'Economia*; Volume Terzo. *Il Pensiero*, ed. UTET, Torino 1976.

R. Redfield, *La piccola comunità. La società e la cultura contadina*, ed. Rosenberg&Sellier, Torino 1976.

M. Douglas, *Purezza e pericolo. Un'analisi dei concetti di contaminazione e tabù*, ed. Il Mulino, Bologna 1975.

B. Bernardi, *Uomo cultura società: introduzione agli studi etno-antropologici*, ed. F. Angeli, Milano 1975.

C. Meillassoux, *L'economia della savana: l'antropologia economica dell'Africa occidentale*, ed. Feltrinelli, Milano 1975.

C. Lévi-Strauss, *Strutturalismo del mito e del totemismo*, ed.

Newton Compton, Roma 1975.

R. Bastide, *Antropologia applicata*, ed. Boringhieri, Torino 1975.

G. Mandel, *La civiltà della valle dell'Indo*, ed. SugarCo, Milano 1975.

V. Lanternari, *Antropologia e imperialismo e altri saggi*, ed. Einaudi, Torino 1974.

R. Bastide, *Sogno, trance e follia*, ed. Jaca Book, Milano 1974.

Polemica sull'Apocalisse (a cura di D. Porzio), ed. Ferro, Milano 1974.

S. Moravia *Il pensiero degli Idéologues. Scienza e filosofia in Francia (1780-1815)*, ed. La Nuova Italia, Firenze 1974.

Toro Seduto e il genocidio dei Pellerossa (a cura di M. De La Fuente), ed. Cremonese, Roma 1974.

M. Callari Galli, G. Harrison, *La danza degli orsi*, ed. Sciascia, Roma 1974.

M. Callari Galli, *Gli altri noi*, cd. Ghisoni, Milano 1974.

M. J. Herskovits, *Il mito del passato negro*, ed. Vallecchi, Firenze 1974.

G. Angioni, *Rapporti di produzione e cultura subalterna : contadini in Sardegna*, ed. EDES, Cagliari 1974.

R. Fox, *La parentela e il matrimonio. Sistemi di consanguineità e di affinità nelle società tribali*, Officina edizioni, Roma 1973.

W. Lederer, *Ginofobia: la paura delle donne*, ed. Feltrinelli, Milano 1973.

Orizzonti di antropologia (a cura di S. Tax), ed. Morcelliana, Brescia 1973.

E. R. Leach, *Nuove vie dell'antropologia*, ed. Il Saggiatore, Milano 1973.

G. Leclerc, *Antropologia e colonialismo*, ed. Jaca Book, Milano 1973.

L. Lévy-Bruhl, *Sovrannaturale e natura nella mentalità primitiva*, ed. Newton Compton, Roma 1973.

B. Bernardi (a cura di), *Etnologia e antropologia culturale*, ed. Angeli, Milano 1973.

A. R. Radcliffe-Brown, *Il metodo nell'antropologia sociale*, ed. Officina, Roma 1973.

A. M. Cirese, *Cultura egemonica e culture subalterne. Rassegna degli studi sul mondo popolare tradizionale.* ed. Palumbo, Palermo 1973.

G. Balandier, *Le società comunicanti*, Laterza, Bari 1973.

E. A. Havelock, *Cultura orale e civiltà della scrittura*, ed. Laterza, Bari 1973.

M. Callari Galli, G. Harrison, *Tane e vermi: la cultura degli esclusi nel degrado urbano di Palermo*, in "Parametro", 16/17 maggio 1973, pp. 22-29.

G. Angioni, *Tre saggi sull'antropologia dell'eta coloniale*, ed. Flaccovio, Palermo 1973.

E. De Martino, *Sud e magia*, ed. Feltrinelli, Milano 1972.

J. M. Lewis, *Le religioni estatiche: studio antropologico sulla possessione spiritica e sullo sciamanismo*, ed. Ubaldini, Roma 1972.

P. Mercier, *Storia dell'antropologia*, ed. Il Mulino, Bologna 1972.

R. B. Taylor, *Elementi di antropologia culturale*, ed. Il Mulino, Bologna 1972.

L'antropologia economica (a cura di E. Grendi), ed. Einaudi, Torino 1972.

AA. VV., *Folklore e antropologia: tra storicismo e marxismo*, ed. Palumbo, Palermo 1972.

V. Gordon Childe, *L'alba della civiltà europea*, ed. Einaudi, Torino 1972.

I. Signorini, *Etnologia e storia del continente americano: due saggi*, ed. Tilgher, Genova 1972.

W. V. Turner, *Il processo rituale: struttura e antistruttura*, ed. Morcelliana, Brescia 1972.

J. H. M. Beattie, *Uomini diversi da noi. Lineamenti di antropologia sociale*, ed. Laterza, Roma-Bari 1972.

A. R. Radcliffe-Brown, *Struttura e funzione nella società primitiva*, ed. Jaca Book, Milano 1972.

L. Formigari, *Linguistica e antropologia nel secondo Settecento*, ed. La Libra, Messina 1972.

C. Tullio Altan, *Manuale di antropologia culturale*, ed. Bompiani, Milano 1971.

M. Harris, *L'evoluzione del pensiero antropologico: una storia della teoria della cultura*, ed. Il Mulino, Bologna 1971.

E. Terray, *Il marxismo e le società primitive*, Samonà e Savelli, Roma 1971.

E. E. Evans-Pritchard, *Introduzione all'antropologia sociale*, ed. Laterza, Roma-Bari 1971.

S. L. Washburn (a cura di), *Vita sociale dell'uomo preistorico*, ed. Rizzoli, Milano 1971.

P. G. Murdock, *La struttura sociale*, ed. ETAS Compass, Milano 1971.

F. Remotti, *Claude Lévi-Strauss: Struttura e storia*, ed. Einaudi, Torino 1971.

P. Rossi (a cura di), *Il concetto di cultura*, ed. Einaudi, Torino 1970.

L. Bonin, A. Marazzi (a cura di), *Antropologia culturale*, ed. Hoepli, Milano 1970.

G. Harrison, M. Callari Galli, *La cultura analfabeta*, in "Le Scienze", n. 22/1970.

W. Ong, *La presenza della parola*, ed. Il Mulino, Bologna 1970.

Ralph L. Beals, *Introduzione all'antropologia culturale*, ed. Il Mulino, Bologna 1970.

C. Castaneda, *A scuola dallo stregone*, ed. Astrolabio, Roma 1970.

M. Godelier, *La moneta di sale: economia e società primitive*, ed. Lampugnani Nigri, Milano 1970.

H. Lewis Morgan, *La società antica*, ed. Feltrinelli, Milano 1970.

R. J. Forbes, *L'uomo fa il mondo*, ed. Einaudi, Torino 1970.

R. E. Benedict, *Modelli di cultura*, ed. Feltrinelli, Milano 1970.

G. Balandier, *Antropologia politica*, ed. Etas Kompass, Milano 1969.

L. Gallavresi, *Gli indios nelle società latino-americane*, ed. F. Motta, Milano 1969.

G. Sofri, *Il modo di produzione asiatico. Storia di una controversia marxista*, ed. Einaudi, Torino 1969.

J. Needham, *Scienza e società in Cina*, ed. Il Mulino, Bologna 1969.

W. Foot Whyte, *Little Italy. Uno slum italo-americano*, ed. Laterza, Bari 1968.

B. Davidson, *Madre nera: L'Africa nera e il commercio degli schiavi*, ed. Einaudi, Torino 1967.

V. Lanternari, *Occidente e Terzo Mondo*, ed. Dedalo, Bari 1967.

J. B. Casagrande (a cura di), *La ricerca antropologica*, ed. Einaudi, Torino 1966.

O. Lewis, *I figli di Sanchez*, ed. Mondadori, Milano 1966.

G. De Santillana, *Le origini del pensiero scientifico: da Anassimandro a Proclo: 600 a.C.-500 d .C.*, ed. Sansoni, Firenze 1966.

E. Biocca, *Gli Indi Yanoáma,* Consiglio nazionale delle ricerche, Roma 1966.

M. Mauss, *Teoria generale della magia e altri saggi*, ed. Einaudi, Torino 1965.

G. Costanzo, *Gli indiani dell'Orinoco: cronache di vita indigena*, ed. Cappelli, Bologna 1964.

M. Wheeler, *Civiltà dell'Indo e del Gange*, ed. Il Saggiatore, Milano 1963.

M. Mead, *Crescita di una comunità primitiva. Trasformazioni culturali a Manus, 1928 - 1953*, ed. Bompiani, Milano 1962.

W. Nolle, *Gli indiani del Nord America*, ed. Sansoni, Firenze 1962.

AA. VV., *L'alba della civiltà: panorama universale del mondo antico*, ed. A. Mondadori, Milano 1961.

L. Van der Post, *Il mondo perduto del Kalahari*, ed. Bompiani, Milano 1960.

M. Francini, *Toro Seduto gettò il suo fucile al nemico rimasto senza armi. Gli scritti e le testimonianze degli indiani d'America*, Firenze 1957.

L. Van der Post, *Il cuore dell'Africa*, ed. Bompiani, Milano 1953.

S. Lilley, *Storia della tecnica*, ed. Einaudi, Torino 1951.

La suddetta bibliografia non ha incluso, per motivi di spazio, le opere archeologiche dedicate al Paleolitico, Mesolitico e Neolitico, che pur riguardano, indirettamente, l'antropologia. Qui però, prescindendo da quelle relative alle singole Regioni italiane, se ne possono indicare alcune di carattere generale riguardanti l'Europa e l'Italia.

AA. VV., *I primi Europei*, ed. Jaca Book, Milano 1992.

AA. VV., *Le radici prime dell'Europa: gli intrecci genetici, linguistici, storici*, ed. Bruno Mondadori, Milano 2001.

G. Clark, *Europa preistorica: gli aspetti della vita materiale*, ed. Einaudi, Torino 1969.

P. H. Stahl – M. Guidetti, *Le radici dell'Europa*, ed. Jaca Book, Milano 1979.

A. J. Ammerman - L. L. Cavalli-Sforza, *La transizione neolitica e la genetica di popolazioni in Europa*, ed. P. Boringhieri, Torino 1986.

Il pieno sviluppo del Neolitico in Italia. Atti del convegno Museo archeologico del Finale - Finale Ligure Borgo 8-10 giugno 2009 (a cura di M. Bernabò Brea, R. Maggi, A. Manfredini), ed. Istituto Internazionale di Studi Liguri, Bordighera 2014.

A. Palma di Cesnola, *Il Paleolitico inferiore e medio in Italia*, ed. Museo fiorentino di preistoria Paolo Graziosi, Firenze 2001.

Guide archeologiche. Preistoria e protostoria in Italia: 4. Paleolitico, Mesolitico e Neolitico dell'Italia nord-orientale (a cura di A. Broglio), ed. ABACO, Forlì 1995.

Guide archeologiche. Preistoria e protostoria in Italia: 1. Il Paleolitico dell'Italia centro-meridionale (a cura di P. Gambassini, F. Martini, A. Palma di Cesnola, C. Peretto, M. Piperno, A. M. Rustichelli, L.

Sarti), ed. ABACO, Forlì 1995.

A. Palma di Cesnola, *Il Paleolitico superiore in Italia: introduzione allo studio*, ed. Garlatti e Razzai, Firenze 1993.

M. Mussi, *Il Paleolitico e il Mesolitico in Italia*, ed. Biblioteca di storia patria, Bologna 1992.

M. Mussi, *Il Paleolitico e il Mesolitico in Italia*, 1992.

Il paleolitico inferiore in Italia (Atti della 23ma riunione scientifica a Firenze, 7-9 maggio 1980), ed. Parenti, Firenze 1982.

Tra le riviste è imprescindibile il semestrale "Antropologia" (diretto da Ugo Fabietti), il cui primo numero risale al 2001 (non pubblicato nel 2007 e nel 2009). Il sito redazionale è ledijournals.com e commerciale ledizioni.it. La rivista è open access.

"Afriche e orienti": rivista di studi ai confini tra Africa, Mediterraneo e Medio Oriente, il cui primo numero risale al 1999. Oggi è quadrimestrale e distribuita dall'editore AIEP aiepeditore.com.

La ricerca folklorica: contributi allo studio della cultura delle classi popolari. Periodico – Grafo, Brescia 1980-99.

La rivista "Etnie", fondata nel 1980 da Guido Aghina e Roberto C. Sonaglia, come strumento giornalistico al servizio delle minoranze etnolinguistiche e dei movimenti che ne chiedono la tutela o l'autodeterminazione, ha il suo sito qui rivistaetnie.com.

I numeri della rivista "Dada", curata dall'antropologo Antonio L. Palmisano, si possono scaricare qui: dadarivista.com.

Per una panoramica generale delle istituzioni, associazioni, dipartimenti, riviste, cataloghi, biblioteche, musei e risorse generali si rimanda ai siti siacantropologia.it e bfs.unina.it/firstlevel/discipline/antropologia_etnologia.htm.

Bibliografia su Amazon

Memorie:
Sopravvissuto. Memorie di un ex
Grido ad Manghinot. Politica e Turismo a Riccione (1859-1967)
Storia:
Homo primitivus. Le ultime tracce di socialismo
Cristianesimo medievale
Dal feudalesimo all'umanesimo. Quadro storico-culturale di una transizione
Protagonisti dell'Umanesimo e del Rinascimento
Storia dell'Inghilterra. Dai Normanni alla rivoluzione inglese
Scoperta e conquista dell'America
Il potere dei senzadio. Rivoluzione francese e questione religiosa
Cenni di storiografia
Herbis non verbis. Introduzione alla fitoterapia
Arte:
Arte da amare
La svolta di Giotto. La nascita borghese dell'arte moderna
Letteratura-Linguaggi:
Letterati italiani
Letterati stranieri
Pagine di letteratura
Pazìnzia e distèin in Walter Galli
Dante laico e cattolico
Grammatica e Scrittura. Dalle astrazioni dei manuali scolastici alla scrittura creativa
Poesie:
Nato vecchio; La fine; Prof e Stud; Natura; Poesie in strada; Esistenza in vita; Un amore sognato
Filosofia:
Laicismo medievale
Ideologia della chiesa latina
L'impossibile Nietzsche
Da Cartesio a Rousseau
Rousseau e l'arcantropia
Il Trattato di Wittgenstein
Preve disincantato
Critica laica
Le ragioni della laicità
Che cos'è la coscienza? Pagine di diario
Che cos'è la verità? Pagine di diario
Scienza e Natura. Per un'apologia della materia
Spazio e Tempo: nei filosofi e nella vita quotidiana
Linguaggio e comunicazione

Interviste e Dialoghi
Antropologia:
La scienza del colonialismo. Critica dell'antropologia culturale
Ribaltare i miti: miti e fiabe destrutturati
Economia:
Esegeti di Marx
Maledetto capitale
Marx economista
Il meglio di Marx
Etica ed economia. Per una teoria dell'umanesimo laico
Le teorie economiche di Giuseppe Mazzini
Politica:
Lenin e la guerra imperialista
Io, Gorbaciov e la Cina (pubblicato dalla Diderotiana)
L'idealista Gorbaciov. Le forme del socialismo democratico
Il grande Lenin
Cinico Engels
L'aquila Rosa
Società ecologica e democrazia diretta
Stato di diritto e ideologia della violenza
Democrazia socialista e terzomondiale
La dittatura della democrazia. Come uscire dal sistema
Dialogo a distanza sui massimi sistemi
Diritto:
Siae contro Homolaicus
Diritto laico
Psicologia:
Psicologia generale
La colpa originaria. Analisi della caduta
In principio era il due
Sesso e amore
Didattica:
Per una riforma della scuola
Zetesis. Dalle conoscenze e abilità alle competenze nella didattica della storia
Ateismo:
L'Apocalisse di Giovanni
Amo Giovanni. Il vangelo ritrovato (ed. Bibliotheka)
Pescatori di uomini. Le mistificazioni nel vangelo di Marco
Contro Luca. Moralismo e opportunismo nel terzo vangelo
Metodologia dell'esegesi laica. Per una quarta ricerca
Protagonisti dell'esegesi laica. Per una quarta ricerca
Ombra delle cose future. Esegesi laica delle lettere paoline
Umano e Politico. Biografia demistificata del Cristo
Le diatribe del Cristo. Veri e falsi problemi nei vangeli
Ateo e sovversivo. I lati oscuri della mistificazione cristologica
Risorto o Scomparso? Dal giudizio di fatto a quello di valore

Cristianesimo primitivo. Dalle origini alla svolta costantiniana
Guarigioni e Parabole: fatti improbabili e parole ambigue
Gli apostoli traditori. Sviluppi del Cristo impolitico

Indice